In an Unspoken Voice

무언의 목소리
: 신체 기반 트라우마 치유

몸의 트라우마를 치유하고
건강을 회복하는 법

Peter A. Levine 지음
박수정 · 유채영 · 이정규 옮김

박영story

역자 서문

▼

    인신매매 피해자와 난민을 돕는 기관의 사회복지사로 활동하던 시절, 피터 레빈 박사의 워크샵에 참석할 기회가 있었다. 레빈 박사는 "어째서 인간은 매일 포식자들로부터 생명의 위협을 당하는 아프리카의 가젤들처럼 트라우마를 빠르게 극복하지 못하는 것일까?"라는 생소한 질문을 던졌고, 박사가 개발한 트라우마 치유법인 신체 경험 치료Somatic Experiencing(SE)®의 기발한 원리들을 설명해나갔다. 워크샵 중 보여준, 마취 총을 맞은 뒤 깨어나는 과정에서 본능적으로 몸을 마구 떨어 트라우마의 엄청난 에너지를 발산하는 야생 북극곰의 비디오는 매우 인상적이었는데, 이것은 트라우마를 바라보던 내 기존의 시각을 180도 바꿔놓았다. 정신치료 분야에서 흔히 생각하는 약물치료나 고통스러운 기억들을 다시 떠올려 말하게 하는 대화치료 없이도 트라우마는 우리 몸의 타고난 자기조절 능력에 의해 충분히 해소될 수도 있다는 내용은 당시 나에게는 신선한 충격이었다. 이날의 워크샵은 인신매매라는 끔찍한 트라우마를 겪은 내 클라이언트들의 종종 이해하기 힘들었던 생각과 행동을 이해하는 데 큰 도움을 주었고, 그들을 어떻게 보다 더 효과적으로 도울 수 있을지 생각하게 했다. 언젠가 훈련 과정에 참가해 배움의 깊이를 더하고 싶다는 생각을 하며, 나는 기억 속 어딘가에 이날의 감동을 담아두었다.

    그리고 몇 년 후, 물이 차오르는 타이타닉호에서 바이올린을 켜던 오케스트라 단원의 심정처럼 내 인생의 모든 것이 곧 가라앉을 것만 같은 경험을 하던 순간, 갑자기 그 날의 워크샵에서 봤던 레빈 박사의 모습이 구명 조끼와 같이 내 눈 앞에 떠올랐다. 상상 속 구명 조끼를 움켜잡으며, 나는 레빈 박사의 지혜를 배우겠다는 일념으로 SE 실천가 훈련 과정을 시작했다. 2년간의 훈련 과정은 나를 전문적인 상담사, 그리고 트라우마 치료사로서 성장시켰을 뿐 아니라 개인적으로도 나 자신을 더 깊게 이해하고 내적 고통으로부터 자유로워지게 하는 계기가 되었다.

이후 나는 레빈 박사와 SE를 통한 내 변화와 트라우마 치료에 대한 이야기를 나눌 기회들이 있었는데, 박사는 내 이야기들을 항상 흥미롭게 들어주셨고 SE의 치료 원리가 체계적으로 정리된 〈무언의 목소리In an Unspoken Voice〉 속 지혜들을 고국인 한국에 전하고 싶다는 나의 생각에 기뻐하셨다. 그리고 SE가 동양문화와 만나는 지점들이 있으니 한국의 독자들에게 이미 친숙한 부분이 있을 것이며, 치료 원리와 함께 실린 상담 사례들이 한국의 트라우마 치유에 실질적인 도움이 될 수 있기를 바란다고 하셨다. 얼마 후 나는 한국의 첫 SE 실천가 훈련 과정에 보조훈련가로 참여하게 되었고, 그 곳에서 이정규 관장님, 유채영 교수님과 함께 공동 번역에 대한 의견을 모았다. 그리고 각자의 전공 분야와 실천 경험을 고려하여 1~6장은 이관장님이, 7~10장은 내가, 그리고 11~14장은 유교수님이 번역을 맡게 되었다. 지금 와 되돌아보면 이 모든 일이 마치 운명처럼 순조롭게 진행된 것만 같다.

2020년은 레빈 박사가 회기 중 중요한 치유의 순간에 "나는 살아있어. 그리고 실제로 존재해I am alive and I am real."라며 내담자에게 본인을 따라 말하기를 권하는 이 말이 매우 절실한 한 해라고 하겠다. 레빈 박사가 전하듯 트라우마는 전쟁, 테러, 강간 등 생사의 갈림길 또는 극한의 상황에 놓인 사람들만이 겪는 것이 아니라 누구든 본인이 할 수 있는 것을 하지 못하게 되는 상황에 놓여질 때, 그로 인해 극한 무력감을 느끼게 될 때 겪는 극도로 고통스러운 경험을 의미한다. 새해가 시작되면서 우리는 전세계적인 신종 코로나바이러스 감염증COVID-19의 위기로 트라우마 전 상태에 놓였다 해도 과언이 아닐 것이다. 우리는 역사 이래 무력감, 공포, 미래의 불확실성, 끝이 보이지 않는 상황, 상호간 기대치의 차이, 경계의 문제 등 또 한번 예측 불가능한, 스트레스가 가득한 세상을 경험하고 있으며, 효과적인 트라우마 예방법과 치료법에 대한 실질적인 정보가 더욱 절실한 시점에 와있다.

내가 미국에서 임상사회복지사로 활동하며 느낀 점은 트라우마 예방과 치료의 높은 수요에도 불구하고 전문가들 사이에서조차 실제로 트라우마의 본질이나 효과적인 치료법에 대한 이해도는 아직 상당히 낮다는 점이다. 특히 최근 신경과학계의 진보와 그에 따른 연구결과들을 바탕으로 트라우마의 효과적인 치료법으로 점차 입증되고 있는, 그러나 기존 대화치료들에 비해 상대적으로 역사가 짧은 SE와 같은 몸과 마음을 아우르는 신체 기반 치료법들은 아직까지 널리 받아들여지지 못하고 있다.

대안적인 치료법들에 대해 유연하지 못한 불합리한 현실에 대해 트라우마 치료 분야의 거장인 베셀 반 데어 콜크Bessel Van Der Kolk 박사는 트라우마 치료전문가들에게 "당신도 부패한 사회의 일부분이 될 것인가!"라는 따끔한 질문을 던진다. 레빈 박사의 SE를 높게 평가하고 공개적으로 지지한 반 데어 콜크 박사는 몇 달 전 미국 캘리포니아에서 개최된 트라우마 학회에서 현재 상황의 가장 큰 문제점은 미국 의료 시스템 내의 제약 회사 및 보험회사를 포함한 여러 이해 집단들이 이와 같은 트라우마의 대안적 치료법들에 대한 연구나 실천을 지지하지 않는 데 있다고 지적한 바 있다.

나는 이 책을 통해 한국의 실무자들에게 트라우마의 본질 및 치유의 필요조건, 그리고 SE의 원리와 치료과정에 대한 정보를 제공하고, 기존 트라우마 치료법의 한계에 대해 생각해 보는 기회를 제공하고 싶다. 사회적 추세가 당장 바뀌는 것을 기대하기는 힘들지만 사회 변화는 개인의 변화에서 시작된다고 믿기 때문이다. 그리고 나는 이 책이 일반인들에게도 소개되고 도움이 될 수 있기를 기대한다. 우리는 어쩌면 전 세계적 역병의 위기 속에서도 차분한 상태를 유지하며 주체 의식을 갖고 하루 하루를 살아나갈 수 있는 비법을 이 책 속에서 얻을 수 있을지 모른다. 세상을 바꾸지는 못할지라도 지금 상황을 대하는 우리 스스로의 자세는 충분히 바꿀 수 있기 때문이다.

레빈 박사에 따르면 트라우마의 근본적인 특징에는 불가측성과 부동 상태가 있다. 트라우마 치유의 핵심이라 할 수 있는 신뢰, 예측 가능성, 그리고 유동성은 우리가 일상에서 충분히 실천하고 이뤄낼 수 있는 것들이다. 조금이라도 몸을 움직이는 시간을 갖는 것, 매일 시간을 정해 잠시라도 운동을 하거나 움직이며 집안일을 하는 것은 우리의 부동상태 해소에 도움이 된다. SE에서 설명하는 우리 내부 감각들에 주목하여 이를 살피는 연습을 시작하고, 매일 특정 시간에 우리의 몸을 움직여 몸 속 기운, 영향력, 주체성을 느끼는 기회를 갖는 것은 위기 상황에서 더 나아가 트라우마 상태로 악화되는 것을 예방하는 데에 도움이 될 것이다. 이처럼 레빈 박사가 이 책을 통해 전하는 지식과 인생의 지혜들이 내게 그랬던 것처럼 지금 이 순간 힘든 시간을 보내고 있는 많은 이들에게 구명 조끼가 되길 바란다.

이 책을 소개하기 위한 준비 과정이 보람 있고 기뻤지만 한편으로는 저자의 방대한 지식과 치료 경험을 독자들에게 최대한 정확하고 잘 읽힐 수 있게 전해야 한다는 부담감도 있었다. 트라우마로 인한 고통과 어려움을 겪고 계신 분들과 트라우마 치유 관련 실천 현장의 전문가들에게 도움이 되기를 기대하는 마음으로 번역 과정 역시 또 다른 학습과 성장의 시간이 될 수 있었다. 또한 전세계적인 위기로 인해 그 어느 때보다 치유가 필요한 시점에 이 책이 출간된다는 사실이 역자들에게는 번역 작업의 의미를 더해 주었다.

무엇보다도 많은 분들의 격려와 지지가 있었기에 이 책의 출판이 가능했다. 트라우마 치료사의 길로 인도해주시고 이 책을 통해 한국과 미국을 잇는 다리가 되길 응원해주신 피터 레빈 박사, 박사의 절친이며 한없이 인자하신 부치Butch, 이 책이 나오기까지 긴 시간 기다려 주시고 도와주신 박영사의 안상준 대표님, 임재무 상무님, 노현 이사님, 편집부 조보나 대리님과 관계자 여러분께 심심한 감사를 드린다. 그리고 사랑과 지혜, 시련 속 유머로 내 안전의 섬이 되어주는 부모님, 언니, 데이빗David과 토리Tori의 응원은 번역 내내 큰 힘이 되었다. 마음 깊은 곳에서 감사와 사랑을 전한다.

마지막으로, 치료사로써 평생 잊지 못할 무언의 목소리를 들려준 내 클라이언트들에게 감사한다. 끔찍한 인신매매와 인체 실험의 트라우마를 이겨냈으나 폐암과 싸우다 세상을 떠난, 그 누구보다 친절했던 메리Mary, 그리고 가정폭력과 약물중독의 트라우마로 고통 받다 피살 당한 조Joe. 이 두 사람과 그 가족들은 내게 인간의 자비와 용기가 어디까지 가능한지 보여주었고, 내 가슴 속에 트라우마 치유에 대한 꺼지지 않는 불을 지펴주었다. 그들은 나를 트라우마 치료사의 길로 들어설 수 있게 해주었고 변함없이 나를 응원하는 모습을 내 마음에 심어 주었다. 이 외에도 과거의 트라우마, 현재의 고통, 그리고 치유의 순간들을 내가 함께 할 수 있도록 허락해준 내 모든 클라이언트들에게 진심으로 감사의 말을 전한다.

역자 대표 박수정

감사의 글

▼

우리의 '인간 존재'를 이루고 있는 모든 것은
우리 이전에 살았던 이름 모르는 수많은 사람들 덕분인데,
그들의 업적들은 우리에게 선물로 주어졌다.
— 하스H. Hass (1981)

오늘날의 내가 있기까지, 나는 자연환경 속 동물들을 연구하는 생태학자들의 훌륭한 과학 전통과 계보에 큰 은혜를 입었다. 이는 인간 동물에 대한 나의 자연주의적인 관점의 바탕이 되었다. 이러한 자연주의적인 세계관을 추구하도록 여러 제안들과 친절한 지지의 말들로 나를 응원해 준 노벨상 수상자 니콜라스 틴베르헌Nikolaas Tinbergen에게 개인적인 감사의 마음을 전한다. 그리고 역사에 남은 저술 선물 이외에는 비록 그들을 한번도 만난 적은 없지만, 콘라트 로렌츠Konrad Lorenz, 하인츠 폰 홀스트Heinz von Holst, 폴 레이하우젠Paul Leyhausen, 데즈먼드 모리스Desmond Morris, 에릭 살첸Eric Salzen, 그리고 이레네우스 아이블 아이베스펠트Irenäus Eibl-Eibesfeldt에게 영광을 돌린다. 또 다른 '가상'의 스승으로는 나에게 초기 신경생리학적 사고를 가르쳐준 에른스트 겔혼Ernst Gellhorn과 '구분되지 않고 결합된 몸과 마음의 통일체'에 대한 관점을 견고히 할 수 있도록 도움을 준 아케르 아센Akher Ahsen이 있다.

내가 넓은 어깨에 의지하고 있는 위대한 사람은 의학 박사 빌헬름 라이히Wilhelm Reich이다. '생명력'의 이해에 대한 그의 대단한 기여는 말수가 적고 간명한 지혜를 지닌 필립 커큐루토Philip Curcuruto를 통해 배울 수 있었다. 자기수용에 대해서는 거의 아는 것이 없었던 나에게 가르침을 준 리처드 올니Richard Olney와 리처드 프라이스Richard Price에게도 깊은 감사를 전한다. 과학자이자 치유자로서 내 정체성을 형성하는 데는 아이다 롤프Ida Rolf 박사를 알게 된 (그리고 영감을 얻은) 것이 기폭제가 되

었다. 의식 변성 상태에 관한 버지니아 존슨Virginia Johnson 박사의 결정적 이해에 감사하며, 1960년대 나의 초창기 몸/마음 임상을 믿고 내 첫 내담자 낸시를 의뢰한 에드 잭슨Ed Jackson에게 감사한다.

나에게 수많은 지지와 도움을 준 친구들에게도 감사의 마음을 전한다. 나는 이미 정신생리학 분야의 일인자가 된 스티븐 포지스Stephen Porges와 (1978년부터 시작하여) 수년간 수많은 흥미로운 토론을 벌였다. 이후 수십 년간 우리는 아주 유사하며 서로 겹치기도 하는 전문적 발전과 특별한 우정을 함께 나누었고 우리 두 사람의 여정은 계속 마주치곤 했다. 베셀 반 데어 콜크Bessel van der Kolk 박사의 열렬한 탐구심, 트라우마에 대한 폭넓고 포괄적인 식견, 트라우마 분야를 지금의 상황으로 발전시킨 연구를 수행한 전문가로서의 삶, 그리고 현존하는 구조들에 이의를 제기하는 용기에 감사와 존경을 보낸다. 우리가 여름날 버몬트의 이스트 롱 호숫가에서 함께 수영하고 웃고 트라우마에 대해 밤새워 이야기하던 시간들을 애틋하게 회상해본다.

이 책을 출판하는 데 있어 창의적인 도전과 편집이 가능했던 것은 로라 레갈부토 Laura Regalbuto, 매기 클라인Maggie Kline, 그리고 피비 호스Phoebe Hoss 덕분이다. 또한 훌륭한 기술적 도움을 준 저스틴 스네이블리Justin Snavely에게도 감사의 말을 전한다. 그리고 다시 한번, 프로젝트 매니져 에밀리 보이드Emily Boyd, 편집자 폴 매커디Paul Mc-Curdy와 더불어 북대서양 서적과의 지속적인 파트너십을 통한 공동 노력에 감사한다.

내 치료 작업의 표현 수단인 생명을 나에게 선물하시고 물리 평면상 '반대쪽'에서 분명한 지지를 보내시는 나의 부모님, 모리스와 헬렌께 감사 드린다. 그리고 동물의 세계로 안내하고 내 신실한 벗이 되어준 딩고견 파운서에게 감사한다. 나는 놀이와 좋은 느낌의 즐거운 추억을 지니고 있다. 파운서는 (사람으로 치면 분명 백 살이 넘은) 17살에도 육체적 삶에서의 생기 넘치는 기쁨을 변함없이 나에게 보여주었다.

마지막으로, 내 인생 여정을 이끌고 안내해준 수많은 '우연의 일치들', '우연한' 회합들, 동시성, 숙명적 우회들에 경외감을 느낀다. 창조적인 탐색의 삶이라는 축복을 받았으며, 고통의 완화에 기여하는 영광은 그 가치를 헤아릴 수 없을 만큼 소중한 선물이었다.

이 같은 치료 작업의 전통을 이어가고 있는 전 세계의 내 모든 스승들, 제자들, 단체들, 그리고 친구들에게 감사를 전한다.

피터 레빈Peter A. Levine

서문

▼

    피터 레빈의 역작 〈**무언의 목소리**In an Unspoken Voice〉는 스트레스와 트라우마의 본질에 대한 그의 평생의 연구와 선구적인 치료법의 집대성이다. 이 책은 그가 한 사람으로서, 그리고 치료사로서의 자신의 경험들을 털어놓았다는 점에서 그의 책 중 가장 개인적이고 시적이라 할 수 있다. 또한 그의 여러 책들 중 가장 과학에 기반을 둔 학문적인 책이기도 하다.

    첫 장 앞 부분의 제목인 '친절함의 힘'은 피터의 가르침의 정수를 보여준다. 자동차 사고로 부상을 입은 피터는 자신의 신체적, 정서적 경험에 온전히 주의를 기울이고 그 경험들이 펼쳐지는 것을 가능케 한 본인의 의지를 통해 치유의 잠재력이 풀려나는 것을 알게 된다. 이 과정은 연민 어린 한 사람의 존재로 인해 가능해진다. 좋은 느낌의 힘, 이 경우 건강과 균형을 회복할 수 있는 생명체의 타고난 역량은 친절함과 수용을 구현함으로써 트라우마를 방지하도록 도운 어느 이해심 있는 목격자에 의해 더 힘을 얻었다.

    피터는 당연히 이런 것들은 정신적 외상을 치료하는 사람들이라면 필수적으로 갖춰야 하는 자질들이라고 보았다. 그의 말처럼 치유자라면 반드시 '**상대적으로** 안전한 환경, 즉 안식처, 희망, 그리고 가능성을 전하는 분위기를 조성할 수 있도록 도와야' 한다. 그러나 정신적 외상을 입은 사람들은 종종 연민을 이해하거나 온전히 받아들이지 못하기 때문에 그저 순수한 공감과 따뜻한 치료 관계만으로는 충분치 않다. 그들은 매우 억눌려 있으며, 진화상 우리의 선조인 양서류나 파충류에게 더 적합한 1차적 방어기제들에 갇혀 있기 때문이다.

    그렇다면 과거의 트라우마로 인해 상처받고 지쳐버린 사람들에게 치유자가 할 수 있는 일은 무엇일까? 그것은 바로 그들이 자신의 몸이 전하는 무언의 목소리에 귀를 기울이고 분노와 두려움의 강력한 '생존 정서들'에 압도되지 않은 채 이를 느낄 수 있도록 돕는 것이다. 피터가 수십 년 전 기발하게 알아차린 것처럼, 트라우마는 신체적 또는 정서적 고통을 유발하는 외부 사건이나 그 고통 자체에 있는 것이 아니라 고통스러운 사건들에 대한 우리의 원시적인 반응들에 우리 스스로 갇혀버리는 데에 있다. 트라우마는 우리가 갇혀버린 에너지를 방출해내지 못할 때, 고통스러운 경험에 대한 신체적, 정서적 반응들을 완전히 헤쳐나가지 못할 때에 발생한다. 트라우마는 우리에게 일어난 일이 아니라, 공감하는 목격자의 부재 시 우리가 내면에 품고 있는 것이다.

그렇다면 구원은 몸 안에서 찾을 수 있다. 레빈은 "대부분의 사람들은 트라우마를 '정신적' 문제, 더 나아가 '뇌 질환'이라고 여긴다. 하지만 트라우마는 몸 안에서도 일어나는 무언기이다."라고 언급한다. 실제로 그는 트라우마가 무엇보다도 먼저 몸 안에서 일어남을 보여준다. 트라우마와 연관된 정신상태들은 중요하지만 이차적인 것이다. 그는 몸에서 시작되고 마음이 뒤따른다고 이야기한다. 이런 이유로, 지성이나 감정에 관여하는 '대화 치료'는 충분히 깊은 곳까지 도달하지 못한다.

치료사/치유자는 내담자 안에서 '얼어붙은' 트라우마의 심리정서적이고 신체적인 징후들을 인식할 수 있어야 한다. 그는 내담자들이 스스로 보고 듣는 법을 안전하게 배울 수 있도록 몸의 '무언의 목소리'를 듣는 법을 배워야만 하는 것이다. 이 책은 몸이 전하는 무언의 목소리를 듣는 법에 대한 명인강좌이다. 레빈은 "내가 설명하는 특정 방법론에서 내담자는 자신의 신체 감각과 느낌들을 인식하고 통달하는 법을 키울 수 있도록 도움을 받는다."라고 기술했다. 그는 치유의 핵심은 이 '비언어적 영역을 이해하는 데' 있다고 주장한다. 그는 진화, 동물 본능, 포유류 생리학, 그리고 인간의 두뇌를 연구하는 외견상 (그러나 오직 외견상으로만) 전혀 다른 여러 과학 분야들의 통합과 치료사로서 어렵게 얻은 자신의 경험들을 통해 그 비밀을 알아낸다.

잠재적으로 트라우마를 초래할 수 있는 상황들은 높은 생리적 흥분 상태를 유발하는 동시에 이에 영향받은 사람이 그 상태를 표현하거나 지나쳐갈 수 있는 자유가 없는 상황들이다. 즉, 이것은 싸움 또는 도주의 가능성이 없이 무서운 포식자와 마주친 야생동물이 그러하듯 그 후에 이를 '털어낼' 기회조차 없는 위험 상황이다. 동물생태학자들이 **긴장성 부동성**이라 부르는 매우 심각한 위험에 처했을 때 일반적으로 느끼는 무력감을 특징으로 하는 마비와 신체적, 정신적 차단 상태가 그 사람의 삶과 기능을 지배하게 된다. '겁에 질린 채 몸이 굳어버리는 것'이다. 동물들과 달리 인간은 일시적으로 얼어붙은 **상태**가 장기적인 **특성**이 되어버린다. 피터 레빈은 트라우마 생존자는 '일종의 어중간한 상태에 갇혀버려 삶에 다시 온전히 참여하지 못하는' 상태로 남을 수 있다고 언급한다. 다른 이들이라면 약간의 위협 내지는 직면할 수 있는 정도의 어려움으로 감지할만한 상황들에서 트라우마를 입은 사람은 위협, 두려움, 그리고 정신적, 신체적 무력함을 일종의 몸과 의지의 마비로 경험한다. 이와 같이 부과된 무력감 뒤에는 수치심, 우울증, 자기혐오가 따른다.

정신과 의사이자 연구자인 대니얼 시겔Daniel Siegel의 예리한 발언처럼 미국정신의학회의 〈정신질환의 진단 및 통계편람DSM〉은 '고통이 아니라 범주를 다룬다.' 피터 레빈의 가르침에서 중심 부분은 트라우마를 DSM의 외상후 스트레스장애PTSD에 해당하는 진단상의 특성들로만 제한할 수는 없다는 것이다. 그는 트라우마는 질병이 아니며, 생존 본능에 뿌리를 둔 인간의 경험이라고 주장한다. 만일 세심하게 단계를 나눈 상태에서 우리의 본능적 반응들을 충분히 표현할 수 있게 한다면, 트라우마 상태가 그를 겪은 사람에게 미치는 영향을 완화시킬 수 있다. 이후 좋은 느낌, 즉 활력의 회복이 뒤따르는데, 이것은 내면으로부터 일어난다. 레빈은 "트라우마는 삶의 실상이다. 하지만 이것이 종신형이 될 필요는 없다."라고 이야기한다. 우리의 고통 속에는 구원 또한 존재한다. 그가 보여주듯이 트라우마 상태를 좌우하는 정신생리학적 시스템들은 좋은 느낌과 소속감이라는 가장 중요한 감정에도 영향을 준다.

피터가 내담자들이 '얼어붙은 상태에서 풀려나는 것'을 관찰하고 서술하는 과정에서 미묘한 세부 사항들을 놀라울 정도로 자각하고 이에 주목하는 것과 더불어 그러한 과정을 안내하고 촉진하는 기술은 피터의 가르침의 핵심이다. 나는 이 원고를 읽으면서 트라우마가 있고 종종 중독자인 사람들과 일했던 시기에 내가 관찰했던 것들을 떠올리며 자주 '아하'하는 순간을 경험했고, 이에 감명을 받았다. 나는 그와 같은 나의 임상적인 관찰뿐 아니라 개인적인 경험들도 이제 새로운 방식으로 이해할 수 있게 되었다. 그리고 피터가 인정하듯이, 이처럼 치료사가 본인의 경험을 조율하는 것은 치유 과정을 올바른 길로 인도하는 데 있어 필수적이고 매우 중요한 일이다.

피터 레빈과 독자들이 함께 하는 이 여정은 영성과 트라우마의 탐색을 통해 마무리된다. 그는 이 둘 사이에 '본질적이고 결합된 관계'가 있다고 기술했다. 육체에 뿌리를 두고 있는 우리 인간은 영적인 존재이다. 정신과 의사인 토마스 호라Thomas Hora가 통찰력 있게 지적했듯이, '모든 문제들은 심리적이나 모든 해결책은 영적이다.'

이 책을 통해 피터 레빈은 트라우마의 치유에 있어 이론가, 임상가, 스승으로서 선두에 섰다. 치료 공동체 안의 우리 모두는, 즉 의사, 심리학자, 치료사, 치유 지망생, 관심 있는 일반인들은 피터가 터득한 지혜를 집대성한 이 책으로 인해 매우 풍족해졌다.

의학 박사 가보 마테Gabor Maté, MD
〈아귀(餓鬼)들의 영역에서: 중독과의 만남In the Realm of Hungry Ghosts:
Close Encounters with Addiction〉의 저자

차례

PART 1

PART 2

PART 3

PART 4

무언의 목소리

PART 1

뿌리: 우리가 춤 출 무대

우리는 삶의 토대까지 깊이 내려가야 한다.
그저 피상적인 정돈으로는 삶의 깊은 욕구를 충족할 수 없고
아무런 시도를 하지 않은 것이나 다름 없다...

— 〈주역〉, 48괘 '우물' (기원전 2500년경)

1장

무언의 목소리가
가진 힘

가슴 속에서 두려움과 떨림이 무엇인지를 배운 사람은
외부의 영향으로 인한 그 어떤 공포에 대해서도 안전하다.

- 〈주역〉, 51괘 (기원전 2000년경)

우리가 아무리 자신 있다 해도, 삶은 순식간에 철저히 망가질 수 있다. 성경에 나오는 요나의 이야기에서처럼, 우리는 트라우마와 상실이라는 알 수 없는 힘들에 완전히 집어 삼켜져 차갑고 어두운 고래 뱃속으로 던져지기도 한다. 그럴 때 우리는 함정에 빠져 길을 잃은 채 공포와 무기력에 절망적으로 얼어붙는다.

2005년 초, 남부 캘리포니아의 향긋한 아침에 나는 집에서 걸어 나왔다. 부드럽고 따스한 바닷바람에 발걸음이 가벼워졌다. 분명 이날은 다른 지역 사람들이라면 눈삽을 내던지고 남부의 따뜻하고 화창한 해변으로 이사 가고 싶어 할 그런 겨울 아침이었다. 그 무엇도 잘못될 수 없다는 확신이 들고 나쁜 일이라곤 일어날 것 같지 않은 그런 완벽한 하루의 시작이었다. 하지만 나쁜 일이 생겼다.

 ## 결정적 순간

나는 절친 버치의 60세 생일을 축하할 행복한 기대에 차 걷고 있었다.

나는 횡단보도로 내려섰다...

... 잠시 후, 마비되고 멍한 상태로 나는 길바닥에 누워 있다. 움직일 수도 숨을 쉴 수도 없다. 내게 방금 무슨 일이 일어난건지 알 수 없다. 어쩌다 내가 여기에 있

는 거지? 소용돌이치는 믿을 수 없는 혼란 속에서 사람들이 내게로 달려온다. 그들은 아연실색하며 멈추어 선다. 불쑥, 그들이 내 팔다리와 뒤틀린 몸에 눈을 고정시킨 채 원을 좁혀들며 내 주변을 맴돈다. 무기력한 내 관점에서 그들은 상처 입은 먹잇감을 내려 덮치는 육식성 갈까마귀 떼처럼 보인다. 나는 천천히 주위를 둘러보며 나의 현재 위치를 파악하고, 실제로 나를 공격한 게 무엇인지를 확인한다. 섬광이 터지는 옛날식 사진처럼 라디에이터 안전망을 이빨처럼 드러내고 앞 유리가 산산 조각난 베이지색 차가 내 눈에 들어온다. 차 문이 갑자기 벌컥 열린다. 눈이 휘둥그레진 십대 여자아이가 튀어나온다. 아이는 공포에 질린 멍한 눈으로 나를 뚫어지게 쳐다본다. 이상하게도 나는 방금 무슨 일이 일어났는지 알 것 같으면서 또 동시에 잘 모르겠다. 사건의 여러 단편들이 모이기 시작하면서 끔찍한 현실이 전해진다. **횡단보도에 내려서다가 차에 치인 게 틀림없어.** 믿기지 않는 혼돈 속에 나는 흐릿한 여명 속으로 다시 가라앉는다. 나는 명확하게 생각할 수도 이 악몽에서 깨어날 의지도 없음을 깨닫는다.

한 남자가 달려와 내 옆에 무릎을 꿇는다. 그는 자신이 비번 중인 구급대원이라고 소개한다. 목소리가 어디서 나는지 보려고 하자, 그가 엄한 목소리로 지시했다. "머리를 움직이지 마세요." 그의 날카로운 지시와 내 몸이 자연스럽게 원하는 것, 즉 목소리가 나는 쪽으로 향하려는 것 사이의 모순에 나는 겁에 질리고 놀라 일종의 마비 상태가 된다. 나의 자각은 이상하게 분열되고, 나는 묘한 '이탈'을 경험한다. 이는 마치 내가 내 몸 위를 떠다니며 장면이 펼쳐지는 것을 내려다보는 것과 같은 느낌이다.

그가 거칠게 내 손목을 잡고 맥박을 재는 바람에 나는 흠칫 놀라 되돌아온다. 그가 자세를 바꿔 내 바로 위에 자리 잡는다. 내 고개가 움직이지 않도록 그는 엉거주춤하게 양손으로 내 머리를 붙잡는다. 그의 갑작스러운 행동과 쏘는 듯 울리는 지시에 나는 공황 상태에 빠져 점점 더 움직일 수 없게 된다. 극심한 두려움이 몽롱하고 어렴풋한 내 의식 속으로 스며든다. 나는 **어쩌면 목이 부러졌을지 모른다**는 생각을 한다. 집중할 **다른** 누군가를 찾고 싶은 강한 충동을 느낀다. 나는 그저 누군가의 위로가 되는 눈길이, 붙들고 있을 생명줄이 필요하다. 하지만 나는 움직이기에는 너무 겁에 질렸고 무기력하게 얼어붙어 버렸다.

착한 사마리아인이 내게 여러 가지를 연달아 물었다. "이름이 뭐예요? 지금 어디에 있는지 아시겠어요? 어디를 가던 중이었죠? 오늘은 며칠인가요?" 하지만 나는 내 입과 연결할 수 없고 말을 만들지 못한다. 질문에 답할 기력이 없다. 그의 질문 방식에 나는 방향감각을 더 잃고 완전히 혼란스러운 상태가 된다. 마침내 나는 간신히 단어를 만들어 소리 내어 말한다. 내 목소리는 긴장되어 목이 멘 듯하다. 나는 양손과 말을 통해 그에게 "좀 물러서 주세요."라고 요청한다. 그가 내 말에 따른다. 마치 중립적인 관찰자가 아스팔트 위에 널브러져 있는 사람에 대해 말하는 것처럼, 나는 그에게 내가 머리를 움직이면 안된다는 사실을 이해하고 있고 질문에는 나중에 답하겠다며 그를 안심시킨다.

 ## 친절함의 힘

몇 분 후, 한 여성이 차분하게 다가와 조용히 내 옆에 앉는다. "저는 의사예요. 소아과 의사요. 제가 도와드릴 게 있을까요?"라고 묻는다.

나는 "그냥 저와 함께 있어 주세요."하고 답한다. 그녀의 소박하고 친절한 얼굴은 나에게 힘이 되고 나를 차분하게 걱정해주는 듯하다. 그녀가 두 손으로 내 손을 감싸고, 나는 그녀의 손을 꼭 움켜쥔다. 그녀도 부드럽게 내 손을 움켜쥔다. 내 눈이 그녀의 두 눈과 마주치자 내 눈에 눈물이 차오른다. 그녀의 은은하고 이상하리만치 익숙한 향수 냄새에 나는 혼자가 아니라는 느낌을 받는다. 든든한 그녀의 존재가 나를 정서적으로 지원해 주는 느낌이다. 떨리는 방출의 파도가 나를 관통해 지나가고, 나는 처음으로 크게 숨을 들이마신다. 그러자 걷잡을 수 없는 공포의 전율이 내 몸을 꿰뚫고 지나간다. 눈물이 흘러내린다. 내 마음속에서, **이런 일이 내게 일어났다니 믿을 수 없어, 이런 일은 있을 수 없어, 이건 내가 오늘 밤 버치 생일을 위해 계획한 게 아니야**라는 말들이 들린다. 나는 알 수 없는 후회의 깊은 역류 속으로 빨려 들어간다. 내 몸은 계속해서 마구 떨린다. 현실감이 들기 시작한다.

잠시 후, 격렬한 전율은 보다 부드러운 떨림으로 바뀌기 시작한다. 나는 두려움과 슬픔의 파도를 번갈아 느낀다. 내가 심하게 부상당했을지 모른다는 냉혹한 가능성이 떠오른다. 어쩌면 불구가 되어 남의 도움을 받으며 휠체어를 타게 될지도 모른다. 다시 한번 깊은 슬픔의 파도가 나를 덮친다. 나는 슬픔에 삼켜질까 두려워 그녀의 두 눈에 의지한다. 조금 느려진 호흡에 그녀가 뿌린 향수 냄새가 내게 전달된다. 그녀의 지속적인 존재감이 나를 지탱해준다. 나를 압도하던 격한 느낌이 약해지자 나의 두려움도 약해지고 진정되기 시작한다. 나는 일말의 희망과 뒤이어 오는 격렬한 분노의 파도를 느낀다. 내 몸은 계속 떨리고 전율한다. 몸이 번갈아 가며 얼음처럼 차갑다가 열병에 걸린 듯 뜨거워진다. 붉게 타오르는 듯한 분노가 내 뱃속 깊숙이에서부터 터져 나온다. **어떻게 저 멍청한 녀석은 횡단보도에서 날 칠 수가 있지? 도대체 앞을 보고나 있었던 거야? 빌어먹을 것 같으니!**

날카로운 사이렌 소리와 번쩍이는 붉은 불빛이 모든 것을 가로막는다. 내 배가 조여들고, 내 눈은 다시 한번 그 여성의 친절한 눈길을 찾는다. 우리가 손을 꼭 잡자 배의 뭉친 느낌이 풀어진다.

내 상의가 찢겨나가는 소리가 들린다. 나는 화들짝 놀라 널브러진 내 몸 위를 떠도는 관찰자의 시점으로 다시 한번 튀어 오른다. 제복을 입은 낯선 사람들이 내 가슴에 꼼꼼하게 전극을 부착시키는 것을 지켜본다. 그 착한 사마리아인 구조대원이 누군가에게 내 맥박이 170이라고 보고한다. 내 상의가 더 찢겨나가는 소리가 들린다. 응급구조팀이 목 보호대를 내 목에 끼워 넣고 조심스럽게 나를 들것에 싣는 것이 보인다. 그들이 나를 끈으로 고정시키는 동안, 잡음 섞인 무전 소리가 들린다. 응급구조팀이 전체 외상 팀을 요청한다. 비상 호출에 정신이 번쩍 든다. 나는 그들에게 현 위치에서 1~2킬로미터 떨어진 인근 병원으로 데려다 달라고 요청했지만, 그들은 내 부상 정도가 너무 심해 50킬로미터는 더 떨어진 라호야 지역의 중증외상센터로 가야 한다고 전한다. 가슴이 철렁 내려앉는다. 그런데 놀랍게도, 두려움은 빠르게 가라앉는다. 구급차에 들어 올려질 때 나는 처음으로 눈을 감는다. 나를 도와주던 그 여성의 어렴풋한 향수 냄새와 차분하고 친절한 눈빛이 마음에 남는다. 다시 한번, 나는 그녀의 존재가 주는 정서적 지지와 위로를 느낀다.

구급차 안에서 눈을 뜨자 나는 아드레날린으로 잔뜩 충전된 것처럼 과도하게 각성된 느낌을 받는다. 강렬하긴 하지만 그 느낌이 나를 압도하지는 않는다. 내 눈은 여기저기 빠르게 둘러보며 불길한 예감이 드는 낯선 환경을 살펴보려 하지만, 나는 의식적으로 내면을 향해 집중한다. 나는 신체 감각들을 찬찬히 살피기 시작한다. 이렇게 적극적으로 집중하자 내 온몸에서 느껴지는 강렬하고 불편한 윙윙거림이 내 주의를 끈다.

이 불편한 감각과는 다른, 왼쪽 팔에서 느껴지는 이상한 긴장을 알아차린다. 나는 이 감각을 내 의식의 전면으로 불러와 팔의 긴장이 점점 커지는 것을 추적한다. 점차적으로, 나는 팔이 구부리고 위로 움직이고 **싶어 한다**는 것을 알아차린다. 움직임을 향한 이런 내적 충동이 커지는 동안, 내 손등 또한 돌고 **싶어 한다**. 아주 살짝이지만, 나는 손이 마치 타격으로부터 얼굴을 보호하려는 것처럼 얼굴 왼쪽을 향해 움직이는 것을 감지한다. 갑자기 내 눈앞으로 베이지색 차의 창문 이미지와, 번쩍 섬광이 터지는 스냅사진에서처럼 거미줄처럼 산산이 조각난 창문 뒤편에서 멍하게 쳐다보는 두 눈의 모습이 다시 한번 지나간다. 순간적으로 내 왼쪽 어깨가 차의 앞 유리에 부딪치는 둔탁한 '칭'하는 소리가 들린다. 그러자 예상치도 않은 안도감이 나를 감싸고 밀려든다. 내가 다시 몸 안으로 돌아오는 듯한 느낌을 받는다. 윙윙대는 전기소리가 물러났다. 멍한 눈과 산산이 조각난 창문의 이미지도 멀어지며 녹아 사라지는 것 같다. 이 장소에서, 나는 집을 나와 부드럽고 따뜻한 햇볕을 얼굴에 느끼며 저녁에 버치를 볼 기대에 기뻐하는 모습을 그려본다. 내가 바깥에 초점을 맞추는 동안 내 눈의 긴장이 풀린다. 구급차 안을 둘러보자 어쩐지 낯설고 불길하던 느낌이 덜하다. 나는 보다 선명하게 그리고 '부드럽게' 볼 수 있다. 내가 더 이상 얼어붙어 있지 않고, 시간이 흐르기 시작했으며, 악몽에서 깨어나고 있다는 깊은 안도감을 느낀다. 나는 내 옆에 앉아있는 구조대원을 응시한다. 그녀의 차분함이 나를 안심시킨다.

울퉁불퉁한 길을 몇 킬로미터 더 달린 뒤에 나는 등 위쪽의 척추에서 또 다른 강한 긴장 패턴이 생겨나는 것을 느낀다. 내 오른팔이 바깥으로 뻗고 싶어 하는 것을 감지한다. 순간 번쩍 이미지가 보인다. 검은 아스팔트가 나를 향해 돌진하고 있다. 내 손이 철썩하고 도로를 치는 소리가 들리고 오른손바닥에 타는 듯한 쓰라림을 느낀다. 나는 이것이 내 머리가 길바닥에 부딪치는 것을 막으려고 내 손이 밖으로 뻗어나가려 하는 것과 연관이 있는 것이라 이해한다. 나는 내 몸이 나를 배신하지 않았다는, 치명적일 수 있는 부상에서 연약한 뇌를 지키기 위해 무엇을 해야 할지 정확하게 알고 있다는 데 깊은 감사와 함께 엄청난 안도감을 느낀다. 내 몸이 계속해서 약하게 떨리는 동안 나는 따뜻하고 얼얼한 감각의 파도와 함께 몸속 깊은 곳에서 내적인 힘이 쌓이는 것을 감지한다.

날카로운 사이렌 소리가 울려 퍼지는 동안 구급차의 응급구조원은 내 혈압을 재고 심전도를 기록한다. 그녀에게 혈압을 알려달라고 청하자, 그런 정보는 알려줄 수 없다며 친절한 전문가의 태도로 답한다. 나는 그녀와 대화를 더 나누며, 사람 대 사람으로서 교감하고 싶은 묘한 충동을 느낀다. 나는 그녀에게 차분히 내가 의사라고 알린다(반은 진실이다). 함께 농담을 주고받는 듯한 가벼운 느낌이 든다. 그녀가 의료기기를 좀 만지작거리더니 이것이 오측일 수 있다고 말한다. 잠시 뒤 그녀가 내 심장 박동수는 74이고 혈압은 125/70이라고 알려준다.

"처음 쟀을 때는 얼마였어요?"라고 내가 묻는다.

"글쎄요, 심장박동은 150이었어요. 우리가 왔을 때 처음 박동을 쟀던 남자 분은 170 정도였다고 했고요."

내가 깊은 안도의 한숨을 내쉰다. 나는 "고마워요."라고 말한 뒤, "정말 다행이네. PTSD는 안 생기겠네요."라고 덧붙인다.

"그게 무슨 말씀이시죠?" 그녀가 정말 궁금해하며 묻는다.

"그러니까, 제 말은 아마도 저한테 외상후 스트레스장애Posttraumatic stress disorder가 생기지는 않을 것 같다는 뜻이에요." 그녀가 여전히 어리둥절해 하는 것 같아, 나는 몸을 떤 것과 자기보호 반응을 따라간 것이 신경계를 '재설정'하도록 돕고 내가 몸으로 되돌아올 수 있도록 해 주었다고 설명한다.

"이렇게 해서 전 더 이상 싸움-도주 모드에 있지 않죠."하고 내가 덧붙인다.

"음... 그러면 사고 피해자들이 우리랑 씨름하는 이유가 그것 때문인가요? 그들이 아직 싸우거나 도망가기 상태라서요?"

"네, 맞아요."

"그러니까," 그녀는 덧붙인다. "제가 보니까 사람들을 병원으로 데려갈 때 의료진은 의도적으로 그들이 몸을 떨지 못하도록 하거든요. 때로는 끈으로 꼭꼭 묶거나 신경안정제를 주사하기도 하고요. 어쩌면 그런 게 그리 좋은 건 아니겠군요?"

"안 좋아요." 내 안의 선생이 확답한다. "일시적인 편안함은 줄지 몰라도, 그 사람들을 계속 얼어붙고 고착된 상태에 머무르게 하죠."

그녀는 자신이 최근에 위기사건보고라 불리는 '트라우마 응급 처치' 수업을 들었다고 말한다. "진행자들이 병원에서 우리한테 그걸 시도했어요. 우리는 사고 뒤에 어떻게 느꼈는지를 말했어야 했고요. 사건에 대해 이야기하고 나니까 저와 다른 구급요원들은 기분이 더 안 좋아졌어요. 그 후 저는 잠을 잘 수 없었죠. 하지만 당신은 무슨 일이 있었는지는 말하지 않고 있었어요. 제가 보기에는, 그냥 몸만 떨고 있었는데, 그것 덕분에 당신의 심장박동과 혈압이 내려온 건가요?"

내가 그녀에게 "맞아요."라고 답했고, 내 팔이 자발적으로 보여준 보호하려는 작은 움직임들도 일조했다고 덧붙였다.

"그럼 수술 후에 흔히 일어나는 떨림을 억제하기보다는 그냥 내버려 두면 더 빨리 회복되고 수술 후 통증도 줄어들 수 있겠네."라며 그녀는 혼잣말을 했다.

나는 웃으며 "그렇죠."라고 동의한다.

이 경험 자체는 끔찍하고 충격적이었지만, 이 경험을 통해 나는 내가 지난 40년 동안 개발하고 글을 쓰고 강의해온, 갑작스러운 트라우마를 다루는 방법을 실행해 보게 되었다. 내 몸이 전하는 '무언의 목소리'에 귀를 기울이고 **몸**이 하려는 것들을 하도록 허용함으로써, 즉 몸의 떨림을 멈추지 않고, 내면의 감각들을 '추적'하며, 그와 동시에 방어와 정향 반응들을 **완료**하도록 함으로써, 또한 '생존 감정들'인 분노와 공포를 느끼되 이에 압도되지 않음으로써, 나는 다행히 신체적으로나 정서적으로나 아무 탈 없이 회복할 수 있었다. 나는 감사한 마음이었을 뿐만 아니라, 내가 개발한 방법으로 나 자신을 구할 수 있었다는 점에 겸손해지고 고마운 마음이었다.

어떤 사람들은 그러한 트라우마에서 혼자 회복하기도 하지만, 많은 사람들은 그렇지 못하다. 수만 명의 군인들은 전쟁의 극단적인 스트레스와 공포를 경험한다. 거기에 강간, 성적 학대 및 폭행이라는 끔찍한 일들도 일어난다. 하지만 우리 중 많은 사람들은 수술이나 외과적 시술과 같은 훨씬 더 '평범한' 사건들에 압도된다.[1] 예를 들어, 최근 연구에서 정형외과 환자들 중 수술 후 심각한 PTSD 진단을 받는 경우가 52%나 되는 것으로 나타났다.

낙상, 중병, 버려짐, 충격적이거나 비극적인 소식을 전해 듣는 것, 폭력을 목격하는 것, 자동차 사고 등과 같은 다른 트라우마들도 PTSD로 이어질 수 있다. 이런 것들과 다른 상당히 흔한 경험들도 모두 잠재적으로 트라우마를 일으킬 수 있다. 그러한 사건들로부터 회복하지 못하거나 전문가로부터 회복에 적절한 도움을 받지 못했을 때, 우리는 수많은 신체적·정서적 증상들과 더불어 PTSD에 걸릴 수 있다. 사고가 났을 때 내가 알고 있던 지식이 없었다면, 혹은 그 여성 소아과 의사나 친절함을 느끼게 해 준 향기가 날 도와주는 행운이 없었다면 그때 그 사고가 어떻게 펼쳐졌을지 생각만 해도 끔찍하다.

 ## 방법 찾기

지난 40년 넘게 나는 차에 치였던 2월 아침에 내가 겪은 것을 포함해 사람들이 많은 유형의 트라우마를 헤쳐나갈 때 도움이 될 접근법을 개발해왔다. 이 방법은 트라우마 직후에 아니면 몇 년이 지난 후에도 똑같이 적용할 수 있다. 2장에 나오는, 뜻하지 않은 발견을 도운 나의 첫 내담자는 우리가 함께 치료하기 20년 전 일어났던 트라우마에서 회복할 수 있었다. 내가 '신체 경험 치료Somatic Experiencing®'라 부르는 이 방법은 두려움과 무기력의 상태를 변형시킬 생리적, 감각적, 정서적 상태가 되도록 돕는다. 이 방법은 우리의 **물리적인 신체 감각들을 자각**하여 여러 가지 본능적 반응들에 접근함으로써 이를 가능케 한다.

옛날부터 사람들은 두려움과 무기력함에 대항함으로써 강력하고 무서운 감정들을 이겨내려 했다. 종교 의례, 연극, 춤, 음악, 명상, 향정신성 물질 섭취가 그 몇 가지 예이다. 존재 방식을 바꾸는 여러 가지 방법들 중에서 현대 의학은 (제한된, 즉 정신과) 화학물질의 사용만 허락한다. 다른 '대처' 방법들은 요가, 태극권, 운동, 드럼 연주, 음악, 샤머니즘, 신체 중심 기법과 같은 대안적이고 소위 통합적인 접근법의 모습으로 나타난다. 많은 사람이 이러한 소중한 접근법들에서 도움과 위안을 찾고는 있지만, 이들은 상대적으로 구체적이지 않고 또 무섭고 압도적인 경험들을 변형시키는 데 핵심적인 특정한 생리적 메커니즘과 과정을 충분히 다루지 않는다.

내가 여기에서 기술하는 방법론은 내담자가 자신의 신체 감각과 느낌을 자각하고 통달하도록 돕는다. 몇몇 토착 문화권을 방문하면서 내가 관찰한 바로는, 이런 접근법은 전통적인 샤먼의 다양한 치유 의례와 닮은 점이 있다. 나는 트라우마 치유를 집단적이고 다문화적으로 접근하는 것이 치료에 새로운 방향을 제시할 뿐 아니라 궁극적으로는 몸과 마음 사이의 역동적인 쌍방향 커뮤니케이션을 근본적으로 더 깊이 이해하도록 할 것이라 제안한다.

나는 일생동안 그리고 이 책을 쓰면서도 임상가로서 매일매일의 작업과 다양한 과학 분야, 특히 자연환경에서 동물들의 행동을 연구하는 동물행동학의 발견 사이의 광대한 간극을 메우려 시도해왔다. 이 중요한 분야는 1973년 3명의 동물행동학자 니콜라스 틴베르헌Nikolaas Tinbergen, 콘라트 로렌츠Konrad Lorenz, 칼 폰 프리쉬Karl von Frisch가 노벨 생리의학상을 공동 수상하면서 정점에 달했다.*

이 세 과학자는 모두 꾸준하고 예리한 관찰로 동물들이 어떻게 몸으로 표현하고 소통하는지 연구했다. 몸을 통한 직접적인 의사소통은 사유와 언어를 바탕으로 하는 우리 인간 동물들도 하는 것이다. 정교한 언어에 의존하는 것처럼 보이지만 우리의 가장 중요한 교환의 많은 부분은 삶이라는 춤 안에서 우리 몸이 표현하는 '무언의 목소리'를 통해 일어난다. 이 비언어 영역을 해독하는 것이 내가 이 책에서 제시하는 치유 접근법의 근간이다.

몸과 뇌와 정신 안에서 트라우마의 본성과 변형작용을 전하기 위해 나는 신경과학의 발견들도 일부 인용했다. 나는 임상과 자연에서의 동물 연구와 비교학적 뇌 연구가 탄력성 회복을 돕고, 자가 치유를 진작하는 방법론들의 진화에 크게 기여할 것임을 확신한다. 이런 목적으로 나는 어떻게 우리 신경계가 위계 구조로 진화했는지, 이러한 위계들이 어떻게 상호작용하는지, 압도적인 위험 앞에서 어떻게 더 상급 시스템들이 멈추고 보다 원시적인 기능에 뇌와 몸과 정신을 맡기게 되는지 설명할 것이다. 그리고 얼마나 성공적으로 치유가 이러한 시스템들을 균형 잡힌 작동 상태로

----

*   틴베르헌은 '자연 환경에서의 동물'에 대해, 로렌츠는 '출생 직후의 각인'에 대해, 폰 프리쉬는 '벌이 춤을 통해 어떻게 동료들에게 꽃이 있는 곳을 알려주는지'에 대해 연구했다.

회복시키는지 보여주고자 한다. 이 접근법의 예기치 않은 부수적인 효과는 '살아 있는 사람 일깨우기, 몸 의식하기'라 불릴 것이다. 나는 이 깨어남이 어떻게 설명되는지, 근본적으로 동물 본능과 이성이 한데 모이면 무슨 일이 일어나는지, 우리가 보다 전인적인 인간이 될 수 있도록 해주는지에 대하여 논의할 것이다.

나는 이 책을 쓰면서 심리, 정신, 물리, 직업, '바디워크' 치료사들과 같이 트라우마의 뿌리를 뇌와 몸 안에서 더 잘 이해하고자 하는 치료사들을 염두에 두었다. 또한 설명하기 힘들고 자주 변하는 증상을 보이는 환자로 인해 당혹해하는 수많은 의사, 오랫동안 최전선에서 겁에 질리고 상처 입은 환자들을 돌보는 일을 해온 간호사, 우리나라의 문제 많은 의료보험을 걱정하는 정책입안자들에게도 이 책이 닿길 바란다. 마지막으로, 모험, 인류학, 생물학, 다윈, 신경과학, 양자역학, 끈 이론, 상대성과 동물학에서 〈뉴욕타임즈〉의 '과학' 란에 이르기까지 다양한 주제를 광범위하게 읽는 열혈 독자들도 청중이 되길 바란다.

어린 시절 읽었던 셜록 홈즈Sherlock Holmes에서 영감을 받아 나는 미스터리와 발견이라는 평생의 여정이 주는 흥분으로 독자들을 초대하려 했다. 이 여정을 통해 나는 예측할 수 없고 때로 폭력적인 세상에 사는 인간의 존재 의미가 무엇인지를 핵심으로 하는 분야에 닿게 되었다. 나는 극단적인 어려움을 겪은 사람들이 어떻게 다시 회복하는지 연구하고 인간 정신의 회복탄력성resilience을, 엄청난 파괴 뒤에도 행복과 좋은 느낌goodness으로 되돌아온 헤아릴 수 없이 많은 사람들의 삶을 목격하는 영광을 누렸다.

나는 일부 개인적인 방식으로 이런 이야기를 전할 것이다. 이 책을 쓰는 일은 내게는 아주 신나는 도전이었다. 임상가로서, 과학자로서, 내면 탐구가로서 나의 체험을 나눌 것이다. 바라건대 때때로 사용하게 될 이야기들을 통해 특수 용어를 적게 쓰면서도 지나치게 지루하거나 현학적이지 않게 의학적이고 과학적인 내용에 쉽게 접근할 수 있었으면 한다. 나는 다양한 원칙들을 설명하는 데 사례의 삽화들을 활용할 것이고, 또 이런 원칙들을 체화하는 자각 연습에 참여하도록 독자들을 초대할 것이다.

관심 있는 일반인은 물론 임상가, 의사, 과학자를 염두에 뒀지만, 궁극적으로 트라우마라는 굶주린 유령에 고통받은 사람들에게 이 책을 바친다. 나는 불안과 두려움, 고통과 수치심이라는 창살 안에 살고 있는 사람들이 자신의 삶은 '질환'이 아니라 **변모되고 치유될 수 있는 상처**로 지배받고 있음을 깊이 공감할 수 있게 되기를 바란다. 이처럼 변모될 수 있는 역량은 내가 다음에 설명하는 내용의 직접적인 결과이다.

 ## 자기조절과 자각의 몸

횡단보도에서 사고를 당한 후 혼란스럽고 방향감각을 잃어버렸지만 철저하게 몸에 밴 트라우마에 대한 지식 덕분에 나는 비번이었던 구조대원에게 물러서 달라고 요청하여 나만의 공간을 가질 수 있었고, 그 후 반사적인 몸의 떨림과 저절로 일어난 다른 신체적·정서적 반응들을 신뢰할 수 있었다. 그러나 이런 방대한 지식과 경험을 갖고 있다고 해도 내가 이를 혼자 할 수 있었을지는 의문이다. 온화한 소아과 의사의 조용한 지원은 정말 중요했다. 차분한 음성, 온화한 눈길, 접촉과 향기에서 나타난 그녀의 강압적이지 않은 따스함 덕분에 나는 충분히 안전하고 보호받는 느낌을 받았다. 그래서 내 몸은 해야 할 일들을 할 수 있었고, 나는 내가 느껴야 할 것들을 느낄 수 있었다. 트라우마에 대한 나의 지식과 차분하게 함께 머물러주는 타인의 존재 덕분에 강력하고 깊게 회복적인 무의식의 반응들이 나타나 스스로 완료될 수 있었다.

일반적으로, 자기조절 역량 덕분에 우리는 흥분 상태나 다른 어려운 감정들을 다룰 수 있고, 따라서 진정한 자율성과 건강한 사회적 참여 사이의 균형을 맞출 수 있다. 덧붙여서, 이 역량은 우리에게 안전하게 우리들 안에 있는 '집', 좋은 느낌이 자리한 집에 있다는 감각을 불러일으킬 수 있는 고유한 능력을 가질 수 있게 한다.

이 역량은 우리가 겁을 먹거나 상처를 입었을 때 특히 중요하다. 세상의 모든 어머니들은 이를 본능적으로 알기에 겁먹은 아이를 들어 올려 흔들어주거나 몸 가까이에 품어 달랜다. 비슷하게, 내 옆에 앉았던 여성의 친절한 눈과 좋은 향기는 이성적인 신피질을 우회해서 바로 깊은 곳의 정서적 뇌에 도달했다. 이는 내 유기체를 달래주고 안정시켜 힘겨운 감각들을 체험하고 나의 균형과 평정심을 되찾는 방향으로 나갈 수 있게 했다.

위로 올라간 것은... 내려올 수 있다

　　1998년 아레 샬레브Arieh Shalev는 트라우마가 너무도 흔한 나라인 이스라엘에서 간단하고도 중요한 연구를 수행했다.[2] 샬레브 박사는 예루살렘의 병원 응급실에서 환자들이 보이는 심장 박동수에 주목했다. 응급실에 들어온 사람은 누구든 표준 절차상 활력징후를 기록해야 해서 이 데이터를 모으기는 쉬웠다. 당연히 환자들은 버스 폭탄 테러나 자동차 사고의 희생자로 오게 되는 가능성이 크기 때문에 대부분 처음 응급실에 왔을 때 혼란 상태로 심박수가 높다. 샬레브는 응급실에서 퇴원할 무렵 심박수가 정상에 가까워진 환자는 외상후 스트레스장애가 생길 가능성이 낮다는 사실을 발견했다. 반면 여전히 심박수가 높은 상태로 떠난 사람들은 몇 주나 몇 달 후에 PTSD로 진전될 가능성이 매우 높았다.* 그래서 사고 후 구급차 안에서 구조요원이 내 심박수가 정상으로 돌아왔음을 가리키는 활력징후를 알려 주었을 때 나는 크게 안도했다.

　　간단하게, 심박수는 우리 신경계의 자율(무의식적인) 계통을 직접적으로 볼 수 있는 창이다. 심장이 마구 뛰는 것은 교감-부신 신경계의 조정에 따라 몸과 마음의 일부가 싸우거나 도망가는 생존 행동을 준비하는 것이다. 간단하게 말하면, 위험을 감지하면 신경계와 몸은 당신이 맞서 싸우거나 그 자리를 벗어나기 위해 멀리 달아나기와 같은 회피적인 대책을 주로 준비시킨다. 이런 **행동**action을 위한 준비는 아주 오래전 사바나에서는 반드시 필요했는데, 이는 보통 '방출'되거나 총력을 기울인 의미 있는 행동으로 '모두 사용'된다. 그러나 부상 당한 상태로 처음에는 길바닥에, 후에는 구급차와 응급실에 묶여 있었던 내 경우 행동은 선택사항이 아니었고 나는 완전

---

*　　에드워드 블랜차드Edward Blanchard와 그 동료들은 샬레브의 자료에 의문을 표했다. 하지만 그들의 연구에서 대다수의 대상자는 여성이었고 또 치료를 구한 대상자들에 국한되었다. 여성들은 미주신경과 연관된 '얼어붙기' 스트레스 반응(심장박동을 낮춘다)을 일으키는 경향이 있고, 반면 남성들은 보다 지배적인 교감계의 부신 반응을 일으킨다. 참고 자료: Blanchard, E., et al. (2002). Emergency Room Vital Signs and PTSD in a Treatment Seeking Sample of Motor Vehicle Accident Survivors. *Journal of Traumatic Stress*, 15(3), 199-204.

히 옴짝달싹 못하게 될 수도 있었다. 나의 전반적인 활성화는 "옷은 다 차려입었는데 갈 데가 없었다." 만일 행동을 위한 준비가 효과적인 행동으로 옮겨지지 못해 운동근육이 임무를 완성하지 못하고 대신 간섭을 받거나 동면 상태로 남겨졌다면, 추후 심신을 쇠약하게 만드는 외상후 스트레스장애의 증상들로 촉발될 가능성이 엄청나게 커졌을 것이다.

이런 증상들로 악화되지 않고 나를 구했던 것은 자발적인 떨림으로 엄청난 생존 에너지를 방출해 싸움-도주 활성화를 낮추는 능력이었다. 머리를 가리기 위해 팔을 움직이려 한 자기보호적인 충동에 대한 나의 **자각**awareness과 더불어 잘 조절된 방식으로 일어난 방출은 내 몸이 균형 상태로 되돌아올 수 있도록 도왔다. 나는 몸의 자발적인 반응들을 온전히 자각하면서도 이런 강력한 감각들에 승복할 수 있었다. 그리고 침착한 현존으로 '공간을 잡아준holding the space'*소아과 의사 덕분에 나는 신경계를 균형 상태로 되돌릴 수 있었다. 몸에서 저절로 일어나는 반응과 느낌을 '추적'하고 자각하며 있었기에† 나는 생물학적인 충격 반응을 통과해 이로부터 벗어나는 과정을 시작할 수 있었다. 내가 생체 균형을 되찾고 정신을 차릴 수 있게 된 것은 바로 이 **타고난** 자기조절 역량 때문이었다. 이 자기조절 역량이 우리가 현대 사회에서 생존하는데, 즉 장기적인 스트레스와 트라우마의 특징인 불안과 공황, 야경증, 우울, 신체 증상과 무기력의 지독한 손아귀를 벗어난 생존하는 데 필요한 열쇠를 쥐고 있다. 그러나 이런 회복 능력을 체험하기 위해서 우리는 불편하고 무서운 신체 감각들과 느낌들에 압도되지 않고 이들을 직면하는 역량을 키워나가야 한다. 이 책은 그러한 역량을 키우는 방법에 관한 책이다.

---

* **역자 주** 공간 안에서 함께 저자가 경험하는 것을 목격하고 그의 감정 상태가 유효함을 지속적으로 확인해 주었다는 의미.

† 이런 반응에는 흔들림과 떨림, (머리와 목의 움직임과 머리를 보호하기 위해 움직였던 팔의 버티기를 포함하는) 생물학적 방어와 정향 반응의 복원이 포함된다.

떨고, 떨리고, 구르고... 덜덜 떨고, 벌벌 떨고, 마구 떨고

길바닥에 누워서 그리고 구급차 안에서 내가 경험했던 흔들림과 떨림은 신경계를 재설정하고 제정신을 회복하는 것을 돕는 타고난 과정의 핵심적인 부분이었다. 그렇게 하지 않았더라면 나는 크게 고통받았을 것이다. 몸의 낯설고 강렬한 감각들과 회전운동gyrations의 중요한 목적을 몰랐더라면, 나는 그 강력함에 겁을 먹고 그것을 느끼지 않으려 버텼을 것이다. 다행히, 나는 알고 있었다.

나는 중앙아프리카 말라위에 있는 음주주 환경센터의 공원 생물학자 앤드류 브와날리Andrew Bwanali에게 나와 수천 명의 내담자들이 트라우마에서 회복할 때 보인 몸의 자연스러운 흔들림, 떨림과 호흡을 설명한 적이 있다. 그는 흥분해서 고개를 끄덕이며 "맞아요, 맞아! 그건 사실이에요. 야생에서 잡은 동물들을 풀어주기 전에 우리는 당신이 방금 설명한 것들을 동물들이 했는지 반드시 확인하죠."하고 불쑥 말했다. 그가 땅을 내려다보면서 차분히 "만일 그 동물들이 풀려나기 전에 몸을 떨지 않고 그런 식으로 (저절로 일어나는 깊은) 숨을 쉬지 않았다면 야생에서 살아남지 못하고... 죽을 거예요."하고 덧붙인다. 그의 말은 의료 환경에서 일상적으로 그런 반응들을 억압하는 것이 문제가 되지 않느냐고 물었던 구급차 구조대원의 질문이 얼마나 중요한지를 다시 확인시켜준다.

우리는 흔히 춥거나 불안하고 두려울 때 몸을 떤다. 사랑에 빠졌거나 오르가슴의 정점에서 몸이 떨리기도 한다. 환자들은 때때로 마취에서 깨어날 때 오한을 느끼면서 통제할 수 없이 몸을 떨 때가 있다. 야생동물은 흔히 스트레스를 받거나 갇혔을 때 몸을 떤다. 털기와 떨기 반응은 또한 동양에서 전통적인 치유와 영적인 수행 중에도 보고된다. 예를 들어, 기공과 쿤달리니 요가에서 정묘한 움직임, 호흡, 명상 기법을 쓰는 이들은 흔들림과 떨림을 동반한 무아와 황홀경을 경험한다.

다양한 상황에서 경험되고 여러 기능을 하는 이 모든 '떨림들'에는 진정한 변형과 깊은 치유와 경외감을 촉진시킬 잠재력이 있다. 두려움에 차 불안하게 떠는 것만으로 균형 상태로 재설정되고 회복되는 것은 아니지만, 이를 '올바른 방식'으로 안내받거나 경험하게 되면 이는 그 나름의 해결책을 담고 있기도 하다. 융학파의 저명한 분석가인 마리-루이제 폰 프란츠Marie-Louise von Franz는 "신성한 영혼의 정신적 중심인 자아는 극단적인 위험 사례에서 활성화된다."고 언급했다.[3] 그리고 성경에서는 "하느님은 네가 전율하는 곳에 계신다."고 전한다.

이 모든 무의식적인 흔들림과 오한의 공통점은 무엇일까? 우리는 왜 두려울 때 덜덜 떨고 화가 날 때 파르르 떨까? 성적 절정에서는 왜 전율을 느낄까? 영적인 경외감에 몸을 떨 때, 그 생리적인 기능은 무엇일까? 이 모든 오한, 흔들림, 벌벌 떨림, 마구 떨림의 공통성은 무엇인가? 그리고 이들이 트라우마를 변형시키고 스트레스를 조절하며 삶을 충만하게 하는 것과는 무슨 연관이 있는 것일까?

이러한 회전운동과 오르내림(진동)은 우리의 신경계가 지나간 흥분을 '떨쳐내고' 우리를 '안정'시켜 다음에 위험, 열정, 삶을 직면할 때를 준비하도록 한다. 이들은 우리가 위험을 받거나 크게 흥분된 뒤에 균형 상태를 회복하도록 하는 기제이다. 말하자면 이들은 우리가 정신을 차리고 현실로 돌아오도록 하는 것이다. 사실 그러한 생리적인 반응들은 자기조절과 회복탄력성의 핵심이다. 회복탄력성이 등장하는 경험은 우리에게 상상할 수 없는 보물을 가져온다. 고대 중국의 글 〈주역〉에서는 다음과 같이 말한다.

> 충격으로 인해 두렵고 떨릴 때 처음에는 개개인이 불리한 위치에 있는 것처럼 자신을 바라보게 만드는 방식으로 나타난다... 이는 단지 일시적이다. 시련이 끝나면 그는 안도를 느끼고, 따라서 처음에 견뎌야만 했던 바로 그 공포가 길게 보면 행운을 가져다준다.[4]

(원인이 무엇이건 간에) 크게 흥분된 상태를 겪어내는 법을 배우면 우리는 평형 상태와 온전한 정신 상태를 유지할 수 있다. 극도의 고통에서 황홀경까지 삶을 폭넓고 풍성하게 살 수 있게 하는 것이다. 이처럼 저절로 일어나는 자율 반응들과 회복탄력성, 흐름, 변형transformation이라는 광범위한 현상에 대한 본질적인 관계가 이 책의 중심 주제이다.

반면 이러한 '방출'이 억제되거나 저항하여 완료되지 못하면 우리의 자연스러운 회복 능력은 '고착'된다. 실제 혹은 인지상의 위험 상황 이후 고착되면 개인은 트라우마를 겪게 되거나, 하다못해 회복탄력성이나 본인이 괜찮다는 느낌과 이 세상에의 소속감이 줄어들게 된다. 다시 한번, 선견지명이 있는 〈주역〉의 말을 보자.

이는 충격으로 한 사람이 위험해지고 커다란 상실로 고통받는 상황을 그린다. 저항은 시간의 움직임을 거스르고 이러한 이유로 성공하지 못한다.[5]

사고가 있었던 그 햇살 좋은 겨울 아침에 나는 친절한 소아과 의사의 도움으로 이러한 생리적 과정들이 시간의 흐름에 따라 순간순간 완료되고, 시간을 앞으로 움직여 몸 안에 숨어있던 고도로 충전된 '생존 에너지'를 몸 밖으로 나가도록 하고, 몸이 의도한 표현을 찾아낼 수 있도록 허용할 수 있었다. 이 즉각적인 정서적 '신체적' 응급처치로 인해 나는 '고착'되거나 고통과 장애의 악순환에 갇히지 않을 수 있었다. 그런 스트레스가 극심하고 방향감각을 잃어버리기 쉬운 상황에서 나는 무엇을 피해야 할지는 물론 무엇을 해야 할지 어떻게 알았을까? 간단한 답은 원시적인 전율과 떨림, 자발적인 몸의 움직임을 두려워하고 억누르는 대신 포용하고 환영하는 법을 배웠다는 것이다. 보다 긴 답을 위해서는 과학자로, 치료사로, 치유자로 살아온 내 지난 40년간의 삶의 시작점으로 돌아가야 한다.

2장
—
발견의
감동
—

전체성으로 가는 정도는
운명적인 우회로와 잘못된 갈림길로 이루어져 있다.

- 융 C. G. Jung

뜻밖의 사랑이나 과학의 발견으로 감동받는 것은 살아 경험할 수 있는 정말 멋진 축복 중 하나이다. 1969년은 내게 로맨스는 불발탄이었지만 과학적인 면에서는 정말 신나는 깨달음의 시간이었다. 그 해 바깥 우주에서는 과학기술의 기념비적인 사건이 있었지만, 내게 있어서는 내면의 우주에서 깨어나 삶의 경로가 바뀌었다.

　　여름 초입, 친구들과 나는 TV 화면 앞에 들러붙어 앉아 경외감에 턱이 빠져 있었다. 달 착륙선 이글호가 고요의 바다에 착륙했고, 닐 암스트롱Neil Armstrong은 달 표면으로 확실하게 발을 내디뎠다. 이에 사로잡힌 우리는 "개인에게는 작은 한 발자국이지만, 인류에게는 위대한 도약"이라는 불멸의 (문법상 오류는 있을지라도) 말을 들었다. 인간이 달 표면을 걸은 것뿐 아니라 과학 기술의 번영을 이루어낸 것이었다! 지구의 이미지가 우주에서 가장 가까운 이웃으로부터 전해져와 우리가 우주의 중심에 있지 않다는 사실을 시각적으로 일깨워주었다.

　　그날의 역사적 의미에도 불구하고 나는 얼마나 많은 사람이 아폴로 11호가 몇 월에, 아니 몇 년도에 달에 착륙했는지 기억이나 할지 의문이다. 하지만 1969년 7월 20일이라는 그 날짜와 내면의 발견으로 인한 전율은 내 마음속에 지워지지 않고 깊이 새겨졌다. 나의 마음/몸 수련의 모든 면에서 너무도 흥미로운 '우연한' 사건이 같은 때에 일어났던 것이다. 이 특이한 사건은 직업에서 새로운 첫걸음이었고, 내가 가진 어마어마한 콤플렉스와 트라우마의 망령을 직면하게 했을 뿐 아니라 인간 조건에 대한 신선한 관점을 낳았다.

　　이 일에는 내가 스트레스와 마음-몸 치유라는 막 시작되는 분야에 깊은 관심이 있다는 사실을 알고 있던 정신과 의사의 의뢰로 나를 찾아온 젊은 여성이 발단이 되었다. 낸시(가명)는 만성통증과 심신을 힘들게 하는 생리 전 증후군은 물론 빈번한 편두통과 갑상샘 기능항진증과 피로로 고통받고 있었다. 오늘날 그런 증상들은 섬유근육통과 만성피로 증후군으로 진단받을 것이다. 그녀의 삶은 심한 공황 발작과 불안, 광장공포증으로 집에만 묶여 있게 되어 더 축소되었다. 나는 신체 자각 기반의 이완과 스트레스 감소 절차들을 개발해오고 있었고, 그 정신과 의사는 그런 것들이 그녀에게 도움이 될 거라 생각했다.

낸시는 불안해하며 남편 팔에 매달려 내 사무실에 들어왔다. 그녀는 손을 꼼지락거렸고, 남편은 그녀가 자신에게 전적으로 의존하는 데 부담을 느끼는 것이 빤히 보였다. 나는 상처 입은 거북이처럼 당겨진 그녀의 목이 몹시 뻣뻣하고 눈은 불빛을 정면으로 마주히고 놀란 사슴처럼 크게 떠진 것에 주목했다. 구부정한 자세는 두려움과 패배감이 구석구석 스며들어 있음을 전했다. (목의 경동맥 맥동에서 추정한) 낸시의 정지 심장박동은 1분당 거의 100으로 높았다. 호흡은 너무 얕아서 숨이 거우 붙어있는 것 같았다.

처음에 나는 낸시에게 만성적으로 긴장된 목과 어깨 근육을 알아차리고, 나중에는 이완하는 법을 가르쳤다. 그녀는 깊이 이완하는 것처럼 보였다. 숨이 깊어지면서 심장박동수는 보다 정상 범위로 줄어들었다. 하지만 잠시 뒤 그녀는 갑자기 심하게 동요되었다. 심장은 걷잡을 수 없이 쿵쿵거렸고 1분당 약 130까지 치솟았다. 불규칙하게 헉헉대느라 호흡은 빠르고 얕았다. 그러더니, 내가 속수무책으로 지켜보는 동안, 그녀는 갑자기 공포로 얼어붙었다. 그녀의 얼굴은 죽은 사람처럼 하얘졌다. 그녀는 마비된 것처럼 보였고 숨도 거의 쉬지 못했다. 심장이 거의 멈춘 듯 1분에 50으로 곤두박질쳤다(심장활동은 나중에 6장에서 다루어질 것이다). 엄습하는 공포와 싸우며 나는 무엇을 해야 할지 어쩔 줄을 몰랐다.

"저 죽어요. 절 죽게 내버려 두지 마세요." 그녀는 작고 긴장된 목소리로 간청했다. "살려주세요, 살려주세요! 제발 절 죽게 내버려 두지 마세요." 그녀의 충격적인 무기력함에 내 잠재의식에 있던 하나의 해결책이 떠올랐다. 갑자기 내 마음속에 꿈같은 이미지가 나타났다. 웅크린 채 공격할 준비가 된 호랑이가 방의 저쪽 벽에서 튀어나왔다.

"달려요, 낸시!" 나는 무의식적으로 소리쳤다. "호랑이가 당신을 쫓아와요. 저

바위로 올라가 도망쳐요." 나 자신의 갑작스러운 감정 폭발에 어리둥절했지만 나는 낸시의 두 다리가 떨리기 시작하더니 달리는 것처럼 움직이는 것을 놀라워하며 응시했다. 그녀의 온몸이 처음에는 발작적으로, 나중에는 조금 더 부드럽게 떨리기 시작했다. (거의 한 시간 가까이) 몸의 떨림이 서서히 가라앉는 동안, 그녀의 표현을 빌리면, 그녀는 "일렁이는 따뜻한 파도에 자신을 내맡긴" 평화로움을 경험했다. (그림 2.1a 와 2.1b를 참고하라)

[두려움/부동성 사이클]

그림 2.1a 두려움과 부동성이 서로에게 먹이가 되는 악순환을 보여준다. 이 때문에 우리는 트라우마라는 '블랙홀'에 집어 삼켜져 갇힌다.

이후, 낸시는 치료 회기 중 4살 때 '일상적인' 편도선 제거를 위해 에테르마취를 하려고 자신을 붙잡아 누르던 의사의 손길에서 버둥대던 악몽 같은 이미지를 보았다고 보고했다. 이 순간까지 그 사건은 '오랫동안 잊혀졌다'고 그녀는 이야기했다. 정말 놀랍게도 이러한 평소와 다른 회전운동이 낸시의 삶을 뒤바꿔 놓았다. 그녀의 증상 대부분이 상당히 호전되었고, 그 일부는 완전히 사라졌다. 공황 발작은 치료 회기 중에 일어났던 게 마지막이었고, 그후 2년 동안 그녀가 대학원을 졸업할 때까지 만성피로, 편두통, 생리 전 증후군은 극적으로 좋아졌다. 덧붙여서, 그녀는 '기억하는 그 어떤 때보다도 더 생동감과 행복감을 느낀다'고 '부수적인 효과'를 보고했다.

[적극적 방어 반응의 회복]

그림 2.1b 나는 낸시가 잠재적 공격자로부터 달려 도망쳐 나오는 경험을 만들어 내도록 해 부동성/
두려움과 과다흥분 상태에서 빠져나오도록 이끌 수 있었다. 내담자가 달리는 감각을 느끼는 것이 아
주 중요하다. 내적인 감지 없이 달리기만 하는 것은 그 가치가 제한적이다.

타고난 회복 역량

낸시가 얼어붙은 증상의 껍데기에서 벗어나 삶으로 되돌아오도록 해준 것은 내가 자동차에 치였을 때 나에게 트라우마가 생기지 않도록 해준 것과 같은 메커니즘이다. 따뜻하고 안심이 되며 의지할 수 있는 다른 이가 함께 하는 상황에서 몸의 흔들림과 떨림을 거쳐 그것이 완료될 때까지 지속하도록 허용한 것은 우리 둘의 경우 모두 균형 상태와 전체성wholeness을 회복하고 트라우마의 손아귀에서 벗어날 수 있도록 도왔다.

낸시와 나는 집중된 자각과 미처 마치지 못했던 본능을 기반으로 한 보호 행동들을 재현하고 **완료**하는 미세한 움직임들을 통해, 생존을 위해 활성화되었다가 신경계에 남아있던 '에너지'를 방출할 수 있었다. 낸시는 어릴 때 무방비 상태로 누워 묶인 채 힘으로 제압당했을 당시 자신의 몸이 원했으나 오랜 기간 지연된 도망가기를 경험했다. 간단히 말해, 우리 둘은 목숨을 위협하는 큰 위험을 막기 위해 동원된 본능적 반응들의 선천적이고 강력한 지혜를 경험하고 **체현한** 것이다.

이 보호적인 원시의 힘을 의식적으로 감지하는 것은 우리를 집어삼켰던 압도적인 무기력함과는 극명하게 대비된다. 낸시의 경험과 내 경험 사이의 주요한 차이점은 나는 스스로 응급치료를 할 수 있었고 운 좋게 소아과 의사가 함께 해서 잠재적인 PTSD 증상들을 미연에 방지했다는 사실이다. 불행하게도 낸시는 수백만의 다른 사람들처럼 그렇지 못했다. 그녀는 20여 년 후 내 상담실에서 어린 시절 수술을 잠깐 재방문해서 '재협상renegotiation'할 때까지 오랫동안 불필요하게 고통을 받았다.*

절망 상태와 대비되는, 생존 본능 그 자체에서 오는 근육의 힘을 감지하지 못했더라면 나 또한 낸시에게 그늘을 드리우고 그녀를 무능력하게 만들어 심신을 쇠약하게 한 PTSD 증상들을 갖게 되었을 것이 틀림없다. 낸시처럼 나도 자신 있게 세상으

---

*   나는 **재협상**이란 용어를 트라우마 경험을 **다시 체험하는** 것이 아닌 이를 재작업하는 데에 사용한다.

로 다시 나가지 못했을 것이다. 낸시가 회상 속에서 자신을 고문했던 이들에게서 도망칠 수 있었던 것처럼 나는 나를 파괴하는 것에서 도망칠 수 있었고 내 신경계를 실시간으로 미리 '재설정'할 수 있었다.

갑작스레 위협을 받을 때 우리는 스스로를 보호하고 방어하기 위해 엄청난 에너지를 동원한다. 우리는 몸을 휙 수그리고, 재빨리 비키고, 틀고, 딱딱하게 굳어지고, 물러선다. 우리의 근육은 싸우거나 도망가기 위해 수축한다. 하지만 우리의 행동이 효력이 없으면 우리는 얼어붙거나 무너진다. 낸시의 4살 난 몸은 마스크를 쓴 공격자로부터 도망치려 했지만 그럴 수 없었다. 그녀는 힘으로 제압당했고 자신의 뜻에 반해 마스크를 쓰고 가운을 입은 힘 센 거인에 의해 눌렸다. 우리가 함께한 시간 동안 낸시의 몸은 압도당하고 덫에 갇힌 공황 상태의 느낌과 반대되는 경험을 했다. 몸이 이 반대의 느낌을 배우자 그녀의 마음도 그걸 배웠다.

유기체가 (도망칠 기회가 거의 또는 전혀 없는) 압도하는 위험을 지각하면 **생물학적**으로는 마비와 차단이라는 몸 전반의 반응이 일어난다. 동물행동학자들은 이런 타고난 반응을 **긴장성 부동성**tonic immobility이라 부른다. 인간은 이 얼어붙은 상태를 무기력한 공포와 공황 상태로 경험한다. 그런 마비와 차단 상태는 일시적이다. 이렇게 급격한 생리적 충격 반응을 보인 야생동물은 잡아먹히거나, 만일 살아남으면 죽음을 경험한 순간의 이전과 같이 살아갈 것이다. 이는 그런 경험보다 더 나쁠 것도 없고 어쩌면 더 현명한 것일지 모른다. 그는 앞으로 그와 비슷한 위험 요소에 대해 더 잘 경계할 것이고(과다경계와는 다르다) 그래서 위험을 더 일찍 알아차릴 것이다. 예를 들어, 불쑥 튀어나온 바위에 숨어있다 돌진한 퓨마의 공격에서 도망친 사슴은 그런 지형은 피할 것이다.

동물과 달리 인간은 흔히 어중간한 상태에 고착되어, 압도하는 공포나 경악으로 위험을 경험한 후에 다시 온전히 삶에 참여하지 못한다. 게다가 트라우마가 없는 사람이라면 위험을 감지할 뿐이거나 어쩌면 흥분을 느낄지도 모를 상황에서 얼어붙는 성향을 보인다. 감정이 고조되는 다양하고 광범위한 상황에서 마비는 피할 수 없는 위협에 대한 마지막 수단이 아닌 '기본 설정' 반응이 된다. 예를 들어, 성적 흥분이 신나는 감정에서 예상치 않게 불감증이나 혐오감, 회피로 바뀌는 경우이다.

트라우마의 생물학을 향해

낸시와 있었던 일을 이해하려다 보니 나는 새로운 여러 방향으로 끌렸다. 우선, 내가 육감을 믿지 않았고 약간의 운이 따르지 않았다면 고의는 아니었더라도 쉽게 낸시로 하여금 '트라우마를 재경험하게' 만들어 이미 심각한 증상들을 더 악화시켰을 것임을 깨달았다. 게다가, 처음에 대박이 난 도박사처럼 그와 같은 극적인 한 번에 일어나는 '치유'가 늘 일어나는 일이 아님을 곧 깨달았을 것이다. 나는 1969년 그 여름에 무슨 일이 일어났는지를 알아내기 위해 온 마음을 사로잡은 여정에 빠져들었다. 내가 알게 되었듯, 이들 생리적 반응이 압도적으로 되지 않도록 '수위조절titration(서서히 접근)'하는 것은 매우 중요하다. 내담자를 트라우마와 관련된 기억들에 그냥 노출시키고 그 기억을 되살게 하는 것은 최선의 경우에도 불필요한 일이고(통합, 숙달감, 좋은 느낌을 줄인다) 최악의 경우에는 트라우마를 다시 겪게 한다. 나는 또한 방출 반응을 이루는 흔들림과 떨림이 외부 관찰자가 간신히 알아차릴 정도로 아주 미묘하다는 것도 배웠다. 흔히 방출은 부드러운 근육의 섬유다발수축(미세한 근육의 떨림과 전율이거나 아주 차가운 데서 아주 뜨거운 데로 가는 것과 같은 온도 변화)이다. 이런 변화들은 일반적으로 손과 얼굴의 색깔 변화를 관찰함으로써 모니터할 수 있다.

이후 수십 년 동안 나는 동물과 동물 신경계의 비교 연구를 통해 트라우마의 생물학적 근거를 탐색했다. 그렇게 하는 것이 충분히 안전하면서도 믿을 수 있고 체계적인 트라우마 치유법을 개발하는 데 도움이 될 거라고 느꼈기 때문이다. 이 여정은 또 우주 모험에 (작은) 역할을 하고 싶었던 어릴 적 내 꿈도 이뤄주었다. 아직 버클리에서 의학생물학을 공부하는 대학원생이었지만 나는 한 해 동안 나사NASA에서 스트레스 자문 의원으로 연구비를 받았다. 나의 주 업무는 우주 비행사들이 첫 우주 비행을 준비하도록 돕는 것이었고, 이는 스트레스 회복탄력성이 특히 높은 사람들을 연구할 수 있는 기회가 되었다. 이들을 관찰하면서 영감을 받은 나는 몇 해 전 있었던 낸시와의 치료 회기에서 낸시가 얼마나 회복탄력성이 부족했는지, 그리고 자연스럽게 일어난 그녀의 변형에 대해 되돌아보게 되었다. 우주 비행사들의 매우 뛰어난 회복탄력성은 극심한 트라우마를 겪은 사람들도 활성화시키는 법을 배울 수 있는 하나의 기술일 수 있겠다는 생각이 들었다. 즉, 되찾을 필요가 있는 우리의 타고난 권리인 것이다.

첫걸음: 뜻밖에 얻은 횡재

그날 낸시와 무슨 일이 있었는지 이해하려 시도하다가 나는 듣고 있던 비교동물행동학 세미나에서 '각주' 하나에 끌렸다. 교수진 중 피터 말러Peter Marler 교수가 새나 토끼와 같은 피식자 동물이 신체적으로 속박당했을 때 보이는 특이 행동을 언급했었다. 그날 밤 나는 깨어서 흥분에 몸을 떨었다. (의사들에 의해 제압당했을 때) 낸시의 반응이 실험실에서 속박당한 동물들의 반응과 비슷할 수도 있는 건가? 의심할 바 없이 내가 본 웅크린 호랑이의 '환상'은 나에게 감흥을 준 대학원 세미나에서 자극받아 탄생한 창의적인 '깨어서 꾸는 꿈'이었다. 세미나에서 온 신비로운 암시를 뒤쫓던 중 나는 우연히 "최면의 비교적 측면"이라는 제목의 1967년도 논문을 발견했다.[6]

나는 이 논문을 이에 대한 내 생각과 함께 지도교수 도널드 윌슨Donald M. Wilson에게 가져갔다.* 무척추생물의 신경생리학을 전공한 그는 이런 유형의 '얼어붙기' 행동에 익숙했다. 하지만 곤충과 바닷가재와 같은 생물체 연구에만 전념했던 터라 그는 당연히 '동물 최면'에는 회의적이었다. 그래도 나는 널리 관찰된 동물 마비 현상에 매혹되었고 대학원 도서실의 퀴퀴하고 먼지 쌓인 생명과학 분야의 책들을 뒤적이며 수많은 시간을 보냈다. 동시에 나는 낸시를 내게 보냈던 정신과 의사 에드 잭슨Ed Jackson이 보내온 내담자들까지 계속 보았다. 나는 그들의 다양한 불균형적인 근육 긴장과 자세 긴장 패턴이 그들이 호소하는 증상과 연관되어 있는지 탐색하던 중이었다. 이와 같이 몸에 밴 패턴들을 이완시키고 정상화시켰을 때 정말 예상치 못한 극적인 치유가 일어날 때가 많았다. 그러다가 1973년 노벨 생리의학상 수상 연설에서† 동

---

*   불행히도 도널드 윌슨은 1970년 래프팅 사고로 목숨을 잃었다.

†   이 원고는 1974년 과학 학술지 〈사이언스〉에 발표되었다.

물행동학자 니콜라스 틴베르헌은 뜻밖에도 자연환경 속 동물에 대한 자신의 연구가 아니라 스트레스 하에서 인간의 몸이 삶을 어떻게 살아나가는지 또한 인체의 기능과 기능 불량에 관해 관찰한 바를 이야기했다. 나는 알렉산더 테크닉Alexander technique 에 관한 그의 관찰에 놀랐다.* 이 신체 기반의 재교육 치료를 받고 (고혈압이 정상이 된 것을 포함해) 그와 그 가족이 눈에 띄는 건강상의 이득을 본 내용은 내가 몸-마음 치료 내담자들에게서 관찰한 것과 유사했다.

분명히 나는 이 원로와 이야기를 할 필요가 있었다. 나는 그가 옥스퍼드 대학에 있다는 걸 알아냈고, 이 겸손한 노벨상 수상자는 너그럽게도 하찮은 대학원생이던 나의 말을 들어주었다. 우리는 대서양 횡단 케이블을 통해 여러 차례 대화를 나눴다. 나는 그에게 낸시와의 첫 치료 회기와 다른 내담자들에 대해, 그녀의 반응과 '동물 마비'와의 관계에 대한 나의 추론을 말했다. 그는 동물의 부동성 반응이 피할 수 없는 위협과 극심한 스트레스 상황에 있는 사람이 보이는 반응에 어떤 역할을 할지, 그 가능성에 흥분했고 이런 방향으로 계속 연구해보라고 격려해주었다.† 가끔 나는 (첫 번째 스트레스 연구자인) 한스 셀리에Hans Selye와 (**오스트랄로피테쿠스**를 발견한 인류학자인) 레이몬드 다트Raymond Dart와 더불어 이 분의 지지가 없었다면 내가 포기하지 않았을까 하는 생각을 한다.

인상적이었던 언젠가의 전화 통화에서 틴베르헌은 친절한 할아버지 목소리로 "피터, 우린 결국에는 그저 한 무리의 동물일 뿐이야!"라고 나를 놀렸다. 하지만 최근의 여론조사에 따르면 서구 세계의 겨우 절반만이(미국에서는 더 적은 수가) 진화와 더불어 다른 포유류들과 인간 사이의 친밀한 관련성을 믿고 있는 것으로 보인다. 그러나 해부, 생리, 행동, 정서의 명백한 패턴들을 볼 때 그리고 인간도 다른 포유류들과 동일한 생존 부위의 뇌를 갖고 있으므로 우리 또한 위협에 대한 동물들의 반응을 공유하고 있다고 봐야 할 것이다. 따라서 동물들이(특히 포유류와 고등 영장류들이)

---

*   알렉산더 테크닉은 1890년과 1900년도 사이에 그 원리들을 처음 관찰하고 서술한 마티아스 알렉산더F. Matthias Alexander의 이름을 땄다. 이 기법은 한 개인의 몸과 정신 상태 전체에 영향을 미치는 나쁜 습관적 자세를 줄이는 접근법이다.

†   당시 논문심사 위원장은 내 논문 주제에 대해 상당히 미심쩍어하고 적대적이기까지 했다.

위협에 어떻게 반응하는지, 그리고 이들이 위협이 지나간 후 어떻게 되돌아와 진정하고 균형 상태로 되돌아오는지에 대하여 배우는 것은 큰 도움이 될 것이다. 불행히도 우리 인간 중 다수는 회복탄력성과 자기치유에 관한 이런 타고난 역량에서 멀어졌다. 이에 대해 좀 더 살펴보겠지만 이는 우리가 감정에 압도되고 트라우마를 입기 쉽게 만들었다.

1978년이 되어서야 나는 내가 관찰한 바를 보다 확고한 토대에 심을 수 있었다. 캘리포니아주 마운틴뷰에 있는 나사 에임즈NASA Ames 연구소에서 일하고 버클리에서 몸-마음 접근법을 계속 개발하면서 나는 여유가 날 때마다 생물학 대학원 도서관에 들렀다. 1978년 12월 어느 어둡고 비 오는 날, 나는 늘 하던 대로 도서관을 돌고 있었다. 구글이나 PC를 닮은 그 무엇이 나오기 힌참 전인 그때 내가 도시관 연구를 하던 방식은 점심 도시락을 싸서 관련 있어 보이는 두꺼운 논문집들을 훑어보는 것이었다. 비효율적이고 정처 없어 보이는 이 방법으로 나는 어쩌면 '최첨단' 검색 엔진으로는 발견하지 못했을 놀라운 보석들을 우연히 많이 찾아냈다. 이런 형성기의 연구 노력은 내 필생의 이론적 기초 작업이 되었다.

어느 날 나는 우연히 변수들을 통제한 실험에서 어떻게 '동물 마비'가 일어나는지를 기술한 고든 갤럽Gordon Gallup과 잭 메이저Jack Maser의 정말 놀라운 논문을 만났다. 4장에서 논의할 이 논문은 내가 (낸시와 같은) 몸-마음 내담자들에게서 관찰한 것들을 어떻게 특정한 두려움 기반의 생존 본능들이 트라우마를 형성하기도 하고 또 그 치유과정에 대한 정보를 주는지에 대한 생각을 엮을 열쇠를 주었다. 트라우마가 아직 공식적으로 외상후 스트레스장애PTSD로 정의되기 전이어서 나는 운 좋게도 이런 식으로 추론할 자유가 있었다. 이런 이유에서 나는 트라우마를 초기 PTSD 문헌에서 알려지게 된 것처럼 결코 불치의 질병으로 규정 짓고 대충 분류하지 않았다고 말할 수 있어 기쁘다.

동시적이면서 뭔가 한 주기가 완성되는 일이 몇 년 전에 일어났다. 캘리포니아 대학교 샌디에이고 캠퍼스 의과대학의 정신의학과에서 개최한 '심리치료의 최첨단'이라는 제목의 학회에서 내 치료법을 발표하던 중이었다. 내 발표가 끝나자 생기 있고 장난기 넘치는 남자가 벌떡 일어나 자신을 소개했다. "안녕하세요, 저는 잭 메이저입니다!" 나는 처음에는 미심쩍어서 머리를 흔들었다. 들은 것이 믿기지 않아 웃음이 터져 나왔다. 몇 마디 말을 나눈 뒤 우리는 점심을 함께하기로 했다. 이때 그는 자신의 동물 연구가 실제 임상 치료에서 적용된다는 사실을 발견하고 기뻤다고 말했다. 그가 실험계의 대부였다면 나는 임상에 있어서 일종의 대가였다.

2008년, 잭 메이저는 자신이 동료 스티븐 브라차Stephen Bracha와 함께 막 발표한 논문을 하나 내게 보냈다. 그 논문에서 저자들은 정신과 진단의 '성경'에 근본적인 변화를 제안했다. 그들은 트라우마를 설명하는 데 긴장성 무운동이라는 개념을 포함하기를 원했다. 내 입이 얼마나 떡 벌어졌는지, 그 안에 새가 날아들어 집을 지어도 될 지경이었다. 〈정신질환의 진단 및 통계 편람Diagnostic and Statistical Manual of Mental Disorders〉, 즉 DSM은 심리학자와 정신과 의사가 외상후 스트레스장애를 포함한 정신질환을 진단할 때 사용하는 백과사전이다(DSM은 현재 IV-R판이 나와 있다. 여기서 R은 부분 개정을 나타낸다). 다음 판 DSM-V는 (이상적으로는) 중요한 한 걸음을 더 나갈 것이다.

이전 판에서 PTSD 진단은 사람이 트라우마를 입을 때 뇌와 몸에 무슨 일이 일어나는지 설명하는 메커니즘을 (또는 이론조차도) 제안하지 않을 정도로 조심스러웠다. 이런 내용이 빠진 것은 학술적인 이유만은 아니었다. 이론은 치료와 예방을 위한 근거를 제시하기 때문이었다. 이런 회피와 분류학에 대한 의존은 이전에 심리학을 옭아매고 있던 프로이트 이론에 대해 이해는 할 수 있는 과민반응이었다. 나는 긴밀한 공동 작업을 통해서만이 과학과 실천이 함께 정말 혁신적인 치료법을 생산해 낼 수 있는 살아있고 활기찬 파트너십으로 진화해 나갈 것이라 믿는다. 열린 다학제 간의 노력을 통해 우리는 무엇이 효과가 있고 없는지 분별하고 고통받는 사람들을 치유한다는 우리의 주목적을 향상시킬 수 있을 것이다.

잭 메이저와 스티븐 브라차의 논문은 DSM-V를 저술하는 임무를 맡은 사람들에게는 기개 있는 도전이었다. 그들의 대담한 논평에서 두 연구자는 PTSD의 기저에 깔린 메커니즘의 이론적 근거가 존재한다는 전제를 내놓았다. 즉 내가 1969년 낸시에게서 관찰한 것과 비슷한 트라우마에 대한 진화상의 (**본능적**) 근거가 있다는 것이었다. 이 논문으로 나는 다시 제자리로 돌아왔다. 갤럽과 메이저의 두려움과 '동물 마비'에 관한 1977년 실험연구에서 나는 낸시의 행동을 설명하는 데에 영감을 얻었다. 2008년 논문에서 이들은 아래와 같은 흥미로운 문장으로 글을 맺는다.

DSM-V를 위해 제안된 많은 변화들과 더불어, 우리는 입안자들이 정신병리학을 진화적 맥락에 두는 실험적 연구와 이론을 찾아볼 것을 촉구한다. 그러면 그 분야는 생물학의 광범위한 이슈들과 연결될 것이고, 정신병리학의 데이터는 더 광범위하게 받아들여진 개념 안에 놓일 수 있을 것이며, 임상가들은 보다 효과적인 행동적 치료법을 개발할 가능성을 갖게 될 것이다(예를 들어, 레빈, 1997).

아, 정말 얼마나 기쁘던지! 샌디에고 의대 학술대회에서 내가 한 강의가 메이저와 브라차가 이 제안을 하는 데 부분적으로 영향을 미치지는 않았는지 궁금하지 않을 수 없었다. 운명적인 우회와 우여곡절을 통해 내가 어떻게든 트라우마의 정신의학적 진단에 (아니면 적어도 그 대화에) 영향을 미쳤을 수 있다는 가능성을 생각하는 것만으로도 가슴이 터질 것 같았다. 이제 잠시 그 진단의 역사를 살펴보자.

3장
—

트라우마의
변화하는 모습

—

사람들 대부분은 트라우마를 '정신'의 문제로, 심지어 '뇌 장애'로까지 생각한다. 하지만 트라우마는 몸에서도 일어난다. 겁에 질려 뻣뻣하게 굳거나 공포에 압도되어 무기력해지거나 무너진다. 어느 쪽이든 트라우마는 삶을 황폐하게 한다.

무서워서 뻣뻣하게 굳는 상태는 여러 문화권의 위대한 신화들에 그려져 있다. 물론 대표적으로 그의 큰 눈을 쳐다보기만 해도 희생자를 돌로 바꿔버리는 고르곤 메두사가 있을 것이다. 구약에서는 소돔과 고모라의 끔찍한 파괴를 목격한 벌로 롯의 아내가 소금 기둥으로 변한다. 이들 신화가 너무 동떨어져 보인다면 세계 전역에서 '얼음-땡' 게임을 하는 아이들만 보아도 된다. 얼마나 많은 세대의 아이들이 이 게임을 통해 무서워서 굳어지는 (흔히 꿈에 도사리고 숨어 있는) 원시적인 공포를 마스터했을까? 이 이야기들에 우리는 정신의학이 외상후 스트레스장애 또는 PTSD라고 이름 붙인 '질병'의 현대의 신화를 더할 수 있다. 사실 역사적 신화들과 비교해보면 현대 과학은 공포, 충격, 상처와 상실이라는 인류 보편의 경험을 정확하게 이해하는 데 유리한 면과 불리한 면을 갖고 있다.

중남미 전역의 토착 원주민들은 오래전부터 두려움의 본성과 트라우마의 본질을 이해해왔다. 더 나아가 그들은 샤먼의 치유 의례를 통해 어떻게 트라우마를 변형시킬 수 있는지도 알고 있는 것 같았다. 스페인과 포르투갈의 식민지가 되고 난 후 이들 원주민은 **서스토**susto라는 단어를 빌려 트라우마를 겪을 때 일어나는 일을 기술했다. 서스토는 생생하게 '두려움 마비fright paralysis' 또는 '영혼 상실'로 번역된다.[10] 트라우마를 겪은 사람이라면 누구나 처음에는 두려움으로 마비되고, 그다음에는 세상에서 길을 잃어버린, 자신의 영혼과 단절된 느낌이 뒤따른다는 것을 안다.

두려움 마비라는 용어를 들으면 우리는 (다가)오는 헤드라이트 불빛에 놀라 멍하니 꼼짝없이 서 있는 사슴을 떠올릴지 모른다. 사람도 트라우마에 비슷하게 반응한다. 놀란 얼굴에 두 눈을 크게 뜨고 두려움에 얼어붙어 있던 낸시처럼 말이다. 그리스인들 또한 트라우마를 마비와 신체적인 것으로 확인했다. 전쟁 때 적에게 공포와 마비를 스며들게 하려고 제우스와 판을 언급했다. 두 신에게는 몸을 '얼어붙게' 하고 '공황 상태'를 유발하는 능력이 있었다. 그리고 호머의 위대한 서사시 일리아드와 오디세이에서도 트라우마는 무자비하게 당사자와 그 가족을 파괴하는 것으로 그려진다.

미국의 남북 전쟁 때 젊은이들은 갑자기 전우가 대포에 몸이 산산이 부서지는 것을 보았고, 또 혼돈의 소음과 공포 그리고 악취를 내며 썩어가는 시체에 노출되었다. 자신들이 겪을 준비가 된 것보다 훨씬 심한 것들에 노출되었을 때, 전투 후의 트라우마 쇠약에 **군인의 심장**이란 용어가 쓰였다.* 이 이름은 형제끼리 죽이는 전쟁으로 부서진 심장은 물론 잠 잘 수 없는 공포에 두근거리는 불안하고 불규칙한 심장 둘 다를 뜻한다. 남북 전쟁 시기에 생겨난 또 다른 용어는 어쩌면 그치지 않는 울음과 현재에 머무르며 삶을 살 수 없는 상태를 가리키는 **향수**nostalgia였다.

제1차 세계대전 직전 에밀 크레펠린Emil Kraepelin은 1909년 무렵 발간된 초기 진단체계에서 그런 스트레스 쇠약을 '두려움 신경증fright neurosis'이라 불렀다.11 프로이트Freud 다음으로 그는 트라우마를 대응하기 힘든 스트레스에서 생겨난 상태로 인식했다. 프로이트는 트라우마를 '압도하는 무기력감으로 이어지는 자극(과다자극 - 나의 덧붙임)에 대항하는 보호 장벽 침입'으로 정의했었다. 트라우마 용어집에서는 대부분 사라졌지만 크레펠린의 정의는 두려움의 핵심 측면을 인정했다. 물론 '신경증'라는 단어가 경멸의 느낌을 주기는 하지만 말이다.

제1차 세계대전 뒤에 전투 트라우마는 단순하고 정직하며 직접적인 **탄환 충격** shell shock이라는 말로 되살아났다. 이 문구는 미칠 것 같은 탄환들의 폭발과 놀라고

---

*　　이 서술적 용어는 아마도 1600년대 중반 스위스에서 빌려온 것 같은데, 이 단어는 향수 (鄕愁)Heimweh라고도 불렸다. '중립적'이라는 스위스의 캔톤(㈜)들의 군대는 수세기 동안 서로를 못 잡아먹어 안달이었다.

간힌 사람이 차갑고 축축한 참호에서 몸을 떨며 똥오줌을 싸는 엄청난 충격을 직설적으로 묘사한다. 서스토처럼 이런 날 것의 경험을 그대로 기술하는 용어는 그 무엇 하나 거리를 두거나 냉정하거나 나쁜 것을 제거한 부분이 없다.

하지만 제2차 세계대전 무렵에는 병사들이 받는 고통의 존엄성은 벗겨져 버리고 **전투 피로증** 또는 **전쟁 신경증**으로 중성화되었다. 첫 번째 용어는 참전군인이 할머니의 조언에 귀 기울이고 오래 잘 쉬면 모든 것이 다 괜찮으리라는 것을 암시한다. 별것 아닌 것처럼 무시하고 축소하는 이런 표현들은 특히나 모욕적이었고, 회복을 주는 잠을 잘 수 있는 능력이 심각하게 손상되어 고통받는 군인을 생각할 때 모순적이기까지 했다. 훨씬 더 모욕적인 점은 포탄에 대한 공포와, 쓰러진 동료들을 위한 완전한 비탄, 그리고 사람이 사람을 죽이는 끔찍함에서 오는 너무도 당연한 반응으로 보기보다 신경증이라는 단어를 경멸적으로 사용하여 군인의 '탄환 충격'이 '성격상의 결함'이나 불평하는 개인적 약점 (어쩌면 '오이디푸스 콤플렉스') 때문이라고 암시하는 점이다. 이런 새로운 별명들은 군인이 겪는 깊은 아픔의 거친 현실로부터 일반인, 가족, 의사를 분리시킨다.

한국 전쟁의 후유증으로 남아있던 모든 신랄함은 다음 세대의 전쟁 트라우마 용어에서 잘려져 나갔다. 여기서 전쟁 트라우마는 **작전 소진**이라는(이 단어는 이라크 전쟁에서는 **전투 작전 소진**으로 부활했다) 단어로 쓰였고, 이 단어에는 전쟁의 끔찍함에 관해 적나라하거나 사실적인 면이 하나도 없었다. 이 객관화된 용어는 너무 오래 켜놔서 재부팅이 필요한 노트북에 더 적합했다.

마지막으로, 베트남 전쟁 때의 경험에서 생겨난 현재의 전문 용어는 **외상후 스트레스장애**이다. (신경계가 한계점까지 압박을 받아 몸, 정신, 영혼이 산산이 부서지는) 공포와 마비의 보편적인 현상은 이제 의학적 '질환'인 PTSD로 인정되어 불쾌한 부분들은 완전히 제거되었다. 이 편리한 약어와 감정에 좌우되지 않는 과학의 본질과 함께 대학살에 대한 원형적인 반응은 이제 그 피폐한 기원으로부터 인위적으로 단절되었다. 한때 **두려움 마비**와 **탄환 충격**이라는 용어로 적절하게 전달되었던 곳에 이제는 그저 하나의 질환, 구체적이고 측정할 수 있는 객관화된 증상들의 집합, 확립된 연구 프로토콜에 적용해 수정할 수 있는 진단, 무심한 보험회사와 행동치료 전략만이 남았다. 이런 명명법이 군인의 아주 사실적인 고통에 객관적이고 과학적인 합법성을 제공하지만, 이는 또한 의사를 환자로부터 안전하게 분리시킨다. '건강한(보호받는)' 의사가 '아픈' 환자를 치료한다. 이 접근법은 고통받는 사람의 힘을 빼앗고 주변화시켜 환자가 느끼는 고립감과 절망감을 더한다. 덜 알아차린 것은 거짓 예언자라는 위태로운 제단에 인위적으로 끌어 올려진, 보호받지 않은 치료사의 소진이 일어날 가능성이다.

최근에 젊은 이라크 참전 군인이 자신의 전투 고통을 PTSD로 부르는 것에 문제를 제기하고 대신 자신의 통증과 아픔을 '부상Injury'을 의미하는 'I'를 넣어 PTSI로 불렀다. 이 군인이 현명하게 분별한 것은 트라우마는 부상이지 관리는 해도 치유는 되지 않는 당뇨와 같은 장애가 아니라는 점이다. 그에 반해 외상후 스트레스부상은 정서적인 상처로 치유적인 관심과 변형을 통해 바뀔 수 있다.

그렇지만 아직은 의료모델이 유지되고 있다. 의료모델은 (논란의 여지는 있지만) 의사가 모든 지식을 가지고 아픈 환자에게 필요한 개입을 지시하는 당뇨와 암 같은 질병에는 꽤 효과적으로 기능한다. 하지만 트라우마 치유에는 유용한 패러다임이 아니다. 고전적인 의미의 질병이라기보다 트라우마는 '불-편함dis-ease' 또는 '무-질서dis-order'를 깊이 경험하는 것이다. 여기서 요청되는 것은 도와주는 산파인 의사와의 협력을 통한 복원 과정이다. '건강한 치유사'라는 보호받는 역할을 유지하려는 의사는 분리된 채 우리 모두의 삶에 도사린 유령 같은 궁극의 무기력함으로부터 스스로를 방어하게 된다. 자신의 감정으로부터 단절된 그런 의사는 고통받는 사람과 함께할 수 없을 것이다. 여기서 빠진 것은 환자의 끔찍한 감각, 이미지, 정서를 담고 처리하고 통합하는 데 있어 너무도 중요한 협력이다. 고통을 받는 사람은 완전히 혼자서 자신을 압도해 자기조절하고 성장할 수 있는 역량을 망가뜨린 바로 그 공포를 품고 있다.

흔히 일어나는 이런 고립시키는 방향의 치료에서 치료사는 PTSD 피해자에게 자신의 감정을 통제하고 비정상적인 행동을 관리하고 문제를 일으키는 생각을 고치라고 지시한다. 이는 악령의 손아귀에서 풀어달라고 우주의 힘에 청하면서 치유자와 고통받는 이가 같이 그 공포를 다시 겪는 샤먼 전통과 대비된다. 샤먼은 치유자라는 역할을 맡기 전에 항상 자신의 깊은 무기력과 부서지는 느낌을 만나는 입문과정을 먼저 거친다. 그런 준비과정에서 현대 치료사들이 자신의 트라우마와 정서적 상처를 먼저 인식하고 작업하도록 하는 모델을 볼 수 있다.*

 신화의 힘

> 신화는 생물학적 기능의 하나이다.
> ─ 죠셉 캠벨Joseph Campbell, 〈신화와 몸〉

치유는 치유자를 상처 입은 사람으로부터 분리시키고 테러와 공포에 대한 반응의 보편성을 부인하는 명명법과 패러다임의 방해를 받았다. 트라우마를 치유하는 현대의 접근법을 쇄신하려면 본능적 존재인 우리의 생물학적 공통성에 접목할 필요가 있다. 그래서 우리 모두는 공통적으로 두려움에의 취약성뿐 아니라 그러한 경험들을 변형시킬 수 있는 선천적인 역량으로 연결되어 있다. 이런 연결은 신화와 동물 친구들에게서 배울 수 있다. 영웅 신화와 생물학을 엮으면 ('신화-생물학') 트라우마의 뿌리와 웅장한 신비를 이해하는 데 도움이 된다.

메두사

신화는 어려운 과제에 용감하게 도전하는 법을 가르쳐준다. 신화는 우리 존재의

---

*   그 반대로, 우리는 미국의 경우 상담실에서 심리치료를 제공하는 정신과 의사의 수가 줄어들고 있음을 볼 수 있다. 전국이동의료조사NAMCS가 10년에 걸쳐 실시한 전국 조사에 따르면 심리치료를 포함해 정신과 의사를 방문한 비율이 1996~1997년 기간동안 44%에서 2004~2005년에는 29%로 떨어졌다.

핵심을 간단하게 직접 건드리는 원형의 이야기들이다. 우리 가슴 깊은 곳의 열망을 일깨워주고 숨겨진 강인함과 자원들을 드러내 준다. 또한 신화는 우리의 핵심적인 본성을 보여주는 지도이자, 우리 서로서로와 자연과 우주를 연결해주는 통로이다. 그리스 신화 메두사는 트라우마의 본질을 잘 포착하고 변형으로 가는 통로를 기술한다.

그리스 신화에서 메두사의 눈을 똑바로 쳐다보는 이는 돌로 변한다. 시간 속에 얼어붙는 것이다. 이 뱀 머리를 한 마귀를 무찌르러 나서기 전에 페르세우스는 지식과 전략의 여신인 아테나의 조언을 구한다. 그녀의 조언은 단순하다. 어떤 상황에서도 메두사를 똑바로 쳐다보지 말라는 것이다. 아테나의 조언을 가슴에 새긴 페르세우스는 빛을 반사하는 방패를 팔에 묶어 메두사의 상을 반사한다. 이렇게 그는 메두사를 직접 바라보지 않고도 머리를 베어 돌로 변하는 것을 피한다.

트라우마가 변형되려면 이를 바로 직면해서는 안 된다. 만일 트라우마를 정면으로 마주하는 실수를 하게 되면 메두사는 자신의 본성에 충실하게 우리를 돌로 만들어버릴 것이다. 어린 시절 우리 모두가 즐겨했던 놀이인 중국의 손가락 함정Chinese finger traps처럼 트라우마로 분투할수록 트라우마는 우리를 더 옭아맨다. 트라우마에 있어 나는 페르세우스의 반사 방패에 '상응'하는 것이 우리 몸이 트라우마에 반응하는 방식과 '살아있는 몸'이 회복탄력성과 좋은 기운을 보여주는 방식이라고 믿는다.

이 신화에는 다른 이야기가 더 있다.

메두사의 상처에서 날개 달린 말 페가수스와 황금 검을 지닌 전사인 외눈박이 거인 크리사오르라는 신화 속 존재 둘이 나온다. 황금 검은 꿰뚫어 보는 진실과 명료함을 나타낸다. 말은 몸과 본능적 지식을 나타내는 상징이고 날개는 초월을 상징한다. 둘이 함께 페가수스는 '살아있는 몸'을 통한 변형을 암시한다.* 함께 이 측면들은 인간이 트라우마라는 메두사(두려움 마비)를 치유하기 위해 동원해야 하는 원형적인 특질들과 자원을 형성한다. 메두사의 **반영**을 인식하고 반응하는 능력은 우리의 본능에 되새겨져 있다.

....

*   융의 분석심리학에서 외눈의 거인이 황금빛 검을 들고 있는 이미지는 '깊은'(비-자아적) 자기self의 원형을 의미한다.

이 신화의 다른 버전에서 페르세우스는 메두사의 상처에서 피 한 방울을 두 개의 약병에 모은다. 한 약병에 든 피는 죽이는 힘을 가졌고, 다른 약병에 든 피는 죽은 자를 살려 생명을 복원시키는 힘을 가졌다. 여기서 트라우마가 가진 이중적인 본성이 드러난다. 우선 희생자가 삶을 살아가고 즐길 수 있는 능력을 앗아가는 파괴적인 면이다. 트라우마의 역설은 이것이 파괴할 힘과 변형시키고 부활시킬 힘 둘 다를 가졌다는 점이다. 트라우마가 잔인하고 아픔을 주는 메두사가 될 것인지, 아니면 변형과 숙련의 경지로 치솟아 오르게 할 수단이 될 것인지는 우리가 트라우마에 어떻게 다가가느냐에 달려있다.

트라우마는 피할 수 없는 현실이다. 하지만 종신형이 될 필요는 없다. 우리는 신화, 임상적 관찰, 신경 과학, '살아있는' 체험적 몸의 수용, 동물의 행동을 통해 배울 수 있다. 그러면 본능에 맞서 버티는 대신 트라우마를 포용할 수 있다. 우리는 안내와 지지를 통해 (낸시와 내가 그랬던 것처럼) 동물들처럼 몸을 털고 떠는 것을 통해 삶으로 다시 돌아오는 법을 배울 수 있다. 이런 원시적이고 지적인 본능의 에너지들을 포착할 수 있으면 우리는 트라우마를 통과해 변형시킬 수 있다. 4장에서는 동물의 경험에서 드러난 우리의 본능의 뿌리에 관한 연구로 시작한다.

4장

두려움으로 인한 경직

동물들이 주는 교훈

삶의 진정한 유일한 적은 두려움이야.

두려움만이 삶을 파괴할 수 있어.

- 얀 마르텔Yann Martel, 〈파이 이야기Life of Pi〉

우리가 두려워해야 할 유일한 대상은

두려움 그 자체이다.

- 프랭클린 델라노 루스벨트Franklin Delano Roosevelt,

첫 취임식 연설, 1933

모든 고등동물은 두려움 반응을 보인다. 두려움의 생물학적 본성을 이해함으로써 우리는 트라우마의 근본 뿌리를 파악할 수 있다. 이러한 이해를 통해 우리는 또한 두려움과 공포로 오그라든 상태에서 제자리로 돌아올 수 있는 타고난 역량도 알게 된다. 많은 영장류 집단에서 포식자와 동료들의 공격은 예측할 수 없고 끊임없이 빈번히 일어난다.* 이들 영장류는 자기 부족의 구성원들이 하이에나, 검은 표범 등 대형 고양이과 포식자들에 의해 찢겨지는 것을 본다. 공포가 이들에게 자주 일어날 가능성이 크지만 궁극적으로 생존하려면 그런 강한 정서 반응은 본질적으로 일시적이어야만 한다.

우리는 우리의 가까운 친척인 원숭이와 유인원과 유전적으로 포식자 불안을 공유한다. 이 운명에 어느 작가는 영장류의 삶을 '하나의 지속되는 불안한 악몽'이라고 불렀다. 선사시대 사람들은 어느 때고 포식자에게 잡혀 조각조각 찢겨질 수 있다는 걸 알고 있었기에 매일 어둡고 차가운 동굴 안에서 서로 꼭 붙어 긴 시간을 보냈을 것이다. 우리 대부분은 더 이상 동굴에 살지는 않지만, 같은 인간에게서든 다른 포식자에게서든 숨어있는 위험에 대한 긴장은 여전히 갖고 있다.

겁에 질린 국민들에게 공황에 빠지지 말라고 진정시키면서 프랭클린 D. 루스벨트는 두려움의 파괴적인 본성을 "이름도 없고 근거도 없는 공포, 후퇴가 아닌 진보로 가는 데 필요한 에너지를 마비시키는 공포"라고 묘사했다. 두려움은 인간에 내재

---

*   보노보 원숭이는 동료 공격에서 두드러진 예외로, 이들의 모계 중심 조직과 더불어 주로 모두를 위한 자유로운 섹스 전략을 통해 이뤄진다.

하는 생존 능력을 마비시킨다. 두려움은 균형 있는 정상적인 삶으로 돌아가지 못하게 한다. 과거에 고착되어 있는 것과는 대조적으로 강렬한 정서 상태들 사이를 쉽게 전환하는 능력은 대중적으로 '흐름flow', '현존하는' 또는 '순간에 있는'으로 불린다. 포유동물들이 어떻게 극단적인 두려움으로부터 그리고 격분과 상실과 같은 다른 강렬한 정서 상태에서 되돌아오는지는 우리가 트라우마에서 회복될 때 유익하다. 이는 또한 우리가 온전하게 충만하고 자발적으로 살아가도록 하는 열쇠이다.

 위험을 나타내는 자세

귀 안에 피가 흐르는 소리를 듣는 것처럼 선명하게
한 밤 원숭이들이 내지른 비명의 메아리를 수백만 번 듣는다.
그들이 세상에서 마지막으로 본 것은 퓨마의 눈이었다.
그 흔적이 우리 신경계에 남아 있다.
— 폴 세퍼드Paul Shepherd, 〈타자들The Others〉

세렝게티에서

우리는 떼를 짓는 동물로 무리 생활을 하는 포유류의 가까운 친척이다. 우리는 가족 집단과 부족 안에서 살아가고 단체 활동을 하며 이웃과 친구에 의지하고 정당을 꾸리고 국가 (때로는 국제) 공동체와 동일시한다. 포유류로서 우리의 지위status를 인식하면 내담자를 비롯한 다른 사람들과 어떻게 상호작용할 것인지와 더불어 트라우마의 본질과 회복에 중요한 정보를 얻게 된다.

가젤 영양 무리가 풀이 우거진 평야에서 평화롭게 풀을 뜯고 있다. 나뭇가지가 부러지는 소리나 관목에서 나는 바스락 소리, 스쳐가는 그림자나 특별한 냄새를 실은 분자 몇 개에 이들 중 한 마리가 경고 신호를 받는다. 그 영양은 움직임을 **멈추고** 준비 태세로 경직된다. 이렇게 갑작스럽게 동작을 멈추면 포식자에서 들킬 확률이 줄어든다. 이는 또한 영양이 '잠시 멈춰' 최적의 도피 경로를 조직할 기회를 준다. 덧붙여, 무리의 다른 동물들도 즉각적으로 이 영양의 자세 변화에 동조해서 동작을 멈춘다. 이들 모두가 함께 (그만큼 귀와 코와 눈이 많아진다) 주변을 살펴보고 위협원의 정체와 위치를 더 잘 확인한다. 이러한 행동은 적지에서 만일의 위험에 대비하며 순찰하는 군인들과 같다.

당신이 초원에서 평화롭게 산책을 즐기고 있다고 하자. 갑자기 당신의 시야에 검은 물체의 움직임이 포착되었다. 당신은 어떻게 반응하게 될까? 본능적으로 걸음을 멈추고 웅크린 자세로 시선을 집중해 탐색 모드로 들어갈 것이다. 심장박동이 빨라지고 신경은 날카로워진다. '정지' 반응 후에는 눈이 커지고 머리는 그림자가 있는 방향으로 고정되고 그것이 무엇이었는지 정확한 위치는 어디인지를 살핀다. 당신의 목과 등, 다리, 발의 근육은 수축하거나 변화한다. 물체 주변을 최대한 잘 살피기 위해 눈을 가늘게 뜨고 머리는 수평으로 유지한다. 내적 상태는 어떨까? 움직이는 검은 물체를 보며 무엇을 느낄까? 대부분은 긴장감을 느끼고 호기심이 생길 수도 있다. 흥분과 기대 심리 아니면 위험을 느끼기도 할 것이다.

동물과 인간은 자기집단 내의 누군가가 공격적인 의도가 있는지도 알아야 한다. 그런 표시를 알아차리지 못하거나 무시하면 곧 위험에 처하게 될 수도 있기 때문이다. 수백 건의 강간 피해자들과의 치료 회기에서 나는 많은 피해자들이 여러 위험 징후들을 무시하거나 가볍게 치부한 것을 발견했다. 식당을 나설 때 어떤 남자가 자신을 빤히 쳐다봤다거나 길모퉁이에서 빠르게 움직이는 그림자가 있었음을 뒤늦게 기억해냈던 것이다.

나는 강간 가해자들과도 일한 적이 있다. 가해자들은 어떻게 (여성의 자세나 걸음걸이에서) 누가 두려움이 있는지 (아니면 용감한 척하고 있는지), 그래서 쉬운 사냥감이 될 것인지 정확하게 기술했다. 그 판단이 얼마나 정밀하고 정확한지 내가 동요될 정도였다. 이들은 공감하거나 미묘한 감정을 읽어내는 면에서는 크게 부족했지만, 포식자로서 타인의 두려움과 무력감을 읽어내는 능력은 거의 전문가 수준이었다. 그들은 우리가 위험 상황에서 흔히 간과하는 내적 기술을 잘 활용했다.

자세와 얼굴 근육은 다른 사람에게는 물론 스스로에게도 정서 상태에 대한 신호를 준다. 뒤에서 보게 되겠지만, 사회적 존재로서 우리가 가장 깊이 소통하는 것은 감정이입을 통해서이다. 이를 위해서 우리는 타인의 감각이나 감정과 '공명'할 수 있어야만 한다. 다시 말해 우리 주위의 사람들이 느끼는 것을 똑같이 느낄 수 있어야 한다. 이를 우리가 나타내는 방식은 주로 비언어적이며 자세와 표정으로 보여준다.

생물학적인, 즉 몸자세의 조율은 사람들이 트라우마에서 치유되는 데 결정적인 '치유적 공명'의 기초이기도 하다. 자신의 몸이 다른 사람의 두려움, 분노, 무력감, 수치심에 어떻게 반응하는지 (즉 공명하는지) 알아차리지 못하는 치료사는 내담자의 감각을 **추적하여** (치유적이긴 하나) 때로는 **위험한** 트라우마의 감각들의 바다에서 (내담자가) 안전하게 항해하도록 인도할 수 없을 것이다. 동시에 스스로의 감각을 추적하는 법을 배움으로써 치료사는 내담자의 두려움, 분노, 무력감을 **흡수**하는 것을 피할 수 있다. 치료사가 내담자의 감각과 감정들로부터 스스로를 보호해야겠다고 인지할 때, 치료사는 내담자가 그것들을 치유적으로 경험하는 것을 무의식적으로 막고 있다는 사실을 이해하는 것이 중요하다. 내담자의 고통에서 거리를 둠으로써 우리는 그들로부터 그리고 그들이 씨름하고 있는 두려움으로부터 거리를 두게 된다. 자기보호적 태도를 취하는 것은 내담자들을 성급히 버리고 떠나는 것과 같다. 동시에 이들이 이차 또는 대리 트라우마와 소진에 노출될 가능성을 크게 키우는 것이기도 하다. 치료사는 자신의 트라우마를 치유하는 경험을 통해 내담자들과 함께 머무르는 법을 배워야만 한다. 이것이 바로 트라우마 치유에 내담자와 치료사의 살아있고 감각을 느끼며 '아는knowing' 몸에 대한 자각이 필요한 이유이다. 분석가 레스턴 헤이븐스Leston Havens는 "공감이 성공적이라는 가장 확실한 증거는 내담자가 자신의 몸에서 일어난다고 기술한 감각이 우리 몸에서 일어나는 것이다."라고 말한다.

신경과학자의 눈으로

상대방의 자세에서 위험을 감지할 수 있는 능력에 대한 신경과학자 베아트리체 겔더Beatrice Gelder의 연구가 있다. 그녀의 연구는 관찰자의 뇌가 두려움에 찬 얼굴 표정보다 두려움을 나타내는 자세를 한 사람의 신체언어에 더 강하게 반응함을 보여준다. 고르곤 메두사처럼 두려움에 찬 모습은 우리를 마비시키거나 최소한 잠재되어 있던 두려움이 바탕이 된 반응을 일으킨다. 위험을 전달하는 데 있어서 얼굴 표정이 강력하기는 하지만, 긴장한 자세나 은밀한 움직임은 우리를 훨씬 더 불편하게 한다. 당신이 산을 오르는 중 똬리를 튼 방울뱀의 소리를 듣기 **직전** 당신 앞에 가던 등산객이 갑자기 뒷걸음 친다면 당신도 놀라게 되지 않겠는가? 이런 모방 행동은 동물 세계 전반에서 일어난다. 예를 들어, 떼를 지은 새들 중 한 마리가 갑자기 날아오르면 다른 새들도 모두 따라서 바로 날아오른다. 왜인지 이유를 알 필요는 없다. 같이 날아오르지 않고 남는 새가 있다면 살아서 다음 세대에 유전자를 전달하지 못할 것이다.

두려움에 찬 얼굴과 과잉경계와 경직된 자세가 결합되면 정말 강력하다. 이들은 우리 몸이 행동을 취할 준비를 하고 위협의 원인을 찾아 즉시 반응하도록 촉발한다. 어쩌면 그렇게 위협을 인지하게 되는 것이 두려움이 쌓여 공격할 준비를 하는 '경직된' 사람 때문일 수도 있다. 일상 속에서 우리 대부분은 늘 무언가를 두려워하거나 화가 나 있는 사람은 가능하면 피하는 것으로 대처한다. 반면 자세에서 온유하고 수용적인 사람을 만나면 이들의 편온함에 우리도 평안해진다. 그래서 우리는 넬슨 만델라Nelson Mandela나 틱낫한Thich Nhat Hanh 스님, 달라이 라마Dalai Lama 같은 이들의 평온함과 자비로움과 깊은 고요함이나 아기에게 평화로이 젖을 먹이는 사랑에 찬 어머니와 같은 모습에 특히 영향을 받는다.

겔더의 연구는 두려움에 찬 자세가 관찰자의 뇌의 특정 영역들을 활성화시키는 힘을 보여준다. 이 영역은 행복하고 중립적인 자세에서는 활동하지 않는다.* 게다가

---

*   (물을 따르는 것과 같은) 중립적인 자세를 보여주었을 때는 시각과 연관된 뇌의 부분들만(신피질의 영역 17) 활성화되었다. 내가 아는 한 연구자들은 달라이 라마와 같이 특별히 평온한 이들의 긍정적인 몸자세를 활용하지는 않았다.

겁에 질린 몸자세를 인식하면서 자극을 받은 뇌의 영역들은 두려움에 찬 얼굴을 읽는 영역들과도 구분되었다. 자세 인식 센터에는 다수의 뇌 영역이 포함되었고, 그중 일부는 정서를 처리하고 일부는 일차적으로 **행동할 준비**를 했다. 겔더에 따르면, "두려워하는 몸을 보면 당신의 온몸이 반응한다고 말해도 된다." 이 관찰은 재빠르게 몸을 읽고 분명하고 즉각적으로 반응하는 능력이 상당히 유리하다는 다원주의의 기본 견해를 뒷받침한다. 다른 이들의 몸을 읽고 행동하는 성향은 우리의 생존 가능성을 높인다. 효과적이고 즉각적이기 위해 그런 **자세 공명**은 의식을 건너뛴다. 이성적인 숙고는 우리를 혼란스럽게 하고 느리게 해서 생존을 위태롭게 한다. 위협적인 상황 하에서 생존 반응은 대개 곰곰이 생각하는 것이 아니라 신속하고 확실해야 한다. 리졸라티Rizzolatti와 시니가글리아Sinigaglia에 따르면, "다른 사람의 **운동 행동과 감정적인 반응**들에 대한 인식은 우리가 다른 사람의 행동을 보고 느끼고 상상한 것을 뇌가 즉각 이해하도록 하는 거울 기제에 의해 합쳐진 것처럼 보인다. 우리 자신의 행동과 감정을 책임지는... 동일한 신경 구조를 촉발하기 때문이다."

신피질의 (사고하는) 뇌가 아래의 본능적 (행동 기반의) 회로보다 우선한다면, 당신은 어쩌면 내면에서 이런 대화를 할지 모른다. "가까이 오니까 저 친구의 턱과 어깨가 긴장되고 화가 난 것처럼 보여. 눈은 빠르게 움직이고... 근데 셔츠 색깔은 괜찮아 보이네. 내가 백화점에서 살 뻔했던 거랑 비슷해." 생존에 관한 '아래서 위로 가는 상향 처리bottom-up' 센터는 몸에 경고를 보내는 반면 (저 친구 피해. 아무 말 말고!), '위에서 아래로 가는 하향 처리top-down' 과정은 훨씬 느린 언어에 기반해 분석하며 갈지자 걸음을 한다.

가젤 영양과 마찬가지로 인간도 위험에 민감하게 동조되어 있고 위험을 만나면 단호하게 행동할 준비가 되어있다. 사람들의 자세, 몸짓, 얼굴표정에서 위협을 받거나 압도될 때 어떤 행동을 하거나 하지 않을지 무언의 이야기를 들려준다. 습관적인 자세들은 우리에게 어떤 경로를 철회하고 해소해야 할지를 알린다. 아래에서 위로 가는 상향 처리 과정을 촉진하기 위해 치료사는 내담자 안에서 압도적인 두려움의 순간에 저지되었을 본능의 명령에 대한 정확한 감을 가져야 한다. 다시 말해 트라우마를 겪은 몸-마음은 의미 있는 행동 방침을 취할 준비는 했지만 제대로 조직하지 못했다. 내가 겪은 사고에서처럼 (1장) 우리는 내담자의 몸 어디에서 행동할 준비가 되었는지,

그리고 어떤 행동이 실행되지 못하고 막혔는지를 내담자가 발견하도록 도와야 한다.

　다른 연구들에서도 순식간에 몸을 읽는 것의 적절성을 확인할 수 있다. 최근 미군을 대상으로 한 연구는 뇌가 다른 사람의 신체언어에서 감정을 읽고 자신의 몸에서 감각을 해석하는 속도가 은폐된 폭발물 장치나 누가 폭탄을 숨겨 옮기고 있을지, 누가 최근에 폭탄을 땅에 묻었을지와 같은 임박한 위협을 피하는 데 매우 중요함을 시사한다. 같은 논문에서 신경학자인 안토니오 다마시오Antonio Damasio는 "감정은 우리가 의식하기도 전에 문제를 해결하기 위해 작동하는 실용적인 행동 프로그램이다. 이들 과정은 비행사, 탐험대의 리더들, 부모, 우리 모두 안에서 끊임없이 작동하고 있다."고 덧붙인다.

　몸을 등한시하고 사고에만 집중하는 (하향 처리의) 치료적 접근법은 따라서 제한적일 것이다. 대신 나는 회복 작업의 초기 단계들에서 상향 처리가 표준 절차가 되어야한다고 제안한다. 다시 말해 내담자의 '몸이 하는 말'을 먼저 다루고 그런 다음 서서히 내담자의 감정, 인식, 인지를 동원하는 것이 가치 있을 뿐 아니라 필수적이다. 조용하지만 놀랍도록 강력한 몸의 표현이 더 깊은 자기self의 지혜를 대신하여 '소리 없이' 표면으로 떠오를 때, 트라우마 생존자를 위한 '말로 하는 치료'는 그 무언의 목소리에 자리를 내주어야 한다.

치료에서의 어려움

　트라우마가 있는 이들과 작업하는 치료사들은 환자의 몸자세, 따라서 그들의 두려움, 공포, 분노, 울분, 무력감 등의 감정을 '포착'하고 되비처준다. 그런 신호에 우리가 어떻게 대응하느냐는 트라우마를 겪은 개인이 그런 어려운 감각들과 감정들을 다루도록 돕는 데 극히 중요하다. 그것들을 담고 수용할 수 없어서 우리가 움츠러든다면 우리는 내담자를 버리는 것이다... 만일 우리가 압도된다면 우리는 내담자와 함께 길을 잃는다. 우리가 조금이라도 달라이 라마와 같은 평정심과 '침착함'을 몸으로 나타낼 수 있다면 내담자의 공포를 함께 나누고 '연민의 담요'로 품는 데 도움이 될 수 있다.

본능적인 두려움 반응을 억누르기가 얼마나 어려운지 그리고 얼마나 우리가 부적절하게 반응할 수 있는지 과소평가해서는 안 된다. 예를 들어, 불이 났을 때 사람들은 옆 사람의 경직되고 겁에 질린 몸자세를 따라 하는 경향이 있다. 그런 다음 튕기듯 일어나 극장에서 도망친다. 하지만 그런 행동은 전염성 있는 공황 반응의 토대가 되기도 한다. 우리가 가까이 있는 사람의 두려워하는 자세에 거울 반응을 하기 때문에 우리는 두려움을 감지하고 집단의 다른 사람들에게 이를 전파하기도 한다. 자세 공명을 통해 두려움을 전염시켜 상황을 악화시킨다. 같은 반응을 불러일으켜 부정적인 결과를 일으키는 것이다. 공황 반응의 전염은 거의 순식간에 집단 전체에 퍼질 수 있다. 프랭클린 D. 루스벨트는 선견지명을 가지고 이런 종류의 전염을 피할 것을 우리에게 경고했다. 그런 상황이 생기면 "여기 정말 위협이 되는 무언가가 있는건가?"라고 자문하는 것이 이롭다. 극장에 불이 난 예에서 뛰어나가기 전에 상황을 독립적으로 판단한다. 연기 냄새가 난다면 지체해서는 안 된다. 하지만 10대들이 떼거리로 웃는 게 보인다면 이성의 뇌는 출입구를 향해 전력을 다해 달려나가기 전에 상황을 조금 더 살펴보라고 할 것이다. (우리가 행동을 되 비추는) 옆 사람이 실수했거나 과도하게 반응했을 때 이런 이성적 평가는 극단적인 본능의 명령을 누그러뜨리는 데 효과적이다. 하지만 치료 회기에서 본능보다 이성을 우위에 두려는 시도는 심각하게 실패할 때가 많고 재앙이 될 가능성이 크다.

치료 상황에서 치료사는 내담자의 감각을 알 수 있을 만큼 충분히 내담자의 고통을 되비춰주면서도 공황 반응의 전염에서처럼 내담자가 느끼는 두려움의 수위를 더 키우지 않도록 균형을 잡아야 한다. 이것이 가능하려면 치료사가 자신의 감각과 정서를 안팎으로 잘 알고 있고 이를 편안하게 여길 수 있어야 한다. 그럴 때에만 우리는 정말 내담자가 어려운 감각들과 감정을 담도록 도울 수 있고, 그래서 자신이 느끼는 것이 아무리 끔찍하더라도 그것이 영원히 지속되지 않을 것임을 배울 수 있다.

두려움으로 인한 마비

세렝게티에서 한 마리 영양의 놀람 반응은 다른 영양들에게 최악을 예상하고 주변 환경을 살펴 잠재적 위협의 원인을 찾으라는 신호를 준다. 하지만 따라다니는 포식자가 발견되지 않으면 이들은 쉽게 경계를 늦추고 평온하게 풀을 뜯는다.* 잠시 뒤 다른 영양이 나뭇가지가 부러지는 소리에 놀라 멈추면 다시 한번 무리 전체가 경계한다. 이들의 '집단 신경계'가 활성화되어 전면적인 행동을 할 준비를 한다. 도망갈 때 최대의 힘을 발휘할 수 있도록 근육이 긴장함에 따라 이들은 다 같이 맞춰서 경직된다.

그 순간을 놓치지 않고 따라다니던 치타가 숨어있던 우거진 관목에서 튀어나온다. 무리는 하나의 유기체로 뛰어올라 다가오는 포식자를 피해 뛰쳐나간다. 어린 영양 한 마리가 잠깐 비틀거리다 바로 일어선다. 눈 깜짝할 사이에 치타는 목표물을 향해 돌진한다. 추격 속도는 시속 100킬로미터이다! 접촉의 순간 (또는 끝이 가까워졌음을 감지하는 바로 직전에) 어린 영양은 무너지듯 땅으로 쓰러진다. 돌처럼 정지된 어린 영양은 죽음이 임박했을 때 모든 포유류가 공유한 변형의식 상태로 들어갔다. 이건 죽은 '척하는' 것이 아니고 사실 상처를 입은 것도 아니다. 바로 **두려움으로 마비된 상태**fear paralysis이다.

---

* 　　이런 전환은 교감계의 흥분과 부교감계의 제자리로 돌아와 이완된 상태 사이를 오가는 자율신경계가 조절한다. 이런 유연한 전환이 전반적인 '편안한 각성relaxed alertness'의 성질을 유지한다.

마비의 오랜 뿌리

> 우리는 살기 위해서 죽는단다.
> — 아빠 주머니쥐가 자식들에게,
> 만화영화 〈헷지Over the Hedge〉

포식자나 공격자 또는 다른 위협에 대한 첫 번째 방어는 일반적으로 **적극적 방어**active defense이다. 피하거나 비키거나 물러서고, 치명적인 타격을 막기 위해 팔을 올리거나 돌린다. 그리고 가장 잘 알려진 것은 잠재적 포식자로부터 도망가거나 아니면 상대보다 자신이 더 강하다고 인식되면 싸우는 것이다. 아니면 당신은 상대에 의해 갇히게 된다. 잘 알려진 싸움과 도주 반응 외에 보다 덜 알려진 위협에 대한 세 번째 반응이 있다. 바로 부동상태immobilization이다. 동물행동학자들은 이 '기본설정' 마비 상태를 **긴장성 부동상태**라고 부른다. 이는 파충류와 포유류가 외부 포식자로부터 위협을 받을 때 나오는 세 가지 일차적인 본능적 반응들 중 하나이다. 이는 도망가거나 (싸워서) 위협 요인을 없애는 적극적인 반응이 효과가 없을 것 같을 때 일어난다. 싸움 또는 도주라는 다른 두 방법이 익숙한 것은 1920년대 월터 B. 캐논Walter B. Cannon이 실시한 교감-부신 신경계에 관한 탁월한 연구의 영향이 광범위하기 때문이다. 하지만 트라우마의 형성과 치료에서 부동성 반응이 가진 심오한 함의에 대해서는 제대로 알려지지 않았다. 캐논의 발견 이후 75년 이상 진행된 동물행동학과 생리학의 연구를 고려하면 싸움-도주는 'A와 4F'라는 약어로 업데이트될 수 있다. 즉, 정지(Arrest, 경계심 증가, 살펴보기), 도주(Flight, 우선 도망가려 시도), 싸움(Fight, 도망갈 수 없을 때), 얼어붙기(Freeze, 놀람, 두려워서 굳음), 포기(Fold, 무력하게 무너짐)이다. 두 문장으로 설명하자면, 트라우마는 우리가 극도로 두려움을 느낄 때 그리고 신체적으로 구속되거나 갇혔다고 인지할 때 발생한다. 우리는 마비되어 얼어붙거나 압도적인 무력감에 무너진다. 주의: 최근 일부 저자들이 초기의 정지 반응을 '얼어붙기'라고 부르는 경향이 있는데, 나는 혼란을 피하기 위해 '얼어붙기'라는 용어는 긴장성 부동상태와 관련된 행동을 기술할 때만 사용할 것이다.*

얼어붙기에서 근육은 치명적인 타격 앞에서 굳어지고, 당신은 '겁에 질려 몸이 굳는다'. 다른 한편으로는 (야생동물이 송곳니를 드러내고 잡아먹으려 할 때처럼) 정말 죽음이 임박하다고 느낄 때 당신의 근육은 마치 모든 에너지를 잃어버린 것처럼 무너진다. 이 '기본설정' 반응에서 (트라우마에서 흔히 그렇듯 이것이 만성적으로 되면) 당신은 무기력한 체념 상태에서 삶에 연료가 되고 앞으로 나아갈 에너지가 부족하다고 느낀다. 깊은 트라우마의 핵심에 있는 것이 바로 이런 무너짐과 패배, 살아갈 의지력 상실이다.

'겁에 질려 몸이 굳거나', '두려움에 얼어붙거나', 무너지거나 무감각한 것은 강한 두려움과 트라우마의 **신체적, 본능적, 몸 전체의** 경험에 대한 정확한 표현이다. 몸이 이 모든 생존 가능성들을 행동으로 옮기기 때문에 치료사가 이러한 반응들을 이해하고 트라우마를 변형시키는 데에 이들을 동원하기 위해서 다뤄야 하는 것이 바로 몸의 이야기이다.

부동 반응이 포유류에게 나타나는 것은 최소 4가지 중요한 생존 기능에 이바지하기 위해서라는 점을 알면 치료사에게 (그리고 내담자에게) 도움이 된다. 첫째, 이는 흔히 '죽은 척하기'로 알려진 최후의 생존전략이다. 하지만 이는 위장이 아니라 목숨을 건 심각한 타고난 생물학적 전략이다. 주머니쥐와 같은 작고 느린 동물에게 도주하거나 싸우기가 성공할 가능성은 작다. 간디의 위대한 전통을 이어받은 수동적 저항처럼 동물의 불활성 상태는 포식자의 공격성을 억제하고 잡아먹으려는 욕구를 줄인다. 게다가 움직이지 않는 동물은 (특히 썩은 고기 냄새가 날 때는) 코요테와 같은 포식자가 먹지 않고 버리고 갈 때가 많다. 물론 너무 배가 고프지 않다면 말이다.† 그런 '죽은 체'를 통해 주머니쥐는 도망쳐 살아남아 내일을 볼 것이다. 비슷하게, 치타는

---

*   이런 초기의 사용법은, 예를 들어, 행동학자 에릭 살젠A. Eric Salzen과 데즈먼드 모리스Desmond Morris와 일치한다. 참고자료: Desmond Morris, *Primate Ethology*(London: Weidenfield and Nicholson, 1969); A. Eric Salzen (1991), "On the Nature of Emotion," *Journal of Comparative Psychology, 5*, 47-110; and Salzen (1967), "Social Attachment and a Sense of Security," *Social Sciences Information, 12*, 555-627.

†   먹잇감을 포기하면 포식자가 오염된 썩은 고기를 먹고 감염되지는 않는다.

움직이지 않는 먹잇감을 끌고 안전한 곳으로 가 잠재적인 경쟁자들을 없앤 다음 (사냥감을 나누기 위해) 새끼들을 데리러 굴로 돌아간다. 치타가 사라진 동안 영양이 마비에서 깨어나게 되면, 치타가 방심한 순간 급히 달아난다. 둘째, 부동상태가 되면 눈에 잘 보이지 않는다. 움직이지 않는 몸은 포식자의 눈에 띌 가능성이 적다. 셋째, 부동상태가 무리의 생존 가능성을 높일지 모른다. 포식자 떼거리의 추적을 받을 때 한 개체가 쓰러지면 나머지 무리가 도망갈 만큼 충분히 포식자 떼의 주의를 흩뜨리기도 한다.

마지막으로, 그렇다고 덜 중요하다는 것이 아니라, 부동상태의 네 번째 생물학적인 기능은 이것이 깊은 무감각 상태를 일으킨다는 사실이다. 이 상태에서는 극도의 고통과 공포에 둔감해진다. 따라서 만일 동물이 공격에서 살아남으면 상처를 입었더라도 끔찍한 통증의 방해를 덜 받게 되고, 그래서 기회가 생기면 도망칠 수도 있다. 이 '자비로운' 무통 효과는 우리 몸의 모르핀 통증 완화 시스템인 엔도르핀이 대량 방출되어 생긴다.[21] 영양에게 이는 치타의 날카로운 이빨과 발톱에 살이 찢기는 아픔을 온전히 느끼지 않아도 된다는 의미이다. 이는 강간이나 사고 피해자에게도 마찬가지이다.[22] 이 무통 상태에서 피해자는 마치 자신의 몸 바깥에 있는 것처럼, (내가 사고를 당했을 때 그랬던 것처럼) 마치 다른 사람에게 일어나는 것처럼 사건을 목격하게 된다. **해리**라 불리는 이런 거리 두기로 인해 견딜 수 없는 것이 견딜 만해진다.

아프리카 탐험가 데이비드 리빙스턴David Livingstone은 아프리카 평원에서 사자를 만났을 때의 그와 같은 경험을 자세하게 기록했다.

> 으르렁 소리가 들렸다. 놀라 몸을 반쯤 돌렸을 때 나를 향해 뛰어오르는 사자가 눈에 들어왔다. 내가 조금 높은 곳에 있었는데, 사자가 뛰어오르면서 내 어깨를 물었다. 그리고는 함께 아래 땅바닥으로 굴렀다. 내 귀 가까이에서 끔찍한 소리로 으르렁거리며 테리어종의 개가 쥐한테 하듯 사자는 나를 흔들었다. 고양이가 쥐를 물고 처음 흔들었을 때 느꼈음직한 충격에 나는 무감각해졌다. 무슨 일이 일어나는지 모두 의식하고는 있었지만 아무런 통증이나 공포감 없이 꿈을 꾸는 기분이었다. 클로로폼으로 부분 마취되어 수술하는 것은 전부 보는 데 수술칼은 느낄 수 없었다던 환자들의 묘사와 같았다. 이 특이한 상태는 정신 작용으로 인한 것이 아니었다. 사자에게 물려 흔들렸을 때 두려움이 사라져 야수를 바라볼 때 아무런 공포감을 느끼지 않게 해주었다. 이 특이

한 상태는 아마도 육식동물에 잡혀 죽은 모든 동물들에게 일어났을 것이다. 그렇다면 이는 죽음의 고통을 덜어주려는 우리의 선하신 창조주께서 자비롭게 준비해주신 것이다. [23]

리빙스턴이 이 선물을 '선하신 창조주'에게 돌렸지만, 극심한 통증과 공포와 패닉을 누그러뜨리는 이 생물학적 적응 기능을 고마워하느라 '지적 설계'를 떠올릴 필요는 없다. 우리가 주의를 넓게 두고 사물을 느리게 인식하면 잠재적인 탈출 기회를 활용하거나 포식자를 피할 기발한 전략을 생각해낼 가능성이 크다. 예를 들어, 내 친구가 해외여행 중에 자동인출기에서 현금을 인출하던 때의 이야기가 있다. 인출기에서 몸을 돌리는 순간 폭력배들이 친구를 붙잡고 목에 칼을 들이댔다. 마치 꿈속인 것처럼 친구는 평온하게 그들에게 당신들 오늘 운이 좋다고, 방금 다음 날 여행을 위해 많은 돈을 인출했다고 말했다. 놀란 강도들은 차분히 돈을 빼앗아 어둠 속으로 조용히 사라졌다. 친구가 일정 정도 해리된 덕에 전략적으로 다루지 못할 만큼 공포에 질리지 않고 그 끔찍한 상황에서 살아남았다고 나는 확신한다.

실제로, 적응하려는 해리가 가진 선한 가치는 또 다른 흥미로운 이야기에서도 볼 수 있다. 이번에는 레드사이드Redside라는 탐험가가 인도 아대륙의 정글에서 겪은 이야기이다.

(그는) 물살이 빠른 개울을 건너다가 발을 헛디뎌 탄띠를 물속에 빠뜨렸다... 이제 탄약도 없는데 거대한 호랑이가 자신을 따라오고 있는 것을 알게 됐다. 두려움에 창백해지고 식은땀을 흘리며 그는 물러서기 시작했다... 하지만 이미 너무 늦었다. 호랑이가 달려와 그의 어깨를 물고 세 마리 새끼가 놀고 있는 곳까지 400미터쯤 끌고 갔다. 나중에 회상하면서 레드사이드는 호랑이가 자신을 문 순간 두려움이 사라지고 호랑이가 자신을 끌고 갈 때 간간이 '고양이와 쥐' 놀이를 하며 난폭하게 굴 때도 통증을 거의 느끼지 못했다며 놀라워했다. 그는 햇볕과 나무, 호랑이의 강렬한 눈뿐 아니라 기회가 있을 때마다 기어서 도망치려 했던 자신의 강한 '정신적 노력'과 긴장감을 생생하게 기억했다. 그럴 때마다 잡혀서 다시 끌려갔던 것과 새끼들이 지켜보며 장난치듯 어미를 흉내 내려 했던 것까지. 그는 자신이 극도로 위험한 상태임을 충분히 인식했지만 어쨌거나 마음은 '상대적으로 차분한' 상태를 유지했고, '두려움이 없었다'고 말했다. 때맞춰 호랑이를 총살하고 자신을 구출

하러 온 사람들에게 그는 이 시련이 '치과 의자에 앉은 30분보다 덜 무서웠다'고까지 말했다.[24]

　리빙스턴과 레드사이드가 고양이과 포식자들과의 유쾌하지 않은 만남에서 놀랄만치 다치지 않은 것처럼 보이지만, 그럼에도 불구하고 리빙스턴은 죽을 때까지 매년 공격을 받은 날이 돌아오면 어깨에 염증 반응이 불거지곤 했다고 한다. 불행히도 트라우마를 겪은 많은 사람에게 그런 해리 반응이나 '신체 기억'은 가볍고 일시적이지 않으며 지금-여기라는 현재 시간 안에서 집중하고 적응하고 제대로 기능하지 못하는 것은 물론 지속적인 소위 정신신체 증상들로 이어졌다(이는 '신체 해리'라는 적절한 이름으로 불린다).[25] 트라우마를 겪은 사람들이 실제로 신체적으로 마비된 상태로 머무르지는 않지만, 이들은 일종의 안개 같은 불안, 만성적인 부분 차단, 해리, 쉽게 낫지 않는 우울, 무감각 속에 길을 잃는 것도 사실이다. 많은 사람은 생계를 유지하고 가족을 꾸리기도 하지만 일종의 '기능하는 얼어붙기' 상태에서 삶의 기쁨을 누리지 못한다. 이들은 그런 증상들에도 불구하고 생존을 위한 힘겨운 싸움에 줄어든 에너지라는 짐을 지고 산다. 게다가 상징과 이미지를 고수하는 우리 인간은 실제 위험이 오래전에 사라진 뒤에도 계속해서 (마음의 눈으로) 죽음의 문턱에 있는 자신을 보게 되기도 한다. 자신의 목에 칼을 들이댄 강도나 강간범의 이미지가 마치 여전히 일어나고 있는 것처럼 끊임없이 되풀이될 수 있다.

생체현상은 어떻게 병리가 되는가

　(리빙스턴과 레드사이드가 기술한 것과 같은) 부동 반응과 해리 상태가 극적이긴 하지만 이들이 **반드시** 트라우마가 되지는 않는다. 삶에 지장을 주는 두려움이 생기지는 않았지만, 리빙스턴의 경우 영향을 받은 어깨에 해마다 국부적인 반응이 나타났다. (교통사고를 당했던) 내 경우에는 길을 건널 때 조금 더 조심스러워졌다. 특히 강의하러 자주 가는 브라질에서는 더 조심한다. 그곳에서는 움직이는 차들로 보행자가 상당히 어려움을 겪기 때문이다. 그 외에는 교통과 관련해 어떤 종류의 두려움이나 불안이 보이진 않는다. 강도를 당했던 친구도 밤에 현금인출기에 가는 건 좀 조심스럽다고 한

다. 우리가 정지와 공포, 부동 반응과 해리를 경험한 건 분명하지만 그 친구도 리빙스턴도 레드사이드도 나도 트라우마가 생기지는 않았다. 내 얘기를 하자면, 사고와 그 이후 상황을 잘 다룬 덕에 나는 더 강해지고 회복탄력성이 생긴 느낌이다(이는 친구들도 확인해주었다). 친구들이 보기에 나는 좀 더 안정감 있고 집중을 잘하고 쾌활해졌다.

여기서 나는 핵심 질문을 하게 된다. 무엇이 (잠재적으로) 트라우마가 될만한 심각한 사건에 노출되었을 때 외상후 스트레스장애처럼 장기적으로 심신을 쇠약하게 하는 영향을 결정하는가? 그리고 부동 반응의 역동을 어떻게 이해해야 이 결정적인 질문에 임상적인 해결책을 상정할 수 있을까?

다시 한번 반복해보자. 일반적으로 **야생에서** 동물은 잡아 먹혀 죽지 않는다면 부동 반응에서 회복해서 별일 없었다는 듯 살아간다. 더 현명해지긴 하겠지만 나빠지는 것 없이 여전하다. 예를 들어, 사슴은 퓨마에게 기습을 당했던 암석지대를 피하는 법을 배운다. 나의 가설이 현장 관찰에 근거했으며 경험적으로 증명되진 않았지만, 전 세계 야생동물 관리자들과의 인터뷰들은 이를 지지한다. 게다가 이들이 인간이 겪는 것과 같은 증상들을 일상적으로 겪으면서 어떻게 야생동물 개체가 (또는 한 종 전체가) 살아남을 수 있었을지 상상하기 어렵다.* 이런 자연의 '면역성'은 분명 우리 현대인들에게는 맞지 않는다... 그렇지만 왜 그런 것이며, 우리는 (이에 대해) 무엇을 할 수 있을까?

---

*   실험실 조건에 놓인 동물의 경우는 분명히 **다르다.** 파블로프Pavlov가 처음 관찰했듯 스트레스를 받은 실험실 동물들은 쉽게 트라우마를 입는다.

오래 지속되는 부동 반응

1977년 버클리 대학교에서 박사 논문을 마무리하던 때 나는 매일 대학원 도서관의 퀴퀴한 냄새가 나는 서고를 찾았다. 거기서 나는 트라우마를 이해하는 열쇠를 우연히 발견했다. 고든 갤럽과 잭 메이저의 논문은 '어떻게 정상적으로 시간의 제약을 받는 부동 반응이 장기적으로 지속되고 결국에는 끝나지 않게 되는가'라는 핵심 질문에 정보를 주었다.[26] 이들의 작업에 대해 나는 개인적으로 앞서 언급한 세 명의 동물행동학자와 더불어 1973년도 노벨 생리의학상으로 지명하고 싶다.

철저하게 계획되고 잘 통제된 실험을 통해 저자들은 동물이 두려운 상태에서 묶여 있으면 (풀려난 후에) 부동상태가 지속되는 기간이 극적으로 증가한다는 사실을 입증했다. 묶여 있을 때 동물이 겪은 두려움의 수준과 부동 반응의 지속기간 사이에는 거의 완벽한 선형적 상관관계가 있다.[27] 동물이 묶이기 전에 두려운 상황에 처하지 않았으면 부동상태는 대개 몇 초에서 1분 정도 지속된다. 이런 자연발생적인 역량은 '자기진도에 따른 종결self-paced termination'이라 불린다.[28] 이와는 매우 다르게 반복적으로 겁을 먹고 반복적으로 묶였던 실험동물은 길게는 17시간까지 부동상태에 머무르기도 했다!

나의 임상 경험과 지식에서 보면 이런 확실한 **강화현상**potentiation은 인간의 트라우마를 이해하고 치료하는 데 있어서 임상적 함의가 크다. 두려움에 의한 부동 반응의 '강화현상' 또는 증대가 어떻게 영속적인 피드백 루프로 이어져 트라우마를 겪은 개인에게 본질적으로 영구적인 반마비상태를 일으키는지 살펴보자. 나는 이 조건이 특히 마비, 차단, 해리, 덫에 걸린 느낌, 무력감과 같은 트라우마로 인한 심각한 심신 쇠약 증상들의 토대라고 믿는다.

몇 년 전 브라질에서 나는 실험실 환경에서 두려움과 부동 반응 사이의 상호관계를 관찰할 기회가 있었고, 거기서 긴장성 부동상태에 관한 갤럽과 메이저의 중대한 업적을 직접 확인할 수 있었다. 이 중요한 분야에는 연구자가 거의 없는데, 나는 브라질 리베이랑프레토시 연방대학교 의과대학 내 레다 메네스칼 데 올리베라Leda

Menescal de Oliveira 연구팀에서 긴장성 부동상태에 관한 동물 실험연구에 적극적인 연구자를 한 명 만났다. 그녀의 연구는 긴장성 부동상태로 인해 활성화되는 뇌의 경로에 초점을 두고 있었다.[29]

레다의 연구팀은 나에게 많은 시간과 전문지식을 공유해 주었다. 방문 기간 동안 나는 1970년대 저작들을 통해 내게 영감을 주었던 초기 연구자들의 실험적 방법론을 직접 관찰하고 이에 참여할 수 있었다. 이들 실험은 조명이 어두운 실험실에서 기니피그를 부드럽게 들어 올려 단단히 쥐고 거꾸로 뒤집은 뒤 V자 모양의 홈통에 등이 닿도록 해서 내려놓는 방식으로 진행되었다. 이 과정이 **저항 없이** 진행되었을 때, 실험동물은 몇 초에서 1~2분 정도 움직이지 않고 가만히 있다가 몸을 뒤집어 차분하게 걸어 나갔다. 부동상태에서 자기진도에 따른 종결을 한 것이다. 실험실의 기니피그가 인간에 대한 두려움을 타고난 경우도 있겠지만, 이들 동물은 부동상태에서 상대적으로 빠르게 빠져나왔다. 후유증도 눈에 띄지 않아서 아예 없거나 아주 경미한 것으로 추정되었다.

자기진도에 따른 종결을 생생하게 보여주는 예가 되는 예술작품이 있다. 〈라팽 아질의 피카소〉라는 연극에서* 파블로 피카소Pablo Picasso는 파리의 자기 방으로 데려온 예쁘고 젊은 여성에게서 재킷을 받는다. 태연자약하게 유혹하는 계략으로 그는 흰 비둘기가 앉아있는 창밖으로 손을 뻗는다. 천천히, 하지만 주저 없이, 그는 두 손으로 새를 잡는다. 피카소가 새를 뒤집는 동안 새는 모든 움직임을 멈춘다. 그는 새를 3층 아래 길바닥으로 떨어뜨린다. 젊은 여성은 놀라 숨을 들이마시며 반사적으로 손을 입으로 가져간다. 마지막 순간에 새는 몸을 바로 하고 멀쩡하게 마르트의 밤 속으로 날아간다. 피카소는 자신의 풍만한 인간 먹이로 몸을 돌려, 놀라 굳어진 그녀의 몸을 음탕하게 끌어 안는다.

이 장면은 동물이 어떻게 부동성을 다루는지 그리고 어떻게 서로 합의한 성행위와 오르가슴에서 두려움 없는 부동성이 일부 개입되는지 보여준다. 어미 고양이가 축 늘어진 새끼 고양이를 단단히 입에 물고 옮길 때처럼, 두려움이 없을 때의 부동성

---

*   스티브 마틴Steve Martin의 연극 〈라팽 아질의 피카소〉에서 각색(캘리포니아주 칼스바드, 빌리지아트극장, 2010년 1월).

은 부드럽고 쾌락을 주기도 한다.

실험실 이야기로 돌아가면, 자기진도에 따른 종결은 분명히 **동물이 잡히기 전에** (또는 부동상태에서 빠져나오기 전에) **의도적으로 겁을 먹게 되었다면** 일어나지 않는다. 반복적으로 뒤집어 눕혔을 경우도 마찬가지이다. 후자의 경우 기니피그는 (또는 다른 동물은) 몇 분보다 훨씬 더 길게 마비상태에 머문다. 이런 두려움을 유도하는 과정이 여러 번 반복되면 동물은 상당 시간 부동상태에 머물게 된다. 이 기니피그는 우리가 점심을 먹고 돌아왔을 때도 뒤집힌 채로 있었다.

트라우마 치료에 적용하기

트라우마의 생물학적 토대로 긴장성 부동 반응에 관심을 갖는 과학자는 한 손에 꼽을 정도다. 이들 중 일부는 최근 부동성이 **본질상** 트라우마라고 주장했다.**30** 나의 경험으로 보면 이런 주장은 오해의 여지가 있다. 이런 주장은 트라우마에 대한 이해를 제한하고 효과적인 치료 개입의 가능성을 좁힌다. 나는 수천 명의 내담자와 작업한 임상 경험에서 부동 반응은 **두려움이 있건 없건** 나타날 수 있음을 확인했다. 실제로 나는 부동성이 강한 두려움과 다른 강력한 부정적 감정과 긴밀하게 또 동시에 결합되어 있는 경우에만 지속적인 외상후 스트레스장애의 형태로 트라우마 피드백 루프 깊숙이 자리 잡게 된다고 믿는다. (2장에 나온) 낸시와의 만남으로 시작된 이후 정말 많은 트라우마 내담자들과 작업한 경험을 통해 나는 트라우마를 해소하는 진짜 열쇠는 **두려움을 부동성에서 떼어내고 분리할** 수 있는 것임을 배웠다. 하지만 동물의 경우를 되살펴보기 전에 관찰력이 뛰어난 두 사람인 신경학자 칼바움K. L. Kahlbaum과 소설 속 탐정 셜록 홈즈의 연구를 살펴보자.

칼바움은 (자신이 **긴장증**이라 불렀던) 인간의 긴장성 부동상태에 대해 연구한 초기 개척자이다. 1874년 '사례 대부분에서 상심과 불안이, 일반적으로는 환자 스스로에게 불리한 우울한 기분과 정서가 긴장증보다 **앞서 일어난다**'는 그의 말은 옳았다.**31** 나는 그가 '(일시적 상태의) 긴장성 부동성이 마비/자가유도된 우울 피드백 루프 즉, 만성적인 긴장증이나 (거의 틀림없이) 외상후 스트레스장애로 전환되려면 **부동성과 상당한**

두려움이나 상심에 노출되는 두 가지가 모두 일어나야 한다'고 말한다고 믿는다.

세심하고 철저한 관찰자의 전형인 셜록 홈즈는 홀 파이크로프트 씨 이야기에서 칼바움의 인식을 확인해주는 것 같다. 홈즈는 왓슨에게 말한다. "난 그렇게 상심한 얼굴은 본 적이 없어... 뭔가 상심을 넘어선 것 같은... 공포랄까... 평생에 그런 경험을 하는 사람이 거의 없을 것 같은 그런 표정이었지. 이마는 땀으로 번들거렸어. 뺨은 죽어서 윤기가 없는 물고기의 배처럼 하얗고, 사나운 눈빛으로 응시했어... 자기 직원을 모르는 사람처럼 바라보더군."[32] 극심한 동요 상태, 죽은 듯 창백한 안색과 제정신이 아닌 해리(아무것도 알아보지 못하는 듯 눈을 크게 뜨고 응시)의 조합은 극심한 두려움으로 마비된 사람을 정확히 묘사하고 있다. 트라우마 상대의 사람이 이런 특징 모두를 항상 보이지는 않겠지만 PTSD로서 트라우마 충격 저변의 흐름을 형성하는 것은 사실이다.

긴장성 부동성을 트라우마 모델로 저술한 소수의 심리학자들은 이를 유발하려면 두려움과 구속(아니면 최소한 도망칠 수 없다는 인식) 둘 다가 필요하다는 데 동의하는 것 같다. 여기에 나는 전적으로 동의한다. 하지만 최근의 뛰어난 리뷰 논문에서 막스Marx와 동료들은[33] "오늘날까지 우리가 알고 있는 동물과 인간에 관한 모든 문헌은 긴장성 부동성 반응 그 자체가 트라우마적이라고 암시한다."*고 덧붙인다. 이들의 의견은 존중하지만 나는 생각이 다르다. 나의 임상 경험은 그들의 추정과는 길이 갈린다.

트라우마를 겪는 내담자들을 40년 이상 셜록 홈즈와 같은 안목으로 관찰하고 이들을 두려움과 공포로 얼어붙은 상태에서 빠져나오도록 안내하면서 나는 두려움과 긴장성 부동상태와 트라우마라는 역동적 요소들이 그리는 그림이 훨씬 더 복잡하고 미묘하다는 사실을 발견했다. 나는 부동상태는 그 자체로는 트라우마가 아니라고 확신하게 되었다. 예를 들어, 트라우마를 겪지 않은 대상에게 '최면 상태의 근

---

*   가축들은 그렇게 쉽게 긴장성 부동성에 들어가지 않는다. 이는 긴장성 부동성을 유도하려면 어느 정도의 두려움(이나 최소한 낯섦)이 필요함을 암시한다. 하지만 트라우마가 있거나 고도로 불안할 때에는 동물이 (의심 없이 바라보던 임상가에게는 당황스럽게도) 최면 상태의 근육 경직으로 들어갈 경우 갑작스러운 공황 발작이 일어나거나 긴장증같은 상태가 길게 지속되기도 한다.

육 경직'을 통해 부동상태가 유도되면 이들은 부동상태를 중립적이고 흥미롭고 심지어 기분 좋은 것으로 경험한다. 포유류 어미는 일상적으로 새끼를 물어들고 이동시킨다. 이때 어미의 애정이 담긴 턱에 물린 새끼들은 꼼지락거리는 것을 멈추고 몸을 축 늘어뜨린다. 또 성적 교합상태에서 특히 오르가슴을 느낄 때 많은 포유류의 암컷은 (거의 틀림없이) 수정의 가능성을 증가시키기 위해 쾌락의 정점에서 부동상태가 된다. 이에 반해 극심한 두려움(과 다른 강한 부정적 정서들)이 부동 반응과 결합된 트라우마는 덫에 옭매이는 것 같고 따라서 트라우마를 일으킨다. **이 차이는 트라우마 치료 모델이 두려움과 다른 강한 부정적 정서를 (보통 시간상으로 제한된) 생물학적 부동성 반응으로부터 분리해야 한다는 근거를 분명하게 제시한다**(이 두 가지 요소를 분리하는 것이 트라우마 반응을 불러일으키는 피드백 루프를 깨뜨린다). 이것이 트라우마 치료의 이상적 해결법이라고 나는 확신한다.

막스와 동료들은 나중에 "임상에서 볼 때 인간의 긴장성 부동성이 '전부 아니면 전무'인지 아닌지는 덜 중요할 것이다. 사람들이 보이는 긴장성 부동성 반응의 **강도**가 외상후 정신병리의 발병과 지속에 중요한 요소일지 모르기 때문이다."[34]라며 나와 비슷한 방향으로 생각을 바꿨다. 이런 질문들은 다학제 간의 논의가 얼마나 중요한지를 잘 보여준다. 사실 정말 효과적인 트라우마 치료의 발전을 가로막아온 걸림돌 중 하나는 임상가, 실험가, 이론가들이 이처럼 중요한 질문들을 지속적인 파트너십을 통해 연구하며 의논하지 않는다는 점이다.

요약하면, 내가 관찰한 바에 따르면 외상후 스트레스장애가 생기는 전제조건은 사람이 겁에 질리고 자신이 덫에 갇혔다고 인지할 때이다. **극심한 두려움과 부동상태의 상호작용이 트라우마의 형성과 유지와 해체, 해소와 변형의 토대이다.** 이런 관계가 치유에 대해 어떤 함의를 갖는지는 5장부터 9장에 걸쳐 상술할 것이다.

수치심, 비난, 부동성의 소용돌이

두려움으로 유도된 부동상태의 본질을 고려하면 강간 피해자의 대다수가 마비되는 (때로는 숨도 막히는) 느낌이었고 움직일 수 없었다고 기술하는 것은 놀랍지 않다.

자신보다 훨씬 더 크고 강하고 무거운 누군가에게 눌려 공포에 사로잡히면 거의 확실하게 장기적으로 지속되는 부동 반응과 이에 따른 트라우마가 생기는 것은 당연하다. 강간은 강제로 꼼짝 못하게 되는 것뿐 아니라 공포 때문에 내면의 부동성도 유발한다(두려움으로 강화된 부동상태). 한 연구에서는 어린 시절 성폭행을 당한 피해자의 88%와 성인 성폭행 피해자의 75%가 폭행 중 중간 정도에서 높은 수준의 마비를 보고했다.**35** 게다가 고도의 해리 때문에 많은 피해자는 마비된 느낌을 기억하지 못하거나 '맞서 싸우지' 못한 것에 대해 너무도 죄책감을 느끼기 때문에 마비되었던 것을 부인한다.

마찬가지로 포화가 퍼붓는 중에 군인들은 도망가거나 신체적으로 싸울 수 있는 경우가 거의 없다. 이들은 바닥 가까이에 꼼짝 않고 머물러야 할 때가 많은데(적극적인 싸움과 도주 충동을 억누르면서) 그 와중에도 흔들림 없이 총을 조준해 쏘기 위해 '침착하게' 서두르지 않으려고 노력한다. 나는 '포화 속에서 비겁했다'는 이유로 군사재판에 회부될 위기에 직면한 군인을 인터뷰한 적이 있다. 그는 외국어라고는 헝가리어와 세르보크로아티아어 밖에 모르는데도 이라크의 특수부대에 파견된 통역사였다. 그는 이란어나 다른 아랍어는 몰랐다! 그는 전투지역 근무를 위한 훈련을 받은 적이 없었고, 자신이 속한 해병 정예부대가 기습을 당했을 때 맞서 총을 쏘지 않았다. 엄청난 상심과 충격과 굴욕과 공포에 질린 이 병사를 인터뷰하는 동안 나는 그가 맞서 총쏘기를 '거부'한 것이 실은 불수의적인involuntary 마비였음을, 곧 피와 죽음과 동료의 조각난 몸을 보는 고도의 비정상적인 상황에 대한 정상적인 반응이었음을 볼 수 있었다. 해병대원들과 달리 그는 이런 두려움을 무시할 수 있는 훈련을 전혀 받지 않았다.* 압도적인 위험에 대한 본능적인 반응 때문에 그는 행동을 할 수 없었다.**36**

이 사례는 압도적인 위협에 직면해 일어나는 부동 반응과 해리를 비겁함에 버금가는 약함으로 비난하는 현대 문화를 보여준다. 이런 혹독한 비판 저변에는 덫에 갇힌 것 같고 무기력하게 느끼는 것을 두려워하는 만연한 태도가 깔려있다. 이와 같

---

* 위험 상황에서 특수부대 전사들도 다른 군인들처럼 동일한 스트레스 호르몬 코르티졸의 분출을 경험하지만, 이런 훈련을 덜 받은 다른 부대원들에 비해 호르몬 수치가 훨씬 빠르게 떨어진다.

은 두려움, 무력감, 그리고 갇혀있는 듯한 느낌에의 두려움은 집요하게 심신을 약화시키는 수치심이라는 형태로 한 사람의 일생을 지배할 수 있다. 수치심과 트라우마는 특히나 치명적으로 맞물리는 조합이다.

　　자기비난과 자기혐오는 추행과 강간 생존자들에게 흔하다. 이들은 싸움이 생존을 위해 선택할 수 있는 수단이 아니었던 때조차 '제대로 싸우지' 않았다고 스스로를 가혹하게 비판한다. 하지만 마비의 경험과 '약함'과 무력함을 비판하는 이런 자기비난은 트라우마에서 흔한 요소이다. 게다가 피해자가 어릴수록, 발달상 더 미숙하거나 애착이 더 불안정할수록 피해자가 스트레스와 위협과 위험에 적극적인 저항보다 마비로 반응할 가능성은 더 커진다. 일차적 양육자와의 초기 애착 관계가 결핍되어 안전한 기반이 부족한 사람들은 취약해서 더 쉽게 피해를 보고 트라우마를 겪게 되며 수치심, 해리, 우울과 같은 증상들이 견고하게 발달할 가능성이 더 크다.[37] 게다가 트라우마와 수치심의 정신생리학적 패턴들이 비슷하기 때문에 이들 사이에는 **본질적인** 연관성이 있다. 여기에는 어깨가 처지고 심장박동이 느려지며 눈맞춤을 피하고 메스꺼운 것 등이 포함된다.[38]

　　수치심으로 인해 트라우마를 겪은 개인은 흔히 어쨌든 자신들에게 그런 불운의 원인이 있다는 (아니면 적어도 그런 일을 겪어도 마땅하다는) 그릇된 생각도 갖게 된다. 수치심을 형성하는 데 작용하는 또 다른 (정말 사람을 갉아먹는) 요인이 있다. 이것은 거의 트라우마의 구조적 요소처럼 보이는데, 트라우마가 너무도 자주 어린아이를 보호하고 사랑해야 할 사람들에 의해 가해진다는 점이다. 가족이나 친구들에게 추행을 당한 아이들은 당연히 이 혼란스럽고 어지러운 짐을 부가적으로 지게 된다. 수치심은 '나쁘다'는 만연한 느낌으로 깊이 박혀 이들 삶의 모든 부분에 스며든다. 이와 비슷하게 핵심적인 존엄성이 침해된 경우로는 고통, 방향감 상실, 그리고 그 이외의 유린 행위가 의도적으로 가해진 고문을 받은 성인들을 들 수 있다.[39] 이 장에서 논의한 서로 결합된 두려움과 부동상태를 분리한다는 원리는 이들 사례에도 마찬가지로 적용되지만, 치료 과정은 일반적으로 훨씬 더 복잡하다. 그래서 여기에는 치료사가 가해자나 구조자라는 (투사된) 역할을 떠맡게 되지 않도록 치료 관계를 다루는 광범위한 기술이 필요하다.

들어갈 때와 같이 나올 때도: 분노와의 연결

태평스럽게 모이를 쪼아 먹고 있는 비둘기를 뒤에서 조용히 접근해 조심스레 집어 올린 뒤 뒤집으면 새는 부동상태가 된다. 비둘기는 내가 브라질에서 보았던 기니피그나 피카소 연극에 나온 비둘기처럼 다리를 공중으로 뻗은 채 움직이지 않는다. 1~2분이 지나면 비둘기는 가수상태에서 빠져나와 몸을 바로 하고 폴짝폴짝 뛰어가거나 날아간다. 상황이 해소된 것이다.

하지만 모이를 쪼던 비둘기가 다가서는 사람에 먼저 놀라 겁을 먹는다면 날아가려 할 것이다. 허둥지둥 도망가려다 잡혀 억지로 몸이 뒤집히게 되면 비둘기는 다시 한 번 부동상태에 들어가게 된다. 하지만 이번에는 비둘기가 겁에 질렸기 때문에 얼어붙은 상태가 훨씬 더 오래 지속될 뿐 아니라, 이 상태에서 빠져나왔을 때 '극심한 동요' 상태에 있을 가능성이 크다. 거칠게 버둥거리거나 쪼거나 아무거나 움켜잡으려 할 수도 있고, 아니면 허둥지둥 방향도 없이 급히 사라질 것이다.[40] 다른 모든 것이 실패했을 때는 이 막무가내로 보이는 사력을 다한 방어가 비둘기의 목숨을 구할지도 모른다.

마찬가지로, 집에서 잘 기른 고양이가 쥐를 잡으면 고양이의 발톱에 눌린 쥐는 움직임을 멈추고 몸을 축 늘어뜨린다. 쥐가 저항하지 않으면 지루해진 고양이는 움직이지 않는 쥐를 살짝 치기도 한다. 마치 쥐를 되살려서 게임을 다시 시작하려는 것 같다(지미 스튜어트Jimmy Stewart가 구애하던 여주인공이 기절하자 깨우려고 여주인공을 찰싹 때리는 것과 다르지 않다). 매번 다시 깨어나고 공포가 다시 활성화될 때마다 쥐는 점점 더 깊이 그리고 길게 부동성 안으로 들어간다. 마침내 되살아나게 되면 쥐는 얼마나 날쌔게 (그리고 예측할 수 없이) 움직이는지 고양이를 놀라게 하기도 한다. 이런 갑작스럽고 방향성 없는 에너지가 폭발할 때 쥐는 고양이로부터 도망치기도 하지만 그만큼이나 쉽게 고양이에게 달려들기도 한다. 나는 쥐가 놀란 고양이의 코를 맹렬하게 공격하는 것을 본 적도 있다. 그런 것이 반복적으로 두려움과 분노가 동반해 유도된 부동성에서 빠져나올 때의 특징이다. 덧붙여 인간은 **자신의 강렬한 감각과 정서에 대한 (부적절한) 두려움으로 스스로 다시 공포를 겪기도 한다.** 긴장증이 있는 정신과 환자가 부동상태에서 빠져나올 때 일어나는 상황과 비슷하다. 이들은 상당히 동요되어 있을 때가 많고 의료진을 공격하기도 한다. 한 번은 2~3년 동안 긴장증 상태에 있던 환자와 작업할 기회가 있었다. (며칠에 걸쳐 조금씩 가까이 다가가면서) 조심스럽게 옆에 앉은 뒤, 나는 그에게 사람과 동물들이 충격에서 빠져나올 때 몸을 떨고 흔드는 것을 보았다고 조용히 말해 주었다. 주치의와도 이야기해서 환자가 불안한 상태로 오더라도 스스로나 다른 사람에게 해가 되지 않는다면 진정제를 주사하지 않기로 (또 구속복도 입히지 않기로) 동의를 받았다. 2주 뒤에 나는 정신과 의사의 호출을 받았다. 환자가 몸을 떨고 흔들기 시작하더니 곧 울음을 터뜨렸다는 것이다. 6개월 뒤 그는 퇴원 전 거주시설로 옮겨갔다.

정리하면, 두려움은 부동성을 크게 강화하거나 확대하기도 하고 **부동성에서 빠져나오는 과정도 두려움으로 격렬해질 수 있다.** 부동상태에 들어갈 때 극도로 공포를 느꼈던 사람은 비슷한 방식으로 빠져나올 가능성이 있다. '들어갈 때와 같이 나올 때도'라는 말은 육군 이동병원 의료진이 부상자의 반응을 묘사할 때 쓰는 표현이다. 부상당한 군인이 수술에 들어갈 때 공포에 질려 있어 몸을 눌러야 했다면 마취에서 빠져나올 때도 격렬하고 공격적인 상태일 가능성이 크다.

슬픈 일이지만 아이들이 수술 전에 겁에 질린 채 부모와 갑자기 분리되었을 때도 상황은 마찬가지이다.**41** 동요된 상태에서 수술에 들어가서 몸을 움직일 수도 없는데 가운을 입고 '마스크를 쓴 괴물'들에 둘러싸이게 되면 마취에서 풀려날 때 겁에 질리고 극도로 혼란스러운 상태가 된다. 데이비드 레비David Levy는 1945년에 입원 아동들을 연구했다. 아이들 다수가 부목이나 깁스 또는 교정기처럼 부동상태가 필요한 상처로 치료를 받았다. 그는 운 나쁘게 다쳤던 이 아이들에게 유럽과 북아프리카의 전선에서 돌아온 군인들과 비슷한 탄환 충격 증상이 나타나는 것을 발견했다.**42** 약 65년 뒤, (거의 트라우마를 보장하는) '작은' 무릎 수술을 받은 아들이 겪은 '너무 평범한' 이야기를 걱정에 찬 어느 아버지가 들려준다.

의사는 모든 게 좋다고 내게 말했어요. 그러나 무릎만 괜찮았지 약물로 유도된 악몽에서 깨어날 때 침대 위에서 버둥대는 아이의 다른 건 다 괜찮지 않았어요. 정말 착해서 누구도 해친 적 없는 아인데 마취가 덜 풀린 멍한 눈으로 마치 야생동물처럼 노려보면서 간호사를 때리고 "나 살아있는 거예요?"라고 비명을 지르더군요. 어쩔 수 없이 내가 아이의 팔을 잡아야 했는데... 내 눈을 빤히 쳐다보면서도 내가 누군지 모르더라고요.**43**

아이들에게서 레비가 관찰한 부동 효과는 성인 환자에게서도 일어난다. 최근의 의학연구에 따르면 뼈가 부러져 치료를 받은 정형외과 환자의 52% 이상에서 완전한 외상후 스트레스장애가 나타났고, 이들 중 다수가 시간이 지나도 회복되지 않거나 악화되었다고 한다.[44]

많은 정형외과 치료 절차가 끔찍한 사고와 몸이 묶인 채 긴장을 일으키는 앰뷸런스를 견디고 난 뒤 인간 취급을 못 받는 응급실을 거친 다음에 일어난다는 점을 생각하면 이런 결과가 사실 놀랍지 않다. 나아가 이들 환자 대다수는 바로 수술을 받았어야 했고 크게 동요된 상태일 때가 많았다. 이런 연쇄 사건들이 부동 반응에 선행했고 또 고통스러운 재활훈련이 뒤따랐다. '작은' 정형외과 시술을 마친 아이들을 대상으로 한 최근의 연구를 보면 "소아 정형외과 트라우마 후에, 상대적으로 상처가 가벼운 환자들에게서도 심각한 외상후 스트레스장애 증상이 (연구 대상 아동의 33% 이상에서) 회복기에 흔히 나타난다. 부상 후 병원에 입원한 아동들은 그런 증상을 겪을 위험이 높다."고 저자들은 인용한다.[45]

병원이 예전보다 상당히 인간적이긴 하지만(특히 어린아이들에게 - 하지만 위의 연구를 보면 아직 충분하지는 않은 것 같다), 고통스러운 치료를 받거나 전신 마취를 해야 하는 사람들에게 불필요한 두려움이 생기지 않도록 제대로 주의를 기울이지 않고 있다. 사실, 일부 운 나쁜 사람들은 마취 중에 부분적으로 '깨어나기도' 하고 그 일부는 정말 끔찍하고 복합적인 PTSD 증상들을 갖게 되기도 한다.[46] (외과 간호사인) 생존자 한 사람이 이야기 한다. "나는 어떤 우주적인 공허함을 느껴요. 마치 내 영혼이 몸을 떠나서 되돌아올 수 없는 것처럼 말이죠... 늘 끔찍한 악몽을 꾸고... 깜짝 놀라서 잠에서 확 깨곤 하죠. 눈을 번쩍 떠도 쉴 수가 없어요. 천정과 벽이 핏빛으로 보이거든요."[47] 이 묘사는 공포, 극심한 통증, 움직이지도 자신의 상황을 소통하지도 못하는 복합적인 공포를 보여준다.

생물학적으로 정형외과 환자, 군인, 강간 피해자, 입원 아동은 겁을 먹은 채 붙잡힌 뒤 목숨을 걸고 싸우는 야생동물처럼 대응한다. '가중된 분노' 속에 공격하려거나 미칠 듯한 절박함으로 도망치려는 충동은 생물학적으로 적절할 뿐 아니라 사실 흔한 생물학적 결과이다. 붙잡혀 놀란 동물이 부동상태에서 빠져나올 때는 현존하는 포식자를 향한 격렬한 공격에 생존이 달려있다. 하지만 인간에게 그런 난폭함은 개인과 사회에 비극적인 결과를 낳는다. 나는 (비인간적인 기술을 대상으로 피의 복수를 한 '연쇄 소포 폭탄테러범') 테드 카젠스키Ted Kaczynski의 어머니와 (연쇄살인자로 시신을 훼손했던) 제프리 다머Jeffrey Dahmer의 아버지와 이야기할 기회가 있었다. 두 사람 모두 아이들이 어릴 때 병원에서의 끔찍한 경험으로 어떻게 망가졌는지 내게 들려주었다. 두 부모 모두 아이가 끔찍한 병원생활 후에 자기들만의 세계로 들어갔다고 했다. 그런 분노의 경험이 (다행히) 다 비정상적인 폭력으로 이어지지는 않지만, 치료과정에서 일어나는 그런 공포와 분노는 (불행히도) 드물지 않다.

자신을 향하는 분노

인간에게 폭력적인 공격성을 향한 충동은 그 자체로 두렵기도 하지만 자기자신을 향하기도 한다고 칼바움은 긴장증에 관한 중대한 작업에서 혜안을 가지고 논평했다.[48] 이런 내면으로의 전환(또는 '반전')은 더 심한 마비와 억제, 수동성, 체념을 낳는다. 이들은 전형적으로 나중에 훨씬 미묘하고 섬세한 감정 반응이 필요한 어려움을 만나면 '무력함'을 차단하거나 폭발시키는 방식 사이를 휙휙 오가고 엉뚱한 곳에 격노하는 반응을 보인다.

사고를 당해 (1장 참고) 충격에서 빠져나오느라 몸이 떨리고 흔들리는 동안 나는 '불타는 분노의 파도가 밀려드는' 경험을 했다. 그런 다음에는 '복부 깊은 곳에서' 폭발하는 '타오르는 붉은 격노'를 느꼈다. 나는 나를 친 아이를 정말 죽이고 싶었다. **저 멍청한 애는 어떻게 신호등을 건너는 나를 칠 수가 있지? 길을 보고나 있었던 거야? 망할 것 같으니라고!** 나는 그 아이를 죽이고 싶었고, 그럴 수 있을 것 같은 기분이었다. 그때 분노가 죽이고 싶다는 것이었기 때문에 이 충동이 얼마나 무서웠는지, 그리고 어떻게 분노가 그런 살인 충동을 막는 하나의 방법인 두려움으로 바뀔 수 있는지 이해하기는 어렵지 않다.

몸이 해야 할 일을 하도록 허용함으로써, 몸 안의 감각들을 추적하는 동안 떨림을 멈추지 않음으로써 나는 **압도되지 않고** 분노와 공포라는 극단적인 생존 감정들을 허용하고 또 담을 수 있었다. 컨테인먼트containment는 억압이 아니라 그런 어려운 감정들을 담을 수 있는 더 크고 탄력성 있는 그릇을 만드는 것임을 이해해야 한다. 그리고 다행히 나는 그렇게 사고의 후유증으로 트라우마를 겪지 않고 이후의 도전에 더 탄력적으로 될 수 있었다.

사람들이 치료 중 부동상태를 재경험하고 통과하여 빠져나오는 동안 어느 정도의 분노를 경험하게 된다. 이런 원초적인 분노의 감각들은 (잘 견뎌낼 때) 삶으로 돌아가려는 움직임을 나타낸다. 하지만 분노와 다른 강렬한 신체 감각들은 갑자기 일어나면 무서울 수 있다. 효과적인 치료에서, 치료사는 내담자가 이런 강력한 과정을 잘 통과하도록 지지하고 신중하게 안내한다. 안내는 천천히, 점진적으로 일어나야 한다. 그래야 내담자가 압도되지 않는다.

궁극적으로 분노는 (생물학적으로) 죽이려는 충동이다.[49] 강간을 당한 여성들이 충격에서 빠져나오기 시작할 때 (보통 몇 달, 심하면 몇 년 뒤일 때가 많다) 가해자를 죽이고픈 충동을 느낄 수 있다. 때로는 그런 충동을 행동으로 옮길 기회가 생기기도 한다. 일부는 재판을 받고 살인 선고를 받았다. 사건 후 경과된 시간 때문에 이들이 살인을 미리 계획했다고 보기 때문이다. 이 여성들이 겪는 생물학적 드라마에 대한 무지 때문에 부당한 일들이 분명 많이 일어났다. 이들 여성 다수는 깊은 (그리고 지연된) 분노와 반격이라는 자기보호 반응에 따라 행동한 것일 수 있다. 이런 반응은 이들이 동요된 상태의 부동 반응에서 빠져나올 때 경험하는 것이다. 따라서 이들의 보복은 (비록 많이 지연되기는 했지만) 생물학적으로 유발된 것이지 꼭 계획적인 복수라고는 할 수 없다. 겉으로 드러나는 모습은 그렇지 않지만 말이다. 트라우마를 겪은 여성들이 당시에 적절하게 치료받았더라면 이런 살인은 막을 수 있었을 것이다.

대조적으로, 분노를 느끼더라도 트라우마가 생기지 않은 개인은 (심지어 배우자나 자식을 '죽이고 싶다'는 느낌이 들더라도) 자신이 분노의 대상을 실제로 죽이려 들지는 않을 것임을 잘 알고 있다. 트라우마를 겪은 개인이 부동상태에서 빠져나올 때 극심한 분노가 폭발하는 것을 경험할 때가 많다. 하지만 실제로 다른 사람을 (또는 자기자신을) 다치게 할까봐 두려워서 이들은 이 분노를 채 느끼기도 전에 다른 쪽으로 돌리거나 억누른다.

분노에 휩싸일 때는 뇌의 앞부분이 '차단된다'.[50] 이런 극심한 불균형 때문에 한 걸음 물러서 자신의 감각이나 정서를 관찰할 역량을 잃어버린다. 대신 바로 그 정서나 감각과 **하나가 된다.*** 따라서 분노는 완전히 압도적으로 되어 공황을 유발하고 그런 원시적인 충동을 억누르고 안으로 돌려 부동상태의 반응에서 자연스럽게 빠져나가지 못하게 한다. 이렇게 계속 억누르는 데는 엄청난 에너지가 소비된다. 본질적으로는 연구자들이 실험실에서 부동상태를 강화하고 연장하기 위해 동물에게 하던 것을 트라우마를 가진 사람은 자신에게 하는 것이다. 트라우마를 가진 사람이 부동상태에서 빠져나오기 시작할 때는 반복적으로 스스로 겁을 먹는다. 이 '두려움으로 강화된 부동상태'는 **내면에서 유지된다.** 강렬한 감각/분노/두려움이라는 악순환이 사람을 생물학적인 트라우마 반응 속에 가둔다. 트라우마를 입은 개인은 지속적인 생리 반응들과 그런 반응과 정서에 대한 두려움으로, 말 그대로 감옥에 갇혀 반복적으로 겁을 먹고 속박당한다. 두려움과 부동상태(즉 두려움으로 강화된 부동상태)라는 악순환 때문에 야생동물들처럼 반응을 **제대로** 마무리하고 해소하지 못한다.

산송장

분노/보복은 두려움으로 부동상태가 반복적으로 유도될 때 일어나는 결과 중 하나이다. 또 다른 결과로 죽음이 있다. 예를 들어, 고양이가 고집스럽게 쥐를 놓아줬다 다시 잡는 사이클을 여러 차례 되풀이하면 쥐가 죽을 수 있다. 고양이가 먹잇감을 계속 때리면 쥐는 상처를 입지 않았음에도 부동성에 너무 깊이 빠져들어 결국 죽게 된다. 겁에 질려 실제로 죽은 사람은 많지 않지만, 만성적으로 트라우마를 겪고 있는 사람은 활기를 느끼거나 삶에 적극적으로 참여하지 못하고 살아있는 시늉만 할 뿐이다. 그런 사람들은 속이 허하다. 어느 집단 성폭행 생존자는 말한다. "내가 걸어 다니지만 그건 더 이상 내가 아니에요... 내 속은 텅 비어있고 추워요... 죽는 게 더 나아요." 그녀가 첫 회기에 한 말이다.

만성적인 부동상태에서 마비, 차단, 갇힘, 무기력, 우울, 두려움, 공포, 분노, 절망 같은 트라우마의 핵심적인 정서적 증상이 생겨난다. 이런 사람은 두려운 상태에

....

*　　이는 소위 경계선 성격장애로 작업할 때의 중심 딜레마이다.

머무르며 결코 끝나지 않는 (내면의) 적에게서 안전한 곳을 상상하지 못하고 삶으로 돌아오지 못한다. 심각하고 오래 계속된 (만성적) 트라우마의 생존자는 자신의 삶을 '살아있지만 죽은' 것이라고 묘사한다. 머레이Murray는 이 상태에 대해 "여기서 그건 마치 한 사람의 원초적인 생명의 샘이 말라버린 것 같다. 마치 존재의 핵심까지 비어 있는 것 같았다."[51]고 신랄하게 썼다. 가슴 저미는 1965년 영화 〈전당포 주인〉에서 로드 스타이거Rod Steiger는 정서적으로 죽은 유대인 홀로코스트 생존자인 솔 네이절먼의 역할을 한다. 솔은 편견이 있었지만 자신을 위해 일하는 흑인 십대 소년에게 아버지와 같은 애정이 생긴다. 마지막 장면에서 소년이 살해당하자 그는 무언가를, 뭐라도 느끼기 위해 메모꽂이의 송곳으로 자신의 손을 찌른다.

 ## 트라우마와 부동성: 빠져나오는 길

요약하자면, 트라우마는 우리의 인간적인 부동 반응이 해소되지 않을 때 즉, 정상적인 삶으로 전환하지 못하고 부동 반응이 만성적으로 두려움, 공포, 섬뜩함과 무기력 같은 다른 강한 부정적 정서들과 결합할 때 생긴다. 이런 결합이 생기면 **부동상태의 신체 감각 자체가 두려움을 불러일으킨다.** 트라우마를 겪은 개인은 자기 몸 안의 내부 감각을 두려워하도록 조건화되고, 이는 마비를 더 확장하고 강화시키는 두려움을 만들어낸다. 두려움이 마비를 부르고, 마비 감각에 대한 두려움이 더 많은 두려움을 불러 마비가 다시 더 깊어지도록 한다. 이렇게 보통 때라면 시간의 제한을 받는 적응 반응이 만성적이고 부적응적으로 되어간다. 피드백 루프가 그 자체로 닫힌다. 이 하향곡선 안에서 트라우마 소용돌이가 탄생한다.

치료가 성공적이면 트라우마 증상들이 해소된다. 피드백 루프는 **두려움을 부동성에서 분리해내면** 깨진다(그림 4.1a와 4.1b 참고). 효과적인 치료는 개인이 자신의 강력한 감각, 정서, 충동에 압도되지 않고 '견디는contain' 법을 안전하게 배우도록 도와서

이 트라우마-두려움 피드백 루프를 깨는, 즉 그 영향력을 없애는 것이다. 따라서 이것이 발달하면 부동 반응이 해소될 수 있다.

두려움을 분리하고 정상적이라면 시간 제한적인 부동 반응이 완료되도록 하는 작업은 이론상으로는 간단하다. 치료사는 부드럽게 두려움의 수준을 낮춤으로써 부동상태의 지속기간을 줄이도록 돕는다. 다시 말해 치료사가 할 일은 내담자가 점차 두려움과 마비를 분리하도록 도와 점진적으로 자기진도에 따른 종결을 복원하도록 하는 것이다. 이렇게 (두려움-부동상태) 피드백 루프가 깨진다. 시쳇말로, 연료가 다 떨어진 것이다. 내담자가 부동상태의 신체 감각을 두려움 없이 경험하는 법을 배움에 따라 트라우마의 장악력이 느슨해지고 평형이 복원된다. 다음 네 장에서는 내담자가 두려움과 부동상태를 분리하고 적극적인 방어 반응을 회복하는 법을 배우도록 치료사가 어떻게 도울 수 있는지를 논의할 것이다. 이를 성공적으로 해냈을 때 내담자는 흔히 (두려움이 없는) 부동상태의 신체 감각을 호기심과 깊은 안도가 뒤섞인 상태로, 아니면 '악몽에서 깨어난 것 같다'고 기술한다.

이 간단한 '처방전'에 한 가지 중요한 주의할 점이 있다. 트라우마가 길고 또 깊이 견고하게 자리 잡은 경우에는 다른 요소들이 작동한다. 일차적으로, 변화하며 삶에 다시 참여하는 능력 자체가 손상된다. 이 측면은 루이스 어드리크Louise Erdrich의 흥미진진한 소설 〈푸줏간 주인의 노래 클럽The Master Butchers Singing Club〉에 잘 그려져 있다. 1장에서 남자 주인공 피델리스는 제1차 세계대전의 참호를 떠나 어머니의 요리와 다정함이 있는 집으로 돌아온다. 그는 몇 년 만에 처음으로 익숙하고 편안한 자기 침대에서 잠을 잔다.

> 이제 집에 왔지만 여전히 방심해서는 안 된다는 걸 그는 알고 있다. 기억이 스멀스멀 올라와 감정이 생각을 방해할 것이다. 자신이 죽음 같은 경험을 한 후에 살아 돌아온 것은 위험했다. "느낄 것이 너무 많아, 그 많은 걸 다 느꼈다간 살 수 없을 거야, 피상적인 감각들만 찾아야 해."라고 그는 생각했다.

[시나리오별 부동성의 지속시간]

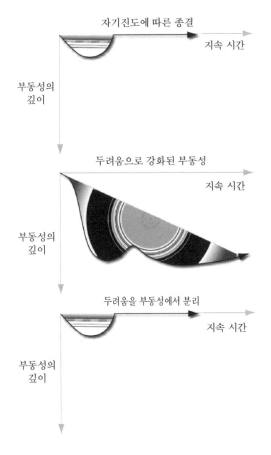

그림 4.1a 3가지 상황에서 '얼어붙기'가 지속하는 시간과 심각성을 보여준다. 첫 번째 시나리오는 공격을 받은 주머니쥐가 죽은 척하는 것과 비슷하다. 주머니쥐는 얼어붙고, 포식자는 이 움직이지 않는 썩은 고기에 흥미를 잃고 살아있는 다른 먹이를 찾아 떠난다. 혼자 남은 주머니쥐는 이 만남을 '털어내고' 나빠진 것 없이 제 갈 길을 간다. 이는 자기진도에 따른 종료라 불린다. 두 번째 시나리오는 부동성에서 빠져나오는 동물이 묶여서 겁을 먹은 경우이다. 다시 한번 공포 속으로 내던져져 부동성은 훨씬 더 깊어지고 지속시간도 더 길어진다. 이 마비를 불러오는 공포는 두려움으로 강화된 부동성의 결과이고 PTSD로 이어진다. "시간이 지나면 상처는 낫는다."는 말이 트라우마의 경우에는 적용되지 않는 이유이다. 세 번째 시나리오는 치료 회기가 성공한 경우를 보여준다. 치료사는 천천히 내담자가 부동성의 감각들을 짧게 접촉하도록 하고, 그런 다음 부동성과 두려움을 분리하도록 안내한다. 이렇게 내담자는 기저에 있던 과각성을 방출하고 평형상태로 되돌아올 수 있다.

[두려움/부동성 사이클]

그림 4.1b 우리가 어떻게 두려움/부동성 사이클에 갇히게 되는지 보여준다.

우리는 또 '어릴 때 피델리스가 슬픔이 찾아올 때마다 숨을 얕게 쉬며 꼼짝하지 않았다'는 사실도 알게 된다. 젊은 병사로서 '처음부터 그는 꼼짝 않고 있을 수 있는 자신의 재능이 살아남는 열쇠'임을 알았다. 산송장들의 땅에서 살아있는 이들의 땅으로 서서히 돌아오고자 하는 인간의 욕구는 이해받고 존중받으며 받아들여져야 한다. 너무 많이, 너무 이르게 돌아오게 되면 연약한 자아 구조와 적응하려는 인격을 압도하려 위협한다. 바로 이 때문에 트라우마 해소 작업에는 점진적인 '수위조절'이 필요하다.

본능과 이성

결국은 트라우마를 해결하고 힘든 정서들을 통합하고 변화시키는 것은 뇌의 가장 원시적인 부분과 가장 진화한/정교한 부분 사이의 역동적 균형이라고 나는 믿는다. 효과적인 치료는 개인이 뇌의 정말 오래된 부분(변연계, 시상하부와 뇌간, 그림 4.2 참고)

[본능과 이성 사이의 균형]

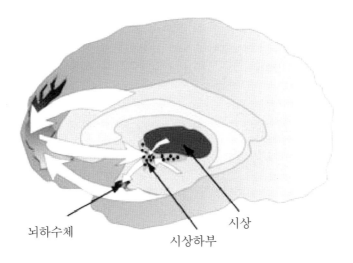

뇌하수체
시상하부
시상

그림 4.2 뇌간과 변연계에서 생존을 위한 흥분이 활성화될 때 전두엽피질 회로를 유지하는 것이 중요함을 보여준다. (장기와 세포 내 항상성을 유지하는 데 필수적인 뇌하수체 분비를 통제하는) 시상과 시상하부의 본능적 뇌 구조와 전두엽(또는 이성적 뇌) 사이로 신경 자극이 어떻게 흐르는지 주목한다.

에서 생성된 날 것의 원시적인 감각을 경험하는 **동시에** '관찰하는' 전두엽피질의 회로를 유지하도록 돕는 것이 관건이다. 이런 섬세한 작업의 열쇠는 신체 감각과 느낌의 강하고 미묘한 부분을 동시에 느끼는 것이다. 알고 보니 뇌에는 구조상 변연계와 전두엽피질 사이에 박혀있는 (변연계에 더 가까운) 뇌섬엽과 (피질에 더 가까운) 대상회(띠이랑)가 쌍을 이뤄 바로 그런 역할을 한다. 간략하게, 뇌섬엽은 근육, 관절, 복부를 포함한 신체 내부 구조에서 정보를 받아들인다. 뇌섬엽과 대상회는 함께 이들 원시적인 감각의 미묘한 느낌과 인식과 인지를 한데 엮어 우리가 이해하도록 돕는다. [52] 그 기능에 접속하는 것이 다음 장들에서 기술할 트라우마와 힘든 감정들을 변형시키는 열쇠이다.

본능과 이성 사이의 균형과 리듬을 회복하는 것은 마음/몸의 분열을 치유하는 데 중심적인 부분이다. 뇌와 몸의 통합, 좌뇌와 우뇌의 통합, 원시적인 뇌와 진화한 뇌 영역 사이의 통합은 전체성을 발달시키고 우리를 온전한 인간으로 만들어준다. 그때까지 우리는 마거릿 미드Margaret Mead가 지적했듯이 '유인원과 인간 사이의 잃어버린 고리missing link'*이다.

---

* **역자 주** 생물 진화에서 한 종이 다음 종으로 진화한 과정을 보여주는 데 필요하지만 발견되지 않은 종

5장

—

마비에서 변형으로

기본 구성 요소들

—

두려움은 마음을 죽인다.

두려움은 모든 것을 말소시키는 작은 죽음이다.

나는 두려움을 마주할 것이다.

나는 두려움이 나를 지나가도록, 관통하도록 할 것이다.

그리고 두려움이 나를 지나가고 나면,

돌아서서 두려움이 간 길을 볼 것이다.

두려움이 지나간 길에는 아무것도 없을 것이다.

남아있는 나 외에는.

- 프랭크 허버트Frank Herbert, 〈듄Dune〉

두려움의 본질을 이해하지 못하면,

결코 대담함을 발견하지 못할 것이다.

- 샴발라Shambhala 불교

앞 장에서 우리는 실험실 동물과 인간이 어떻게 두려움이 지배하는 마비에 갇히게 되고 그 결과 트라우마를 갖게 되는지 탐색했다. 이 장에서는 트라우마의 '해독제', 곧 트라우마 반응을 해소하도록 돕기 위해 치료사들이 알아차리고 내담자에게서 끌어낼 수 있어야 하는 생물학적 기제의 핵심을 소개한다. 이런 생물학적 과정은 강간, 사고, 재난과 같이 위협적이고 압도적인 사건 직후의 급성 단계를 치료하는 경우이든, 아니면 만성적인 PTSD를 변형시키는 경우이든 마찬가지로 지극히 중요하다.

겁에 질려 굳어지고 두려움에 얼어붙거나 무너지고 무감각해졌던 트라우마의 주요한 신체 경험에서 풀려나 변형되지 않으면 우리는 고착된 채 뒤얽힌 두려움과 무력감의 포로로 남는다. 마비나 무너지는 감각은 견딜 수 없고 전혀 받아들일 수 없는 것처럼 **보인다**. 그런 감각들은 우리를 가두고 좌절시키려 겁을 주고 위협한다. 견딜 수 없을 거라고 인식하기 때문에 우리는 그런 경험을 피하고 부인하려 하고 그에 대항해 긴장하고 분리해서 떼어내려 한다. 이런 '방어'에 의지하는 것은 극심한 갈증을 떨치기 위해 소금물을 마시는 것과 같다. 일시적인 해소는 될지 모르지만 문제를 급격하게 악화시키고 길게 보면 역효과를 낸다. 이렇게 뒤얽힌 두려움과 마비를 풀려면 그렇게 무서운 신체 감각들을 우리가 자발적으로 접촉하고 경험할 수 있어야만 한다. 그 감각이 바뀔 수 있을 만큼 충분히 길게 이들을 직면할 수 있어야 한다. 회피라는 즉각적인 방어책에 저항하는 가장 효과 있는 전략은 두려움을 향해 움직여 부동성 자체와 접촉하고 불편함 속에 떠오르는 다양한 감각과 질감, 이미지, 생각을 의식적으로 탐색하는 것이다.

극심한 두려움과 같은 트라우마 반응과 작업할 때 신체 경험 치료SE*는 9가지 기본 구성요소를 치료사에게 제공한다. 트라우마를 '재협상'하고 변형시키는 이 기본 도구들은 선형적이지 않고 경직되거나 일방적이지도 않다. 그보다 이 단계들은 서로 밀접하게 관련되어 맞물려 있으며 반복적으로 또 순서에 상관없이 치료 회기 중 사용된다. 하지만 이 정신생물학적 과정의 기반이 견고하려면 1, 2, 3단계를 **먼저, 그리고 순서대로 밟아야 한다.** 따라서 치료사는 아래와 같이 할 필요가 있다.

1. **상대적으로** 안전한 환경을 만든다.
2. 초기의 감각 탐색과 수용을 지지한다.
3. '진자운동'과 컨테인먼트, 즉 타고난 리듬의 힘을 인식시킨다.
4. 수위조절을 사용해 안정성, 회복탄력성, 조직화의 힘을 증가시킨다. 수위조절은 재트라우마를 막기 위해 생존 기반의 흥분이나 다른 힘겨운 감각을 가능한 한 작은 '한 방울'에 조심스레 접촉하는 것이다.
5. 붕괴와 무기력이라는 수동적인 반응을 능동적이고 **힘을 주는** 방어 반응으로 대체하여 교정을 경험하도록 한다.
6. (보통은 시간 제한적이지만 지금은 부적응적인) 생물학적 부동성 반응과 조건적으로 연합된 두려움과 무력감을 떼어내거나 '분리'한다.
7. 생명을 보존하려는 행동에 동원된 방대한 생존 에너지를 '방출'하고 재분배하도록 부드럽게 안내하여 과각성 상태를 해소한다. 이렇게 풀려난 에너지는 뇌가 더 잘 기능하도록 한다.
8. '역동적 평형'과 편안한 각성 상태가 회복되도록 자기조절을 돕는다.
9. 지금 여기에 현존하도록 하고, 주변 환경을 접촉하여 사회적 유대의 역량을 재확립한다.

---

*   이는 내가 지난 40년에 걸쳐 개발한 방법이다.

1단계. 상대적으로 안전한 환경을 만들기

사고가 났을 때 내 몸이 심하게 무력하고 방향감을 잃은 것 외에 처음 어렴풋이 무언가를 알아차린 것은 그 소아과 의사가 와서 내 옆에 앉았을 때였다. 정말 단순해 보이지만 그녀의 차분하고 중심 잡힌 현존은 나에게 괜찮을 거라는 일말의 희망을 주었다. 혼돈의 와중에 그런 위로가 되는 지지는 트라우마 치료사가 불안정하고 불안해하는 내담자에게 필수적으로 제공해야 하는 요소이다. 이는 누군가가 평형으로 되돌아오는 진정한 시작점이다. 다시 말해, 치료사는 반드시 **상대적으로** 안전한 환경을, 안식처와 희망과 가능성을 전하는 분위기를 만들도록 도와야 한다. 트라우마가 있는 개인에게 이는 아주 섬세한 작업이 될 수 있다. 다행히 주어진 조건에서 인간의 신경계는 다른 사람의 조절력과 영향을 주고받도록 설계되었고 또 그런 영향에 동조된다.[53] 고맙게도 생물학은 우리 편이다. 이런 도움의 전이는 포유류들이 타고난 권리이며 여러분이 내담자의 민감성에 파장을 맞춰 만드는 치료적 분위기와 작업 동맹때문에 커진다.

치료사가 차분하고 안정적으로 중심을 잡고, 편안한 각성 상태, 자비로운 컨테인먼트, 두드러진 인내심을 보일 때 내담자의 고통이 덜어지기 시작한다. 그리고, 최소한 내담자가 탐색하려는 마음을 자극하고, 격려하고, 자기 것으로 하게 만든다. 분명 저항이 있겠지만 능숙한 치료사라는 품어주는 환경과 함께 부드러워지고 약해진다. 하지만 회기와 회기 사이에 어려움이 생긴다. 차분하게 해주던 치료사의 조절기능 없이 사자 우리에 내던져진 것처럼 처음 자신을 압도했던 동일한 촉발 요인에 다시 노출되면 내담자는 날 것의 혼란스러운 감각을 느낄 수 있다. (얼마나 효과적이든) 안전감만을 제공하는 치료사는 내담자를 점점 더 의존적으로 만들어 치료사와 내담자 사이의 힘의 불균형만 키운다. 이를 피하고자 하는 다음 단계들의 목표는 내담자가 자신을 진정시키고 자신의 힘을 느끼며 조절하는 작인성agency과 역량을 키우도록 돕는 것이다.

2단계. 초기의 감각 탐색과 수용을 지지하기

트라우마가 있는 사람은 세상 속에서 길을 잃었을 뿐 아니라 생명유지에 필수인 내부 자극이라는 안내도 잃었다. 자기 몸 안에서 일어나는 원시의 감각과 직감과 느낌에서 단절된 이들은 '지금 여기'에서 자기 자리를 찾지 못한다. 치료사는 내담자가 자신의 몸 감각을 느끼고 자신을 스스로 진정시키는 역량을 키우도록 도와, 트라우마의 미로에서 길을 찾도록 도울 수 있어야 한다.

자기조절하고 정말 자율적으로 되려면 트라우마를 겪은 사람이 궁극적으로 내부 감각에 접속하여 이를 견디고 활용하는 법을 배워야만 한다. 하지만 적절한 준비 없이 몸에 지속해서 집중하는 것은 현명하지 않다. 내부 감각에 접촉할 때 처음에는 미지의 자신을 사로잡는 두려움의 위협을 느낄 것이다. 또는 너무 일찍 감각에 집중하면 압도당해 다시 트라우마를 겪을 수 있다. 상처 입은 이들 대부분에게 자신의 몸은 적이 되어있다. 어떤 감각이든 경험하게 되면 이는 초대받지 않은 공포와 무력감이 새롭게 되살아나는 전조로 해석된다.

이 난처한 상황을 풀기 위해 치료사는 (초기 대화를 하면서) 내담자의 감정과 표정이나 자세 전환에서 안도와 밝음을 나타내는 순간적인 긍정적 변화를 알아차리고 그 기회를 포착해 내담자가 자신의 감각에 주의를 기울이도록 안내할 수 있다. 긍정적 경험을 '건드리면' 내담자는 점진적으로 자신의 신체 내부 풍경을 탐색할 자신감을 갖게 되고 편하든 불편하든 **모든** 감각을 견딜 수 있는 내성을 발달시키게 된다.

내담자는 이제 밑에 깔린 외면해온 감각들, 특히 마비와 무력감과 분노의 감각들이 의식으로 떠오르도록 허용하기 시작한다. 내담자는 저항/두려움 그리고 수용/탐색이라는 두 대립 상황을 선택하면서 작인성의 경험을 발달시킨다. 부드럽게 저항과 수용, 두려움과 탐색 사이를 오가면서 내담자는 서서히 자신을 보호하던 갑옷을 일부 떨쳐낸다. 치료사는 내담자를 편안한 리듬 속으로 안내하여 마비를 부르는 두려움과 부동성과 연관된 **순수한** 감각들 사이를 지지 속에 오가도록 한다. 게슈탈트 심리학에서는 이렇게 다른 두 상태 사이를 오가는 움직임을 도형/배경의 교대로 설명한다(그림 5.1 참고). 이런 전환은 다시 두려움의 장악력을 줄이고 (감정에 의해) 방해받지 않고 본질적인 부동성의 감각에 좀 더 다가가도록 한다. 이렇게

[도형과 배경 인식]

그림 5.1 도형과 배경을 보여준다. 여러분은 화병이 보이는가, 아니면 얼굴이 보이는가? 계속 쳐다보자. 이제는 무엇이 보이는가? 아마도 얼굴과 화병이 교대로는 보이지만 동시에는 보이지 않는다는 점을 깨닫게 될 것이다. 이는 두려움이 어떻게 부동성과 분리되는지를 이해하는 데 유용한 개념이다. 우리가 순전히 부동성을 경험할 때, (화병과 얼굴처럼) 두려움을 동시에 느낄 수 없다. 이는 그림 5.2에 보이듯 확장과 활성화의 점진적인 방출을 촉진한다.

(두려움/저항과 부동성의 순수한 신체 감각 사이의) 주의를 왔다 갔다 바꾸다 보면 깊이 이완되고 살아있는 느낌이 강해진다. 내수용감각interoceptive으로 (또는 내장, 관절, 근육을 직접 경험하며) 트라우마와 치유의 땅을 항해하기 시작할 때 이런 도구와 희망이 있기에 내담자는 힘을 얻는다. 이런 기술들은 핵심적인 타고난 변형과정인 '진자운동'으로 이어진다.

3단계. 진자운동과 컨테인먼트, 타고난 리듬의 힘

너는 최악을 예상하고 바라본다.

대신 여기 네가 보고 싶었던 기쁜 얼굴이 있다.

너의 손이 열리고 닫히고 열리고 닫힌다.

손이 늘 주먹이거나 늘 펼쳐 열려있으면

너는 마비될 것이다.

너의 가장 깊은 곳의 현존은 늘 조금씩 수축하고 팽창한다.

그 둘은 새의 날개처럼 아름답게 균형을 이루고 조화롭다.

— 루미Rumi(1207~1273)

모든 신의 아이들은 리듬을 갖고 있어. 뭘 더 바랄까?

— 〈포기와 베스〉*

트라우마가 얼어붙은 고착에 관한 것이라면, 진자운동은 수축과 확장이라는 타고난 유기적인 리듬에 관한 것이다. 다시 말해 어쩌면 처음으로 자신이 느끼는 것이 아무리 끔찍해도 그런 느낌들이 **바뀔 수 있고 또 바뀌리라는** 것을 (내부에서부터 감지하여) 앎으로써 풀려날 수 있다. 이런 (경험을 통한) 지식이 없으면 '고착' 상태에 있는 사람은 자신의 몸에 머무르지 않으려 한다. 끔찍하고 불쾌한 감각을 피하려는 정말 다루기 힘들어 보이는 인간의 경향에 맞서기 위해 효과적인 치료(와 전반적인 회복탄력성의 장려)는 반드시 두려움, 분노, 무력감이라는 마비의 용(龍)을 대면하는 길을 제공해야 한다. 치료사는 우선 내부에서 즐거운 경험을 약간 '맛보게' 하여 내담자가 덫에 간히거나 잡아먹히지 않을 거라는 신뢰를 불어넣어야 한다. 이런 식으로 우리의 내담자는 자신의 힘을 향해 움직여간다. 진자운동하는 기술과 함께 자신감이 쌓인다.

힘든 감각을 다루는 한 가지 놀랍도록 효과적인 전략은 '정반대의' 감각을 찾도록 돕는 것이다. 몸의 특정 영역, 특정한 자세나 작은 움직임 속에, 아니면 그 사람이

---

* **역자 주** 죠지 거쉰George Gershwin의 오페라(1935)

느끼기에 덜 얼어붙고 덜 무기력하거나 조금 더 힘이 있거나 유연한 곳에서 그런 감각을 찾는 것이다. 만일 내담자가 느끼는 불편함이 아주 잠깐이라도 바뀌면 치료사는 그 순간의 신체 감각에 집중하도록 격려하여 이를 새롭게 인지하도록 한다. 최소한 나쁘지 않다고 느껴지는 '안전의 섬'을 발견하고 머무르게 하는 것이다. 이 섬을 발견하면 전반적으로 나쁜 느낌을 상쇄하여, 어떤 식으로든 몸이 어쨌거나 적이 아님을 알려주게 된다. 회복과정에서 실제로 동맹으로 느낄 수 있다. 내담자가 이런 작은 섬들을 충분히 발견하고 또 느끼게 되면, 섬들은 연결되어 트라우마의 몰아치는 폭풍을 견딜 수 있는 땅덩어리로 커질 수 있다. 새로운 시냅스가 연결되고 강화되어 안정감이 커져 새로운 선택이 가능해지고 쾌감도 느끼게 된다. 상대적으로 편안한 영역과 불편하고 고통스러운 영역 사이로 알아차림을 전환하는 법을 서서히 배우는 것이다.

이런 전환을 통해 정말 중요한 몸이 타고난 지혜, 즉 진자운동의 경험과 다시 연결된다. 진자운동은 몸이 가진 수축과 팽창이라는 **자연스러운 복원**의 리듬으로, 우리가 느끼는 것이 무엇이든 시간상 제한적이며... 고통이 영원히 지속되지 않는다고 알려준다. 살아있는 생명체는 모두 진자운동으로 힘든 감각과 정서를 통과해 나간다. 게다가 전적으로 타고난 것이라 아무런 노력도 필요하지 않다. 진자운동은 수축에서 팽창으로, 다시 수축으로 움직이는 태고의 리듬으로 점차 더 크게 팽창을 향해 열린다(그림 5.2 참고). 본인도 모르게 양극 사이를 오가도록 내부에서 일어나는 흔들림이다. 이 흔들림은 두려움과 통증처럼 힘겨운 감각의 날을 무디게 한다. '나쁘고' 힘든 감각을 관통해 움직이며 팽창과 '좋은 느낌'을 향해 열리려는 인간의 능력이 얼마나 중요한 지는 아무리 강조해도 지나치지 않다. 이는 트라우마를 치유하는 데, 또 보다 일반적으로는 고통을 더는 데 중추적이다. 내담자가 이 리듬을 알고 **경험**하는 것이 정말 중요하다. 밀물과 썰물의 한결같은 리듬에서 (수축 단계에서) 지금 느끼는 것이 아무리 나빠도 확장이 **필연적으로 뒤따를 것이며**, 그와 함께 열림과 안도와 흐름의 감각이 올 것을 알려준다. 동시에 확장이 너무 빠르거나 크면 겁을 먹을 수 있고 내담자가 이에 저항해 갑자기 수축할 수 있다. 따라서 치료사는 이 리듬의 규모와 속도를 조정해야 한다. 내담자가 움직임과 흐름을 하나의 가능성으로 인지함에 따라 시간을 따라 앞으로 움직이기 시작하고 이전에는 자신을 압도했던 **현재의** 감각들을 받아들이고 통합하기 시작한다.

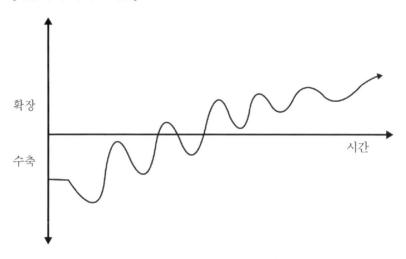

[확장과 수축의 사이클]

확장

수축

시간

그림 5.2 진자운동 과정의 확장과 수축의 사이클을 설명한다. 이 정말 중요한 자각을 통해 사람들은 자신이 지금 느끼는 것이 무엇이건 그 느낌이 변할 것임을 배우게 된다. 진자운동이라는 개념은 '트라우마 에너지'를 서서히 조절하며 풀려나도록 하여 몸 감각을 확장하고 트라우마를 성공적으로 해결한다.

안도감과 생명의 흐름을 복원하는 진자운동의 타고난 역량이 발휘되는 3가지 보편적인 상황을 살펴보자. (1) 심하게 넘어진 어린아이가 비명을 지르며 엄마에게 달려가 그 팔에 쓰러지는 것을 본 적이 있을 것이다. 잠깐 시간이 지나면 아이는 다시 바깥세상을 향해 나오기 시작하고, 그러다 다시 잠시 안전한 피난처를 찾는다(엄마를 흘깃 뒤돌아보거나 신체 접촉을 통해 연결한다). 그러다 마침내 아무 일 없었다는 듯이 놀이로 돌아간다. (2) 갑작스레 사랑하는 사람을 잃고 애통해하는 성인을 생각해보자. 그 사람은 쓰러져 이 경험이 죽을 때까지 영원히 계속될 것 같이 느낀다. 애도가 오랜 시간 길게 지속하기도 하지만 비통함의 파도가 잦아드는 순간이 분명 있다. 서서히 수용과 고통을 오가는 리듬이 물러가면 평온하게 내려놓고 삶으로 되돌아온다. (3) 마지막으로, 운전하다가 최근에 큰 사고가 날 뻔했던 일을 떠올린다. 두려움과 분노로 신경은 곤두서고(머리가 쭈뼛 서고) 미칠 듯 뛰는 심장은 금방이라도 터질 것 같다. 그러다 안도의 물결에 밀려와 자신이 사고의 공포 속으로 내던져지지 않았음을 떠올린다. 이 안도의 순간은 대개 일촉즉발의 순간에 대한 '플래시백flashback'에 뒤따르고, 조금 수위가 덜한 또 한 차례의 놀람 반응을 촉발하고, 그런 다음 회복의 안도감이 저도 모르게 일어난다. 감사하게도 이런 일은 대개 자각하지 못하는 상태에서 일어나기 때문에 우리는 눈앞의 과제에 집중할 수 있다. 따라서 진자운동은 당신이 균형을 회복하고 순간순간 삶에 참여할 수 있도록 한다.

자연스러운 회복탄력성 과정이 차단되어 있다면 이를 깨울 때는 부드럽게 또 서서히 해야 한다. 한 사람의 기분mood, 생명과 건강을 조절하는 기제는 진자운동에 달려있다. 이 리듬을 경험하면 적어도 상쾌와 불쾌 사이에 견딜 수 있는 균형이 생긴다. 사람들은 무엇을 느끼건 (그게 얼마나 끔찍해 보이든) 몇 초에서 몇 분밖에 계속되지 않음을 배운다. 그리고 특정 감각이나 느낌이 아무리 나빠도 바뀔 거라는 것을 알면 파국의 느낌에서 벗어난다. 뇌는 경고/패배의 편견을 버리고 이 새로운 경험을 기억한다. 압도하는 부동성과 붕괴가 있던 곳에서 이제 신경계는 평형으로 되돌아가는 길을 찾는다. 모든 것을 위험하다고 인지하는 것을 멈추고, 점진적으로 한 걸음씩 새로운 가능성을 인식해간다. 이제 다음 단계들을 위한 준비가 된 것이다.

4단계. 수위조절

3, 4단계의 진자운동과 수위조절은 생존을 위한 고도의 에너지 상태에 안전하게 접촉하여 이를 통합하는 데 있어서 정말 중요하고 또 긴밀하게 연결된 짝이다. 이 둘은 함께 트라우마에 압도되지 않고 처리하여 다시 트라우마를 겪지 않게 해준다.

5, 6, 7단계에서는 적극적 방어 반응과 보호 반응을 점진적으로 복원하고 더불어 조심스럽게 부동성 반응을 종료한다. 이를 통해 묶여 있던 에너지를 방출하고 더불어 과각성을 줄인다. 이 단계들은 트라우마를 변형시키는 핵심이다. 특히 부동성 떠나기에는 강한 흥분의 감각들과 더불어 격노와 두려움에 찬 미친듯한 도주가 연관되어 있다. 바로 이 때문에 트라우마 해소 과정은 조금씩 더해지는 점진적 방식으로 진행되어야 한다.

나는 트라우마 재협상의 과정이 점진적이고 단계적으로 일어나야 한다는 의미에서 **수위조절**이란 용어를 쓴다. 유리 비커 두 개를 생각해보자. 하나에는 염산HCl이, 다른 하나에는 가성소다NaOH가 들어있다. (각각 산과 염기인) 두 물질은 부식성이 아주 커서 당신이 손가락을 어느 비커에 넣든 심한 화상을 입게 된다. 실제로 조금 길게 넣어두면 손가락은 그냥 녹아버린다. 두 화학물질 모두 부식성이 강하기 때문이다. 당연히 이 둘을 중화시킬 때는 안전하게 해야 한다. 화학적으로는 이들을 한데 섞으면 생명을 구성하는 두 가지 기본 물질이자 무해한 물과 흔한 소금을 얻게 된다. 반응식은 $HCl + NaOH = NaCl + H_2O$이다. 이들을 그냥 한데 부으면 거대한 폭발이 일어나 당신은 물론 실험실에 있는 이들 모두 눈이 멀게 된다. 반대로 유리 밸브를 능숙하게 사용하여 이들 중 하나를 다른 물질에 **한 방울씩** 더할 수 있다. 한 방울이 떨어질 때마다 탄산수병을 열 때처럼 작은 '쉬익' 소리가 났다가 곧 잠잠해진다. 한 방울씩 떨어질 때마다 이런 최소한의 반응이 똑같이 반복될 것이다(그림 5.3 참고). 그러다 몇 방울 뒤에 물과 소금 결정이 생기기 시작한다. 이렇게 대여섯 번 수위조절을 하면 중화 반응이 일어나더라도 폭발은 없다. 트라우마를 해소할 때 우리가 달성하려는 것도 바로 이런 효과이다. 부식될 잠재력이 큰 힘을 다룰 때, 치료사는 강한 '에너지'의 감각과 격노와 방향성 없는 도주라는 원초적 정서 상태를 어떤 식으로든 폭발적인 소산abreaction*없이 중화시켜야 한다.

----

* **역자 주** 정신분석 용어. 이야기함으로써 외상 기억과 연합되어 있는 정서와 감정을 방출하는 것으로 정화(카타르시스)와 비슷한 의미로 사용한다(네이버 지식백과 참고).

[수위조절]

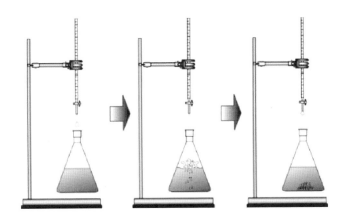

그림 5.3 화학 실험에서 수위조절은 부식성이 크고 폭발 가능성이 있는 두 물질을 조금씩 섞어 반
응물질이 서서히 바뀌면서 결합하는 방법이다.

5단계. 적극적 반응 복원하기

사고가 나서 내가 차 앞 유리로 튕겨 나가 부딪쳤을 때 내 팔은 딱딱하게 굳어져 머리가 입을 충격을 막으려 했다. 그런 보호 반응에는 엄청난 양의 에너지가 들어간다. 치명적인 타격을 막기 위해 근육은 최대한 굳어진다. 또 어깨가 유리를 박살 내고, 내가 공중에 떴다가 도로에 내동댕이쳐지는 순간 내 몸은 축 늘어졌다.

근육이 그렇게 '포기'하고 무너질 때, 우리는 무기력하고 패배한 느낌을 받는다. 하지만 그런 무너짐 아래에 축 늘어진(저긴장의) 근육에는 힘과 생기와 그렇게 할 능력을 '잃었음'에도 우리를 보호하려는 신호가 여전히 남아있다.

인간의 감각운동 기억은 태세를 갖추고 우리의 안전과 보호를 위해 싸우라는 진격 명령을 수행할 준비가 되어있다. 내 경우에는 내수용감각의 자각과 함께 능동적인 버티기 패턴이 점진적으로 복원되었고 에너지가 팔로 돌아오기 시작했다. 나는 근육들이 무너져 무기력해지기 전 충격에 앞서 무언가 하기를 '원했고' 또 할 준비가 되어있던 것들을 하도록 허용했다. 그 점을 의식하자 나는 내게 힘이 있음을 깊이 경험했다. 24세의 낸시(2장에 나온 내 첫 번째 트라우마 내담자)와 내가 우리도 모르게 발견했던 것처럼 (그녀가 4살 때 그랬듯이 의사에 의해 제압당하고 압도당했다고 계속 느끼는 대신) 그녀는 눌려서 공포를 느끼는 상태에서 이제는 도망칠 수 있다. 이런 새 경험은 무기력한 공포의 경험에 반대되고 그를 바로 잡는다.

간략하게, 이런 적극적 자기보호 반응은 아래와 같이 재확립된다. (내수용감각의 자각을 통해 경험되는) 특정한 긴장 패턴은 특정한 움직임을 '암시하고', 극히 작고 미세한 움직임을 통해 스스로를 표현할 수 있다. 사고가 났을 때 내 팔과 손이 취했던 자발적이고 강력한 자세들은 내 머리가 차 유리와 도로에 부딪히는 것을 막았다. 나중에 구급차에 있을 때 나는 이런 본능의 반사적인 움직임들을 다시 찾아 감각 자각을 통해 이들을 확장했다. 이 과정을 통해 나는 내 몸이 움직임을 준비하느라 근섬유가 활성화되는 것을 의식에서 경험할 수 있었다. 이 행동들은 이전에는 완성되지 못했고 의식되지 못한 상태로 남아있었다. 처음에는 차 유리에 다음에는 도로에 세게 부딪히느라 이 근육의 반사 반응은 불완전하게 끝났고, 무너지고 조여든 근육과 엄청난 잠재 에너지가 내게 남았다. 이 끔찍한 사건에서 무기력한 피해자라는 느낌 대신 나에게 강력한 작인성과 극복의 느낌을 주었다. 덧붙여, 방어 반응의 복원에는 자동으로 격노의 에너지를 수위조절하는 효과가 있었다. 다시 말해, 격노와 방향성 없는 도주로 표현되었을 폭발성이 큰 에너지가 이제는 효과적이고 방향을 갖춘 건강한 공격성으로 돌려졌다.

자신의 힘을 느끼면 몸에 있던 패배감과 무력감을 내몰고 생물학적으로 의미 있는 능동적 방어체계를 복원할 수 있다. 즉, 성공적인 보호와 본능적 유능감에서 오는 몸으로 체현된 승리감이 생긴다. 그런 재협상은 (6단계에서 보게 되듯이) 다시 무기력과 억압된/해리된 격노에서 생겨난 죄책감과 자기비판이 해소되도록 돕는다. 능동적이고 강력한 경험에 접속함으로써 마비와 붕괴라는 수동성을 반박하는 것이다.

잃어버렸(다기보다는 잊어버렸)던 본능의 능동적 반응을 트라우마 치유에서 복원하는 것이 정말 중요하기 때문에, 나는 반복의 위험에도 불구하고, 이 주제를 살짝 다른 각도에서 다루려 한다. **두려움의 경험**은 도피가 **좌절**된 경우 (즉, 어떤 점에서는 실제이든 지각된 것이든, 충돌이 있었든 방지되었든) 위협에 대한 원시적 반응에서 오는 것이라고 말할 수 있다.[54] 예상하는 것과 달리 싸움-도주라는 일차적 반응이 (또는 다른 보호

행동이) 자유롭게 행사되면 우리는 **꼭** 두려움을 경험하지는 **않는다**. 대신 싸우기나 도망가기의 순수하고 강력한 **일차적** 감각들을 경험한다. **위협에 대한 반응으로 싸우기 또는 도망가기가 초기에 동원**mobilization**됨을 기억하라**. 그 반응이 실패할 때만 얼어붙거나 '겁에 질려 굳어' 버리거나 무기력하게 무너지는 것이 기본 설정이 된다.

내 경우 구급차 안에서 내가 느끼던 무력감을 상쇄하는 반대의 경험을 처음 느낀 것은 팔다리를 통해서였다. 치명적인 부상에서 머리를 보호하러 올라가던 내 팔의 미세한 움직임이었다. 낸시에게는 의사의 수술칼을 피해 달아나는 자신의 다리였다. 두 경우 모두 이렇게 자신을 적극 보호하려는 반사 반응을 정확하게 의식에서 느낌으로써 작인성과 힘을 몸으로 느낄 수 있었다. 한 걸음씩 몸은 우리가 무기력한 회생자가 아님을, 우리가 그 시련에서 살아남았음을, 그리고 우리가 존재의 핵심까지 온전하고 살아있음을 배워나갔다. 조금씩 적극적 방어 반응이 돌아오는 것과 더불어 (이는 두려움을 줄인다) 마비의 신체 감각을 느낄 때마다 두려움이 줄어든다는 것을 우리는 배운다. 트라우마의 손아귀에서 매번 조금씩 벗어나는 것이다. 이런 몸에 기반을 둔 깨달음과 함께 무슨 일이 일어났는지 그리고 그것이 자신의 삶에 가지는 의미와 자신이 누구인지에 대한 해석이 크게 바뀐다.

6단계. 두려움과 부동성 분리하기

40년 이상 수천 명의 내담자를 임상에서 관찰하면서 나는 타고난(내장된) 부동성 반응으로 들어가고 그런 다음 나오는 '생리-**논리**physio-logical'가 트라우마가 가진 심신을 쇠약하게 하는 장기적 영향을 피하고 깊숙이 자리 잡은 증상까지 치유하는 **열쇠**임을 확실히 이해하게 되었다.[55] 기본적으로 이는 4장에 기술한 바대로 두려움과 무력감을 (정상적이라면 시간 제한적인) 생물학적 부동성 반응과 분리함으로써 이뤄진다. 트라우마가 있는 사람이 자신의 부동성 감각을 아주 잠깐이라도 건드릴 수 있으면 자기진도에 따른 종결을 복원하고 두려움과 얼어붙기가 '풀리기' 시작된다.

트라우마 해소에서와 마찬가지로 이 풀림이 급하게 일어나지 않도록 치료상 제한하는 것이 중요하다. 수위조절하지 않은 화학반응에서처럼 갑작스레 분리하면 폭발이 일어나 내담자가 겁을 먹고 다시 트라우마를 겪을 가능성이 있다. 수위조절을 통해 내담자는 **점진적으로 부동성 감각들 속으로 여러 차례 들어갔다 나오도록 안내 받고 매**번 평형상태로 돌아와 진정한다(`탄산수 거품 소리`). 부동성에서 빠져나올 때 `불의 점화 의례`가 있다. 방향성 없는 도주와 분노에 찬 반격, 생물학적으로 결합한 에너지가 가득한 강한 감각들이 풀려난다. 이해할 수 있듯 사람들은 흔히 부동성에 들어가는 것도 나오는 것도 두려워한다. 그렇게 해서 얻는 것이 무엇인지 알지 못할 때는 더욱 그렇다. 이 두려움을 좀 더 깊이 들여다보자.

부동성으로 들어가는 두려움: 부동성 감각들은 정말 강하고, 정말 무기력하고 취약한 느낌을 주기 때문에 우리는 이런 감각들을 피하려 한다. 이런 감각 중 일부는 죽음 상태를 모방하기도 한다. 치과 외자에 움직이지 않고 앉아 있는 것 같은 일상의 일도 떠올리는 것만으로 얼마나 위축되는지 생각해보면 자발적으로 부동성 상태로 들어가는 일이 얼마나 어려울지 이해가 간다. 어쩌면 도망갈 길 없이 갇혀있는 고통을 예상할지도 모른다. 불안하거나 트라우마가 있는 사람이 MRI나 CT 촬영을 하는 동안 가만히 누워 있는 일은 공포 그 자체이다. 어린아이에게는 이런 절차가 훨씬 더 어렵다. 몇 시간씩 움직이지 못하고 책상에 가만히 앉아있는 일은 누구에게나 어렵다. 불안하거나 `예민한` 아이에게는 더욱 견딜 수 없는 일이고, 어쩌면 주의력결핍 과잉행동장애ADHD의 원인일지도 모른다. 정상적이라면 걷고 달리고 세상을 탐색해야 하는 발달단계에 엉덩이나 다리, 발목이나 발을 교정하느라 석고나 금속 교정기를 착용하고 움직이지 못하는 시술을 받은 아이라면 특히 그렇다.

명상을 자주 하는 성인에게도 가만히 앉아있는 일이 어렵다. 따뜻한 침대로 들어가 누워 가만히 있으면 금방 회복의 단잠에 드는 사람들은 정말 운이 좋고 귀한 축복을 받았다. 많은 사람에게(아마도 대다수에게) 취침 시간은 불안으로 가득 차 있다. 그 자체가 악몽이 될 수 있다. 어쩌면 좌절감을 느끼며 가만히 누워 `양이나 헤아리려` 할지 모른다. 마음속에 온갖 생각이 복잡하게 떠돌아 모든 것을 내려놓고 잠의 신 모르페우스의 품속으로 들어가지 못한다. 그러다 렘 수면 동안(이나 그 직후에) 잠이 깨면 몸은 말 그대로 마비되어 꼼짝을 못 한다. 자신과 다른 사람을 해치지 않게 꿈을 꾸는 동안 달리거나 싸우지 (아니면 돌아다니지) 못하도록 설계된 신경학의 메커니즘 때문이다. 이런 정상적인 `수면 마비` 상태로 잠이 깨면, 특히 부동성에서 흔히 나타나는 몸과 분리된 경험을 하게 되면 정말 무섭다. 누군가에게는 자는 동안 나타나는 렘 마비가 궁금하고 즐겁고 '신비롭기'까지 한 유체이탈 체험이겠지만 말이다. 몸과의 분리를 끔찍하게 여기는 사람이라면 대개 공황 반응을 보인다. 트라우마가 있는 사람에게 두려움으로 강화된 부동성은 밤이나 낮이나 함께 하는 고통스러운 동반자이다.

부동성을 피하고픈 것은 이해가 가지만 거기에는 치러야 할 대가가 있다. 그게 무엇이건 우리가 외면하는 경험을 뇌-몸은 위험한 것으로 등록한다. 흔히 말하듯 "저항하는 것은 지속된다." 그래서 예로부터 전해오는 "시간이 약이다."라는 표현은 트라우마에는 맞지 않는다. 단기적으로는 부동성 감각을 억누르면 (부인하는 우리 마음에는) 마비와 무기력을 저지하는 것처럼 **보일 수 있다.** 하지만 때가 되면 그런 모면책은 비참하게 실패한다. 이런 '덮어두기'는 피할 수 없는 것을 더 연장시킬 뿐 아니라 결국은 만나게 될 부동성을 훨씬 더 끔찍하게 만든다. 마치 우리가 저항하는 정도를 인식이나 하듯 마음은 이것이 더 위험하다고 해석한다. 하지만 반대로 수위조절과 진자운동을 활용해 도움을 받을 수 있으면 우리는 무너지지 않고 그 죽음 같은 빈 곳을 부드럽게 그리고 잠깐 건드릴 수 있다. 따라서 부동성 반응은 자기 진도에 따른 종결이라는 자연스러운 결말을 향해 **시간을 따라 앞으로 움직일 수 있다.**

부동성에서 (빠져)나오는 두려움: 야생에서 피식자 동물은 부동성 반응에 굴복하면 한동안 움직이지 않는다. 그러다 멈췄을 때만큼이나 쉽게 꿈틀거리며 일어나 주변을 살피고는 잽싸게 도망간다. 하지만 포식자가 남아있다가 먹잇감이 되살아나는 걸 보게 되면 이야기는 아주 달라진다. 회복했을 때 다시 (이번에는 치명적인) 공격을 하려는 포식자를 본 피식자는 사납게 화를 내며 반격하거나 아니면 미친 듯이 마구잡이로 도망치려 한다. 그래서 반응이 거칠고 '무모하다.' 4장에서 언급했듯이, 고양이가 앞발로 가지고 놀던 쥐가 (잃었던 정신을 차리고) 반격 후에 허둥지둥 사라지는 것을 나는 본 적이 있다. 그 고양이는 톰과 제리 만화에 나오는 고양이 톰처럼 놀라 멍하게 있었다. (포식자 앞에서) 부동상태이던 동물이 격렬하게 반격할 준비가 된 상태로 깨어나는 것처럼, 트라우마가 있는 사람도 마비와 차단에서 갑작스레 과각성과 격분으로 전환된다. 이런 분노와 연관된 감각이 강렬하고 두렵기 때문에 부동성에서 **빠져나오**는 것을 견디려면 교육과 준비, 수위조절과 안내가 필요하다.

분노에 대한 두려움은 타인을 향하건 자신을 향하건 폭력에 대한 두려움이기도

하다. 그래서 다음과 같은 딜레마 때문에 부동성에서 빠져나오기가 어렵다. 생명을 되찾으려면 분노와 강한 에너지에 담긴 감각을 느껴야만 한다. 동시에 이 감각은 목숨에 위협을 줄 수 있다. 이런 가능성 때문에 부동성 해소와 트라우마 해결로 이어져 자신을 구제할 바로 그 감각들과 접촉하는 것을 우리는 어려워한다. (4장에 나온) 1874년 칼바움의 혜안을 떠올려보자. "사례 대부분에서 상심과 불안이, 일반적으로는 **환자 자신에게 불리한 우울한 기분과 정서가** 긴장증보다 **먼저 일어난다.**"[56] 부동성 종결과 연관된 분노가 강렬하고 폭력적일 가능성 때문에 트라우마가 있는 사람들은 의도치 않게 이 분노를 우울과 자기혐오, 자해의 형태로 자신에게 돌릴 때가 많다.

부동성 반응에서 빠져나오지 못하면 견딜 수 없는 좌절감과 수치심, 자신을 갉아먹는 자기혐오를 자아낸다. 치료사는 이 지극히 어려운 문제에 조심스레 접근해야 하며 신중하고 조심스러운 수위조절을 통해 풀어내야 한다. 더불어 진자운동과 강렬하고 공격적인 감각들과 친해지겠다는 굳은 마음도 필요하다. 이렇게 우리는 '죽이지 않으면 죽어야 하는' 곤경에서 움직여 나올 수 있다. 강렬한 감각을 받아들이는 과정에 서서히 마음을 열 때 건강한 공격성, 즐거움과 좋은 느낌에 대한 역량이 강화된다.

트라우마를 입은 개인이 사회적 동물로서 자신의 분노를 제약하고 이에 버티는 일은 놀랍지 않다. 하지만 분노가 억눌려 쌓일 때 그 결과를 살펴볼 필요가 있다. 분노와 다른 원시적 정서를 가까이 오지 못하게 하려면 (이미 부담이 큰 시스템에) 엄청난 에너지를 더해야 한다. 이렇게 분노를 자신에게로 '돌리고' 폭발하지 않도록 방어하다 보면 결국 소진되고 심신이 쇠약해지는 수치심으로 이어진다. 이런 복잡한 구조는 요지부동으로 보이는 복잡하고 괴로운 트라우마 상태에 또 다른 층을 더한다. 이런 이유에서 저절로 계속되는 '수치심의 순환'을 막는 방책으로 수위조절이 한층 더 중요하다.

추행과 그 외 다른 형태의 이전 학대의 경우에는 성인이 된 이후 겪은 정신적 외상의 저변에 이미 자기비난이라는 층이 놓여있다. 실제로 부동성은 수동적 반응으로 경험되기에 추행과 성폭행 피해자 다수는 공격자를 제대로 막아내지 못했다는 엄청난 수치심을 느낀다. 이런 인식과 압도하는 패배감은 현실 상황과 상관이 없다. 공격자가 상대적으로 컸다는 사실도 중요하지 않다. 부동성으로 인해 피해자가 더 큰 피해를 입지 않았고 어쩌면 죽음을 피했다는 사실도 중요하지 않긴 마찬가지이다.*
근친상간의 경우에는 여기서 아직 언급되지 않은 가족 내 비밀과 배신이라는 복잡한
역동에서 또 다른 혼돈과 수치심이 일어난다.

　　트라우마를 입은 개인이 작인성과 힘을 다시 가지기 시작하면 서서히 자신을 용
서하고 받아들이게 된다. 자신의 부동성과 분노가 생물학적 본능의 명령이며 성격상
결함이나 되듯 수치심을 느낄 무언가가 **아님**을 연민 어린 마음으로 깨닫게 되는 것
이다. 그리고 분노를 분화되지 않은 힘과 작인성으로, 곧 목숨을 유지하는 데 유익하
게 사용된 결정적인 힘으로 인정한다. 이 사실이 트라우마 해소에 엄청나게 중요하
기 때문에 다시 반복하자면 부동성을 부추기는 두려움에는 두 가지 부류가 있다. 하
나는 부동성으로 들어가는 두려움으로, 마비와 덫에 갇힌 듯한 느낌과 무기력과 죽
음에 대한 두려움이다. 그리고 부동성에서 빠져나오는 두려움은 '분노 기반의' 반격
하려는 감각들에 담긴 강렬한 에너지에 대한 두려움이다. 부동성은 (들어가기와 나오
기라는) 양쪽 족쇄에 걸려 해독제를 가차 없이 거부해왔고, 그래서 돌파구를 찾는 일
은 불가능해 보인다. 하지만 능숙한 치료사의 도움으로 '부동성의 자기진도에 따른
종결'을 복원하여 두려움과 부동성을 분리하면 내담자가 시간상 앞으로 움직여가는
큰 보상을 받게 된다. '앞으로 나가는 경험'은 이 끝없는 공포와 마비의 피드백 회로
를 깨뜨려 두려움, 갇힌 듯한 느낌, 무력감을 떨쳐버린다.

　　두려움이 부동성의 감각과 분리되고 나면 당신은 머리를 긁적이며 "두려움이
어디로 간 거야?"라고 물을지 모른다. 당혹스러울 수 있는 짧은 답은 수위조절을 할
때 '두려움'은 독립체로 실재하지 않는다는 것이다. 트라우마 사건 당시에 생겼던 극
심한 두려움은 당연히 더는 존재하지 않는다. 하지만 (말 그대로 사람을 두려움에 떨게 하
는) 새로운 두려움 상태를 유발하고 지속시켜 남아있던 부동성과 분노의 감각에 스
스로 만들어낸 포식자가 있을 뿐이다. 마비 자체는 그렇게 무섭지 않을지 모르지만
정말 무서운 것은 마비나 분노를 느끼는 것에 대한 우리의 **저항**이다. 그것이 일시적
인 상태라는 사실을 우리는 모르기 때문에, 그리고 몸은 지금 우리가 안전하다는 사

---

* 　　싸우는 것이나 굴복하는 것이 강간에서 최선의 생존 전략인지는 분명하지 않다. 하지만
　　의존할 수밖에 없는 아동은 학대를 당하면서도 굴복 외에 달리 선택의 여지가 없다.

실을 인식하지 못하기 때문에 우리는 현재에 머무르지 않고 과거에 고착된다. 진자 운동은 이 저항을 해소하는 데 도움이 된다. 60년대 저그 밴드 '단 힉스와 핫 릭스'의 노래 가사 "내가 두려운 건 나 자신이지... 날 겁먹게 하지 않겠어."에 귀 기울이는 것이 좋겠다.

치료 과정에서 (수위조절로) 이미 다뤘거나 '앞으로 나가는 경험'이 계속 쌓이면 부동성 반응을 온전히 경험하는 것이 (이제는 배경으로 물러서고 있는) 두려움을 가리게 된다. 흔히 이런 신체 감각을 알아차리면, "움직일 수 없이 마비된 느낌이에요."라거나 "내가 죽은 것 같은 느낌이에요."나 어쩌면 "재밌는 게, 저는 죽었는데 그게 그렇게 무섭지 않아요."와 같은 단순한 말로 이를 인정한다. 덧붙여, 임사체험 연구에서 보고된 것과 비슷하게 더없이 행복한 상태를 경험하는 이들도 있다. 부동성에서 빠져나오면서 '온몸에 찌릿한 진동'을 느끼거나 "내가 정말 살아있고 진짜 같은 느낌이에요."라고 보고하는 이들도 있다. 타고난 마비 반응이 자연스럽게 해소되면서 '순수한 에너지'가 주는 감각을 받아들이고, 실존적 안도와 변형의 감사와 생명력이 열리게 된다. 신비주의 시인 윌리엄 블레이크William Blake는 에너지와 몸 사이의 본질적 관계를 이렇게 찬양했다. "몸은 감각으로 분별할 수 있는 영혼의 부분, 이 시대 영혼으로 들어가는 주된 통로. 에너지만이 몸에서 오는 유일한 생명... 그리고 에너지는 순수한 기쁨."

7단계. 생명보전 행동을 위해 동원되었던 방대한 생존 에너지의 방출을 장려하여 흥분상태를 해소하기

부동성에서 빠져나오면서 수동적 반응이 적극적 반응으로 대체되면 특정한 생리 과정이 일어난다. 자신도 모르게 몸이 흔들리고 떨리며 호흡이 저절로 바뀐다. 조이고 얕던 호흡이 깊어지고 이완되면서 자발적인 변화가 일어난다. 이런 불수의적 반응은 본질적으로 생명체가 싸우거나 도주하기, 아니면 자신을 보호하기 위해 동원되었지만 제대로 실행되지 못했던 방대한 에너지를 방출하는 기능을 한다. (사고를 당한 후 내가 경험했던 반응은 1장을 참고하라. 어릴 적 편도선 제기 수술 이후 계속 악화된 증상에 갇혀 있던 에너지를 방출한 낸시의 예는 2장을 참고하라.) 어쩌면 물리학의 비유로 에너지 방출을 쉽게 시각화할 수 있을지 모르겠다. 머리 위 천장에 단단하게 묶인 용수철을 상상해보자. 용수철 한쪽 끝에는 추가 달려있다고 상상해보자(그림 5.4 참고). 당신이 손을 뻗어 추를 아래로 당기면 용수철이 늘어나 위치 에너지가 생겨난다. 이제 당겼던 추를 놓으면 추는 용수철의 에너지가 다 방출될 때까지 아래위로 진동한다. 이렇게 용수철에 있던 위치 에너지가 운동 에너지로 전환되는 것이다. 저장된 위치 에너지가 운동 에너지로 전부 방출되면 용수철은 마침내 멈춘다.

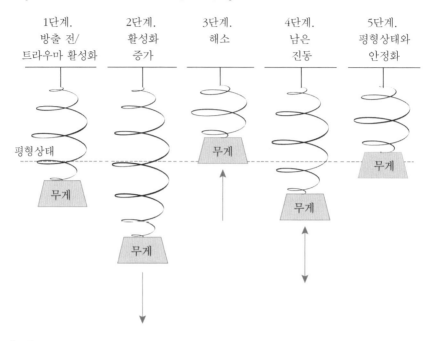

[트라우마 활성화의 방출과 평형 회복]

1단계.
방출 전/
트라우마 활성화

2단계.
활성화
증가

3단계.
해소

4단계.
남은
진동

5단계.
평형상태와
안정화

평형상태

무게

무게

무게

무게

무게

무게

그림 5.4 용수철을 늘이면 위치 에너지가 증가한다. 용수철을 놓으면 위치 에너지는 운동 에너지로 전환되어 방출되고 평형이 복원된다.

비슷하게, 근육도 행동을 준비하느라 에너지를 받는다('늘어난다'). 하지만 그렇게 동원된 에너지가 (싸움-도주, 아니면 굳어지기, 비틀기, 물러서기나 피하기 같은 다른 방어 반응으로) 실행되지 않으면 그 잠재 에너지는 감각운동계의 암묵기억에 마무리되지 못한 절차로 '저장'되거나 '정리'된다. 일반적인 또는 특정한 자극에 의해 의식적이거나 무의식적인 연상이 활성화되면 원래의 위협이 아직 작동 중인 것처럼 처음에 나왔던 호르몬과 화학물질 전사들이 근육에 에너지를 준다. 나중에 이 에너지는 떨림과 진동으로 방출된다. 너무 단순화하는 위험은 있지만, 싸움-도주를 위해 동원되었던 것과 비슷한 양의 에너지(흥분)가 효과적인 행동이나 흔들림과 떨림을 통해 방출되어야만 한다고 나는 감히 말할 수 있다. 이는 낸시의 경우처럼 극적일 수도 있고(2장) 미묘해서 포착하기 어려울 수도 있다. 부드러운 근육 수축이나 피부 온도의 변화로도 표현된다. 이런 자율신경계에서의 방출과 더불어 사건 당시 완성되지 못했던 (그래서 잠재 에너지로 잠자고 있었던) 자기보호와 방어 반응이 미세한 움직임들을 통해 풀려나는 경우가 잦다. 이들은 감지하기가 거의 불가능해서 '전운동premovements'이라고 불리기도 한다. 이렇게 4단계에서 7단계까지가 모두 연결된다.

8단계. 자기조절과 역동적 평형을 회복하기

싸움-도주를 위해 동원되었던 생존 에너지가 방출되고 난 후 직접적인 결과는 (앞서 용수철의 예처럼) 평형과 균형의 회복이다. 실험생리학의 아버지로 여겨지는 19세기 프랑스 생리학자 클로드 버나드Claude Bernard는 '자유롭고 독립적인 삶의 조건으로서 내부 환경milieu interieur의 일관성'57을 기술하기 위해 **항상성**homeostasis이라는 단어를 만들었다. 150년이 더 지난 지금도 이는 삶의 자양분이 되는 근본적이고 본질적인 원리로 남아있다. 하지만 평형이 정적인 과정이 아니므로 나는 신경계가 위협에 대한 반응으로 과각성되었다가 '재설정'되고 다시 흥분되고 재설정될 때 일어나는 일을 기술할 때 항상성 대신 **역동적 평형**dynamic equilibrium 이란 용어를 쓸 것이다. 이런 재설정이 계속되면 위협 이전의 흥분 수준을 복원하고 편안한 각성상태라는 변환 상태(과정)를 촉진한다. 시간이 지나면서 이는 튼튼한 회복탄력성을 쌓이도록 한다. 마지막으로, 내장과 몸 안에서 평형상태를 내수용감각으로 경험하는 것은 건강하게 좋은 느낌을 경험하는 것이다. 즉 주어진 순간에 무엇을 느끼건, 얼마나 끔찍한 곤경과 불쾌한 흥분이건, 여러분 몸 안에 안전한 집이 있다는 배경 감각이다.

9단계. 지금 여기의 환경에 다시 정향하기

트라우마는 현재에 기반을 두고 다른 사람들과 적절하게 유대관계를 형성하는데 장애가 있는 것이라고도 할 수 있다.* 역동적 평형의 복원과 더불어 현존하는 역량, 즉 '지금 여기'에 머무르는 능력이 실현된다. 이는 체화된 사회적 유대에 대한 욕구 및 역량과 더불어 일어난다.

사회적 유대관계를 형성하는 역량은 건강과 행복에 강력한 영향을 준다. 어릴 때 우리는 부모의 사회적 신경계와 상호작용하면서 그러한 유대에서 즐거움과 기쁨을 찾도록 설계되었다. 이에 더해, 다른 사람의 얼굴에 집중되던 관심이 환경에 대한 관심으로, 그리고 '새로움'이 주는 경이로움에 매료되는 것으로 일반화된다. 형태와 질감을 마치 처음 보는 것처럼 지각하게 되고 색채가 선명해지면서 생명의 기적이 펼쳐지는 것이다.

덧붙여, 사회적 유대 시스템social engagement system은 본질적으로 사람을 진정시키고 따라서 몸이 교감신경계의 흥분에 '사로잡히거나' 또는 보다 원시적인 비상차단 시스템에 의해 얼어붙어 굴복하지 않도록 지켜주는 타고난 보호책이다. 신경계의 사회적 유대 계통은 어쩌면 심장과 면역계도 보호한다. 어딘가 소속감이 강한 사람이 더 오래, 건강하게 사는 이유가 이 때문일지 모른다. 그런 사람은 나이가 들어도 인지기능이 좋다. 실제로 브리지 게임이 치매 증상을 줄이는지를 조사한 연구를 보면 주요 독립변수는 (계산 기술 자체가 아니라) 사회적인 어울림이었다.† 마지막으로 사회적으로 세상과 관계를 맺으면 지금 여기에 관여할 뿐 아니라 소속감과 안전감을 느끼게 된다. 그래서 궁극적으로 두려움과 부동성이 자아내는 부정적인 고립에서 내

---

* **역자 주**　여기서 engage는 사회적으로 도움을 구하는 신호를 보내는 일방향 능력만으로도 가능한 개념이다. 〈정신질환의 진단 및 통계 편람 제5판〉(권준수 외 공역, 2015)에서는 사회적 유대감으로, 〈몸은 기억한다〉(제효영 역, 2016)에서는 사회적 개입 유도로 번역되었다.

† 남부 캘리포니아 대학교의 소위 90＋ 연구는 1981년에 시작되었다. 65세 이상 14,000명과 90세 이상 1,000명 이상이 포함되었다. 선임연구원 카와스Kawas 박사는 "낯선 사람들이라도 정기적으로 만나면 퍼즐을 푸는 것만큼의 지능을 쉽게 사용하고, 그런 만남의 의미가 그것뿐이라 하더라도 나는 놀라지 않을 것이다."라고 결론지었다.

담자가 자유로워지면 심신을 쇠약하게 하는 중상들에서 자유로워질 뿐 아니라 만족스러운 연결과 관계를 만들 에너지가 생겨난다.

6장
—
치료를 위한
지도
—

지도는 영토를 있는 그대로 보여주진 않지만
돌아다니는 데는 확실히 도움이 된다.

- 피터 레빈Peter Levine

오래된 무언의 목소리

도시에서 어떤 지역을 찾는 데 지도가 유용한 것처럼 인간 유기체*의 지도도 트라우마의 전경을 탐색하고 치유에 관한 정보를 얻는 데 중요하다. 일리노이 대학교 정신과 뇌신체센터의 소장 스티븐 포지스Stephen Porges는 트라우마 상태를 좌우하는 정신생리학적 시스템들을 안내하는 생생하고도 논리적이며 널리 받아들여진 '보물지도'라는 획기적인 업적을 남겼다. 이 시스템들은 좋은 느낌과 소속감이라는 핵심 감정도 중재한다. 포지스의 **정서에 관한 다미주신경 이론**polyvagal theory[58]은 5장에 기술한 회복과 통합을 위한 길을 밝힌다. 덧붙여 포지스의 모델은 트라우마 심리치료에 보통 사용되는 접근법들이 흔히 실패하는 이유도 명확히 보여준다.

간단히 소개하면, 포지스의 이론에서는 3가지 신경 에너지의 하위 시스템들이 인간의 신경계와 상관관계가 있는 행동과 정서의 전반적인 상태를 뒷받침한다. 이 중

---

*   미리엄-웹스터 사전에서는 **유기체**를 "상호의존적이고 종속적인 요소들의 복잡한 구조로 각 요소들의 관계와 속성은 크게 전체 안에서 이들의 기능으로 결정된다."고 정의한다. 유기체는 전체성(온전함)wholeness을 기술하며, 개별적인 부분들(즉, **뼈**, 화학물질, 근육, 신경, 장기 등)의 합이 아니라 이들 사이의 역동적이고 복잡한 상호관계에서 나타난다. 유기체를 연구할 때는 몸과 마음, 원시적인 본능, 감정, 지능, 영성 모두 함께 고려해야 한다.

(약 5억 년 전에 생긴) 가장 원시적인 시스템은 그 기원이 초기 물고기이다.* 이 원시 시스템의 기능은 부동성, 신진대사의 보전, 차단이고, 그 행동의 대상은 내부 장기이다. 진화상 다음으로 발달한 것은 교감신경계이다. 이 전반적인 흥분 시스템은 약 3억 년 전 파충류 시대부터 진화해왔다. **그 기능은** (싸움 또는 도주에서처럼) **동원**mobilization**과 행동 강화이다. 몸 안에서 교감신경계의 목표물은 팔다리이다.** 마지막으로 계통학적으로 가장 최근인 세 번째 시스템은 **오로지** 포유류에게만 존재한다(약 8천만 년 전에 유래). 이 신경계는 영장류에서 가장 정교하게 발달했고 복잡한 사회 행동과 애착 행동을 매개한다. 이는 소위 포유류 또는 '똑똑한' 미주신경으로 불리는 부교감신경계의 계통으로 신경 해부학적으로는 표정과 발성을 중재하는 두개골신경과 연결되어 있다. 가장 최근에 획득한 이 계통은 목, 얼굴, 중이, 심장, 폐의 근육을 무의식적으로 활성화하고, 이들은 함께 다른 사람과 우리 자신에게 우리의 정서를 전달한다.**59** 제일 정교한 이 시스템은 **관계와 애착, 유대감을 조율하고** 정서적 지능도 중재한다. 그림 6.1은 포유류의 기본 하위 신경계를 요약해 보여준다. 좀 더 자세한 내용은 대부분의 내부 장기에 영향을 주고 또 영향을 받는 미주신경의 경로를 참고하라. 이들 계통발생학적 시스템들의 기본 기능은 그림 6.2a~6.2d에 요약했다.

신경계는 주변 환경에서 잠재적 위험 요소들을 평가하도록 조율되어 있고, 포지스는 이 무의식적인 평가 과정을 '신경인지neuroception'라고 부른다.† 주변 환경이 안전하다고 인식하면 우리의 사회적 유대 시스템은 싸울 것인지 도주할 것인지를 통제하는 보다 원시적인 뇌의 변연계와 뇌간 구조를 억제한다. 약간 놀란 뒤라면 다른 사람에 의해 진정될 수 있다. "괜찮아. 그냥 바람이 부는 거였어."라고 어머니가 아이를 달래는 예처럼 말이다.

일반적으로 위협을 받거나 기분이 상했을 때 우리는 우선 다른 사람을 쳐다보며 그들의 얼굴과 목소리를 따라가고 자신의 감정을 소통하여 집단의 안전을 확보하려고 한다.

---

* 말하자면, 연골성의 턱이 없는 물고기에서 신진대사 에너지의 보존을 조절한다.
† 어떤 상황이든 안전감을 높일 수 있다면 진화적으로 보다 발전된 사회적 유대 시스템의 행동을 지지하는 신경 회로를 참여시킬 잠재력이 있다.

[다미주신경의 요소들을 간략하게 보여주는 도표]

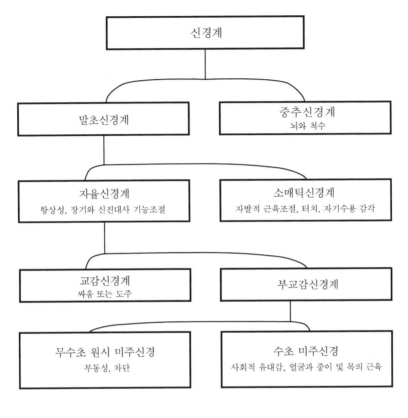

그림 6.1

이를 애착 행동이라 한다. 애착은 사실 싸우거나 도망가는 것으로 자신을 방어할 수 없는 어린아이가 가진 유일한 방어 수단이다. 안전을 위한 애착은 일반적으로 포식자에 대한 포유류와 영장류의 생존전략이다. 다수가 위협에 대항하면 한 개체가 '뽑힐' 가능성이 줄어든다. 게다가 자기 집단의 누군가가 위협하고 있다면, 당신은 싸우거나 도망치기 전에 먼저 '잘해보려' 할 것이다.

하지만 '친사회적' 행동이 위협 상황을 해결하지 못하면 조금 덜 발달한 시스템이 작동한다. 싸움-도주 반응이 동원되는 것이다. 마지막으로, 보다 최근에 획득한

[반응 전략의 계통발행학적 위계]

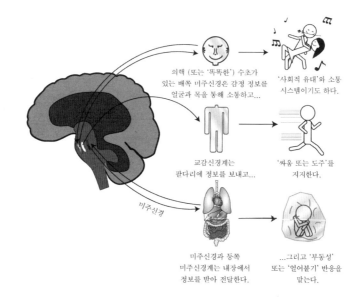

의해 (또는 '똑똑한') 수초가
있는 배쪽 미주신경은 감정 정보를
얼굴과 목을 통해 소통하고...

'사회적 유대'와 소통
시스템이기도 하다.

교감신경계는
팔다리에 정보를 보내고...

'싸움 또는 도주'를
지지한다.

미주신경

미주신경과 등쪽
미주신경계는 내장에서
정보를 받아 전달한다.

...그리고 '부동성'
또는 '얼어붙기' 반응을
맡는다.

그림 6.2a 신체 어느 부위가 진화상 각 하위 시스템의 영향을 받는지 보여준다.

시스템들이(사회적 유대 또는 싸움-도주가) 상황을 해결하지 못하면 이 '기본설정의 위계
default hierarchies'에서 최후의 저항 시스템이 작동한다. **부동성, 차단, 해리**를 좌우하는
가장 원시적인 시스템이 모든 생존 노력을 떠맡아 장악하는 것이다.*

....

*   해리의 구조와 복잡성을 철저하게 논의한 참고논문은 다음과 같다. van der Hart,
        O., Nijenhuis, E., Steele, K., & Brown, D. (2004). Trauma-Related Dissociation:
        Conceptual Clarity Lost and Found. *Australian and New Zealand Journal of Psychiatry*,
        38, 906-914. 저자들은 해리의 맥락을 따져 정의한다. 따라서 "트라우마에서 해리는 개
        인의 성격에, 즉 전체로서 개인의 특징적인 정신적, 사회적 행동을 결정하는 역동적인
        생리심리사회적 시스템에 분열을 가져온다. 성격의 분열은 트라우마의 핵심 특징이다.
        이는 개인이 적대적 경험을 부분적으로나 전적으로 통합할 능력이 부족할 때 발달하며,
        이런 맥락에서 적응을 뒷받침하기도 하지만 흔히 적응에 한계가 있음을 암시하기도 한
        다. 이런 분열에는 충분히 통합되지 못한, 역동적이지만 지나치게 안정적인 하위 시스템
        이 둘 이상 개입된다."

19세기 후반의 뛰어난 신경학자 휴링스 잭슨Hughlings Jackson[60]이 처음 설명한 **기본설정의 위계**라는 개념은 신경학의 기본 원리로* 포지스의 이론의 주요 가정이다. 기본적으로 잭슨은 뇌를 다치거나 스트레스를 받으면 덜 세련되고 진화상 더 원시적인 기능으로 되돌아간다고 관찰했다. 이후 회복이 되면 이 퇴행은 방향을 돌려 보다 세련된 기능으로 되돌아온다. 이는 트라우마 치료에서 너무도 중요한 '상향 과정'의 예이다.

[진화상의 뿌리]

그림 6.2b 세 가지 계통발생적 시스템들의 신경통제를 보여준다. 원시적인 미주신경, 교감/부신 신경과 '똑똑한'(포유류의) 미주신경.

작동 시스템이 원시적으로 될수록 유기체의 전반적인 기능을 떠맡을 힘이 더 크다. 보다 최근에 발달한 좀 더 세련된 하위 신경계를 억제하여 기능하지 못하도록 하기 때문이다. 특히, 부동성 시스템은 사회적 유대/애착 시스템을 거의 완전히 억누른다. '무서워 죽을 것 같을' 때는 애착과 안정을 중재하는 복잡한 행동을 조정할 자원이 거의 없다. 사회적 유대는 근본적으로 차단당한다. 교감신경계도 사회적 유대 시스템을 차단하지만, (3가지 방어 중 가장 원시적인) 부동성 시스템처럼 완전하게 하지는 않는다.

---

* 잭슨식 해체dissolution는 본질적으로 폴 매클린Paul MacLean의 삼위일체뇌(삼중뇌) 이론 triune brain theory을 선도했다. 참고자료: MacLean's *The Triune Brain in Evolution: Role in Paleocerebral Functions*(New York: Springer, 1990).

[다미주신경 이론: 신경 통제의 계통발생학적 단계]

단계	자율신경계 요소	행동 기능	하위 운동 뉴런
III	수초 미주신경	• 사회적 소통 • 자기 위안 • 진정 • 교감신경 부신의 영향 억제	의핵
II	교감신경 부신계	동원 (적극적 회피)	척수
I	무수초 미주신경	부동성 (죽은 척 하기, 수동적 회피)	미주신경 등쪽 운동 핵

그림 6.2c 교감신경계와 다미주신경계의 계통발생학적 단계들을 요약해 보여준다.

이미 설명했듯이 부동성과 과각성은 위협과 장기간의 스트레스에 대한 유기체의 반응이다. 이들이 **작동할 때** 외부 상황이 실제로 어떠하든 개인이 인식하는 것은 (싸움 또는 도주의 경우) 위험과 (부동성의 경우) 파국이다. 인간의 신경계는 갑자기 움직이는 그림자처럼 주변 환경에 잠재된 위험원과 오래전 상황에 대한 스트레스를 분별하지 않는다.* (근육과 내장에서) 내부적으로 스트레스가 발생하면 사람은 위협의 근원을 찾거나 (그게 불가능하면) 식별할 수 있는 위협 요소가 있다고 자신을 설득하기 위해서 만들어내기라도 하려는 강박적인 압력을 느낀다.

극심한 트라우마를 겪고 만성적으로 방임되거나 학대받은 사람은 부동성/차단 시스템의 지배를 받는다. 반면 (과거의 반복된 트라우마나 방임/학대 없이 최근의 한 사건으로) 급성 트라우마를 겪은 사람은 일반적으로 교감신경계의 싸움-도주 반응의 지배를 받는다. 이들은 플래시백과 빠르게 뛰는 심장에 시달리는 경향이 있지만, 만성 트라우마가 있는 사람은 일반적으로 심장박동에는 변화가 없거나 느려지기까지 한다.

---

*   외부감각(예. 시각, 청각)과 신체 내부(근육, 장, 관절)에서 온 감각 구심성 신경은 모두 뇌간의 최상부에 있는 시상으로 모여 거기서 뇌섬엽과 대상피질로 진행될 가능성이 가장 크다.

[다미주신경 이론: 새롭게 등장한 '정서' 시스템]

	배쪽 미주신경계	교감신경계	등쪽 미주신경계
심장박동	+/-	+	-
기관지	+/-	+	-
위장		-	+
혈관 확장		+	
땀		+	
부신		+	
눈물	+/-		

출처: 스티븐 포지스 박사

그림 6.2d 계통발생학적 신경계가 다양한 장기의 활동을 증가(+부호)시키거나 감소(-부호)시키는 영향을 보여준다.

이런 환자들은 잦은 현기증과 비현실감, 탈인성, 다양한 신체와 건강상의 어려움을 포함하는 해리 증상들에 시달리는 경향이 있다. 신체 증상으로는 위장장애, 편두통, 천식, 만성 통증, 만성피로, 삶과의 전반적인 비참여 등이 있다.

일부 흥미로운 연구에서 (차 사고나 강간 같은) 다른 사람이 겪은 심한 트라우마를 그림처럼 생생하게 묘사한 '트라우마 대본'을 외상후 스트레스장애PTSD를 앓는 사람들에게 읽도록 하고 이들의 뇌 활동을 기능자기공명영상fMRI으로 기록했다.[61] fMRI는 활성화된 뇌 부위의 위치와 강도를 무지개색으로 표시했다.* 예를 들어 (차가운) 파란색은 뇌 활동의 감소를, (뜨거운) 빨간색은 증가를 나타낸다. 시끄러운 금속 바구니에 갇혀 머리를 움직일 수 없기에 자원자의 스트레스는 더 심했다. 이들 연구에서 피실험자들의 뇌섬엽과 대상피질의 활동이 최소 30% 감소했다. 이 자원자들의 PTSD는 해리와 (미주신경의) 부동성을 특징으로 했다. 한편, 연구대상자의 약 70% 는 일차적으로 더 단순한 교감신경계의 과각성에 시달렸고 동일 영역에서 활동량이 급격하게 증가한 것으로 나타났다.[62] 뇌섬엽과 대상회는 신체 내부의 수용기(내수용감각)에서 감각정보를 받아들이는 부분들로 우리가 누구인지 그 정체성을 느끼고 아

---

* 뇌 지도는 유용하기는 하지만 다소 인위적이다. fMRI가 역동적인 뇌의 회로를 정적으로 보여주는 스냅사진이기 때문이다.

는 기반이다.**63** 과소활동은 해리를 나타내고 과다활동은 교감계 흥분과 연관이 있다.

　오랜 임상경험에서 나는 많은 사람이 (어쩌면 대다수가) 양쪽 체계 모두 증상들을 얼마간 보인다는 것을 발견했다. 증상의 표현은 트라우마의 유형과 심각성, 트라우마가 발생했을 때의 나이, 치료 중에 어떤 외상 패턴과 내용이 활성화되었는지를 포함하는 다양한 요인에 의해 달라지는 것으로 보인다. 체질과 성별 요소도 분명 작용할 것이다. 덧붙여 이들 증상은 시간이 지나면서 바뀌는 경향이 있고 한 회기 안에서 변하기도 한다.* 가장 중요한 것은 회기 중 세 신경계 가운데 어느 신경계가 활성화되고 어느 신경계가 휴면 상태인지에 따라 치료에 접근하는 방법이 달라져야 한다는 점이다.

　내담자의 치유와 변형 과정을 효과적으로 안내하려면 치료사가 이런 신경계의 생리적 발자국과 표현을 인지하고 추적할 수 있어야 한다. 계층적인 다미주신경계 각각의 자율적 근육 표현이 고유하므로 치료사는 피부색, 호흡, 자세 표현, 얼굴 표정 등의 지표들을 잘 인식하여 내담자가 어느 단계(부동성, 과각성, 사회적 유대감)에 있는지 그리고 언제 다른 단계로 전환하는지 판단하여야 한다.

　2장에서 낸시의 경우에 보았듯, 환자가 이 진화상의 3가지 하위신경계들 사이를 롤러코스터를 타듯 거칠게 오르내릴 수 있고, 그럴 때는 전략도 그에 맞춰 바꿔야 한다.† 예를 들어, 교감계 과각성 상태에 있을 때, 목 앞쪽 근육이 조이는 것을 관찰할 수 있고(특히 앞쪽 목갈비근, 흉골신경절 및 위쪽 어깨 근육), 굳어진 자세, 일반적인 흠칫함, 빠르게 움직이는 눈, 심박수 증가(목 앞쪽 경동맥에서 볼 수 있다), 동공 확장(커짐), 거칠고 빠른 호흡, 차가운 손(손가락 끝이 푸르스름하게 보일 수 있다)은 물론 창백한 피부와 손과 이마에 식은땀이 보인다. 반면 차단에 들어가는 사람은 자주 (횡격막이 안으로 무너지는 것처럼) 무너지고 눈은 고정되거나 멍해지며 호흡이 눈에 띄게 감소하고 심박수가 갑자기 느려지고 약해지며 동공이 수축되는 경우가 많다. 게다가 피부는 창백해

------

*　　fMRI는 고정된 이미지이기 때문에 그런 역동적 변화를 포착할 수 없음을 기억하라.

†　　문제가 더 복잡해지는 건, 교감계 흥분과 부교감계(미주신경 부동성) 활성화가 동시에 일어날 때가 있기 때문이다. 이는 특히 스트레스를 많이 받는 전환 지점에서 일어난다. 이들이 동시에 일어나는 것을 가리키는 지표로 손은 차가운 데(교감계) 심박수는 낮은 (미주신경/부교감계) 경우이다.

져 병든 것처럼 하얗거나 심하면 회색으로 변할 때가 많다. 마지막으로 사회적 유대 관계가 있는 사람은 심박수가 70 중반 이하로 휴식 상태이고, 호흡은 이완되고 충분하며 손은 기분 좋게 따뜻하고 동공은 편안한 크기이다. 치료사가 이런 관찰을 하도록 훈련받은 경우는 거의 없다(TV 시리즈인 〈내게 거짓말을 해 봐Lie to Me〉의 에피소드를 보면서 약간의 코치를 받을 수는 있다).

세 가지 1차 본능 방어 시스템 중 부동성 상태는 생리 시스템 중 가장 원시적인 시스템에 의해 제어된다. (미주신경계의 무수초 부분에 의해 중재되는) 이 신경계는 에너지 보존을 통제하고, 위협이 치명적인 형태로 외부에서 오건 아니면 병이나 심각한 부상으로 내부에서 오건* 죽음이 가깝다고 인식할 때 촉발된다.**64** 둘 다 움직이지 않고 생명 에너지를 보존할 필요가 있다. 이 가장 오래된 시스템이 지배적일 때 사람은 움직이지 않는다. 숨도 겨우 쉬고, 목소리는 막혀 나오지 않고, 너무 무서워 울지도 못한다. 죽음을, 또는 세포의 복원을 기다리면 움직이지 않는다.

이 최후의 부동성 시스템은 **급성으로 짧은 기간 동안만** 기능하게 되어 있다. 만성적으로 활성화되면 인간은 비존재의 회색 연옥limbo에 갇히게 되는데, 그곳에서는 **제대로** 살아있는 것도 그렇다고 **실제로** 죽는 것도 아니다. 그런 차단을 겪고 있는 내담자에게 치료사가 할 첫 번째 일은 내담자가 에너지를 동원하도록 돕는 것이다. 우선, 내담자가 자신의 생리적 마비와 차단을 정상화하고 (교감계의) 동원을 향해 전환하도록 돕는다. 다음 단계는 내담자가 교감 상태 기저에 있는 방어/자기보호를 위한 갑작스러운 활성화를 통과하여 다시 평형상태로, 지금 여기로 돌아와 삶에 다시 참여하도록 부드럽게 안내한다.

일반적으로 내담자가 얼어붙은 상태에서 빠져나올 때 2번째로 원시적인 시스템(교감계 흥분)이 싸움 또는 도주를 준비한다. 낸시가 어떻게 교감계 흥분 상태(심박수가 마구 치솟는 것)에서 무력한 공포로 갔다가 갑자기 차단(심박수가 급격히 떨어지는 것)으로 간 다음, 마침내 달리기 근육이 활성화해 호랑이의 이미지에서 탈출했을 때 동원과 방출로 갔는지 상기해보라. 교감/동원 단계에서 중요한 치료 과제는 내담자가 압도되지 않고 이러한 강렬한 흥분의 감각들을 **견디도록** 하는 것이다(이 과정은 5장에

---

*   이는 강렬하고 끊임없는 스트레스에 의해서도 생긴다.

서 설명했다). 이런 식으로 내담자는 공격과 자기보호와 관련된 감각뿐 아니라, 강렬하지만 관리할 수 있는 에너지의 파도를 경험하게 된다. 이러한 감각적 경험에는 진동, 얼얼함, 열과 추위의 파도 등이 포함된다(이들 현상은 1장과 낸시에 대한 2장의 보고서에서 모두 설명했다).

때로 거칠게 널뛰는 흥분 상태의 감각을 우리가 관통할 수 있고 느리지만 꾸준하게 그 감각들과 친숙해지기 시작하면 과각성의 증상들로 돌려졌던 에너지를 서서히 방출할 수 있게 된다. 자기조절의 초기 단계이자 토대, 그리고 평형 회복을 위한 기본 성분 덕분에 낸시와 나는 연옥에서 벗어나 다시 살아날 수 있었다. 이런 개입이 있고 난 뒤에야 진화상 3번째 하위 시스템인 사회적 유대 시스템이 다시 작동하기 시작한다. 부동성에서 벗어나 교감계의 흥분을 관통한 사람만이 회복을 주는 깊은 평온함을 경험하기 시작한다. 이런 괜찮음과 좋은 느낌의 감각과 더불어 얼굴을 맞대고 접촉하려는 충동이, 심지어 배고픔이 나타난다.* 유아기, 유년기, 청소년기에 그런 갈망이 고통스럽게 충족되지 않았기 때문에 (어쩌면 수치심과 침해와 학대와 연관되었을 수도 있어서) 트라우마가 있는 많은 사람의 경우 이 친밀감의 장벽을 다루기 위한 특별한 안내가 필요하기도 하다. 이런 치료상의 안내는 사회적 유대 시스템에 생리적으로 접근할 수 있을 때, 즉 신경계가 더 이상 부동성과 과각성 시스템들에 의해 장악되지 않을 때에만 일어날 수 있다.

정신과 신체 건강 임상가들이 온전히 가슴에서 우러난 인간적인 표현을 의도적으로 사용할 때 이는 깊이 치료적이다. 미주신경계의 부동성과 교감계의 흥분이 사회적 유대를 원초적으로 억제하지만 (얼굴을 보는 사회적 접촉과 적절한 터치를 통해) 다른 사람의 생리적 상태의 변화를 돕는 인간의 접촉이 가진 힘을 과소평가해서는 안 된다. 따라서 1장에서 다뤘듯 차 사고가 났을 때 내 옆에 앉아있었던 소아과 의사의 친절한 얼굴은 그 순간 내가 힘을 내기 위해 필요했던 일말의 희망을 주었다.

'흉포한 야수'를 달래는 사람 얼굴의 온화한 힘은 영화 〈캐스트 어웨이Cast Away〉에 잘 그려져 있다. 톰 행크스Tom Hanks는 비행기 추락사고에서 유일한 생존자로 외

---

*   사회적 유대 시스템은 목소리, 귀, 안면 근육을 통제하고, 이들은 모두 의사소통에서 뉘앙스를 주는 데 사용된다.

딴 무인도에 고립된 주인공 척 놀랜드의 역을 맡았다. 같이 해변에 떠밀려온 비행기 화물에 윌슨 상표가 인쇄된 흰색 배구공이 있다. 그는 이 공에 '윌슨'이라는 이름을 붙이고 즉석에서 자신의 마스코트로 삼는다.* 놀랍게도 공은 나름의 생명력을 띠고, 놀랜드가 속마음을 털어놓는 절친한 친구가 된다. 어느 날, 무력감의 분노에 휩싸인 놀랜드는 공을 바다로 던져버린다. 그렇지만 그는 자신이 얼마나 깊이 윌슨에 애착감을 느끼는지 깨닫고 공을 되찾기 위해 바다로 뛰어든다. 해변으로 돌아온 그는 애정을 담아 둥근 배구공에 어린아이 같은 얼굴표정65(눈, 코, 입)을 그려 넣는다.† 윌슨은 이제 그의 가장 친밀한 동반자가 되어, 기쁜 승리는 물론 힘든 골칫거리와 깊은 갈망, 고통스러운 외로움과 절망감을 나눈다. 놀랜드와 윌슨의 유대관계는 알에서 깨자마자 어미를 잃은 동물행동학자 콘라트 로렌츠의 아기 오리들이 흰색 공에 보였던 강한 애착(각인)을 연상시킨다.66 일단 대리모로 삼은 공과 영구적으로 애착을 형성한 오리들은 부드러운 털을 가진 살아있는 어미 오리보다 공을 더 좋아했다.

마침내, 행크스의 캐릭터는 섬이 선박의 항로 바깥에 있어서 섬에 머물렀다가는 절대 구조되지 않을 것을 깨닫는다. 자신이 만든 뗏목을 타고 떠나려다 사나운 폭풍우에 윌슨이 휩쓸려 가고 행크스의 슬픔은 달랠 길이 없다.

얼굴과 얼굴, 영혼과 영혼의 접촉은 내면의 출렁이는 파도에 대항하는 완충 역할을 한다. 이는 그 어떤 감정의 동요라도 진정하도록 도와준다. 그래서 부동성과 과각성 신경계의 힘이 방대하고 원시적이지만 치료사들은 내담자를 안정시키는 데, 사람들의 가슴 깊은 곳에 정서적 필요를 충족시키고 의식적이고 무의식적인 많은 행동에 동기를 부여하는 데 안면 인식과 사회적 유대관계가 가진 힘을 인식하여야 한다. 궁금해할 독자들을 위해, 놀랜드는 죽음의 문턱에서 마침내 구조된다. 집에 돌아오자 그는 남은 소포들을 가지고 전국을 여행하며 주인들에게 얼굴을 맞대고 전달한다.

---

* 극작가 윌리엄 브로일즈 주니어William Broyles Jr.는 실제로 사막의 섬에 고립된 채 일주일을 보냈고, 2000년 영화의 많은 부분이 그의 직접 경험을 바탕으로 했다.

† 사람 얼굴의 굴곡을 나타내는 선들의 힘은 태어나자마자 바로 기능하는 타고난 패턴 인식(형태 재인pattern recognition)으로까지 거슬러 올라간다. 영리한 실험이 몇 가지 고안되었는데, 모두 신생아가 단순한 (곡선의) 윤곽을 선호하고 예를 들면 각진 모양에는 끌리지 않는다는 점을 보여준다.

안면 접촉이 결핍되면(태어나면서부터 눈이 보이지 않는 사람도 손으로 다른 사람의 얼굴을 '본다') 우리는 (행크스의 캐릭터처럼) 조난한 채 우리의 가장 깊은 욕구와 삶의 목적의식에서 표류한다. 우리 대부분은 어떤 식으로든 얼굴을 마주하는 접촉 없이는 미쳐버릴 것이다. 안면 인식과 더불어 말할 때의 소리, 억양, 리듬(운율)도 마찬가지로 진정 효과가 있다. 직접 대면을 견디지 못하는 내담자도 치료사의 목소리는 아기를 달래는 어머니의 소리처럼 깊이 안정시키며 감싸준다.

선도적인 컴퓨터 과학자인 호비츠 박사Dr. Horvitz는 최근 한 시연회에서 환자에게 증상을 묻고 공감을 표하며 반응하는 음성 기반 시스템을 선보였다.**67** 한 어머니가 아이가 설사를 한다고 하자 화면의 활기를 띤 **얼굴**은 지지적인 어조로, "아이고 저런, 안 됐어요."라고 말한다. 이 간단한 인정으로 ㄱ 여성을 편안하게 하고 안전하고 힘을 주는 방식으로 프로그램과 상호작용하도록 도왔다. 한 내과 의사는 호비츠에게 "시스템이 인간의 정서로 반응한 것은 멋진 일이에요... 나는 그럴 시간이 없어요."라고 말했다. 어쩌면 이 컴퓨터 시스템은 척 놀란드의 배구공에 맞먹는다. 프로그램된 '공감'이 도움은 되었지만, 실제의 것에 비하면 보잘것없는 대체품이다. 이는 우리가 사는 포스트모던의 24시간 문자를 하는 문화에서 점점 커지는 소외에 대한 우울한 논평이다. 너무도 많은 젊은 사람들이 사이버 관계 안에서 매시간 수십 명과 연락하며 살지만 진정한 얼굴을 맞댄 관계는 분명 파국적으로 줄어들고 있다. 의사가 그런 기본적이고 유익한 인간적인 소통을 위한 아주 짧은 시간도 없다고 믿는다는 사실은 얼마나 슬프고 충격적인가. 그런 접촉은 둘 다를 인간적으로 되도록 도왔을 것이다. 정기적으로 연습하면 알츠하이머나 다른 형태의 치매를 방지하도록 환자와 의사 모두에게 도움을 줄지 모른다.**68**

치료는 왜 실패할까

트라우마가 있는 많은 이들은, 특히 만성적인 트라우마가 있는 사람들은 정서적 지지가 거의 또는 전혀 없는 세상에서 살고 있어서 훨씬 더 취약하다. 폭력이나 강간, 수술, 전쟁, 교통사고와 같은 끔찍한 사건 후나 아니면 어린 시절 오랫동안 방임과 학대를 받은 뒤 트라우마를 입은 사람은 친구나 가족이나 파트너와 같이 사는 사람이라 할지라도 자신을 고립시키는 경향이 있다. 아니면 다른 사람들이 어떻게든 자신을 도와주고 보호해 줄 것이라는 기대로 필사적으로 그들에게 매달린다. 어느 쪽이건 이들에게는 우리 모두가 간절히 원하고 번창하기 위해 필요한 소속감이라는 건강에 좋은 제대로 된 친밀감은 없다. 트라우마가 있는 사람은 동시에 친밀감을 끔찍이 두려워하고 피한다. 그래서 피하건 집착하건 이들은 우리 모두가 필요로 하는 균형 잡히고 안정적이며 양육적인 관계를, 즉 유대인 신학자 마틴 부버Martin Buber가 평등한 유대관계를 특징으로 하는 '나-너' 관계라고 했던 그런 관계를 유지하지 못한다.**69**

외로움이 너무 극명해지면 트라우마로 단절된 사람들은 점점 더 비현실적인 (때로는 위험한) '하룻밤'을 추구하기도 한다. 그들은 매번 새로운 관계를 내면의 불안을 가라앉히고 부서지기 쉬운 자기감sense of self을 띄워 줄 애정 어린 보호를 제공할 새로운 가능성(또는 불가능성)으로 본다. 방치되거나 학대받은 어린 시절을 보냈기에 이들은 혼란스러운 관계를 갖는 성향이 있다. 이들은 어느 노래가사에서처럼 계속해서 '잘못된 곳에서만' 사랑을 찾는다. 이상적인(환상의) 구조자가 학대적으로 될 때조차 그런 학대의 초기 징후들을 알아차리지 못하고 그것이 너무 친숙하거나 '가족 같아서' 치명적인 관계에 점점 더 사로잡히게 된다.

그런 부적응 패턴을 바로잡는 것은 많은 트라우마 치료사들의 골칫거리로, 치료사들은 내담자가 반복해서 자기파괴적인 연애에 빠져들어 원래의 트라우마를 다시 겪는 것을 무기력하게 바라보게 된다. 많은 치료사는 어떻게든 **치료사 자신이** 내담자들에게 긍정적이고 확신을 주는 (나-너) 관계를 제공해 내담자의 부서진 정신을 진정시키고 상처 입은 영혼을 온전하게 회복시킬 수 있으리라는 희망을 부여잡는다. 하지만 〈밥에게 무슨 일이 일어났나What About Bob?(1991)〉에서 너무도 잘 보여준 것처럼 치료사에 대한 내담자의 의존성이 높아져 통제불능이 되는 일이 자주 일어난다. 영화에서 '버려진' 내담자 밥은 너무 의존적이고 혼자 남겨지는 느낌을 견디지 못해서 케이프코드로 가족여행을 간 자신의 정신과 의사를 탐정처럼 추적해서 따라간다.

반대로, 치유자여야 할 치료사를 학대자를 '대리'하는 것으로 경험하면 내담자는 깊이 실망하고 들끓는 분노로 치닫게 된다. 트라우마가 있는 개인은 치료적 관계만으로 온전해지지 않는다. 아무리 의도가 좋고 공감 능력이 고도로 발달된 치료사라도 종종 여기서 실수를 한다. 다미주신경 이론과 잭슨식 해체 원리가 이런 일이 왜 그리고 어떻게 일어나는지 이해하는 데 도움이 된다.[70] 트라우마가 있는 사람이 부동성 반응이나 교감계 흥분에 갇혀 있을 때, 사회적 참여 기능은 생리적으로 손상되어 있다. 전자는 특히 교감계 흥분을 억누르고 사회적 유대 시스템을 거의 완전히 억압할 수 있다.

사회적 유대 시스템이 억압된 사람은 다른 사람의 얼굴과 자세에서 긍정적인 정서를 읽기 어려워하고 자신의 미묘한 긍정적 정서를 거의 느끼지 못한다. 따라서 상대를 신뢰할 수 있는지 (아니면 상대가 위협적인지 안전한지, 친구인지 적인지) 알기 어렵다. 다미주신경 이론에 따르면, 차단(부동성, 얼어붙기, 또는 붕괴)이나 교감계/과다활성(싸움 또는 도주) 상태에 있으면 그 사람이 공감과 지지를 받고 통합하는 능력이 크게 떨어진다. 안전과 좋음을 위한 능력은 어디에도 없다. 차단(부동성 시스템)에 지배받는 정도에 따라 트라우마를 입은 사람이 대면 접촉을 하고 느낌과 애착을 나누며 진정할 수 있는 능력이 생리적으로 불가능하다. (예를 들어, 긴장형 조현병에서처럼) 부동성은 완료되는 경우는 드문 반면, 생명력과 사회적 참여 능력을 억누르는 정도는 극단적이다. 어느 청년은 자신이 처한 어두운 곤경을 "나는 인류와 완전히 단절되어 이 우주에 혼자인 것 같아요... 내가 존재하는지도 모르겠어요... 다른 사람들은 다 꽃의 일부인데, 나는 여전히 뿌리의 일부예요."라고 묘사한다.* 아무리 노력해도 트라우마가 있는 많은 내담자들이 좋은 의도를 가진 치료사들에게서 지지와 보살핌을 거

---

*   실제로, 뇌간의 부동성 시스템은 기본설정 계층구조의 '뿌리'이다.

의 받지 못한다는 사실이 놀랍지 않다. 원하지 않아서가 아니라 그들이 부동성이라는 원시적인 뿌리에 고착되어 얼굴과 몸과 감정을 읽는 능력이 크게 줄어들어 인류와 단절되어 있기 때문이다.

이런 이유로 그런 내담자는 치료사가 제공하는 긍정적인 감정이나 공감의 태도에 의해 쉽게 진정되지 않고 치료사를 잠재적인 위협으로 인식할 수도 있다. 다른 사람의 얼굴과 자세에서 보살피는 감정을 인식할 수 없기에 그런 내담자는 누군가가 안전하다거나 정말 신뢰할 수 있다고 느끼기가 극히 어렵다. 그리고 치료사에게 큰 기대를 걸었을 때, 치료사의 작은 헛걸음이나 부주의한 실수 하나에도 관계 전체가 무너질 수 있다.

고도로 해리되고 차단된 내담자는 무의식적으로 물러서기 때문에 **자기비난과 수치심**이 더해진다. 이런 통제력 상실에 괴로워하기 때문에 이들은 치료사가 제공하는 따뜻함과 안전함을 받아들이거나 이에 반응할 수 없고 비생산적인 전이와 '행동 표출'을 하게 될 수도 있다. 그런 순간에 내재되어 일어나는 단절 때문에 내담자와 치료사는 모두 당황하고 각자의 역할에 실패했다고 느끼며 좌절감을 느낄 때가 많다. 내담자는 이 단절을 (그렇게 인식한 수많은) 평생의 실패들에 더해져 자신의 부적절함을 확인해주는 절망적인 것으로 인식할 수 있다. 치료사 또한 혼란스럽고 무기력하고 부적절하다고 느끼며 자책할지 모른다. 두 파트너가 서로 맞서며 갇혀 있는 그런 상황은 쉽게 풀 수 없는 고르디아스의 매듭이 될 수 있다. 이런 치료적으로 막다른 골목에서 치료 자체가 종결될 수도 있다.

 ## 빠져나오는 길

차단되고 해리된 사람들은 '자신의 몸 안에' 있지 않고, 우리가 본 것처럼 아무리 노력해도 지금-여기에서 제대로 접촉하지 못한다. 이들이 **우선** 자신의 흥분 시스템에 관여해 (이들을 부동성과 해리에서 빠져나오도록 끌어올릴 만큼) **활성화된 것을 방출**한

다음에야 생리적으로 접촉하고 지지를 받아들이는 것이 가능해진다. 다행히 치료사들이 실행하려면 반드시 배워야 할, 덜 원시적인 두 시스템을 지배하고 있는 부동성 시스템에서 빠져나올 길이 있다.

이 치료 해법은 앞서 언급한 라니우스Lanius와 호퍼Hopper의 fMRI 작업이 뒷받침한다.[71] 신체 상태와 정서를 자각하는 부분의 뇌 활동을 기록하는 흥미로운 연구에서 트라우마가 있는 연구대상의 교감계 흥분과 해리가 분명하게 구별되었다. 신체 상태와 정서를 자각하는 뇌의 부분은 우측앞뇌섬엽이라 하는데, 변연계(정서적) 뇌의 전두엽에 자리하고 있다. 우리 의식이 가장 발달한 자리인 전전두엽 바로 아래 비집고 들어가 있는 것이다. 그 연구는 차단과 해리 상태에서 뇌섬엽*이 강하게 억제되었음을 보여주는데, 이는 트라우마가 있는 사람들이 자신의 몸을 느끼거나 자신의 감정을 분별하고 자신이 (아니면 다른 사람이) 정말 누구인지 아는 데 어려움이 있음을 확인해준다.[72] 반대로, 연구대상이 교감계 과각성 상태에 있을 때 동일한 영역이 고도로 활성화된다. 우측앞뇌섬엽의 활동이 이렇게 극적으로 **증가**한 것은 신체 자각이 거의 없거나 전혀 없는 (부동성/차단과 해리) 상태가 교감계 흥분에서 일어나는 일종의 '과다-감각'과 분명하게 구별됨을 강하게 암시한다. 덧붙여 적어도 교감 상태는 일관된 자각, 처리, 해결의 가능성이 있다. 이런 데이터는 5장에서 개괄한 트라우마 해결에 결정적인 단계(5단계)를 뒷받침하고 내담자가 교감계 흥분으로 전환하는 동안 일어나는 물리적(신체적) 감각들을 관리하는 법을 배우는 동안 차단에서 동원으로 가도록 돕는 전략을 더 명확히 해준다.

베셀 반 데어 콜크Bessel van der Kolk에 의해 진행된 기념비적인 관련 연구가 있다.[73] 이 팀은 내담자 집단에게 트라우마 이야기를 읽어주고 (fMRI로 측정한) 뇌의 두 영역을 각기 비교했다. 연구자들은 소위 두려움 또는 '연기감지기'라 불리는 편도체가 전기적 활동으로 밝아지는 것을 발견했다. 동시에 좌뇌 대뇌피질에 있는 브로카영역Broca's area이 희미해졌다. 후자는 일차적 언어 센터로, 뇌에서 우리가 느끼는 것

---

* (중앙 측두엽에 있는) 이 동일한 뇌 영역은 기억과 정서를 처리하는데, 여기에 장애가 있으면 정체성에 혼란이 생긴다. 이 부분을 다친 사람은 자기 어머니의 외모와 목소리에도 어머니의 존재감을 느끼지 못한다. 어쩐지 비현실적으로 느끼는 것이다.

을 받아들여 말로 표현하는 부분이다. 트라우마가 말할 수 없는 공포에 관한 것임이 뇌 스캔에서도 입증되었다. 예를 들어, 강간 경험에 대해 말해달라는 치료사의 요청을 받았을 때처럼 트라우마를 입은 사람들은 자신의 느낌을 말로 표현하려 할 때 흔히 마치 다른 사람에게 일어난 일인 것처럼 말한다(8장 샤론의 이야기를 참고하라). 아니면 내담자가 자신들이 느낀 공포에 대해 말하려 애쓰다 좌절감을 느끼고 감정의 홍수에 압도된다. 그러면 브로카 영역이 더 차단되어, 좌절과 차단과 해리라는 피드백 루프 속에 들어가 다시 트라우마를 겪게 된다.

트라우마가 있는 사람이 가진 이 언어 장벽 때문에 파충류의 뇌가 가진 유일한 언어인 감각으로 작업하는 것이 때로는 더 중요하다. 그러면 사람들이 차단과 해리에서 벗어나도록 돕고 트라우마의 내용물로 작업할 때 내담자의 좌절감과 감정의 홍수를 줄인다.

몸이 뇌섬엽, 대상피질, 그리고 브로카 영역을 온라인 상태로 유지하기 위해 무언가를 하는 것이 분명하다. 사회적 유대 역량이 교감신경계에 의해 억제되더라도 원시적인 부동성 시스템에 의해 약화될 때처럼 전적으로 억눌리는 것은 아니다. 교감계 흥분 상태에서 내담자는 치료사의 평온한 현존을 더 잘 받아들인다. 뿐만 아니라 치료사가 주는 자극과 제안에 더 잘 반응할 수 있다. 반대로, 바로 이 수용성이 교감계의 흥분을 낮추는 데 도움이 된다. 내담자가 부동성을 깨고 나와 교감계 흥분으로 들어가기 시작할 때, 깨어있는 치료사는 우선 이 변화를 감지하고 내담자가 자신의 전환을 인식하도록 촉진하여 이 순간을 놓치지 않는다. 치료사는 내담자가 자신의 내부에서 일어나는 일을 더 자각하는 동시에 내담자가 강한 교감계 흥분으로 압도되지 않도록 돕는다. 그런 안내는 내담자가 부동성에서 빠져나와 활성화, 방출/비활성화, 평형상태라는 사이클을 완성하도록 돕는다(5장의 7, 8단계). 이런 식으로 우리는 올라간(활성화된) 것이 내려올 수 있고 또 내려오게 된다는 점을 배운다. **내담자는 자신이 회피하고 물러서지 않을 때, 즉 흥분될 때 느껴지는 감각들이 자연스럽게 진행되는 과정을 방해하지 않을 때, 온건한 활성화가 저절로 풀린다는 사실을 신뢰하는 법을 배운다.** 따라서 치료사는 내담자에게 이 신체 경험을 선물하여 기회를 살릴 수 있다.

뇌/신체 연결

> 몸의 행동하는 힘을 증가, 감소, 제한 또는 확장시키는 것은 무엇이건
> 마음의 행동하는 힘을 증가, 감소, 제한 또는 확장시킨다.
> 그리고 마음의 행동하는 힘을 증가, 감소, 제한 또는 확장시키는 것은
> 무엇이건 그 또한 몸의 행동하는 힘을 증가, 감소, 제한 또는 확장시킨다.
> — 스피노자(1632-1677), 〈윤리학(에티카)〉

많은 치료사는 고도로 해리되고 차단된 내담자에게 닿는 것이 얼마나 어려운 지를 깨닫고 내담자와의 연결에 도움이 되는 인지적으로나 정서적으로 소중한 방법들을 개발해왔다.[74] 신체 기반의 접근 또한 이런 치유 노력에 크게 유용하고 어쩌면 아주 결정적일 수 있다. 신체적 접근은 내담자들이 부동성에서 빠져나와 교감계 흥분으로, 동원을 통해 활성화의 방출로, 그리고 마침내 평형상태와 체현embodiment과 사회적 유대로 나아가도록 돕는다. 아래의 신체 기반의 자각 연습은 내담자가 차단과 해리에서 빠져나오도록 도와 이 과정을 시작한다.

첫 번째는 내담자가 혼자 할 수 있는 간단한 연습으로, 자신의 신체 감각을 되살리고 차단과 해리와 붕괴를 최소화하는 데 도움이 된다. 사생활이 지켜지는 자신의 집에서 연습할 수 있으면 내담자는 깨어나는 과정에서 만날 수 있는 당혹감이나 수치심을 덜 수 있다. 이 연습과 뒤에 나올 연습들은 최상의 효과를 보려면 정기적으로 시간을 두고 해야 하며, 치료사들도 이를 연습해야 한다.

10분 정도(한 주에 몇 차례) 다음과 같이 부드럽고 강약이 있는 샤워를 한다. 편안한 온도에서 강약이 바뀌는 물줄기에 몸을 맡긴다. 리듬감 있는 자극이 집중된 신체 영역을 자각한다. 신체 각 부위를 옮겨가며 의식한다. 예를 들어, 샤워기 꼭지를 손등에, 바닥과 손목에, 머리와 어깨, 겨드랑이와 목 양쪽 등에 차례대로 가져다 댄다. 몸의 모든 부위를 포함시키고 아무 느낌이 없거나 얼얼하거나 불편하더라도 그 부위에서 일어나는 감각에 주의를 기울인다. 이렇게 하면서 "이건 내 팔, 머리, 목이

야." 그리고 "돌아온 걸 환영해."라고 말한다. 신체 부위를 손가락 끝으로 가볍게 두드리는 식으로 연습할 수도 있다. 이 연습과 아래에 나올 연습을 정기적으로 오랜 시간에 걸쳐서 하면 피부 감각을 깨워 신체 경계에 대한 자각을 재확립하는 데 도움이 될 것이다.

샤워 연습의 속편은 경계에 대한 자각을 근육에 불어넣는 것이다. 손으로 반대편 팔뚝을 잡고 부드럽게 쥐는 것으로 시작해 윗팔과 어깨, 목, 허벅지, 종아리, 발 등을 차례로 쥐여준다. 여기서 중요한 요소는 조여질 때 **근육이 안쪽에서 어떻게 느끼는지** 마음을 챙겨 자각하는 것이다. 이 연습은 조직의 전반적인 생기뿐 아니라 경직성이나 늘어짐을 인식하도록 한다. 일반적으로, 단단하고 조여든 근육은 교감계 흥분 시스템의 경계 그리고 과각성과 관련이 있다. 반대로 늘어진 근육은 부동성 시스템이 우세할 때 어떻게 몸이 무너질 것인지를 보여준다. 늘어진 근육의 경우 아기를 안을 때처럼 머무르며 근육을 부드럽게 잡아줄 필요가 있다. 부드럽게 집중해서 터치하고 저항하는 연습을 통해 연약한 섬유들에 불을 붙이고 유기체에 활력을 불어넣어 근육 안으로 생명을 가져오는 법을 배우게 된다.

이 두 연습은 1주일에 여러 차례 규칙적으로 하는 것이 제일 좋다. 신체 의식 body consciousness이 자라면서 살아있는 느낌이 커지고 또 경계 자각도 더욱 뚜렷해질 것이다. 어떤 내담자들에게는 부드러운 요가나 태극권, 합기도, 기공과 같은 무술이 몸과의 연결을 회복하고 신체 경계를 정의하는 데 도움이 된다. 이런 수업이 도움이 되려면 지도자가 트라우마를 입은 사람들과 작업한 경험이 있는 것이 중요하다.

패러다임 바꾸기

심리치료사 대부분은 의자에 앉은 채로 작업한다. 곧추앉은 자세를 유지할 때는 자기수용감각과 운동감각 정보가 거의 필요 없기 때문에 몸은 쉽게 이에 참여하지 않게 되고 몸 소유주로부터 사라진다. 해리된 환자에게서 신체 감각을 등록하는 뇌 부위(뇌섬엽과 대상회)의 활동이 크게 감소함을 보였던 라니우스와 호퍼의 fMRI 연구를 떠올려보라. 대조적으로, 서 있는 자세는 자기수용감각과 운동감각의 통합을 통해 균형을 유지하려면 최소한의 내수용감각 활동과 자각이 어느 정도 필요하다. 흔히 이런 단순한 자세 변화만으로 내담자가 힘든 감각과 감정을 처리하면서도 몸 안에 현존할 수 있느냐 없느냐의 차이가 생긴다. 또 다른 방법은 내담자를 적당한 크기의 운동용 공 위에 앉도록 하는 것이다. 공 위에서 균형을 잡으려면 평형상태를 유지하기 위해 여러 가지 조정을 해야 한다. 이는 물렁물렁한 표면에서 오는 피드백 때문에 내부 감각과 접촉하도록 도울 뿐 아니라, 근육 자각, 그라운딩, 센터링, 보호적 반사 반응과 코어 강도를 탐구하며 신체 의식을 개발하는 데 완전히 새로운 차원을 더한다. 자연스럽게 치료사는 내담자가 공에서 떨어져 다치지 않도록 충분히 현존하고 통합되어 있는지 확인해야 한다.

아래 기법은 내담지가 자기주장과 공격성을 관리하는 법을 배우는 동시에 신체 감각을 계속 의식하도록 돕는다. 먼저, 내담자가 일어나 여러분을 마주 보고 서도록 한다. 내담자가 둘 사이의 거리를 편안해하는지 확인하는 것이 중요하다. 그다음 내담자에게 발이 땅에 닿아있는 동안 무엇을 자각하는지 알아차리도록 한다. 그런 다음 내담자가 발목, 종아리, 허벅지를 따라 올라오며 지각하는 범위를 넓히도록 격려한다. 계속해서 체중을 한 발에서 다른 발로 천천히 부드럽게 이동하도록 하여 그라운딩 감각을 높인다. 또 내담자에게 발이 잘 구부러지면서 지구에 뿌리를 둔 (개구리 발 같은) 흡착판으로 생각해보라고 제안할 수 있다. 다음으로, 내담자에게 엉덩이와 척추, 목과 머리에 주의를 기울이도록 한다. 이제 내담자에게 텐트처럼 목에 걸려 있는 어깨를 알아차려 보도록 한다. 내담자에게 숨 쉴 때마다 어깨가 오르락내리락하는 것을 감지하도록 하여 호흡을 자각하도록 한다. 이제 내담자가 자신의 가슴과 배에 주의를 기울이도록 한다. 그리고 호흡을 이용하여 내담자가 복부 안에 무게 중심을 찾도록 돕는다. 다시 한번 내담자가 한 발에서 다른 발로 천천히 무게 중심을 옮기도록 하고, 그런 다음 서서히 앞뒤로 몸을 흔들도록 한다. 이런 유형의 움직임에는 상당히 복잡한 자기수용 능력(관절 위치)과 근육의 긴장감(근감각)이 요구된다.* 내담자가 이를 연습하는 동안 몸의 중심에서 두 발 사이의 바닥까지 수직으로 늘어진 선을 상상하도록 한다. 마지막으로, 몸이 부드럽게 흔들릴 때 이 선이 어떻게 움직이는

---

*   전정계와 더불어, 우리가 중력공간에서 어디에 있는지 아는 것은 바로 이 때문이다.

지 알아차리도록 한다. 이런 중심 잡힌 상태에 대한 자각을 발달시킨 내담자는 그림 6.3a에 보이는 자세로 옮겨갈 준비가 된 것이다.*

그림 6.3a   그림 6.3b

건강한 공격성을 경험하도록 하는 신체자각 연습. 건강한 공격성을 자아낼 손의 위치(그림 6.3a).

여기서는 내담자가 땅에 닿아있는 자신의 발을 느끼고, 자신의 중심을 느끼고 그런 다음 부드럽지만 단호하게 치료사의 손을 밀도록 한다(그림 6.3b 참고). 치료사로서 여러분은 내담자가 몸 중심에서부터 밀어내는 느낌을 감지할 수 있을 정도의 저항을 제공한다. 내담자에게 어떻게 배에서 움직임이 생겨나 어깨를 통해 팔과 손의 표현으로 연결되는지 느껴보도록 요청한다. 저항이 적당한 느낌인지, 너무 많거나 적지는 않은지, 거리는 충분히 안전하게 느껴지는지 내담자와 지속적으로 확인한다. 내담자가 안전하지 않다고 느낀다면 먼저 내담자에게 여러분이 어디에 서기를 원하는지 위치를 표시해 볼 수 있겠냐고 묻는다. 이제 내담자가 **몸 안 어디에서** 안전하지 않거나 불안정하다고 느끼는지 알아차려 보라고 하고, 그런 다음 주의를 다시 발과 다리로 가져가면 어떻게 되는지 알아차려 보라고 제안한다. 연습을 시작할 때 느꼈던 그라운딩 감각을 되찾아보라고 요청한다. 내담자가 안전하다고 느낄 수 있으면,

....

*   이 사진들은 피터 레빈이 쓰고 사운즈 트루Sounds True에서 펴낸 〈Healing Trauma: A Pioneering Program for Restoring the Wisdom of Your Body〉에서 가져왔다. 사운즈 트루의 허락을 받고 사용했다(www.soundstrue.com).

지금 **몸 안 어디에서** 안전하다고 느끼는지 알아차리도록 하고 자신의 (흔히 새로운) 자기감sense of self을 어떻게 경험하는지 묘사하도록 요청한다. 내담자가 양손으로 밀도록 하여 느슨해지는 느낌과 자신감이 발달할 때까지 이 저항 활동을 여러 차례 반복한다. 이 연습의 다음은 치료사와 내담자가 좀 더 주고받는 형태로, 둘이 밀고 버티는 동작을 교대로 진행한다. 신체가 이완된 힘의 감각을 경험할 수 있을 때 마음도 이완된 상태로 집중된 경계감을 경험할 수 있다.

다음 신체 도구는 외상후 스트레스장애 생존자들이 마비된 느낌일 때조차 자신의 내부에는 달려서 도망가려는 적극적 반응이 잠재되어 있음을 배우는 데 도움이 되도록 고안되었다. 휴면 상태 안에 있는 이런 방어를 새롭게 경험하면 얼어붙고 갇힌 듯한 트라우마와의 만남을 상쇄한다(그림 6.4 참고). 내담자가 힘차게 달리게 될 경우에 대비해 그 충격을 흡수할 단단하고 두꺼운 방석을 바닥에 두어야 한다. 내담자에게 앉은 자세 그대로 달리도록 요청하는 것으로 시작한다. 내담자에게 부드럽게 다리를 번갈아 들어 올렸다 내리도록 격려하고 엉덩이와 다리, 발목, 발이 내부에서 바깥으로 스스로를 조직하는 방식에 주의를 기울이도록 한다. 핵심 요소는 내담자가 동작을 하는 동안 전적으로 자신의 다리를 자각하도록 하는 것이다. 다시 말해, 내담자가 그저 기계적으로 달리는 동작을 하거나 연기하는 것이 아니라 자신의 신체 경험에 온전히 현존하여야 한다. 이는 역할극이 아니라, 타고난 탈출 운동 패턴에 참여하여 운동감각과 자기수용 지각을 의도적으로 고조시키고 내담자가 자신의 몸과 뇌가 함께 자신을 보호하도록 설계되어 있음을 알게 하기 위한 것이다. 내담자가 마비되고 도망칠 수 없었던 느낌 등 트라우마 상황을 꺼낼 수도 있다. 그럴 때 내담자에게 그 이야기는 잠시 제쳐두고 다시 자신의 다리를 느끼도록 한다. 내담자가 자신에게 힘이 생긴 것을 새롭게 자각하고 통합할 수 있도록 이전처럼 제자리에서 달리도록 한다. 이런 식으로 근육에 잠재되어 있던 에너지가 방출하고 '몸의 지혜'를 직접 경험하는 역량이 발달한다.

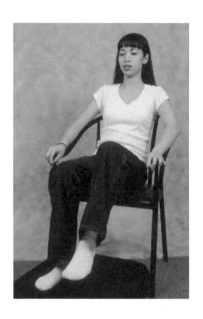

그림 6.4 갇히고 무기력한 느낌에 대항하는 달리기 탈출 반응을 안전하게 연습한다. 달리기에 대한 자각을 기르는 것이 중요하다.

배가 하는 말

뇌가 내부 장기에 영향을 줄 수 있다는 사실은 오래전부터 알려져 왔다. 이 과정이 잘못되면 정신신체증psychosomatic illness이라 불려 온 병을 앓게 된다. 마음이 뇌에 **일방적으로** 영향을 미친다는 1930년대의 '정신신체 패러다임'은 1950년대를 지나며 진화했다. 오늘날 이는 일반 통념으로, 긴장이 지나치고 정서적으로 불안하면 소위 특발성 질환이라 불리는 다양한 질환을 비롯해 고혈압, 소화기계 증상, 만성통증, 섬유근육통, 편두통을 포함하는 '기능적' 장애의 형태로 신체에 영향을 미친다는 것을 부인하는 의사는 거의 없다. 하지만 놀랍게도 1872년 정신신체 의학이 부상하기 훨씬 전에 찰스 다윈Charles Darwin은 뇌와 신체 사이에 아주 중요한 **양방향**의 연결성이 있음을 깨달았다.

심장이 영향을 받으면 뇌가 반응한다. 그리고 뇌의 상태는 폐와 위를 통해 심장에 반응한다. 따라서 **어떤 이유로든 흥분했을 때, 우리 몸에서 가장 중요한 장기인 이들 둘 사이에는 상호작용과 반작용이 있을 것이다.**[75]

다윈이 말한 이 '폐와 위' 신경은 다름 아닌 포지스가 다미주신경 이론에서 기술한 미주신경이다. 부동성 시스템의 원시적인 (무수초의) 미주신경은 뇌와 내부 장기 대부분을 연결한다. 우리 몸에서 두 번째로 큰 이 거대한 신경은 그 크기에서 척수에 버금간다. 특히 주로 위장계통에 작용해 음식물 섭취, 소화, 동화, 배설에 영향을 미친다. 또 다윈이 인식했던 것처럼 심장과 폐에도 큰 영향을 미친다.

뿐만 아니라 위장 내벽 깊숙이 엄청나게 큰 신경총이 들어가 있다. 이 복잡한 감각, 운동, 중간 뉴런(감각과 운동 뉴런 사이를 연결하는 신경세포)의 네트워크는 소화기관과 배설기관을 통합해 일관되게 기능하도록 한다.* 이 복잡한 신경에는 고양이의 뇌에 있는 것과 동일한 수의 뉴런과 백질이 있다. 그 복잡성 때문에 **두 번째 뇌 또는 장뇌**로도 불려왔다. 다른 세 개는 (본능적인) 파충류의 뇌, (변연계의/정서적인) 고대 포유류의 뇌, 그리고 (크고 이성적인) 신피질이다. 장 신경계는 우리의 가장 오래된 뇌로 수억 년 전에 진화했다. 이 뇌는 **체내 세로토닌의 95%**를 비롯해 우리에게 유익한 호르몬을 많이 생산하고,† 기분이 좋은 호르몬을 생산하는 1차 천연의학 공장이자 창고이다.[76]

놀랍게도, 우리의 장과 뇌를 연결하는 미주신경의 90%가 감각신경이다! 다시 말해, 뇌에서 내장으로 명령을 전달하는 운동신경섬유 하나당‡ 9개의 감각신경이 장의 상태에 대한 정보를 뇌로 보낸다. 미주신경 안의 감각 섬유들은 내장에서 진행되고 있는 복잡한 통신을 듣고, 처음에는 (중뇌의) 뇌간으로 그다음에는 시상으로 전달한다. 거기서부터 이들 신호는 사실상 뇌 전체에 영향을 미치고 우리의 행동에 깊은 영향을 미치는 '결정'이 잠재의식에서 내려진다. 우리가 가진 비이성적인 두려움은 물론, 우리가 좋아하고 싫어하는 많은 것들, 끌리고 역겨워하는 것들이 모두 우리의 내적 상태에서 암묵적으로 계산된 결과이다.

---

*   이 분산 뇌diffuse brain는 소화관 전체(식도에서 항문까지 거의 30피트)를 따라 있다.

†   장내 세라토닌 수치가 과다해도 문제 상태로 이어질 수 있음에 주의해야 한다.

‡   내장에 작용하는 운동 뉴런은 내장 운동 뉴런이라 불린다.

인간에게 **두 개의** 뇌가 있다고 할 수 있다. 하나는 장에 있고(장뇌) 또 하나는 둥근 머리뼈 안에 앉아있는 '위층의 뇌'이다. 이 두 뇌는 방대한 미주신경을 통해 서로 직접 소통한다. 숫자로 볼 때 1개의 운동/원심성 신경당 9개의 감각/구심성 신경인 것을 보면 뇌가 장에 하는 말보다 장이 뇌에 할 말이 (9:1의 비율로) 더 많은 것 같다!*

장기와 뇌를 연결할 뿐 아니라 일차적으로 **장에서 뇌로** 작용하는 이 거대한 신경의 기능을 조금 더 깊이 살펴보자. 애초에 몸이 뇌에 말하는 것이 왜 중요한 걸까? 진화의 (그리고 일반적으로 절약하는 자연의) 관점에서 그런 연결이 생명유지에 정말 중요하지 않다면 그렇게 수많은 신경섬유가 양방향 통신에 할당되었을 것 같지 않다.

우리 대부분은 대중 연설을 요청받으면 초조해진다. 반면에 어떤 사람들은 '담이 크다'고 알려지거나, 어떤 사람은 상당히 '씁쓸해'하거나 '토할 것 같아' 한다. 때때로 우리는 '배에 매듭이' 있거나 '속이 꼬인 것' 같다.† 아니면 '가슴이 무겁'거나 '아픈 심장'을 달래기도 한다. 저절로 '배에서 터져 나오는 웃음'의 순수한 즐거움에 내맡기기도 한다. 아니면 '열린 마음으로 배에 따뜻한 기운이 가득차' 내면의 평화와 온 세상을 향한 사랑을 느끼기도 한다. 대단한 성과를 이룬 경우에 우리 가슴은 '자부심으로 부풀어 오른다.' 그런 다양한 메시지들이 우리 장에서 뿜어져 나온다.

싸움 또는 도주(교감계 흥분)를 위해 흥분했을 때 우리 내장은 조여지고 위장계통의 활력은 억제된다. 사실, 임박한 행동에 대비해 근육을 긴장시키고 심장 리듬을 빠르게 하고 수축력을 강화하는 게 최선일 때 소화를 시키느라 신진대사 에너지를 쓰는 게 무슨 소용이 있겠는가. 생명이 위협을 받을 때나 내부에 위협이 있을 때 (예를 들어, 독감에 걸렸거나 세균 감염 식품을 먹었을 때) 우리의 생존 반응은 토하거나 설사로 내장의 내용물을 배출한 다음 가만히 누워 에너지를 보존한다. 피식자 동물도 포식자가 공격이 가능한 거리에서 갑자기 튀어 오르면 이런 반응을 하는 것으로 보인다. 이

---

*   그 외에도 캔디스 퍼트Candice Pert 등이 연구한 다양하고 양방향의 '신경펩티드 neuropeptide' 체계가 있다. 참고자료: Pert et al.'s *Molecules of Emotion: The Science behind Mind-Body Medicine*(New York: Simon and Schuster, 1999).

†   흥미롭게도 자폐증 아동의 다수에게 위장 장애가 있다. 참고자료: Hadhazy, A. (2010). Think Twice: How the Gut's "Second Brain" Influences Mood and Well-Being. *Scientific American*, February 12.

경우 내장의 내용물을 격렬하게 배출하면 실제로 몸을 가볍게 해서 도망갈 가능성이 커진다. 일 초도 안 되는 시간이 삶과 죽음을 가를 수도 있다. 콜로라도주에 있는 우리 집 뒤를 흐르는 노스 세인트 브레인 강에서 나는 물을 마시던 사슴 무리에 퓨마가 덮쳤을 때 이런 경우를 여러 번 보았다.

교감신경과 미주신경은 이처럼 장에 강력한 영향을 미쳐 주요 생존 기능을 뒷받침한다. 이 두 신경계는 급작스러운 비상상황에 대응하여 짧게 활성화되게 되어 있다. (교감계의 과열이든 미주계의 과다활동이든) 이들이 고착되면 생존 기능은 급격히 떨어진다. 교감계의 과각성이 지속적일 경우 장이 아프게 꼬일 수도 있고, 만성적인 미주계의 과다활동으로 뒤틀리고 발작적인 경련과 설사로 고통받게 되기도 한다.* 평형이 회복되지 않으면 이들 상태는 만성적으로 되어 병이 낫지 않는다.

결혼 생활과 다르지 않게 이 복잡한 체계들은(미주신경과 장 신경총) 장과 뇌가 행복하게 조화를 이루게 하거나 아니면 끔찍하고 끝나지 않는 전투를 하게 한다. 이 둘 사이 균형이 일관되면 (즐거움이나 쾌감과 관련한) 쾌락의 추가 천국을 향해 기울어진다. 이 조절 관계가 고장 나면 불행의 구렁텅이처럼 지옥의 문이 활짝 열린다.

매체가 메시지

우리 신경계는 기본적으로 두 가지 방식으로 위험을 평가한다. 우선 외부 감각 기관을 이용해 주변의 눈에 띄는 특징에서 위험을 분별하고 평가한다. 예를 들어 갑작스러운 그림자는 잠재적인 위험을 경고하므로, 커다란 곰이 다가오는 윤곽이나 날렵한 퓨마의 웅크린 실루엣은 심각한 위험을 알린다. **장과 근육 같은 내부 감각 장기의 상태에서도 바로 위험을 평가한다.** 만일 근육이 경직되면 우리는 그런 긴장을 무의식적으로 위험에 대한 전조로 해석한다. 실제로는 위험이 존재하지 않더라도 말이다. 예

---

* 앞서 언급한 것처럼 많은 사람이 교감신경과 미주신경의 과다활동의 조합을 경험하고, 이는 증상 프로파일을 더 복잡하게 한다. 예를 들어, 과민성대장증후군IBS이나 '경성 결장'을 진단받은 환자의 경우 변비와 설사 사이를 오갈 때가 많다.

를 들어, 목과 어깨 근육이 뻣뻣하면 뇌는 당신이 무엇인가에 맞거나 부딪칠 가능성이 크다는 신호로 받아들인다. 눈치를 보고 다리가 긴장되면 달려서 도망가야 한다는 이야기이고, 팽팽히 긴장된 팔은 주먹을 휘두를 준비가 되었다는 신호일 수 있다. 내장이 미주신경에 의해 끊임없이 과도하게 자극을 받으면 스트레스는 훨씬 더 크다. 구역질이 나고, 장이 뒤틀리고, 근육이 무너지는 느낌에다 에너지가 부족하면 우리는 무기력하고 절망감을 느낀다. 실제로 목숨을 위협하는 것이 전혀 없는데도 말이다. 다시 말해, 현재 외부적으로 잘못된 것이 전혀 없더라도 **속이 뒤틀리는 자체가 뇌에 중대한 위협과 공포의 신호를 보낸다.**

근육과 내장 상태는 우리가 다른 사람의 의도를 인지하고 평가할 때 왜곡된 영향을 미친다. 어떤 사람이 우리에게 해를 끼치지 않을 거라 믿으면서도 여전히 위험에 처했다고 느끼는 것이다.* 방이나 길모퉁이, 햇살 가득한 초원처럼 중립적인 무언가조차 불길하게 보인다. 반대로, 이완된(그리고 탄력있는) 근육과 배를 경험하면 일상이 혼란스러울 때도 안전하다는 신호를 보낼 수 있다. 이 점을 설명하는 예로, 언젠가 나는 전신 마사지를 받은 누군가가 "세상은 또 그렇게 나쁜 곳은 아냐. 정말 기분이 좋아."라고 말하는 것을 우연히 들었다. 훌륭한 마사지도 새롭게 좋은 기분을 느끼게 하는 효과적인 방법이기는 하지만 만성적인 스트레스와 트라우마로 막힌 것을 해소하려면 뇌-장 고속도로에서 지속되는 대화에 일시적인 것 이상의 큰 전환이 필요하다.

위협과 관련한 강렬한 본능적 반응은 대체로 급격하고 일시적이다. 일단 위험이 지나가면 (교감신경계에 의한 위 운동이 억제되건 원시적인 미주신경에 의한 운동성이 격렬하게 과다자극되건) 이들 반응은 멈춰야 하고 그래야 지금-여기에서 새롭게 흐를 수 있다. 균형이 회복되지 않을 때 우리는 급성 상태에 남겨지고 결국에는 만성 스트레스를 받게 된다.

트라우마를 예방하고 또 이미 생긴 트라우마를 되돌리려면 우리는 자신의 내장

---

*　　어떤 내담자들은 치료사를 위협이나 영웅 또는 악당으로 인식하여 치료사들이 깜짝 놀랄 때가 있다.

감각을 자각해야 한다.* 덧붙여, 내장감각은 우리가 살아있다는 긍정적 느낌을 조율하고 삶의 방향을 정하는 데 필수적이다. 그리고 이들은 많은 직관의 원천이다. 세계적으로 수천 년 동안 받아들여진 전통 무속과 영적 관습에서 배울 수 있듯, 좋은 느낌은 내장감각에서 직접 체현된다. 우리가 '직감gut instincts'을 무시하면 위험하지는 않더라도 큰 대가를 치르게 된다.

부동성과 차단 상태일 때 장의 감각들이 너무도 끔찍해서 우리는 일상적으로 이를 의식에서 차단한다. 하지만 이 '부재' 전략은 기껏해야 현 상태를 유지할 뿐 뇌와 몸은 어쩔 수 없이 정보의 교통체증으로 막히게 된다. 트라우마로 쪼그라들고 표피적인 삶을 살게 되는 것이다. 아래는 뇌/장의 매듭을 풀기 위한 또 하나의 간단한 출구전략이다.

효과적인 '부우' 소리

우리의 원시적 의식 첫 자리는 태양총으로,
위장 뒤에 자리한 거대한 신경의 중심이다.
이 중심에서 우리는 처음 역동적으로 의식한다.
— 로렌스D. H. Lawrence, 〈정신분석과 무의식〉

나는 다른 사람들과 함께 치유를 촉진하고 '인식의 문'을 열도록 돕는 다양한 챈팅chanting과 고대의 '소리내기' 수행을 해왔다. 노래와 챈트는 모든 문화권에서 지구살이의 '짐을 가볍게 하는' 종교와 영적 의례에서 사용된다. 하복부 깊이 공명하는 톤으로 챈팅이나 노래를 하기 위해 입을 열 때 가슴(심장과 폐)과 입과 목도 열려 미주신경의 많은 구불구불한 가지들이 기분 좋게 자극된다.†

어떤 티베트 챈트는 수천 년 동안 성공적으로 사용되어 왔다. 연습할 때 나는 이

---

*　　많은 의학 교과서들은 여전히 장에서 일어나는 감각이나 감정이 없다고 가르친다. 우리
　　가 장에서 느끼는 것은 통증이 유일하며 통증 부위도 허리 같은 영역만 가리킨다.
†　　나는 멋진 스웨덴 영화 〈천국에 있는 것처럼As It Is in Heaven(2004)〉을 추천한다.

런 챈트에서 빌려온 소리를 (약간 변형해서) 사용한다. 이 소리는 차단이나 과다자극된 신경계에 새로운 신호를 보내는 방식으로 장을 열고 확장하고 진동시킨다. 이 연습은 상당히 간단하다. 길게 "부-우Voooo..."(You의 ou를 발음할 때와 같은 부드러운 o 소리) 소리를 내며 숨을 다 내쉴 때까지 복부를 자극하는 진동에 주의를 집중한다.

'부-우Voo' 소리를 내담자에게 소개할 때 나는 종종 안개 낀 만에서 선장들에게 육지가 가깝다는 것을 알리고 **안전하게 집으로** 인도하기 위해 어둠 속에 울리는 뱃고동을 상상해보라고 한다. 이 이미지는 여러 층에서 작동한다. 우선 안개라는 이미지는 마비와 해리의 안개를 나타낸다. 뱃고동은 길을 잃은 배(영혼)를 안전한 항구로, 호흡과 복부에 있는 집으로 다시 안내하는 불빛을 나타낸다. 또 내담자에게 우스꽝스러워도 된다는, 그래서 놀이를 하도록 허락하는 동시에 임박한 위험으로부터 뱃사람들과 승객을 보호하는 영웅의 역할을 맡도록 영감을 준다. 정말 중요한 것은 이 이미지가 생리적으로 미치는 영향이다. '부-우' 소리를 낼 때 나는 진동은 내장의 감각들을 살아나게 하고, 숨을 길게 다 내쉬면 산소와 이산화탄소 사이의 최적 균형을 가져온다.[77]

이 연습을 할 때는 앉기에 편안한 장소를 찾는다. 그런 다음 천천히 숨을 들이마시고 잠시 멈춘 다음, 날숨에 부드럽게 '부-우' 소리를 낸다. 숨을 다 내쉴 때까지 소리를 유지한다. 배에서 올라오는 것처럼 소리에 진동을 준다. 날숨이 끝나면 잠시 멈췄다가 다음 숨이 천천히 배와 가슴에 차도록 **허용한다.** 들숨이 끝나면 멈추고 다시 날숨이 끝날 때까지 '부-우' 소리를 낸다. 소리와 날숨이 **완전히 끝난 다음** 잠시 멈춰 **기다렸다가** 다음 **숨이** 준비되면 **저절로** 들어오도록 하는 것이 중요하다. 이 연습을 여러 차례 반복한 다음에는 휴식한다. 이때 몸에 주의를 기울이되 일차적으로 복부에, 특히 내부 장기를 품고 있는 복강에 집중한다.

기다리고 허용하기에 초점을 둔 '소리내기' 연습에는 여러 가지 기능이 있다. 우선, 소리를 복부로 보내면 관찰하는 자아를 '온라인' 상태로 유지하면서 특정한 유형의 감각들을 깨운다. 사람들은 흔히 다양한 성질의 진동과 얼얼함 외에 일반적으로 차가운 (또는 뜨거운) 것에서 시원하고 따뜻한 것으로의 온도변화를 보고한다. (적어도 조금만 연습하면) 이들 감각은 일반적으로 기분 좋은 것들이다. 가장 중요한 것은, 이런 감각이 뒤틀리고 괴롭고 구역질이 나고 죽은 것 같고 마비된 부동성 상태와 연관된 감각들에 **상충한다**는 점이다. (장기에서 뇌로 가는) **구심성의** 메시지에 변화가 생기면 90%를 차지하는 (상향의) 감각 미주신경이 뇌에서 장기로 가는 10%에 강력한 영향을 주어 균형을 회복하게 될 가능성이 큰 것 같다.* 포지스는 "내장에서 오는 구심성의 피드백은 사회적 유대 행동과 관련한 친사회적 회로에 접근할 수 있는 주요 조정자이다."**78**라는 말로 이 핵심 조절 시스템에 동의한다.

호흡과 소리의 반향이 결합되어 나오는 몸에 좋은 감각들은 지금 여기에 있다는 어떤 방향감각과 더불어 우리가 내면에서 느끼는 안전감과 신뢰에 접촉하도록 한다. 또 얼굴과 얼굴, 눈과 눈, 목소리와 귀, 나와 너의 접촉을 어느 정도 촉진하여 내담자가 '사회적 유대 시스템'에 살짝 열리도록 하기도 한다. 그러면 내담자가 교감계 흥분(충전)과 방출 사이클의 강도를 높여가며 회복탄력성을 튼튼하게 개발하는 데 도움이 되어 조절과 이완이 더 깊어진다. 재미 삼아 상상을 해보면, 찰스 다윈은 자신이 1872년에 예리하게 해부학적으로 관찰했던 '부우'가 임상에서 적용되는 것에 다 알고 있었다는 듯 승인하는 윙크를 보내지 않을까.

또 다른 연습으로 내담자가 고통스러운 흥분 증상들을 다루고 조절하도록 도울 수 있다. 이 '스스로를 돕는self-help' 기법은 '진신좌수'라고 불리는 '에너지 흐름' 체계에서 가져왔다.† 그림 6.5a~d는 내담자들이 흥분을 조절하고 깊이 이완할 수 있는 간단한 진신 순서를 보여준다.**79** 다시 한번, 내담자에게 가르치기 전에 치료사들이 먼저 해볼 것을 권한다. 내담자들이 집에서 처음에는 기분이 상하지 않은 상태에서 그리고 나중에는 기분이 상한 상태에서 이를 연습하도록 격려한다. 각 자세는 2~10분 정도 유지한다. 내담자가 찾아볼 것은 에너지의 흐름이나 이완의 감각이다.

---

*   피드백이 어떻게 중심조절core regulation에 영향을 주는지에 대한 보다 자세한 설명은 다음 부분을 참고하라.

†   '몸의 생명 에너지를 조화롭게 하는' 고대의 치유체계인 진신좌수Jin Shin Jyutsu®는 도제들을 통해 세대에서 세대로 전해져 왔다. 이 치유법은 1990년대 초반까지 잊혀졌다가 일본의 지로 무라이Jiro Murai 선생에 의해 극적으로 되살아난 뒤 메리 버마이스트Mary Burmeister 선생에 의해 미국으로 전해졌다. 영광스럽게도 나는 1979년 애리조나주 스코츠데일에서 팔순의 나이에도 치료하고 가르치던 선생을 만났다.

[진신좌수 에너지 흐름]

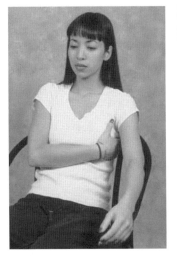
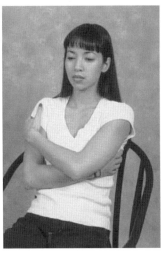

그림 6.5a   그림 6.5b

흥분을 안전하게 담고 자기연민을 촉진하는 팔/손 위치를 보여준다.

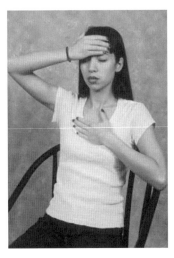
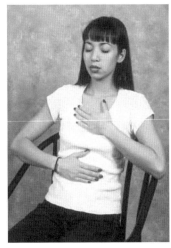

그림 6.5c   그림 6.5d

상체와 하체 사이에 에너지가 흐르게 하는 데 도움이 되는 팔/손의 위치를 보여준다. 이 연습은 이완을 촉진한다.

피드백과 중심조절에 관해 주의할 점

1932년 찰스 셰링턴Charles Sherrington 경은 신경계가 흥분성 신경세포와 억제성 신경세포의 조합으로 이뤄져 있음을 밝혀 노벨생리의학상을 받았다. 우리가 팔다리를 부드럽게 협응하며 정확하게 움직이는 것은 바로 이 두 신경계 사이의 균형 덕분이다. 억제계통이 없으면 우리의 움직임이 거칠게 제멋대로 일어나 협응이 되지 않는다. 셰링턴의 연구는 일차적으로는 (척수 수준의) 감각/운동 체계에 관한 것이지만, 흥분계통을 억제계통으로 균형을 이루는 것은 신경계 전반에서 일어나고 신경계의 근본원리로 여겨진다. 이는 **자기조절**의 기본 구조이다. 일상에서 볼 수 있는 예를 살펴보지.

가장 단순한 형태의 (기계-전기) 조절장치로 우리는 바깥 온도와 상관없이 집안 온도를 쾌적한 범위에 유지한다. 추운 겨울날 집안 온도를 쾌적한 21도로 유지하고 싶다고 해 보자. 이를 위해 우리는 원하는 온도에 온도계를 맞춘다. 그러면 보일러가 켜진다. 하지만 보일러가 늘 켜져 있지는 않다. 그랬다면 온도가 계속 올라가 창문을 열어 온도를 낮춰야 한다. 하지만 온도가 내려가면 또 창문을 닫을 것이다. 우리가 이 모든 걸 할 필요가 없는 이유는 온도가 **부적 피드백 루프**negative feedback loop로 조절되기 때문이다. 셰링턴의 억제 계통처럼, 예를 들어, 온도가 22도까지 올라가면 보일러는 온도가 20도로 떨어질 때까지 꺼졌다가 다시 켜진다. 그러면 온도가 다시 22도로 올라가고, 그래서 평균 온도는 21도로 유지된다. 가벼운 면 티셔츠를 입으면 되는 상당히 쾌적한 환경이다. 하지만 반대로 온도가 오를 때 보일러가 **켜지면** 상당히 불편해진다. 스웨터를 벗어야 하고 금방 옷을 다 벗고 집안을 돌아다니게 될 것이다. 첫 번째 예에서는 (긍정적인 결과가 있는) 부적 피드백 시스템에 의해 온도가 부드럽게 조절되었다. 두 번째 상황은 **정적 피드백 루프**positive feedback loop로 집이 사우나가 되는 부정적인 결과를 보았다.

스트레스와 트라우마에 있을 때, 나는 **극도로 부정적인 결과를 초래하는 정적 피드백 루프**가 설정되었다고 믿는다. 사실 우리 대부분은 원초적인 부정적 감정이 쉽게 자체적으로 강화하며 폭주하는 정적 피드백 루프로 바뀌는 것을 알고 있다. 두려움과 분노는 쉽게 공포와 격노로 폭발할 수 있다. 그런 면에서 트라우마는 자신의 꼬리를 삼커 영원히 다시 태어나는 우로보로스ouroboros이다.

　세링턴이 발견한 서로의 기능을 떨어뜨리는 이 신경계들은 일차적으로 집안 온도조절장치와 상당히 비슷하면서도 훨씬 더 복잡한 부적 피드백 시스템으로 작동한다. 복잡한 신경계의 자기조절은 **창발적 특성**emergent properties*이라 불리는 것을 보이는데, 이는 예측이 불가능할 때가 많지만 그 뉘앙스는 상당히 풍부하다. 여기서 새롭고 창의적인 해결책으로 연결될 때가 많고 삶과 심리치료에서 이런 순간은 아주 소중하다. 그래서 신경계가 자기조절의 원리에 따라 작동한다면 정신psyche은 **창의적인 자기조절**의 창발적 특성 아래 작동한다. 신경계가 자기조절하는 동안 정신은 이들 창발적 특성에 참여한다고, 즉 자기조절을 창조한다고 말할 수 있다. 내장과 뇌 사이의 관계는 복잡한 자기조절 시스템이다. 풍요롭고 창의적인 창발적 특성에서 이런 ('부우' 같은) '소리내기'와 호흡 기법을 통해 신경계 전체의 변화가 가능해진다. 도망갈 수도 없는 치명적인 위협 상황에서 뇌간, 즉 파충류의 뇌는 내장에 강한 신호를 보내 (위장의 경우처럼) 일부는 과다하게 활동하도록 하고 폐의 기관지나 심장박동처럼 다른 것들은 수축하고 닫아버린다. 첫 번째 경우(과다활동), 가슴이 벌렁거리고 장이 꼬이거나 꾸르륵거리고 걷잡을 수 없는 설사와 같은 증상이 생긴다. 폐는 조이고 질식할 것 같은 느낌이 드는데, 만성적이 되면 천식으로 이어지기도 한다. 마찬가지로 원시적인 미주신경이 심장에 영향을 미쳐 박동이 너무 느려져 실제로 부두voodoo 사망†으로 이어지기도 한다.**80** 이런 감각들이 너무도 끔찍하기 때문에 그 자체가 위협의 원인이 되기도 한다. 그래서 위협은 이제 바깥이 아니라 자신의 장과 폐, 심장, 그리고 다른 장기의 깊은 곳에서 나와 원래의 위협과 똑같은 효과를 내장에 일으킬 수 있다. 이 상황은 불행히도 부정적인 결과를 낳는 정적 피드백 루프라는 설정 때문에 생긴다. 게다가 트라우마가 있는 사람은 (강렬한) 위협 신호를 경험하기 때문에 자신의 내적인 혼란을 바깥으로 **투사**하여 세상이 자기 내면의 고통에 책임이 있다고 인식한다. 그렇게 문제의 진짜 원천과 잠재적 해결책, 모두로부터 거리를 둔다. 이 역동

----

*역자 주　창발emergence, 즉 '창조적 발현'이라는 뜻으로 기존에 없던 완전히 새로운 것이 나타남을 의미

†역자 주　공포와 같은 갑작스러운 정서적 충격으로 인한 사망

은 신체뿐 아니라 관계에도 큰 피해를 준다.

'부우' 소리는 우선 진짜 문제가 있는 신체 내부에 자각을 집중하여 끔찍한 경험을 쾌적한 것으로 바꿔 (부정적인 결과를 낳는) 정적 피드백 루프에서 부적 피드백 루프로 옮겨가도록 한다. 이렇게 하면 항상성 균형, 평형상태, 따라서 좋은 느낌을 회복하는 데 도움이 된다. 이런 전환은 치료 관계의 지지적인 따뜻함과 더불어, 다시 곧 밀려올 (교감계의) 과각성을 완충한다. 그러면 자기조절 시스템(부적 피드백 루프)이 흥분을 끌어내려 더 깊이 안정적으로 되고 좋은 느낌이 지속될 뿐 아니라 신경계와 정신의 회복탄력성도 더 커진다.

7장

—

몸을 파악하고,
마음 치유하기
SIBAM

—

몸은 마음의 지도이다.

- 랜디스 J.D. Landis, 〈고독〉

자기의 매개체로써의 몸

신체 감각은 인간 의식의 토대이다. 우리의 몸은 생물학적 존재로서 늘 변화하고, 우리의 도전의식을 북돋고, 때때로 위험하기도 한 이 세상에 대응할 수 있도록 짜여있다. 갓 태어난 아기는 자신의 신체적 경험에서 오는 감각들의 의미를 이해할 수 있도록 점차적으로 배워 나가야만 한다. 아기들은 자신의 행동과 부모 및 외부 환경과의 상호작용을 통해 그들의 몸과 마음을 아우르는 자기self에 대해 배운다. 신생아들은 감각의 바다 안에서 살아간다. 다행히도 대부분의 부모들은 아기가 보내는 신호를 꽤 빨리 알아차린다. 아기는 자신을 돌보는 사람이 도움을 줄 수 있도록 배고픔, 고통, 분노, 피곤함과 같은 내적인 상태들을 본능적으로 전달하게 되고, 부모는 이를 통해 아기가 다양하고 명백한 감각의 신호들을 보내고 있다는 것을 알게 된다. 이는 생존의 문제라 할 수 있다. 그러나 이러한 진화적인 우수성은 후에 생사 기능보다 더 중요한 의미를 갖게 된다. 감각은 아이가 진정한 자율성과 독립을 향하여 원만하게 성장해나가는 과정에 있어 기반을 이룬다.

누구든 자라면서, 몸과 환경이 어떻게 소통하느냐에 따라 정의된다. 쾌감과 고통, 성공과 실패를 경험하는 것과 같이 신체적으로 행하는 것은 몸에 남겨지고 마음에 새겨진다. 당신은 세상과 소통하면서 외적, 내적 감각들 전체를 통해 세상을 인식하게 되는 것이다. 1932년 생리의학 노벨상 수상자인 찰스 셰링턴 경은 "운동 작용은 정신의 요람이다."라고 했다. 50년 후 또 다른 수상자인 로저 스페리Roger Sperry

는 이러한 셰링턴의 상징적인 전제에 대해 보다 자세히 이야기한다.

> 유기체는 주어진 물체를 인식하는 한, 그것을 참조하여 반응할 준비가 되어
> 있다... 운동 패턴으로 방출될 준비가 된 적응 반응 잠재성의 존재 여부는 인
> 식하고 안하고에 영향을 준다. **81**

‘스페리 원칙’에 영향받아 진행된 일련의 놀라운 실험들 중, 리차드 헬드Richard Held와 앨런 하인Alan Hein은 성인 실험 참가자들에게 위아래가 뒤집혀 거꾸로 보이게 하는 프리즘 고글을 쓰게 했다.**82** 시간이 조금 흐른 뒤, (보통 일주일에서 이주일 후) 자유롭고 활발하게 움직이며 주변 환경에 접촉하여 영향을 줄 수 있었던 참가자들은 이에 적응하여, 주변 환경을 다시 위쪽이 위로 오도록 인식할 수 있었다. 그러나 움직이고 주변을 탐색하는 것이 허락되지 않았던 참가자들은 이러한 시각적 정상화 현상을 경험하지 못했다. 헬드는 또한 성장 과정에 있어 운동 반응의 중요성을 보여 주는 실험들을 진행했다.**83** 그는 갓 태어난 고양이들을 타원형 울타리 속 이동식 기구 안에 두었다. 그 중 한 집단의 고양이들은 적극적으로 기구를 끌며 울타리 주변을 돌아다녔고, 다른 한 집단은 수동적으로 끌려다녔다. 이 두 집단의 고양이들은 모두 울타리 안을 움직여 다니며 같은 시각적 경험을 했다. 그러나 이 중 주변 환경을 활발히 탐색하지 않고 소극적으로 끌려다닌 고양이들은 이후 동작하는 데에 시각을 사용하지 못했다. 이들은 발을 제 위치에 두지 못했고 떨어질 위험이 있는 곳을 피하지 못했다. 이러한 현상은 이 고양이들이 주변을 탐색하면서 활발히 돌아다닐 수 있게 되자 바로 뒤바뀌었다.

마지막으로, 면역학 관련 업적으로 1972년 노벨상을 수상한 미국의 생물학자, 제럴드 에델만Gerald Edelman은 신경계 다윈설이라는 이론을 제시했다.**84** 이 복합적인 이론은 과거와 현재의 환경 탐색을 통한 우리의 운동 활동이 경험과 기억의 토대가 된다는 본질적 관계를 인정했다. 이 노벨상 수상자들은 모두 (우리가 무언가에 의미를 부여하는 복잡한 과정을 포함해) ‘마음 자세’는 우리의 행동, 감각, 느낌, 인식을 섬세하게 조율하고 범주화하는 것에서 나온다고 보았다. 이전의 가설들과 달리 인간의 생각은 위계적인 총사령관이 아닌 **우리가 무엇을 하고 그것에 대해 어떻게 느끼는지**에 대한 복잡하고 정교한 작업이라는 사실이 더 일반적으로 받아들여지게 된 것이다.

생각은 우리가 무엇을 하고 어떤 감정을 느끼는지를 상기시켜주는, 우리 자신을 '설명'하는 기능을 한다. 사고와 상징화는 우리로 하여금 특정 사건, 사람 및 장소가 '안전한지' 또는 '위험한지'와 같이, 이를 범주화하도록 돕는다. 생각, 상징, 언어적 의사소통의 진화는 **감각으로부터 시작되었다.** 감각은 우리의 선조들로 하여금 성공과 실패를 함께 나누고 이를 다른 이들에게 전달하는 것을 가능케 했다. 수렵꾼이자 채집인이었던 선조들에게 생존이란 마치 갓난아기들처럼 **전적으로 몸에 의존하는 것을** 의미했다. 지나친 정신적 반추 활동은 갑작스럽게 죽거나 천천히 굶어 죽는 결과를 초래할 수 있었기 때문이다. 그러나 지난 천 년간 인간의 합리성, 상징화, 그리고 언어가 우위를 차지하면서 몸의 선천적 지능은 우리의 관심 밖으로 버려졌다. 몸은 (줄스 파이퍼Jules Feiffer의 만화 속 등장인물이 말했듯) 오로지 "머리를 다른 장소로 이동하기 위해 존재했고... 이러한 목적 이외에 우리에게 몸은 필요하지 않았다." 그러나 사실 이와는 반대로 의식은 신체 자각, 즉 몸 속 신체 감각의 뉘앙스와 의미를 이해하는 능력의 발달과 정서적 느낌을 통해 펼쳐진다.

 ## 트라우마와 몸/마음

일상적인 상황 안에서 신체 감각은 행동을 일으키는 신호이다. 예를 들어, 위협을 느껴 싸우거나 도망가는 것, 배가 고파 야생 칠면조를 쫓거나 냉장고 문을 열고 샌드위치를 만드는 것, 소변이 마려워 화장실에 가는 것, 정욕에 흥분되어 성관계를 맺는 것, 피곤해 잠드는 것, 감정에 휩싸여 노래를 시작하는 것, 그리고 경계를 침해당해 땅에 발을 단단히 디디고 분노의 목소리를 높여 자기주장을 하는 것들이 이에 해당된다고 할 수 있다. 이 모든 경우에, **몸이 시작하고 마음이 뒤따른다.**

몸의 감각을 이해하고 이와 친숙해지는 것은 매우 중요하다. 감각은 인간의 행동을 일으키는 신호로써 우리 삶의 뉘앙스와 경험들을 통해 우리를 안내해주기 때문이다. 그러나 트라우마를 겪었을 경우, 몸의 감각들은 효율적인 행동을 부르는 신호가 아니라 끔찍한 마비, 무력감, 혹은 어긋난 분노를 부르는 신호가 되어버리기도 한다. 몸에서 오는 신호들이 공포, 무력감, 무력한 분노 및 패배감의 신호를 보낸다면, 이를 경험한 사람은 정신적, 정서적, 신체적으로 큰 대가를 치를지라도 그것을 마치 전염병을 보듯 피하게 될 것이다. 고통스러운 감각들을 차단하게 되면, 우리는 안정감, 만족감, 또는 눈 앞의 위험에 대한 경고를 암시하는 미묘한 신체적 변화들을 포착하는 능력 또한 잃게 된다. 안타깝게도 그 결과, 기쁨을 느끼는 능력, 연관된 의미를 모으는 능력, 그리고 자기방어적 반사작용을 이용할 수 있는 역량 또한 차단되게 된다. 즉, 두려움에의 접근이 막히는 경우, 기쁨에의 접근도 막히게 되는 것이다.

좋은 소식은 인간은 일반적으로 융통성이 있고 회복탄력성이 있다는 사실이다. 우리는 흔히 다양한 인생의 경험들에서 배우고 이를 통합할 수 있다. 우리에게 희망을 주든 우리를 침울하게 하든 간에 이러한 경험들은, 이로 인해 만성적으로 과도 각성 또는 각성 저하인 경우를 제외하고는, 우리의 의식 속 몸과 마음의 흐름을 통해 쉽게 계속 흘러간다. 몸과 마음은, 정말 심각한 혼란에 처한 경우를 제외하고는, 상황의 흐름 속에서 회복되어 새로운 경험들을 활발히 거쳐 나간다. 그러나 심각한 혼란에 처하게 되면 일반적인 흐름이 갑자기 멈추어 버리는데, 이는 재난, 사고, 수술, 성폭행 등과 같은 단편적인 사건, 또는 학대 및 지속되는 부부관계 스트레스와 같은 만성적인 스트레스 요인에서 올 수 있다. 이러한 혼란이 전체적으로 통합되는 과정이 일어나지 못하면, 그 경험의 부분들은 각각의 분리된 감각, 심상 및 정서로 파편화된다. 이러한 분리 현상은 사건의 심각성, 강도, 갑작스러움, 기간의 정도에 따라 이에 적절히 대처하지 못했거나 소화되지 못했을 경우 일어난다. 나이, 유전 요인 및 성별과 같은 개인적 취약성 또한 이러한 정신적인 파열에 영향을 미친다. 이렇게 몸과 마음이 통합되지 못해 발생하는 결과가 바로 트라우마인데, 이 외에도 방향 감각 상실, 독립심 및 자기결정 능력의 상실, 그리고 방향 상실과 같은 결과가 초래되기도 한다.

트라우마를 겪은 사람들은 너무 강하게 감정을 느끼는 상태(감정에 압도되거나 감정이 넘쳐 흐르는 상태)와 감정을 거의 느끼지 못하는 상태(감정이 차단되거나 무감각한 상태) 사이에 갇혀 자신들의 감각을 믿지 못하게 되고, 따라서 인생에서의 방향을 잃기도 한다. 감각을 상실하는 것은 자기감을 상실하는 것과 같아서, 그들은 더 이상 '자기 자신인 것처럼 느끼지' 못한다. 트라우마로 고통받는 사람들은 진실된 감정을 느끼는 대신, 이러한 감정을 느끼지 않게 해주는 경험들을 찾아 나서기도 한다. 성적인 자극 또는 충동에 빠지는 행동, 중독, 그리고 현재 직면하고 있는 어둡고 위협적인 내면의 세계로부터 주의를 다른 곳으로 돌릴 수 있게 해주는 다양한 행동들이 이에 해당된다. 이러한 상황에 있는 사람들은 절망, 공포, 분노, 무력감의 **일시적인 본질**과 더불어 우리의 몸이 이러한 양 극단의 경험들을 받아들이고 내보내며 순환하도록 만들어졌다는 사실을 알아채지 못한다.*

내담자들의 자기수용을 지지하는 동시에, 그들이 성찰적인 자기인식을 통해 극단적인 감각들을 이겨내는 역량을 기르고 조절하도록 돕는 것은 내담자들로 하여금 불편한 감각과 감정들을 조정해나갈 수 있게 한다. 내담자들은 흥분 상태를 조절하는 법을 배움으로써 이러한 강렬한 감각과 정서들을 보다 긴 시간 동안 접하고 견딜 수 있게 된다. 내담자가 무너지지 않는 상태에서 '내면으로 들어갔다 나오는' 경험을 하는 순간, 내성의 폭은 저절로 늘어난다. 이것은 감각, 정서, 지각, 생각 사이의 미묘한 상호작용을 통해 이루어진다. **회복력이 높고 삶 속에서 큰 평화를 찾은 사람들은, 이와 같은 성찰적인 자기인식 역량을 늘리며 극한의 감각들을 견뎌내는 법을 배웠을 것이다.** 보통 이러한 역량은 우리가 아주 어릴 때 발달하지만, 감사하게도 누구나 살아가면서 언제든 이를 배울 수 있다.

어린이들은 몸에서 오는 신호들을 이해하는 법을 점차 배워나간다. 아이는 동작(행동)과 감각을 하나의 완전체로 조직화해나가는 법을 배움으로써 자신이 누구인지 깨우쳐 나간다. 어느 동작들이 성공적이었는지와 그렇지 못했는지를 기억함으로써 아이들은 어떤 것들이 적절한 대응인지, 또 이것을 최대한 성공적으로 이행하기 위해 시간을 어떻게 맞춰야 하는지를 예측하는 법을 배운다. 이를 통해, 아이는 자기 독립감, 만족감, 그리고 즐거움을 경험한다. 아이가 트라우마로부터의 경험에 압도되거나 방임으로 인해 좌절되는 경우, 이와 같은 발달상의 순서는 실패하고 만다. 이러한 단계가 이미 발달되어 있어도 이는 무너지게 되고, 부정적인 정서들이 아이의 존재를 뒤덮게 된다.

---

* 　　　5장의 3단계(진자운동과 컨테인먼트)를 기억하라.

트라우마를 겪은 아이에게 자신의 몸은 형체가 없고, 혼란스러우며, 대응하기 힘든 존재가 되어버린다. 아이는 자신의 내부 구조와 이로부터 오는 뉘앙스에의 감각을 잃는다. 몸이 얼어붙음으로써 '충격을 받은' 마음과 뇌는 억제되고 무질서해지며 분열되는데, 이로 인해 아이는 경험의 총체성을 이해하지 못하고 이로부터 배우지 못하게 된다. 이처럼 아이의 한때 의미 있고 결단력 있게 실행했던 행동 방침들이 어느 순간 '꼼짝 못하는 상태'가 되어버리면, 아이는 습관적으로 비효율적이고 충동적인 행동 패턴을 띠게 된다. 그리고 이는 흔히 주의력결핍 과잉행동장애ADHD나 강박장애와 같은 증상들을 유발하기도 한다. 이와 같이 아이가 하는 조절 안 된 조각난 노력들은 일반적이고 명확한 서술 기억으로 남는 것이 아니라 불편함, 수축, 고통, 어색함, 경직, 무기력, 피곤함과 같이 내재적인 절차 기억으로 몸에 기록된다. 이러한 기억들은 주로 뇌의 신피질이 아니라 변연계와 뇌간에 기록된다. 이 때문에 개인의 행동과 기억들은 단순히 생각을 바꾸는 것만으로는 변하지 않는다. 개인을 변화시키기 위해서는 반드시 감각과 감정도 다루어야 한다. 정말로 총체적인 경험을 다루어야 하는 것이다.

 ## SIBAM 모델

일반적으로 인간은, 특히 치료사들은, '신체 공명body resonance'을 통해 다른 이들과 접촉한다. 4장에서 설명했듯이, 우리 인간은 가까이 있는 사람들과 비슷한 감각을 경험하도록 설계되었다.[85] 불안한 음모론자들이 가득한 방에 있는 상황과 더없이 행복한 모습으로 명상 중인 스님들이 가득한 방에 있는 상황을 비교해 상상해보라.

공명은 친밀한 관계를 형성하는 데 필요한 공감적 조율의 기반이다.[86] 트라우마 환자들을 치료하는 데에 있어, 치료사는 우선 자신의 몸과 깊고 지속적인 관계를 맺어야 한다. 치료사의 체현embodiment 기술이 온전해야 비로소 내담자의 멘토가 될 수 있고, 내담자 스스로 자신감을 얻을 수 있도록 도울 수 있을 것이다. 이와 마찬가지로 치료사는 **다른 이들의 미묘한 행동들을 관찰**할 수 있는 역량을 스스로 개선시킴으로써, 내담자가 스스로 감각과 감정을 알아차릴 수 있도록 돕는 피드백을 제공할 수 있게 된다. **신체 공명과 섬세한 관찰**이라는 두 가지 수단에는 막대한 힘과 이점이 있다. 분석가인 레스턴 해이븐스의 말에 따르면, "성공적인 공감의 가장 눈에 띄는 증거는 아마도 환자가 설명하는 자신의 몸에 일어나는 감각들이 치료사 본인의 몸에도 같은 감각으로 나타나는 현상일 것이다."[87]

1970년대에 나는 내담자들이 경험을 처리하는 과정을 '추적'할 수 있게 도와주는 모델을 개발했다. 내가 사이밤SIBAM이라 부르는 이 모델은 몸과 마음의 밀집한 관계를 기반으로 한다. 이 모델은 다음의 다섯 가지 경로를 검토하는데, 이 다섯 단어의 첫 알파벳을 모은 것이 SIBAM이라는 약칭이다.

감각Sensation
심상Image
행동Behavior
정서Affect
의미Meaning

SIBAM 모델은 전형적인 인지행동치료의 기본 전제가 되어 온 **코기토 에르고 줌** cogito ergo sum 또는 "나는 생각한다. 고로 존재한다."로 성문화된 위계적인 틀과 분명한 대비를 이룬다. 이 다섯 요소 모델은 각 요소의 상이한 '표현 언어'와 뇌 시스템들을 통하여 내담자를 안내하는 데 목적을 둔 감각 운동 처리 방식인 '상향식' 접근의 본질이다. 즉, 가장 원시적인 것으로부터 가장 복합적인 것까지, 신체 감각으로부터 시작해 감정, 인식, 그리고 생각에 이르기까지 처리할 수 있도록 만들어진 방식인 것이다. 치료사가 내담자의 행동을 직접 관찰하는 동안 내담자는 감각, 심상, 정서, 의미를 스스로 찾아 나간다. 이 방식은 전체 경험의 다양한 층과 결들을 긴밀히 추적해나갈 수 있게 한다.

감각 경로

이 경로에서 언급되는 **몸 안에서 일어나는 신체 감각들**은 유기체 내부에 있는 수용기에서 발생한다. 이 감각들은 문헌에서는 **내수용감각**으로 알려져 있다.* 이는 체내의 신경 자극으로부터 시작되어 뇌간 윗부분의 시상으로 전해져 올라가는데, 대부분은 아니라고 하더라도 뇌의 많은 영역으로 전해진다.

감각 경로는 깊이에 따라 운동감각kinesthetic, 자기수용감각proprioceptive, 전정 vestibural, 그리고 내장visceral 수용기 등 네 가지 하위 시스템 또는 범주들로 구성되어 있다.

▌운동감각 수용기

감각 경로 가운데 첫 번째 하위 시스템은 운동감각이다. 운동감각은 근육들의 긴장 상태를 신호로 보내고,† 이 정보를 뇌까지 전달한다. 당신이 '불안'을 느끼는 것은 과민성 생각과 더불어 어깨, 목, 턱, 골반과 같은 신체 부분들의 근육에서 전해지는 과도한 신경 자극을 받고 있기 때문이다.

▌자기수용감각 수용기

두 번째 하위 시스템인 **자기수용감각**은 관절의 **위치에 관련된** 정보를 전한다. 운동감각과 자기수용감각은 우리가 공간 안에 **어디에** 위치하는지, 또 신체 부위들의 속도는 어떠한지를 알려준다. 예를 들어, 눈을 감고 교향곡을 지휘한다든지, 보지 않은 채 손가락을 코 끝에 갖다 대는 등의 동작들은 아마도 감각과 협응의 놀라우면서도 가능한 솜씨일 것이다.

....

* **역자 주** 내수용감각은 우리 몸의 내부 상태를 파악하는 감각을 가리킨다.

†   이는 특히 방추속근세포라 불리는 근육 속 특정 섬유 조직인 '신장 수용기stretch receptors'에서 이루어진다.

▌전정 수용기

전정 하위 시스템은 내이의 반고리관에 심어져 있는 섬모들에서부터 비롯된다. 반고리관은 두 개가 있는데, 서로 직각으로 배치되어 있다. 우리가 (어느 방향으로든 속도를 높이고 줄이며) 움직이게 되면, 관 안의 액체가 섬모들 위에서 '출렁거리면서' 섬모들을 구부러지게 한다. 각각의 섬모는 수용기에 연결되어 있고, 수용기들은 구심성 자극을 뇌간으로 보낸다. 이 감각 정보는 우리에게 중력, 그리고 속도의 변화(예를 들어, 가속 또는 감속)와 관련된 우리의 자세에 대해 알려준다.

▌내장 수용기

우리에게 가장 깊은 수준의 내수용감각을 공급해주는 이 하위 시스템은 내장과 혈관으로부터 온다. 앞서 6장에서는 뇌간과 대부분의 장기를 연결해주는 미주신경에 대해 기술했다. 이 거대한 신경은 척수 다음으로 신경세포의 총수가 가장 많다. 이러한 **신경섬유의 90%는 구심성**인데, 이는 곧 **내장으로부터의 정보를 상층부인 뇌까지** 전달하는 것이 미주신경의 주 기능임을 보여준다. 따라서 '직감gut instinct', '육감gut feeling', 또는 '직감적 지혜gut wisdom'*와 같은 구어적 표현들은 명확히 해부학과 생리학에 기반을 둔다고 할 수 있다. 이와 더불어 내장감각은 혈관 속 수용기들에서도 일어난다. 예를 들어, 편두통에 시달리는 사람이라면 (강한 수축 뒤에 오는) 갑작스러운 혈관의 팽창이 이러한 극심한 고통을 발생시킨다는 사실을 알 것이다. 그러나 우리는 이 외에도 다양한 주변 정보들을 혈관을 통해 받기도 한다. 혈관과 내장이 긴장이 풀리고 열린 상태로 마치 해파리와 같이 부드럽게 고동을 칠 때, 우리의 몸 전체로 따뜻한 좋은 기운이 퍼져 나간다. 이에 반해 혈관과 내장이 수축된 상태일 때, 우리는 추위와 불안감을 느낀다.

---

* **역자 주** 직역하면 '내장에서 오는 본능적 감각gut instinct', '내장에서 오는 느낌gut feeling', '내장의 지혜gut wisdom'라는 의미이다.

심상 경로

심상은 흔히 시각적 표상을 지칭하지만, 나는 이를 **모든** 종류의 **외부** 감각 인상 impression들을 칭할 때 사용한다. 이는 **몸 밖에서 발생하는 자극**으로부터 오고, 우리가 뇌 안에 감각 기억으로 통합시켜 저장하는 정보이다. 이러한 외부의 '특별한' 감각들은 시각, 미각, 후각, 청각, 그리고 촉각을 포함한다.* 통속적으로 사용되는 것과는 반대로, 나는 심상이라는 동일한 단어를 모든 외부 감각들을 분류하는 데 사용한다. 사실, SIBAM 모델에서의 알파벳 I는 시각, 청각, 촉각, 후각과 같은 외부적으로 발생하는 모든 인상들을 가리킨다고도 할 수 있다. 예를 들어, 어떤 사람이 누군가와 신체적 접촉을 한다면, 그는 누군가에 의해 만져진다는 **외부적인** 인상과 더불어 그 접촉에 대한 **내적인**(내수용적) 감각을 경험하게 된다. 따라서 우리가 부적절하게 접촉을 당하는 경험을 하게 된다면, 이후 새로운 상황들 속에서 발생하는 실제 촉감적 인상들을 이에 대한 우리의 내부 반응들로부터 분리하는 작업이 필요할 것이다. 이것은 우리를 과거 경험에서 오는 반사 반응으로부터 해방시킨다.

시각적 인상 또는 심상은 시각 장애가 있는 경우를 제외하고는 현대인들이 외부 감각 정보를 접하고 저장하는 주요 방식이다. 시각은 감각과 관련된 우리 뇌의 상당 부분을 차지한다. 그러나 내가 심상 경로에 모든 외부 감각들을 포함시키는 데에는 또 다른 치료 중심의 이유가 있다. 트라우마를 경험하는 순간, 사람의 모든 감각들은 자연스레 위협적인 존재의 가장 두드러진 면에 집중하게 된다. 이것은 소리, 감촉, 맛, 그리고 냄새인 경우도 있지만, 주로 시각적 이미지라 할 수 있다. 많은 경우 이는 몇몇 혹은 모든 감각적 인상들이 일제히 통합된 것이다. 예를 들어, 어떤 여성이 알콜중독자인 삼촌에 의해 성추행을 당했을 경우, 그녀는 삼촌을 어렴풋이 닮았거나, 입에서 술냄새가 나거나, 아니면 삼촌과 같이 쿵쿵거리며 걸어다니는 남성을

---

* 청각과 촉각은 사실상 비슷하다고 할 수 있다. 내이에는 기저막이라는 세포막이 있다. 음파는 이 세포막을 진동하게 만드는데, 모세포 수용기를 자극하여 이 정보가 뇌까지 전해지도록 한다. 체모도 마찬가지 기능을 한다. 실제로, 청각 장애가 있는 사람들은 피부를 통해 어느 정도의 청각을 경험한다.

만나게 되면 공포에 사로잡힐지도 모른다. 이와 같은 단편적이고 짤막한 정보들이 이전 트라우마의 경험을 떠올리게 하는 것이다. 즉, 이 정보들은 우리의 기억 속에 거슬리는 심상이나 각인imprint이 된다. 내 경우에는, 산산이 조각난 유리와 십대 운전자의 눈 이미지가 계속해서 내 의식을 침범하여 공포와 두려움이 물밀듯이 몰려왔다.

이처럼 깊이 박혀있는 감각적 심상들을 다룰 때에는 서로 연관 지어져 증상을 일으키는 기억들을 분리하기 위해, 압축된 '트라우마 스냅 사진'에 대한 몹시 흥분된 상태를 발산시켜 주는 과정이 필요하다. 효과적인 치료 기법은 이렇게 고정된 기억을 '확장시키고 중화시키며' 내담자가 그 안에 분열을 일으킨 위협 이전에 경험했을 여러 감각이 관여된 기억을 되살리도록 돕는다. 다음의 짧은 글은 '시각적 조리개'를 확장시키는 원리를 보여준다.

어느 여름날 이른 아침, 당신이 아름다운 언덕길을 따라 걷고 있는 상황을 상상해보라. 오솔길 옆으로는 졸졸 흐르는 시냇물이 굽이져 흐르고 있다. 산들바람이 불고, 형형색색의 꽃들은 마치 초원 위에서 춤을 추고 있는 것 같다. 당신은 풀잎 위에 맺힌 아침이슬 방울을 보며 감동을 받는다. 햇살이 당신의 피부를 따스히 하고, 당신은 꽃향기에 취한다. 당신은 이 순간을 한껏 만끽한다. 그런데 갑자기 오솔길에 커다란 뱀이 나타난다. 당신은 멈추고 숨을 참는다. 자, 이 순간 당신이 잠시 전에 느꼈던 좋은 경험들은 전부 사라졌을까? 꼭 그렇지는 않다. 단지 당신의 지각이 위험 요소에 주의를 온통 집중하며 좁혀졌던 것뿐이다. 위험 요소 외의 대부분의 것들은 마음의 틈 사이로 숨어 당신의 인식 뒤로 물러난다. 이를 통해 당신이 확인하고 해야만 하는 것, 즉 오로지 뱀에만 초점을 맞춰 천천히 뒤로 물러나는 것에 주의를 집중시킬 수 있다. 당신이 다시 안전하다 느낀 뒤에는, 아침에 가졌던 감각적 경험으로 완전히 돌아갈 수 있게 된다. 트라우마를 경험한 사람이 자신의 감각적 인상들을 확장시킬 때, 과각성 상태와 연계되었던 기억들이 완화되며, 지각의 장이 넓어져 위협 이전의 상태로 돌아갈 수 있게 되고, 이에 따라 자기조절 능력을 개선할 수 있게 된다.

1장에서 자세히 설명되었듯이 교통사고 이전에 나는 어느 완벽한 날의 색깔, 소리, 향기, 그리고 따스함의 순간들을 만끽하고 있었다. 내가 차와 부딪치는 순간, 이러한 기분 좋은 심상들은 약해졌다. 나의 집중은 오로지 차 전면유리에 거미줄 모양으로 간 금, 차의 베이지색 라디에이터 안전망, 그리고 공포에 질려 눈을 크게 뜬 십대의 얼굴인 '포식자'의 이미지에 고정되었다. 다행히도 나는 스스로 행한 응급조치를 통해 충격 이전의 시야, 소리, 냄새를 통한 소중한 순간들과 그 완벽했던 날이 시작하던 때로 돌아갈 수 있었다.

행동 경로

행동 경로는 치료사가 직접 관찰할 수 있는 유일한 경로이다. 그외의 다른 경로들은 **내담자에 의해** 보고된다. 치료사가 자신의 감각과 정서의 공명을 통해 내담자의 내부 세계에 대하여 어느 정도 추측할 수 있기 하지만, 이러한 추론으로 내담자가 감각, 정서, 심상들을 직접 접하고 치료사에게 보고하는 것을 대신할 수는 없다.* 치료사는 내담자의 신체 언어, 즉 행동, 무행동 및 긴장 패턴의 무언의 언어를 이해함으로써 내담자의 내면 상태를 **추론**할 수 있다. 예를 들어, 치료사가 내담자 몸의 특정 행동에 주목하면서, 내담자에게 몸 안에서 어떤 경험을 하고 있는지(감각)에 집중하도록 그를 안내할 수 있다. 만약 치료사가 내담자의 왼쪽 어깨가 살짝 올라가는 것(행동)을 봤다면, 치료사는 내담자에게 이 자세의 변화에 주목하도록 하고 내담자가 이러한 불균형적 긴장 패턴의 감각을 접하도록 안내한다. 이와 비슷하게, 내담자는 자세를 취하는 행동을 하는 동안 다른 경험 경로들(심상, 정서 및 의미)에 접하도록 도움을 받을 수도 있다. 이러한 과정은 다음 장에 나오는 사례를 통해 좀 더 설명될 것이다.

행동은 가장 의식적이고 자발적인 움직임에서부터 가장 무의식적이며 본인도 모르게 하게 되는 움직임 패턴들에 이르기까지 다양한 자각 수준에서 일어난다. 이러한 수준들은 감각 범주에서 논했던 의식의 단계적 차이와 비슷하다. 이제 다음의 하위 시스템들에서 발생하는 행동인 몸짓, 정서, 자세, 그리고 자율적, 본능적, 원형

---

*   치료사가 '자신의' 감각과 내담자들로부터 '알아차리는' 감각을 구분하기까지는 치료사로서 많은 경험이 필요하다. 분석가들은 이를 **투사적 동일시**projective identification라고 부르기도 한다.

적인 행동들을 간략하게 살펴보자.

▌몸짓

가장 의식적인 행동들은 자발적인 것들인데, 이는 곧 사람들이 일반적으로 의사소통할 때 손이나 팔을 사용하여 만드는 공공연한 몸짓들을 말한다. 이와 같은 움직임들은 **가장 표면적인** 수준의 행동들이다. 자발적인 몸짓들은 흔히 사람들이 '거짓 감정'을 타인에게 전할 때 사용된다. 정치인들이 무엇인가를 강조하거나 인상적으로 보이기 위해 몸짓을 의도적으로 과장하는 것이 흔한 예라 할 수 있을 것이다. 만약 당신이 이를 알고 있다면, 누군가의 훈련받은 표현(예를 들어, 관중을 향해 팔을 벌리거나 가슴에 손을 갖다대는 몸짓)과 실제 느낌을 전달하는 태도가 근본적으로 다르는 걸 쉽게 알아차릴 수 있을 것이다. 이와 동시에, 의욕적인 몸짓들도 다른 이들에게, 또 스스로에게 감정을 전달할 수 있다.

예를 들어 누군가가 주먹을 꽉 쥐고 있다면, 이를 본 사람은 그것을 공격성을 높이는 위협, 분명한 경계를 긋는 것, 혹은 두려움을 누그러뜨리려는 비언어적 소통으로 해석할 수 있을 것이다. 다음의 흔한 몸짓들을 시험 삼아 해보자. 이마를 손으로 문지르고 이것이 어떤 느낌을 주는지 보라. 이후 뒷목을 쓰다듬어보라. 이 두 가지 몸짓이 당신에게 무엇을 전달하는가? 이것이 당신을 다소 안심시키는가? 당신이 손을 꽉 쥘 때와 손가락 끝들을 마주해 뾰족탑 모양을 이룰 때에는 어떠한가? 어떤 차이점을 느끼는가?

▌얼굴 표정

얼굴 표정은 다음 수준의 행동으로써 대개 불수의적으로 여겨진다. 명성 있는 학자인 폴 에크만Paul Ekman은[88] 40여 년에 걸쳐 이와 같이 감정을 드러내는 미세한 표정들에 대한 선구적인 연구를 했다. 인간은 연습과 인내심을 통해 (종종 순식간에 일어나는) 여러 얼굴 근육들의 긴장상태 변화를 관찰하는 데 필요한 기술을 발전시킬 수 있다.* **정형화된 얼굴 근육의 수축 패턴**들은 우리가 타인과 의사소통시 폭넓은 범위의 미묘한 감정들을 전달할 수 있게 한다.† 따라서 치료사가 내담자에게 얼굴 표정에 관한 피드백을 주는 것은 내담자로 하여금 부분적으로나 전혀 인식하지 못하고 있을 수도 있는 정서들을 접할 수 있도록 돕는다.

▌자세

행동 범주 중 보다 덜 의식적으로 자각하는 세 번째 수준은 **자세**이다. 여기에서 자세란 '똑바로 앉아'나 '주저 앉지 마'와 같이 부모나 교사들이 요구하는 명백하게 의식적인 자세 조정을 가리키는 것이 아니다. 그러한 자세 조정은 의식적 몸짓의 범주에 해낭한다고 할 수 있다. 현대 신경생리학의 선구자인 찰스 셰링턴 경은 "골격근에 의해 표현된 대부분의 반사 반응들은 운동성이 있는 것이 아니며, 자세적이다. 그 결과 움직임이 일어나는 것이 아니라 이는 자세를 안정되게 유지시킨다."라고 주장했다.**89** 나는 이에 덧붙여 **자세는 고유의 동작이 시작되는 발판**이라는 사실을 전하고자 한다. 셰링턴의 제자인 지젤A. E. Gisell은 "행동의 필수적인 운동 준비들은 행동 그 자체 이전에 이미 잘 확립된다."라고 했다. 지젤은 또한 새로운 행동, 감각, 감정, 그리고 의미의 발생에 있어 자세가 얼마나 중요한지를 강조하기 위해 "마음의 배발생embryogenesis은 자세를 취하는 행동의 초반에 탐색되어야 한다."고 덧붙였다.**90**

비록 상대적으로 적은 수의 치료사들만이 사람의 자세를 정밀하게 읽는 법을 연마하지만, 대부분의 치료사들도 이에 영향을 받는다 할 수 있다. 모든 사람들은 타인의 자세를 무의식적으로 반영하여, 이를 **몸의 감각들로** 기록한다. 짐작건대 이것은 거울신경세포와 자세적 공명의 작동을 통해 일어난다고 할 수 있을 것이다. 즉흥적인 자세의 변화는 대개 감지하기 힘들기 때문에, 이를 관찰하는 데는 수많은 연습이 필요하다. 공명은 특히 생존 기반 자세에서 강렬히 일어나는데, 이에는 전운동과 관

---

*   TV 시리즈인 〈내게 거짓말을 해 봐〉를 보는 것도 배우기 위한 또 다른 방법 중 하나라 할 수 있다.

†   이것은 콘스탄틴 스타니슬리프스키Konstantin Stanislavsky가 가르친 연기 방법의 기초 이다.

련된 미묘하고 다양한 자세들, 그리고 도주, 싸움, 얼어붙음 및 무너짐과 같은 행동들이 포함된다.

만약 몸에 단단히 힘을 주어 자세가 경직되거나 또는 자세가 무너진다면, 우리는 이것이 어떤 특정 행동을 취하기 위한 **준비**, 즉 우리 몸의 근육들이 어떤 동작을 취하기 위해 계획되어 있었으나 어떠한 연유로 이것이 어긋나 행동이 완성되지 못한 경우라고 가정할 수 있을 것이다. 만약 이와 같이 활동이 중단된 감각 운동의 궤도가 방해받지 않았더라면, 아마도 성공적인 결과를 가져왔을 가능성이 크다. 물론 과거로 거슬러 올라가 이를 적용해 볼 수 있다. 나의 교통사고 이야기를 잠시 다시 언급하면, 나는 구급차 안에 무력하게 누워있을 때 내 몸을 인지하고 있었다고 했다. 그 당시에 나는 척추가 먼저 살짝 뒤틀리는 듯한 감각을 느꼈고, 그 직후 내 머리가 차의 앞 유리와 충돌하여 길바닥에 부딪치는 것을 막기 위해 내 팔이 머리가 있는 위쪽을 향하여 움직이려 하는 감각을 인지했다.

자발적인 (있는 그대로의 고유한) 자세들을 관찰하는 것은 치료사로 하여금 내담자의 신경계와 정신 상태를 들여다 볼 수 있는 중요한 기회의 창을 제공한다. 몸은 우리가 어떤 행동을 하기 위해 준비하는지, 또한 정확히 어떤 전운동 행동을 준비하는지를 자애롭게 보여준다. 일반적으로, 예리한 관찰자인 우리는 치료사나 내담자가 이성적으로는 전혀 예측하지 못할 몸의 조직화가 우리 눈 앞에서 펼쳐지는 것을 목격하곤 한다. 우선 치료사는 경직, 움츠리기, 도주의 태세를 갖추고 있는 자세, 비틀기와 무너짐, 개방성과 확장을 나타내는 자세들을 관찰하는 것에서부터 시작한다. 나는 엄청난 트라우마와 고령의 나이에도 불구하고 자연스럽고 기품있는 자세를 유지했던 넬슨 만델라의 경우와 같이 잊히지 않는 자세적 편안함을 기억한다. 또한 수많은 사람들은 달라이 라마를 목전에서 본 후 깊은 편안함과 가슴이 탁 트이는 듯한 기분을 느꼈다고 이야기했다. 노련한 치료사는 알아차린 공격에 대비하여 척추가 뻣뻣해지거나 힘든 감각과 정서를 경험하면서 때로는 거의 모르는 사이에 무너지는 등 그러한 우아함과는 반대되는 자세를 내담자에게서 목격하거나 느끼곤 한다. 마찬가지로, 치료사들(그리고 부모와 친구들)은 타인들에게서 느껴지는 순간적인 우아함과 좋은 느낌을 관찰하고 반영할 수 있다.

■자율신경계의 신호(심혈관 및 호흡기)

눈에 보이는 자율적인 행동들로는 호흡기와 심혈관의 지표들이 해당된다. 가슴에서 빠르고 얕고 (또는) 높게 쉬어지는 호흡은 교감신경의 각성 상태를 보여준다. (눈에 거의 보이지 않을 정도로) 얕은 호흡은 흔히 부동성, 정지 상태, 및 해리 상태를 나타낸다. 완전히 내쉬어지는 깊고 자유로운 호흡과 이후 숨을 들이쉬기 전 살짝 멈추는 것은 이완 상태와 균형 상태를 향해 자리 잡아가는 현상을 나타낸다. 이와 같은 자발적이며 복원적인 호흡은 누군가가 깊은숨을 들이쉬려고 '노력하는' 상황과는 쉽게 구분된다. 이와 같이 의도적으로 억지로 하는 깊은 호흡은 종종 신경계 내의 불균형 상태를 증가시키고, 아주 일시적인 위안만을 제공한다.**91**

다음은 심혈관계에서 오는 신호들로, 심박수와 특정 혈관의 막을 청성히는 민무늬근이 포함된다. 앞에서 설명되었듯이, 심박수는 목에서 느껴지는 눈에 보이는 경동맥 박동을 관찰함으로써 모니터할 수 있다. 치료사는 약간의 연습을 통해 내담자의 심박수 증가 및 감소를 알아차리고 심박동의 크기를 짐작할 수 있다. 또한 심박동의 강도 변화를 통해 혈압의 변화를 짐작하는 것도 가능하다.

치료사는 내담자 피부색의 변화를 통해 혈관의 긴장도를 알아볼 수 있는데, 이에는 높은 감식력이 필요하다. 예를 들어, 긴장도가 높은 경우(혈관 수축)에는 증가하는 심박수와 더불어 내담자의 차가운 손가락들은 교감신경의 과각성 상태를 나타내는 희끄무레하거나 푸르스름한 색을 띨 것이다. 반면에 혈관들이 이완되고 팽창된 경우에는 내담자의 손가락은 생기있는 분홍빛을 띨 것이다. 그러나 이와는 달리 모세혈관이 갑작스럽게 팽창되어 특히 얼굴과 목 주변에 눈에 띄게 홍조를 발생시키는 변이 현상이 나타나기도 한다. 또한 관찰자는 가끔 내담자의 몸에서 나오는 열기를 실제로 느끼기도 한다.*

다음으로 관찰할 부분은 동공의 크기이다. 매우 확장된 동공은 교감신경계의 높은 흥분 상태와 관련이 있고, 매우 수축된 동공은 부동성 및 해리 상태를 나타내기도 한다. '아주 작은 구멍' 크기인 동공은 흔히 아편제와 같은 약물을 사용한 상

---

*　　　여기에서 어디까지가 실제 열의 방사로 인한 것이고 어디까지가 신체 공명의 결과인지는 확실치 않다.

태임을 나타낸다. 흥미롭게도 이러한 아편제들은 우리 몸의 내부 통증 완화 시스템으로부터[92] 방출되기도 하는데, 이는 부동성 시스템과 해리에 있어 필수적인 부분이다.

▌내장의 움직임

내장의 움직임은 위장관의 운동성을 가리키는데, 이는 대개 위장이 내는 소리를 통해 '관찰' 가능하다. 영어단어 borborygmus는 이렇듯 장이 내는 꾸르륵, 쫘르르 거리는 소리들을 가리키는 아름다운 의성어이다. 몸 치료의 전 과정은 몸의 여러 부분들을 접촉하여 부드럽게 다루는 동안 전자 청진기를 통해 내장이 내는 다양한 범위의 소리를 듣는 것을 기반으로 한다.[94]

위에서 언급된 다양한 행동 지표들을 파악할 줄 아는 치료사는 적정한 시간에 알맞은 개입법을 효과적으로 사용하는 데 도움이 되는 중요한 정보를 얻을 수 있다. 예를 들어, 차가운 손은 일반적으로 공포감 및 스트레스를 나타내는 반면 따듯한 손은 휴식 및 완화 상태를 의미한다. 상기된 피부는 격노, 수치심, 난처함과 같은 정서들을 반영하곤 하는데, 상기된 피부가 때로는 강한 기운의 분출, 그리고 보다 큰 생존감을 향한 움직임을 나타내는 신호라는 사실은 잘 알려져있지 않다. 모든 관찰이 그러하듯 연속적인 사건들은 전후 맥락과 함께 파악되어야 한다. 그 어떤 지표도 단독적으로 발생하지는 않기 때문이다. 물론 내담자가 현재 처리하고 있는 내용도 여기에 포함되어야 할 것이다. 이런 과정을 통해 치료사는 본인이 관찰하고 있는 것(행동)을 내담자가 경험하고 있는 것(감각)에 연결시키는 정확한 지형을 정교하게 그려낼 수 있다. 일반적으로 감각의 정도와 행동사이에는 연관성이 있다. 즉, 치료사가 내담자에게 심박수 또는 피부색(행동)과 같은 내담자의 자율신경계 변화에 대한 피드백을 줄 때, 내담자는 자연스럽게 심폐성 자극 및 교감신경 각성 상태의 수준과 같은 자율신경계의 '감각들'을 탐색하는 것에 마음을 쓰게 된다.

▌원형적 행동

마지막 하위 시스템은 깊은 '집단 무의식'에서 오는 원형적 행동들이다. 나는 여러 사람들의 자세 변화를 관찰하는 과정에서 의도적인 행동과는 분명히 차이가 나는 손과 팔의 미묘한 움직임들을 보았다. 이러한 몸짓들은 흔히 매우 중요한 치유의 순간에 나타났는데, 종종 기분 좋은 뜻밖의 자원, 또는 흐름과 전체성을 향한 변화를 의미했다. 더 나아가 나는 이처럼 본인도 모르게 하는 몸짓들과 내가 미국 캘리포니아 대학교 버클리 캠퍼스의 젤러 바흐 회관의 공연에서 보았던 성스러운 무용 동작들 사이의 유사함에 심취되었다. **무드라**mudras라고 불리는 손, 손가락, 팔의 동작들은 세계 전역에 걸쳐 인간 경험의 전 영역을 가로질러 모든 것을 폭넓게 포용한다. 특히 아시아에서는 개인의 손과 손가락들이 취하는 동작들이 무용수나 관객들이 개인적으로 공감하는 것 이상으로 매우 깊고 보편적인 의미들을 전달하곤 한다.* 치료사가 내담자의 즉흥적인 무드라를 목격했을 때, 내담자를 잠시 멈추게 하고 이에 주목하도록 안내한다. 내담자는 이를 통해 '외적' 자세가 '내적'으로는 어떻게 느껴지는지 탐색한다. 이 시점에서, 내담자는 당연히 연결, 역량 강화, 흐름, 좋은 느낌, 그리고 전체성 등과 같은 강력한 자원들의 보물 상자를 접하게 된다. 나는 이와 같은 원형적 동작들은 인간의 무의식이 의식과 완벽하게 연결되는 특별한 순간에 나타난다고 믿는다. 즉, 인간의 뇌 속 원시적인 뇌간과 최상위인 신피질 기능이 통합되는 순간에 나타나는 것이다.

　　요약하자면, 행동은 치료사가 **직접** 인지할 수 있는 유일한 범주이다. 내담자가 처음에는 부분적으로 인지하고 있던 자신의 행동들에 서서히 눈을 뜨게 됨에 따라, 이러한 인식들을 통합해 내담자 스스로 관찰자의 역할로 발전해 나가기도 한다. 즉, 내담자 스스로 특정 행동들과 관련된 감각들에 주목하도록 상기시키는 것이다. 이것이 생각과 연결되면, 강박 및 중독 행동을 해결할 수 있는 강력한 도구가 된다.

---

*　　매란방Mei Lanfang이라는 북경 오페라의 전설적인 배우는 그가 연기하는 역할에 따라 수백 개의 특정 손동작들을 이용해 무언의 또는 언외의 다양한 정서적인 측면들을 전달했다.

정서 경로

네 번째 경로의 두 가지 하위 시스템은 범주형 정서와 감각 느낌felt sense 또는 감각 기반 느낌의 윤곽들이다.

▮정서

정서는 다윈에 의해 설명되고, 폴 에크만의 대규모 실험연구에 의해 개선된 범주형 정서들을 포함한다. 이러한 별개의 정서들에는 공포, 분노, 슬픔, 기쁨, 그리고 혐오감이 있다. 이와 같은 기분들은 내담자가 내적으로 경험하고 있는 것들이고, 내담자가 이에 대한 인식이 없을지라도 치료사는 내담자의 얼굴과 자세를 통해 이를 추론해낼 수 있다.

▮느낌의 윤곽

또 다른 수준의 정서는 느낌의 윤곽들이 나타나는 것인데, 이는 범주형 정서들보다도 우리 삶의 질과 우리가 어떻게 행동하느냐에 있어서 더 중요하다고 할 수 있다. 유진 젠들린Eugene Gendlin은 이러한 은은한 정서들에 대해 광범위한 연구를 진행했고, **감각 느낌**이라는 용어를 만들어냈다.[95] 우리가 아침 햇살에 빛나는 풀잎에 맺힌 이슬을 보거나 박물관에 있는 아름다운 그림을 즐길 때, 우리는 대개 범주형 정서를 경험하는 것이 아니다. 또한 한동안 보지 못했던 절친을 만났을 때, 우리는 공포, 슬픔, 혐오감, 또는 기쁨을 느끼는 것이 아닐 것이다. 느낌의 윤곽이란 감각을 바탕으로 한 끌림과 회피, 혹은 '좋음' 또는 '나쁨'의 느낌들을 가리킨다. 우리는 하루종일 이러한 기분의 미묘한 차이를 수도 없이 경험한다. 범주형 정서들을 느끼지 않은 하루는 상상하기 쉬운 반면, 이와 같은 감각 느낌을 경험하지 않은 하루가 있었는지 잠시 생각해보라. 그런 날 당신은 바다 한가운데에 방향타나 베어링이 없는 배처럼 길을 잃은 것과 같은 경험을 했을 것이다. 이러한 윤곽들은 우리에게 온종일 인생의 지향점과 방향을 제시해준다.

의미 경로

의미는 우리가 경험의 총체, 즉 감각, 심상, 행동, 정서의 통합적 요소들에 붙이는 꼬리표이다. 의미는 우리가 내적 경험 전부를 신속하게 처리하여 우리 자신과 다른 이들에게 소통하기 위해 사용하는 서술적 표시와 같다. 모든 사람은 자신이 명백한 진실로 받아들이는 고정된 신념이나 의미를 갖고 있다. 트라우마를 입게 되면, 그 사람의 신념들은 지나치게 편협하고 구속적으로 변한다. 예를 들어, 이러한 경우들이 구체화된 만트라mantras*로는 "사람들은 믿을 수 없어.", "이 세상은 위험해.", "나는 먹고 살기에 충분한 돈을 절대 벌지 못할거야.", 또는 "나는 사랑스럽지 않아." 등이 있다. 이러한 신념들은 종종 원초적인 두려움과 연관되어 있고, 대체로 부정직이고 제한적이다.

믿기 힘들겠지만, 우리는 생존하기 위해 부정적인 신념을 갖도록 프로그래밍 되었을 가능성이 크다. 예를 들어, 당신이 어느 장소에서 곰과 마주쳤다면, 당신은 아마도 "여긴 위험한 곳이야.", "다음부터는 이쪽으로 오지말자."와 같은 의미를 얻게 될 것이다. 유감스럽게도 만약 누군가 어린 시절에 트라우마를 겪었거나 공포심에 의한 깊은 영향을 받았다면, 이러한 의미들은 구석구석 스며들어 단단히 자리 잡게 된다. 이 경우 나중에 내담자는 광범위하게 변하는 감각과 기분들을 자유롭게 접하기보다는, 과거 트라우마나 초창기의 조건 형성에서 비롯된 의미들에 근거하여 판단을 내리게 된다. 나는 이와 같은 제한적인 속단을 **성급한 인지**premature cognition라고 부른다.

치료사는 SIBAM 모델을 사용하여 내담자가 자각의 네 가지 경로를 통해 **새로운** 의미를 찾을 수 있도록 돕는다. 인지가 충분히 오래 정지될 때, 감각, 심상, 행동, 정서와 같이 다양한 경로들 (그리고 하위 시스템들)을 통해 흐름을 경험하는 것이 가능해진다. 그리고 이처럼 전개되는 몸/마음 의식으로부터 **새로운** 의미들이 생겨나는 것이 가능해진다. 예를 들어, 내담자가 '내 배우자는 부적절한 행동을 하고 있다' 또는 '나는 사랑스럽지 않다'는 특정한 고정된 믿음을 갖고 있다고 하자. 이때 치료사는

---

* **역자 주** 만트라는 진언으로써, 이는 밀교에서 여러 불·보살 또는 제천(諸天)에 호소해서 기도하거나 의식에 효력을 부여하기 위해서 외우는 주문을 의미한다.

내담자가 그 믿음에 대하여 이야기하게 돕기 보다는, 내담자로 하여금 이런 생각이 들 때 발생하는 신체 반응의 위치들을 살펴보도록 격려한다. 즉, 몸의 어느 부분들이 긴장되어 있는지, 어디가 탁 트이고 넓게 느껴지는지, 그리고 무너지는 듯한 느낌이 드는 곳이 있는지에 주목하도록 돕는 것이다. 더 나아가 내담자에게 텅 비어있는 듯한 느낌에 집중해보도록 묻는 것은 매우 중요한 과정이다. 이와 관련된 흔한 예로는 (특히 성적 트라우마를 겪은 내담자들의 경우) 골반을 전혀 느낄 수 없다거나 몸통이나 다리로부터 분리되어 있는 듯하다는 느낌들이 있다. 내담자에게 본인의 머리끝부터 발끝까지 살펴보도록 물었을 때, 내담자는 골반에 감각이 없는 듯한 이상한 느낌을 이야기할 수도 있다. 물론 이러한 감각의 부재는 치료사로 하여금 내담자가 무엇을 회피하고 있는지에 대해 이해할 수 있도록 돕는다.

 ## SIBAM의 다섯 가지 요소로 작업하기

SIBAM 모델은 개인적 경험이 충격적이든 성공적이든 간에 신경생리학적, 행동적, 그리고 신체적 양상들을 포함한다. 치료 과정 중 성공적인 결과나 교정 경험이 일어날 경우, SIBAM 요소들은 당면한 상황에 적절한 유동적이고, 지속적이며, 일관성 있는 반응을 보인다. 만약 누군가 미해결된 트라우마로 인해 고통받고 있다면, 트라우마와 연관된 것과 트라우마로부터 분리된 것의 다양한 측면들은 점점 더 고착화되고, 왜곡된 현실 부적응적인 패턴들에 계속 머무르게 된다.

이와 같이 고착된 패턴의 한 예를 살펴보자. 자연, 공원, 초원, 그리고 잔디 언덕을 사랑하는 한 여성이 있다. 그런데 깎은 잔디 냄새를 맡을 때마다 메스껍고 불안하며 어지러운 느낌을 받는다. 그녀는 잔디는 피해야 할 것이라는 믿음(M)을 갖고 있다. 그녀의 후각적, 시각적 심상(I)은 내장과 전정계로부터 오는 메스꺼움과 현기증의 감각(S)과 관계가 있거나 결합되어 있다. 부정적인 결과를 가져오는 이 반복적인 정적 피드백 루프는 수수께끼와 같다. 그녀는 이 사건의 어느 부분에 대해서는 자각하지 못하고 있다. 이런 일이 왜 일어나는지 그 이유를 모르며, 단지 자신이 잔디를 무척 싫어한다는 것(M)을 알 뿐이다. 이 여성은 깎은 잔디를 보고 냄새를 맡는 상상을 하며 감각과 심상들을 보다 상세히 탐색하기 시작한다. 이를 탐색하자, 그녀는 공중에서 회전하고 손목과 다리가 잡혀 있는 새로운 감각을 경험한다. 그다음에는 네다섯 살 무렵에 자신을 자주 괴롭히던 오빠가 집 앞 잔디밭에서 그녀를 들어 올려 비행기를 태우는 촉각적 이미지를 떠올린다.

그녀는 겁이 났지만(이전 A), 몸을 떨고 숨쉬기를 하자 더이상 위험하지 않다는 사실을 깨닫는다. 그녀는 평온한 사무실 안을 둘러본 후, 치료사의 사심 없는 얼굴 쪽으로 고개를 돌려 자신이 이디에 있는지를 확인한다(B). 다시 찾은 안전감이 유지되자, 조금 진정한다. 그녀는 자연스러운 호흡을 하고(새로운 B), 배에 안정감을 느낀다(새로운 S). 그러자 손목 주변의 긴장감(이전 S)과 손목을 빼내려는 충동(새로운 S)을 감지한다. 성대의 운동 근육을 사용하여 "그만해!"라고 외치자(새로운 B), 마음속에 차오르는 분노의 물결을 느낀다(새로운 A). 다시 안정을 되찾고, 봄햇살의 따스함을 느끼며 부드럽게 새로 깎은 잔디 위에 누워있는 촉각적인 기쁨을 느낀다(새로운 I). 풋풋한 잔디는 더이상 불쾌한 감각과 연결되어 있지 않다(이전 M). 새로 다듬어진 푸른 잔디는 나무랄 데 없고, 공원은 신나는 장소이며, '모든 것이 괜찮다'(새로운 M). 그녀는 더이상 그런 상황에서 메스껍거나 불안한 기분을 느끼지 않는다.

위의 간단한 예는 이 생물학적 모델의 요소들이 어떻게 연결되면서 고착 또는 흐름의 복잡한 연결망을 형성하는지를 잘 보여준다. 누군가 내부 감각을 느낄 때는 자연적으로 흔히 동시에 심상이 나타나거나 그 직후에 나타난다. 만약 내담자가 심상으로 인해 고통 받고 있다면, 그가 인지하지 못하고 있는 감각이 이를 동반하고 있을 수도 있다. 치료사의 안내에 따라 내담자는 이 두 가지 요소를 인지할 수 있게 되고, 이후 행동, 정서, 또는 새로운 의미가 이를 따른다.

우리가 이와 같은 과정을 이해하고 방해하지 않는다면, 생물체는 자연스럽게 이를 따라 움직인다. 감각 기반의 뇌간은 몸의 항상성을 유지시키는 일을 하는데, 이는 우리 몸의 좋은 느낌을 **자연스럽게** 회복시킨다. 따라서 나의 경우, 낸시, 그리고 위 여성의 예시에서와 같이, 현재의 순간 안에서 안전감을 느끼며 내담자 몸의 행동이 의식 위로 올라올 때, 이전에 좌절되었던 동작들이 본질적으로 해결되거나 교정적인 경험을 하게 된다. 이러한 해결은 에너지의 방출로 이어지고, 이에 따라 새 옵션과 의미를 가져오는 새로운 정서(A)가 야기된다. 만약 내담자가 행동과 감각을 인지하고 있지 못하다면, 고착된 심상은 대개 고착된 정서 및 생각으로 이어지고 이로 인해 내담자는 어려움에 처하게 된다. 고착된 행동이 새로운 방식으로 마무리되지 못하면, 습관적이거나 또는 (과도하게) 결합된 정서를 야기하게 된다. 행동은 준비를 위한, 보호하려는 방어적인 정향반응을 반영하기 때문에, 내담자가 얼어붙은 상태에서 벗어날 때 감각운동적 충동들을 마무리할 수 있게 돕는 것은 외상후 스트레스장애라는 옥죄고 제한적인 감옥의 문을 여는 데 있어 핵심이라고 할 수 있다.

치유자로써 치료사의 과제는 내담자가 보여주는 SIBAM 요소들 중 어떤 것들이 오래되었고, 조건반사적이며, 비효과적인 패턴들인지, 그리고 어떤 요소들이 무의식 속에 숨겨져 완전히 사라진 상태인지에 알아차리는 것이다. 이러한 정보들을 파악할 수 있을 때, 우리는 내담자들이 과거 트라우마와 연관된 이러한 익숙한 생리적 경험들에 뒤엉켜 있는 상태에서 벗어날 수 있게 하는 신체적 수단들을 제공할 수 있게 된다. 감사하게도 이를 통해 사람들은 인생의 모든 새로운 경험들을 건강하고, 유연하며, 역동적으로 이해할 수 있는 힘을 회복하게 된다.

▼

PART 2

이야기꾼인 우리의 몸: 마음의 아래

우리는 사실을 아는 것이 아니라 숨기는 것에 마음을 쓴다.
이 가림막이 가장 효과적으로 숨기는 것 중 하나는 몸, 우리 자신의 몸이다.
즉, 몸 안 구석구석 상세한 부분들을 감춘다는 뜻이다.
마치 피부 위로 덮인 베일처럼, 이 가림막은 하루하루의 여정 속에서
삶의 흐름을 이루고 있는 우리 몸 안의 상태들을 부분적으로 마음에서
지워버린다.

— 안토니오 다마시오, 〈어떤 일이 일어날 때의 느낌〉

8장
—

상담실에서

사례 예시
—

지식을 얻으려면 공부를 해야 한다.
그러나 지혜를 얻으려면 유심히 지켜보아야 한다.

- 메릴린 보스 사반트Marilyn vos Savant

그저 바라보는 것만으로도 우리는 많은 것을 알 수 있다.

- 요기 베라Yogi Berra, 〈뉴욕 양키스의 포수〉 (1950년경)

신체적인 느낌에 익숙한 치료사는 정신과 영혼의 원초적 삶을 보여주는 축복 받은 창을 갖고 있다. 아무리 많은 대화를 한다 해도 이런 유리한 시각과 견줄 수는 없다. 정신의학이 출현하기 한참 전, 프랑스 철학자 파스칼Pascal은 "몸에는 이성이 설명할 수 없는 그만의 이유가 있다."라고 언급했다. 이와 비슷하게, 오스트리아의 비트겐슈타인Wittgenstein은 "몸은 마음을 보여주는 최고의 그림이다."라고 기록했다. 19세기 말에 호주의 F. M. 알렉산더는 사람의 자세에 관한 광범위한 연구를 진행했는데, "심리학자들이 무의식에 대해 말할 때는 몸에 대해 이야기하고 있는 것이다."라고 결론지었다.

오늘날 심리치료에서 몸에 대한 인식이 결여된 것에 대하여 분석가인 무사드 칸Musad Kahn은[96] "환자를 볼 때 단지 말한 내용과 정서반응만을 관찰하고 분석하는 것이 아니라, 몸을 가진 사람으로 바라봄으로써 얻는 지식과 경험에 대하여 논의하는 보고서를 한 번도 본 적이 없다."라며 통탄했다.

신체 지향 치료사들은 조심스레 보조를 맞추어 가면서, 내담자들에게 새로 생겨나는 신체 감각들을 살피도록 초대하는 피드백을 제공한다. 이 피드백은 내담자가 자각할 수 있도록 치료 회기 내내 발생하는 내담자의 자세, 몸짓, 얼굴의(정서적인), 그리고 신체적인 부분의 변화를 알아보고 추적할 수 있는 치료사의 역량에 주로 기반을 둔다. 이는 내담자와 치료사가 이성이 닿을 수 없는 저편에 존재하는 무의식적 갈등과 트라우마를 접하는 것을 가능하게 한다. 프로이트는 이러한 개념에 대하여 초기 작업에서 파악한 것으로 보인다. 그는 "마음은 잊었지만, 몸은 감사하게도 잊지 않았다."라고 말했다. 그렇다, 감사하게도! 비록 프로이트는 이러한 전제를 방치한 듯 보였지만, 그의 제자인 빌헬름 라이히Wilhelm Reich는 우리 몸 안에 갈등이 어떻게 머무르는지에 대해 전 생애에 걸쳐 연구했다. 그는 "상담실에 관한 한, 그곳에는 두 마리의 동물과 두 개의 몸이 있을 뿐이다."라고 이야기했다.[97]

　이번 장에서는 5장과 7장에서 다루었던 원리들을 설명하기 위해 나의 치료 사례를 예시로 사용하고자 한다. 치료 회기 처음에는 내담자가 자신의 무의식적 자세에 대한 치료사의 피드백을 이해하지 못할지 모른다. 그러나 내담자는 점점 감각을 인지함에 따라 그 감각들을 통하여 내적 자원들을 접하고, 또한 몸의 미묘한 자극을 통하여 자신을 '알아가는' 역량을 키우게 된다. 첫 번째 (미리엄) 예시에서는 표현력이 있지만 감추어진 신체 언어를 소개한다. 이 예시는 상대적으로 간단하며, 치료사가 내담자의 자각을 촉진하고 감각, 감정, 지각, 그리고 의미의 통합을 향상시키기 위하여 활용할 수 있는 기본적인 몸 지향적 관찰 기법들을 보여준다.

미리엄: 몸의 무언의 언어 속으로

미리엄이 방으로 들어와 머뭇거리며 앉은 뒤, 팔짱을 단단히 낀다. 이 자세는 융통성 없는 자기방어의 인상을 준다. 물론, 팔짱을 끼는 데는 여러 가지 이유가 있을 수 있다. 어쩌면 마음을 가라앉히기 위해서일 수도 있고, 몸을 따뜻하게 하기 위해서일 수도 있다. 이는 전체적인 맥락에 달려있다. 미리엄은 다리를 꼬고 발을 계속 떨면서 불안해하고 있다. 얼굴은 눈에 띄게 수척해 보이고, 얇은 입술은 굳게 다물어져 있다. 미리엄은 결혼과 직장 생활이 불만족스럽고 원망스럽다고 이야기한다. 그녀는 '자주 기분이 나쁘고' 밤에 잠드는 것이 어려우며, 종종 복통이 일어나고 다리를 가만히 두는 게 힘들어서 잠이 깨곤 한다. 그녀는 이런 거슬리는 경험들을 "마치 누군가가 밤 중에 나를 발로 차 깨우는 것과 같다."고 푸념하듯 설명한다. 주치의는 '하지불안증후군'이나 우울증이 있는 것 같다며 항우울제 복용을 제안했다. 그러나 그녀는 우선 노력해보고 '이야기를 하고' 싶어 한다.

미리엄의 신체 언어는 정신적 고통과 '저항'을 나타낸다. 이 저항은 그녀가 자신을 어떻게 보호하는지 보여주는 신체적인 표현이다. 미리엄은 부분적으로는 외부 '공격'을 받은 것처럼 스스로를 방어하고 있다. 그러나 주로 스스로 단절시킨 감각과 느낌으로부터 자신을 보호하고 있는 것이다. 저항은 조심스럽고 우회적인 방식으로 다루어져야 한다. 정면 대결을 하는 것은 일반적으로 문제의 소지가 있다. 저항을 직접적으로 '공격'하는 것은 이를 더 심하게 만들거나 혹은 이를 무분별하게 부숴 버리는 것과 같다. 이와 같이 방어를 갑작스럽게 무너뜨리는 것은 격한 감정과 혼돈, 그리고 트라우마의 재경험을 야기할 가능성이 크다.

몸의 수준에서 저항을 관찰하면 치료사는 회기가 진행됨에 따라 내담자가 감각과 느낌에 친숙해질 수 있는 능력을 차차 발전시켜 나가는 것을 추적 관찰할 수 있다. 그리고 이에 따라 언어적이거나 비언어적인 다양한 치료적 개입들의 효과와 강도를 가늠할 수 있게 된다. (적절한 반영, 보조 맞추기, 그리고 거울 반응을 통하여) 내담자가 안전함을 충분히 느끼게 됨에 따라 인정받고 존중받는 기분을 느끼기 시작한다. 그리고 경계하는 자세가 자연스럽게 점점 사라진다. 반면 내담자가 마음을 터놓기 위해 너무 과하게 노력을 하게 되면 (예를 들어, 신체적, 감정적으로 준비된 수준보다 더 많이 이 야기하게 될 경우) 몸이 격렬한 저항, 또는 비언어적이거나 언어적인 행동들의 부조화를 통해 이를 반영할 것이다. 그러나 치료사가 내담자의 갑자기 증가하는 자각을 추적하고 그녀의 자기방어적인 신체 기제들을 (몰아붙이거나 피하지 않은 채) 추적할 수 있도록 도움을 줄 수 있을 때, 몸의 무의식적인 소통 시스템이 보다 깊은 수준에서 치료사와 내담자 모두에게 이야기하기 시작한다.

미리엄은 처음에는 자신이 습관적으로 팔짱을 끼는 것을 의식하지 못했지만, 이는 상대적으로 수의적인 몸짓이라 할 수 있다. 그녀가 보다 더 안전하게 느끼고 자신감이 늘어남에 따라 이러한 무언의 이야기들이 습관적이 아닌 자발적인 표현으로 나타난 것이다. 그녀가 새로 생긴 느낌들에 깊게 접근하게 됨에 따라 핵심적인 문제들이 표면 위로 올라와 이를 탐색하는 것이 가능해진다.

미리엄은 계속해서 직장에서의 어려운 점들과 남편 헨리와의 갈등에 대해 이야기한다. 이러한 문제들은 몇 분 전에도 이야기했던 문제들이지만, 이번에는 목소리에 기운이 더 있다. 그녀는 양팔을 앞쪽으로 살짝 뻗는 자세를 취한다. 그녀의 양손이 손목과 거의 직각을 이루어서, 마치 무엇인가를 밀어내는 듯이 보인다. 나는 그녀의 동작들을 '거울처럼 보여주고' 그녀 스스로 인식하지 못하고 있는 동작들을 느끼고 신뢰할 수 있도록 돕는다.*

---

* 　　우리 인간들이 타인들의 생존 기반 동작들에 얼마나 동조하는지를 잘 보여주는 베아트리체 겔더의 연구에 대한 4장의 논의를 생각해보라. 이러한 결과들은 거울신경세포에 관한 연구들과 관련이 있다. 거울신경세포는 동물이 움직일 때, 또한 다른 동물이 그와 똑같은 행동을 하는 것을 목격할 때 활성화된다. 따라서 이 신경은 마치 관찰자 자신이 동일한 행동을 하는 것마냥 타인의 행동을 따라 하게 한다. 이러한 신경들은 포유류의 뇌 속 전운동피질, 뇌섬엽, 그리고 대상회 부분에서 직접 발견되었으며, 이 신경이 체내의 상태와 감정을 소통하는 데 있어서 중요함을 시사했다. 신경 과학자인 스테파니 프레스턴Stephanie Preston, 네덜란드의 영장류 동물학자인 프랜스 드 발Frans de Waal, 그 밖의 신경과학자들은 거울신경세포가 공감 능력에 중점적으로 연루되어 있다는 사실, 그리고 반영하는 것은 몸이므로 친밀한 순간들은 본질상 비언어적이라는 사실을 받아들였다. 인간의 거울신경세포와 일관되는 뇌의 활동은 전운동피질, 상·중간전두피질, 그리고 하두정피질에서 발견되었다. 이 연구에 관한 자세한 사항들은 4장을 참고하라.

나는 미리엄에게 팔을 뻗는 동작과 팔목을 구부리는 동작에 집중하고, 천천히 동작을 반복하도록 제안한다. 그리고 그녀의 동작이 안으로부터 신체적으로 어떻게 느껴지는지 감지하도록 하기 위해 동작을 할 때 팔이 **어떻게** 느껴지는지에 집중하도록 청한다. 처음에 그녀는 어리둥절해 보인다. 그러나 몇 번 반복한 후, 그녀는 동작을 멈추고 미소를 지으며 말한다. "제가 무언가를 밀어내려고 하는 것처럼 느껴져요... 아니, 어쩌면 무언가를 버티고 있는 걸지 몰라요... 저는 공간이 더 필요한 것 같아요. 그런 느낌이 들어요." 그녀는 두 팔을 앞에서부터 양쪽으로 부드럽게 펼쳐서 180도의 자유로운 운동 범위를 만들어낸다. 그녀는 깊고 자연스러운 숨을 내쉰다. "이제 숨이 막히는 느낌이 없어요. 배는 처음 시작할 때보다 덜 아프고요." 그녀는 다시 손목을 구부리고 양팔을 뻗는다. 이번엔 몇 초동안 팔을 쭉 뻗은 채 그대로 있는다. "다 같은 문제에요... 직장이나 남편이나 마찬가지예요." 그녀는 허벅지에 양손을 조용히 내려놓는다. "이 동작은 저한테 정말 힘들어요. 도대체 왜인지 모르겠지만... 저는 이렇게 할 권리가 있다고 느껴지지 않아요... 제 공간을 가질 권리가 없는 것처럼 느껴져요."

나는 그것이 감정에 가까운지 생각에 가까운지 그녀에게 물어보았다. 그녀는 잠시 멈춘 후, 피식 웃으며 "하. 이건 그저 생각인가 보네요."라고 말한다. 그리고 더 큰 웃음을 보인다.

미리엄이 자신의 비언어적인 몸의 표현을 접함으로써 헨리, 그리고 직장에 관한 반복적인 생각들의 외관 밑으로 들어가 몸이 말하고자 하는 이야기를 자유롭게 탐색할 수 있게 되었다. 이 새로운 운동감각적이고 자기수용적인 자각을 통해 그녀는 내적 갈등의 저변에 있는 **신경근육적인 태도**를 인지하기 시작한다.

자신의 신체 경험에 적응한 뒤, 미리엄은 다시 긴장하기 시작한다. 나는 그녀의 경동맥 박동을 관찰하고 압박감을 느끼는 빠르고 얕은 호흡과 함께 심장박동이 증가하는 것에 주목한다. 나는 그녀에게 미심쩍은 생각을 잠시 접어두고 몸에 다시 집중하기를 청한다. 이 제안에 안도한 그녀는 두 눈을 감는다.

"이제 좀 더 단단해진 느낌이에요... 제가 더 있는 것 같은 느낌이랄까."

내가 몸 **어디에서** 단단함이 느껴지는지 찾아보길 요청하자, 그녀는 "모르겠어요. 그냥 그런 느낌이에요."라고 말한다.

나는 "천천히 하세요."라고 제안한다. "너무 힘들게 애쓰지는 마세요. 그대로 몸 안에 머물면서 무엇이 알아차려 지는지 살펴보세요."

미리엄은 눈을 감는다. 그녀는 조금 혼란스러워 보이고 1~2분간 말을 하지 않는다. "대체로 제 팔과 다리에 있어요... 거기에 뭔가 알맹이들이 좀 더 많이 있는 것 같아요... 그곳들이 더 단단하게 느껴져요... 그냥 그런 느낌이 드네요."

이 시점에서 미리엄은, 내 제안 없이 눈을 감음으로써 이번엔 보다 더 자발적인 탐색을 시작한다. 1~2분 뒤, 그녀의 턱이 아주 미세하게 떨리기 시작한다. 나는 그녀가 스스로 이를 발견할 수 있을지 기다리며 지켜본다.

"기분이 이상해요."라며 미리엄은 "몸 안이 떨리는 기분이에요. 기분이 안좋아요... 뭔가 인에 섬뜩한 기분이 들게 해요... 통제불능의 상대로 긴다해야하나, 마치나 자신이 아닌 거 같은, 내가 아닌 거 같은 기분이에요."라고 한다.

나는 새로운 감각들은 처음에 낯설고 불편하게 느껴질 수 있다고 설명한 후, "그냥 그렇게 놔두어 보세요... 잠시 동안 그 감각들을 판단하거나 이름 붙이는 것을 멈추고요."라고 격려한다. 미리엄은 그 느낌이 악화되어, 더 불편해졌다고 이야기한다. 나는 그녀의 기분을 인정해주고, 그녀가 조금 전 힘 있게 느꼈던 팔과 다리 쪽으로 그녀의 초점을 잠시 옮기기 위해 부드럽지만 단호하게 "조금만 더 그대로 있어 보세요."라고 격려한다.

"흠. 안 떨리네요... 오히려 강한 게 느껴져요... 턱이 떨리네요... 거기가 떨림이 느껴지는 곳이에요... 제 다리는 단단해요."

힘이 북돋아지는 듯한 팔다리의 감각은 그녀가 나약함과 연관된 '떨리는' 감각을 압도되지 않은 상태로 느낄 수 있도록 지지해준다. 호흡은 계속해서 자연스럽게 깊어진다. 피부는 따뜻한 장밋빛을 띠며, 이는 그녀 안의 사회적 유대 시스템이 작동하기 시작했다는 것을 나타내어 준다.

나는 그녀에게 천천히 눈을 뜨고 주변을 둘러보길 권한다. 그녀는 "신기하네요."라고 말한다. "모든 것이 좀 더 또렷하게 보여요. 색상들이 더 선명하게 밝아 보이고... 좀 더 따뜻하게 느껴지기도 해요. 흠, 제 몸이 조금 더 따뜻한 것 같네요. 떨리는 것도 줄어들었고... 두려움도 덜하고... 제 내면으로 다시 돌아갈 수 있을 것 같은 느낌이에요. 그렇게 해볼까요?"

나는 개인의 선택이 얼마나 중요한지를 알기에 그녀에게 "하고 싶은 대로 하세요."라고 말한다. "제가 해드릴 수 있는 말은, 당신이 서서히 내면으로 들어가기 시작했고, 두려움과 무력감은 줄어들었다는 겁니다."

그녀가 나를 잠시 쳐다보더니, 눈을 돌려 아래 바닥을 응시한다. 그리고는 다시 천천히 눈을 위쪽으로 돌려, 나와 눈을 마주친다. 그녀의 눈에서 눈물 한 방울이 볼을 따라 흐른다. "맞아요, 두렵진 않아요... 한편으로는 조금 흥분되기도 하고... 계속하고 싶어요... 조금 무섭지만 할 수 있을 것 같아요... 당신의 도움이 좀 필요할 뿐이에요." 그녀의 눈에서 눈물이 더 흘러내린다. 그녀가 목이 메어 말을 더듬는다. "도움을 요청하는 건 저에게는 힘든 일이에요... 감정적으로 되죠... 저는 도움을 청한 경험이 많지 않아요."

이와 같은 그녀의 인식은 사회적 유대 시스템이 작동하고 있고, 더 깊은 탐색이 가능해졌다는 것을 알려준다. 나는 "당신을 도울 수 있어 기뻐요."라고 알린다. 내가 어떻게 지지하는 것이 도움이 되겠냐 묻자, 그녀는 지금껏 하고 있던 그대로가 좋다고 이야기한다. 나는 조금 더 구체적으로 설명해달라고 부탁한다.

"글쎄요. 잘 모르겠는데요."라고 그녀가 말한다. "어쩌면 당신이 여기에 있다는 느낌과 관련이 있는 거 같아요. 저를 위해 여기에 함께 있다는 그 느낌이요. 당신의 피드백을 받으면, 제가 무엇을 느끼는지 더 생각해보게 되는 것 같아요... 어떤 면에서는 제가 누구인지에 대한 거죠."

나는 그녀 얼굴에 긴장이 풀리는 것을 보며, "방금 그렇게 이야기를 할 때, 더 깊게 무언가 내려놓는 듯 보이네요."라고 말한다. 미리엄이 미소 짓는다. 나는 "몇 분 전 당신이 도움을 요청한 경험이 없다고 이야기했을 때와 다르게 보여요."라고 그녀에게 전한다.

그녀는 "맞아요. 제 자신을 위해 이곳에 있을 수 있도록 도움을 요청한 것은 색다른 경험이에요... 제가 당신보다 못한 게 아니라, 뭔가 동등한 위치에 있는 것으로 느껴져요... 그게 편하죠... 뭐랄까, 만약 제가 당신이 제안한 어떤 것을 하기 싫다면 지금 당장 이야기할 수 있을 것 같은 느낌이에요."라고 이야기 한다. 그녀는 바로 팔과 손을 뻗어 수평으로 움직이며 반원을 그린다. "그래요, 이게 내 영역이에요. 저는 제 한계를 그을 수 있죠. 기분이 좋네요... 그리고 저는 당신에게 제가 무엇이 필요한

지 이야기할 수 있어요."

우리는 함께 미소 짓는다. 미리엄은 눈을 감고 조용히 몇 분간 앉아있는다. 단순해 보이지만, 경계를 긋고 유지할 수 있는 실제적이고 운동감각적이며, 자기수용적인 경험을 하는 것은 미리엄에게 중요한 신체적 경험이 되고, 이는 평소 그녀의 세계관에 스며들어 있는 무력감과는 대비되는 경험이다. 방어적인 자세로 팔짱을 끼고 있던 그녀의 팔이 다리 위에 편하게 놓여있는 모습은 그녀가 이전보다 열린 자세로 내면을 들여다볼 준비가 되었음을 보여준다.

미리엄은 "처음에는 다시 떨림이 느껴졌어요... 떨림이 좀 더 심해졌고, 그 뒤에는 자연스럽게 서서히 안정되기 시작했어요."라며 이야기를 이어간다. 그녀가 활성화/비활성화의 순환고리를 통해 자기조절을 하기 시작한다. "제 배에서부터 시작된 온기가 파도처럼 퍼져나가는게 느껴졌어요... 느낌이 좋았어요... 온기가 제 손과 다리로 흘러들어오는 것까지 느껴졌죠... 그런데 그 직후에 배가 조여드는 듯한 기분이 들었어요. 속이 울렁거리고 메스꺼운 기분이 들기 시작했죠. 그 순간 제가 전 남편 에반을 생각하고 있다는 걸 깨달았죠. 실제로, 그가 저를 향해 걸어오는 모습이 그려졌어요. 그는 결혼 한 달만에 죽었죠... 저는 그의 죽음을 아직도 극복하지 못하고 있는 것 같아요... 그가 죽었다는 걸 믿을 수 없었어요... 아직도 믿기지 않아요... 저는 에반의 꿈을 자주 꿔요. 늘 같은 꿈이죠. 그가 저에게 다가오고, 저는 실의에 빠져있죠. 저는 그에게 왜 저를 떠났냐고 물어요. 그는 제 질문에 답하지 않고, 등을 돌려 떠나 버려요. 저는 울고 싶은 기분으로 잠이 깨고, 목이 메어요. 그렇지만 헨리가 아는 건 원치 않아요. 제게 무슨 문제가 있는 것 같아서, 정말 괴로워요... 저는 그에게 어떤 고통도 주고 싶지 않아요."

"미리엄, 지금부터 저를 따라 말해보고, 말을 하면서 당신 안에 어떤 반응들이 일어나는지 한번 지켜보세요. 하지만 이 말은 제가 하는 말이라는 것을 잊지 말아요. 당신에겐 별 의미가 없을지도 몰라요. 저는 당신이 한번 이 말을 해보고 몸이 어떻게 반응하는지를 지켜보길 제안하는 거예요. 이 말에 대해 너무 심각하게 생각하지는 말고, 그냥 따라 해보세요. 그렇게 해봐도 괜찮겠어요?" 나는 이 말이 진짜인지(아니면 가짜인지)를 알기 위해서가 아니라, 그녀의 신체 감각과 느낌에 어떤 영향을 미치는지를 그녀가 직접 관찰할 수 있도록 하기 위해 이와 같은 제안을 한다.

그녀는 고개를 끄덕인다. "좋아요, 괜찮아요. 저도 이 느낌들, 꿈들에 대해 할 수만 있다면 무엇이든 해보고 싶어요."

"좋아요, 그럼 이 문장을 따라 해보세요. '나는 그 일이 일어났다는 사실을 믿지 않아요. 나는 당신이 진짜로 죽었다는 걸 믿지 않아요.'" 이는 부정하는 것의 직접적인 신체 경험을 그녀가 자각하도록 함으로써 이를 다룰 수 있도록 하기 위해서이다.

미리엄이 숨을 죽이고 창백해진다. 심박수가 80에서 60으로 급격히 떨어지고, 이는 미주신경 부동성/정지 시스템이 작동했음을 보여준다. "미리엄, 괜찮나요?"라고 나는 묻는다.

"괜찮아요... 그런데 메스껍고 배가 조여와요... 마치 차갑고 단단한 주먹이 조이는 거처럼요... 다시 속이 안 좋아요... 이번엔 좀 더 심하네요... 근데 제가 감당할 수 있는 정도 같아요... 만약에 너무 심해지면 제가 먼저 말씀드릴게요."

나는 "미리엄, 당신이 감당할 수 있는 정도인지 어떻게 알 수 있나요? 어떤 느낌인 거죠?"라고 물음으로써 그녀가 견디기 힘든 감각들을 감당하는 능력을 가늠하는 역량을 더 늘릴 수 있도록 돕는다.

"음... 이번에도 대부분 팔과 다리에서 느꼈어요. 팔과 다리가 떨리긴 하지만 여전히 단단하게 느껴져요." 눈을 감은 채로, 미리엄이 눈에 띄게 떨기 시작한다.

나는 "괜찮아요."라고 말하며 그녀를 격려한다. "그냥 한번 시도해보고, 그대로 있어 보세요. 필요하면 눈을 떠도 된다는 사실을 기억하고요. 혹시 제 발을 당신 발 옆에 놓아도 괜찮을까요?"*

"네, 그러면 좋을 것 같아요... 아, 진짜 그게 더 기분이 낫네요." 떨림의 정도가 커진다. 조금 안정되었다가 다시 커졌다가 안정되기를 몇 번 반복한다. 미리엄이 깊은숨을 몇 번 자연스럽게 쉬고, 잠잠해진다. 그녀는 평화로워 보인다. 손과 얼굴의 색은 체온이 급격히 올랐음을 보여준다. 이마에서 땀이 흐르기 시작한다.

"지금은 어떤가요, 미리엄?"

"굉장히 더워요... 열기가 파도치듯 저를 불태우는 것 같아요... 굉장히 강렬해

---

* 나는 그녀가 자신의 내부로 들어가는 과정에서 나와 계속 연결되어 있을 수 있도록, 또 그와 동시에 그녀가 마음속 중심을 잃지 않도록 하고자 이러한 제안을 한다.

서, 예전에는 한 번도 느껴보지 못한 기분 같아요... 어쩌면 예전에 한번 제가... 누군가와 함께 있을 때... 맙소사!"

나는 그녀에게 "괜찮아요. 그냥 가만히 앉아있어 봐요. 그대로 안정될 수 있게요."라고 제안한다.

미리엄이 훌쩍이며 울기 시작하자 눈물이 흘러내린다. "아주 깊게 느껴져요. 예전에는 이런 걸 느낄 수 없었어요. 그가 죽었을 때는 감당할 수 없었죠. 그런데 지금은 달라요... 제 몸 안에 고통이 느껴지긴 하는데, 그 고통 때문에 제가 무너질 것 같진 않아요... 아, 배에서 느껴지던 고통은 완전히 사라졌어요... 그리고 그쪽에서 온기가 느껴져요... 부드러운 따듯함이에요." 이것이 바로 안전의 섬들을 연결하는 예시이다(5장의 2단계 참고). 자원의 연결은 미리엄이 경계를 형성함에 따라 팔과 다리의 기운과 단단함의 감각에서 시작된다. 그 후 내장 속 온기와 팽창의 감각들을 경험함으로써 미리엄은 힘이 북돋아지는 동시에 온전하고 좋은 느낌이 번져나가는 것을 느끼게 된다. 이러한 자원의 '연쇄' 반응은 그녀로 하여금 점차적으로 트라우마 경험의 핵심이라 할 수 있는 마비감과 무력감의 느낌을 경험할 수 있도록 돕는다. 마비감과 무력감에 압도되지 않은 상태에서 이를 경험함으로써, 그녀의 시간은 현실을 부정하던 얼어붙은 과거에서부터 현재로 이동해간다. 이 회기의 다음 단계에서 미리엄은 분노, 상실과 죄책감이라는 '미해결 과제'를 다룬다. 경직된 상태에서 유동적인 상태로 움직임으로써, 미리엄은 감각적인 생동감을 일깨운다.

이 시점에서 나는 미리엄에게 잠시 몸의 감각을 인지하며 조용히 앉아있길 권함으로써 명상과 비슷하게 어떠한 감각, 느낌, 심상, 혹은 단어가 떠오를지 지켜보도록 권한다. 그녀가 조용해지지만, 이는 치료 회기 초반에서처럼 얼어붙은 상태는 아니다. 그러나 잠시 뒤, 그녀가 또 한 번 긴장한다.

"특별히 떠오르는 이미지는 없어요... 음, 글쎄, 뭔가 떠오르긴 하는데, 그건 전남편을 떠올린 거라고 해야 할 것 같아요. 그리고 온몸이 긴장된 것처럼 단단하게 느껴져요."

나는 "그대로 지켜보세요. 그 긴장감을 느끼는 상태로 조금 더 있으면서 몸에 어떤 느낌이 오는지 한번 지켜보죠."라고 제안한다.

그녀의 몸이 다시 안쪽으로 낮춰지는 듯 보인다. "배가 굉장히 조여서 마치 터져버릴 것만 같아요."

"터져버리면요?"라고 내가 묻는다.

그녀가 조용해지고, 곧 눈물을 쏟는다. "그 사람의 이미지는 없지만, 배가 다시 조이는 것 같은 기분이 들어요... 어떡하죠?"

나는 그녀에게 그 팽팽함에 집중하며 '부우' 소리(6장 참고)를 내기를 제안한다. 그녀의 내장이 '열리도록' 돕는 것이다.

"당신은 항상 제 안에 있어요. 나는 당신에게서 벗어날 수 없죠... 당신은 왜 그곳에 있는 거죠? 이해할 수 없어요... 음." 그녀가 점점 호기심을 비추며 읊조린다. 몇 분 뒤, 그녀의 두 다리가 다시 떨리기 시작한다. 다리의 떨림은 점점 커지며 퍼져 나가는데, 이번엔 어깨가 조금씩 떨리기 시작한다. 자연스러운 깊은숨과 함께 눈물이 흐른다.

미리엄이 망설이며 두 팔을 뻗었다가 급히 도로 거둔다. 다시 한번 숨을 쉬더니 전 남편에게 말하듯 이야기한다. "에반, 나는 당신에게 매달리고 있어요. 당신은 내 안에 있죠. 나는 헨리에게 말하지 않을 거예요... 나는 계속 당신을 붙들고 있어요." 그녀가 울기 시작한다. "나는 어쩌면 당신에게 화가 나 있는 건지도 몰라요. 내가 이런 이야기를 한다는 게 믿기지 않지만, 나는 당신이 떠났다는 게 화가 나요. 당신은 나를 혼자 내버려 뒀어요. 당신이 죽었다는 게 정말 싫어요." 그녀가 주먹을 쥐더니 소리를 지른다.

"당신이 미워! 당신이 밉다고!... 날 떠나지마, 빌어먹을!... 당신이 미워!" 그녀가 다시 울기 시작하는데, 이번에는 조금 더 깊게 흐느껴 울기 시작한다.

그녀가 다시 말을 하려 하자, 나는 그녀에게 "조금 안정되도록 잠시 기다리길" 제안한다.

"당신 말이 맞는 것 같아요... 나는 무언가에서 벗어나려고 하는 것 같아요." 잠시 시간이 흐르자, 미리엄의 울음이 잦아들고 두 다리는 부드럽게 떨리고 있다. "저는 아직 헨리에게 마음을 열지 않았어요. 저는 늘 그를 밀어내고만 있죠. 그래서 우리가 항상 다투나 봐요. 그 사람이 조금이라도 신체 접촉을 하려 하면, 저는 그저 밀쳐내고만 싶어요... 그리고 그런 제 모습에 늘 죄책감이 들죠."

그녀의 두 손이 다시 밀어내는 동작을 한다. 동작이 점점 부드러워진다. 그녀의 두 손이 손바닥을 위로 향한 자세로 펼쳐졌고, 마음을 다하여 포옹하는 듯한 몸짓으로 자신의 가슴을 향해 두 손을 부드럽게 가져간다.

나는 아무 말도 하지 않는다. 그리고 미리엄이 이야기를 계속한다. "저는 자신을 보호해야 했어요... 저는 몹시 상처를 받았고 죄책감을 느꼈죠."

나는 그녀가 현재 순간에 집중하도록 돕기 위해 "지금은 어떤가요?"라고 묻는다.

"음, 글쎄요. 솔직히 지금은 기분이 상당히 좋아요."

"기분이 좋은지 어떻게 알 수 있죠?"

"글쎄요. 제 안에 많은 공간들이 느껴진다고 해야 할까요."

"어느 곳에 느껴지나요?"

"배와 가슴에 느껴져요... 머리 쪽에도 예전보단 좀 더 공간이 있는 것처럼 느껴지긴 하지만, 대체로 배와 가슴인 것 같아요... 정말 열린 기분이에요. 몸 안에 시원한 바람이 부는 것 같은 기분이에요. 다리에 힘이 넘치는 것 같고, 그리고 또... 이런 말을 하는 게 부끄럽지만... 제... 제 질(膣) 안이... 따듯하고 얼얼하게 느껴져요... 제가 정말 헨리를 원하는 것처럼 말이에요." 그리고 그녀가 잠시 멈춘다.

그녀는 "저는 그때 그럴 수밖에 없었어요."라며 말을 잇는다. "하지만 이젠 떠나보내야 할 때가 되었어요. 저는 마음이 아픈 게 너무 두려웠죠... 그리고 저의 분노는 더 두려웠어요. 그건 마치, 제가 있는 그대로 감정을 느꼈더라면 헨리에게 상처를 주었을지 모른다는 것과 같아요. 논리적으로는 말이 안 되지만, 그런 것들로 제 안은 잔뜩 꼬여있었어요." 그녀는 "하지만 이제 더 이상 그럴 필요는 없을 것 같아요."라고 덧붙인다.

미리엄이 편안하게 큰 숨을 한번 쉬더니 크게 웃으며 이야기한다. "방금 쉰 숨이 저를 간지럽히고 웃게 하네요." 그녀는 자유롭게 웃더니, 방을 둘러보고, 천천히 내 얼굴을 바라본다.

그녀가 두 손을 얼굴에 갖다 댄다. 처음에는 부끄러움에 얼굴을 가리더니, 하지만 곧 수줍어하며 부드럽게 두 손으로 얼굴을 잡고 쓰다듬는다. 그녀의 양 볼에 눈물이 흐른다.

"완성된 느낌이에요... 아니, 제 말은, 지금으로서는요."라며 그녀가 말한다. "이야기해야 할 다른 것들도 물론 있지만, 지금은 그냥 이곳, 강변 뜰에 잠시 앉아있고 싶네요. 그리고 조금 걸으면 좋겠어요... 감사해요... 다음 주에 뵐게요."

보니: 잊혀진 순간

> 마음은 잊었지만, 몸은 잊지 않았다 — 감사하게도.
> — 지그문트 프로이트Sigmund Freud

보니는 공격적인 사람은 아니지만, 그렇다고 만만한 사람도 아니다. 대부분의 또래 친구들은 그녀가 적응을 잘하고 공정하며 자기주장이 확실한 사람이라 생각한다. 그런 까닭에 그녀가 뚜렷한 이유도 없이 어느 날부터 점점 수동적으로 변해가고 종잡을 수 없이 폭발적인 성향을 보이기 시작한 것은 친구들뿐 아니라 그녀 자신에게도 놀라운 일이었다. 그리고 이러한 행동들이 동료들과의 관계를 해치기 시작하자 그녀는 걱정이 되기 시작했다.

1974년에 버클리에서 있었던 내 교육(훈련) 수업 중 치료 시연에 참여해 줄 지원자가 있는지 묻자 보니가 손을 들었다. 이 시범은 당초 과거의 어떤 강렬한 사건을 기억해내는 것이 아니라, 현재 겪고 있는 증상이나 행동 문제로 시작을 하는 것이 목표였다. 나는 종종 내담자가 상향 처리 과정을 무시하고 추상적으로 해석하는 수준으로 조급하게 넘어가는 것을 방지하기 위해 개인력을 묻지 않고 곧바로 회기를 진행하곤 한다. 보니가 집단 앞에서 현재 증상들에 관련된 도움을 받도록 선택됐을 때만 해도 나와 수강생들은 아무도 그녀의 '이야기'에 대해 알지 못했다. 보니는 자신의 행동 변화와 일년 반 전에 일어났던 사건 사이의 관련성에 대해 눈치채지 못하고 있었다. 그리고 그 둘은 전혀 연관성이 없다고 여기고 있었다.

나는 보니에게 최근 동료로부터 자신의 급격한 행동 변화에 대한 이야기를 들었던 때를 떠올려보도록 제안했고, 우리는 그녀의 신체 반응에 주목했다. 보니는 배 쪽에 느껴지는 가라앉는 듯한 감각에 대해 이야기했다. 나는 그녀의 어깨가 움츠러든 것에 주목했고, 그녀로 하여금 어깨 부분에 주의를 집중해보도록 권했다. 그 자세가 어떻게 느껴지는지 물어보자 그녀는 "제 자신이 혐오스럽게 느껴지네요."라고 대답했다. 보니는 갑작스럽게 터져 나온 자기혐오에 깜짝 놀랐다. 나는 그녀가 **왜** 그런 느낌을 갖는지 분석하기보다는 몸의 감각에 다시 집중하도록 인도했다.*

잠시 후, 그녀는 "심장과 생각들이 시속 백만 마일을 달리는 것처럼 엄청나게 빠르게 뛴다."고 했다.

그녀가 등 쪽에 느껴지는 속을 메슥거리게 하는, "땀범벅에 냄새가 고약한 뜨거운 감각"에 대해 이야기하더니 불안해하기 시작했다. 얼굴이 창백해지더니 점점 더 당황스러워하는 것처럼 보였고, 당장 일어나 방 밖으로 나가고 싶은 충동을 느낀다고 말했다. 그녀를 안심시키자, 조금 더 인내하며 자신의 불편함을 뒤쫓아 가보겠다고 했다. 그리고 그 불편함이 격앙되더니 점차적으로 사라졌다. 감각의 일진일퇴를 추적하던 보니기 또 다른 감각을 인식해냈다. 그녀의 오른팔과 어깨 뒷쪽에서 느껴지는 긴장감이다. 이 감각에 집중하자, 그녀는 팔꿈치를 뒤로 세게 밀치고 싶은 욕구를 느끼기 시작했다. 나는 보니가 팔을 천천히 뒤쪽으로 미는 동작을 하는 동안 팔의 힘을 안전하게 느낄 수 있도록 내 손을 지지와 저항의 목적으로 이용하길 권했다. 그녀가 몇 초간 밀치는 동작을 하자, 엄청난 땀을 흘리며 마구 떨기 시작했다. 두 다리도 마치 발재봉틀 위에 놓은 것마냥 들썩대기 시작했다.

팔을 천천히 뒤로 미는 동작을 계속하자 몸의 떨림이 점차적으로 줄어들었고, 보니는 두 다리가 더 강해지는 것처럼 느꼈다. 그녀는 두 다리가 "움직이고 싶어 하고, 움직일 수 있는 것처럼" 느껴졌다고 말했다. 그녀는 앞으로 계속 밀며 나아가고 싶은 강한 충동을 느낀다고 했다. 갑자기, 가로등과 '그녀를 도와주었던' 커플의 이미지가 그녀 앞에 휙 지나갔다. 그녀가 "나는 도망쳤어... 도망쳤어..."라며 숨죽여 울었다. 바로 그때, 그녀는 남자가 자신의 목에 칼을 들이대고 있고 자신의 몸이 그의 몸에 밀착해 안겨있던 것을 기억해낸다. 그녀는 "그 남자가 저를 자기 것이라고 생각하게 하려고 그랬죠... 제 몸은 무엇을 해야하는지 알고 있었고, 그대로 했어요... 그래

---

* 이것이 바로 전형적인 '대화 치료'와 신체 기반 치료의 주된 차이점이다. 환자들로 하여금 새로운 의미를 찾거나 문제들을 **이해하도록** 돕기보다는, 신체 기반 치료는 '몸이 전하는 이야기'를 위한 공간을 만듦으로써 이것이 자연스레 펼쳐지고 완성되도록 돕는다. 이러한 과정이 일어날 때 환자 스스로가 자연스럽게 새로운 의미와 통찰을 터득하게 되는데, 이것이 바로 이 과정의 필수적인 부분이다.

서 도망칠 수 있었죠."라고 말을 이었다.

　그러자 그녀의 몸이 보여주고 있었던 이야기들이 말로 나오기 시작했다. 18개월 전 보니는 강간 미수 사건의 피해자가 되었다. 옆 동네에 살던 친구를 만나고 집으로 돌아오는 길에 그녀는 낯선 남자에게 골목으로 끌려가 순순히 말을 듣지 않으면 죽여버리겠다는 협박을 당했다. 그녀는 가까스로 그의 손에서 벗어나 불이 켜져 있는 길모퉁이로 달려갔고, 그곳에서 마주친 두 명의 행인이 경찰에게 도와달라고 소리쳤다. 보니는 예의 바르게 경찰과의 면담을 마치고, 친구의 도움을 받아 집으로 돌아왔다. 놀랍게도, 그녀는 어떻게 도망을 쳤는지는 기억하지 못했지만, 다치지 않았음에 눈물을 흘리며 감사했다. 이후 그녀는 다시 일상으로 돌아온 것처럼 보였지만, 스트레스를 받거나 갈등을 느낄 때마다 **몸**은 여전히 목에 칼이 들이대어져 있던 그때와 똑같이 반응하고 있었다.

　보니는 일상의 스트레스 상황에서 자신이 무력하고 수동적으로 변하거나 쉽게 분노하는 것을 발견했다. 그녀는 이것이 복종하는 것처럼 순간적으로 위장하는 행동의 재연임을 깨닫지 못했었다. 그녀의 '복종'은 가해자를 성공적으로 속이고, 야생 동물의 본능적인 기운을 일시적으로 발휘하여 그녀가 팔과 다리를 움직여 나아가 성공적으로 도망칠 수 있도록 도왔다. 그러나 이 모든 일이 너무 갑작스럽게 일어나 그녀는 이 경험을 통합시키지 못했던 것이다. 원시적인 수준에서 그녀는 여전히 자신이 도망쳤다는 사실을 '인지하지' 못했고, 사실상 목숨을 구했던 두 단계의 완전한 전략이 아니라 '복종'과 자신을 동일시하며 지냈던 것이다. 근육 운동과 정서에 기초하여 말하자면, 그녀의 일부분은 아직까지도 가해자의 수중에 있는 것이나 마찬가지였다.

　강간과 관련된 행동들을 다루고 완성한 후, 보니는 자신의 능력과 역량이 포괄적으로 느껴진다고 했다. 복종적인 자신을 혐오하던 이전 모습에서 '보다 더 (예전의) 자기 자신으로 돌아간' 것이었다. 이러한 새로운 자기상은 그녀가 가해자를 팔꿈치로 치는 운동 반응을 **몸으로 느낄** 수 있었던 것과 그녀를 안전한 곳으로 인도한 두 다리의 엄청난 힘을 **느낄 수 있었던 것**에서 비롯되었다.

　이 사례는 트라우마를 겪은 12~18개월 후까지도 증상들이 본격적으로 나타나지 않은 경우를 보여준다. 그러므로 그것이 예전에 일어난 사건의 후유증이라는 사실을 미처 알지 못했던 것이다. 아직까지도 정확한 이유는 알려져 있지 않지만, 증상들이 6개월, 또는 심지어 1년 반에서 2년 뒤에 나타나는 건 드문 일이 아니다. 또한 세월이 흐른 후 또 다른 트라우마를 겪은 후에야 증상들이 나타날 수도 있다.

얼마나 많은 우리의 습관적인 행동들과 감정들이 무의식적으로 일어나고 있는가? 또는 사실은 그렇지 않은데도, 얼마나 오랫동안 우리가 어떤 사람인지 보여주는 우리 자신의 일부로 이것들이 **받아들여지고 있는가?** 이는 오히려 우리의 마음속에서 오랫동안 잊혀졌으나 (또는 합리화되었으나) 몸은 정확히 기억하고 있는 사건들에 대한 반응인 것이다. 끔찍한 경험들의 자국과 함께 해독제, 그리고 진정한 변화를 위한 잠재적 촉매가 우리 몸 안에 존재한다고 정확하게 추측한 프로이트에게 감사하자.

 샤론: 2001년 9월 11일

> 몸에는 이성이 설명할 수 없는 그만의 이유가 있다.
> — 파스칼

신체의 '나'를 통하여

매일 아침 그렇듯 샤론은 직장에서 이메일을 확인하고 있었다. 그날은 살아있는 것이 신나게 느껴질 법한, 상쾌하고 맑은 뉴욕의 어느 가을날이었다. 우레와 같이 귀를 먹먹하게 만드는 굉음에 흠칫 놀라 그녀가 뒤를 돌아보자 사무실 벽이 그녀를 향해 6미터가량 밀려오고 있었다. 샤론은 그 즉시 벌떡 일어나 살기 위해서 달아나려 했으나, 비행기 연료와 잔해들이 불타며 발생하는 숨 막힐 듯 매캐한 악취들로 가득한 80층의 계단을 천천히 그리고 질서를 지키며 내려올 수밖에 없었다. 1시간 20분을 걸어 내려와 마침내 세계무역센터의 북쪽 건물 2층과 3층 사이쯤 도착했을 때, 남쪽 건물이 갑자기 무너져내렸다. 그 충격으로 샤론의 몸은 공중에 붕 떴고, 그녀는 피투성이로 찢긴 어떤 사람의 몸 위로 아주 거칠게 내팽개쳐졌다. 때마침 비번 중이던 어느 형사가 방향감각을 잃고 멍하니 있는 그녀를 발견했다. 그는 완전히 새까만 매연 속에서 사고 잔해를 뚫고 사고 현장에서 멀리 떨어진 곳까지 그녀를 무사히 데려다 줬다. 그녀는 한 성당 앞에 앉아있는 또 다른 몇몇 생존자들을 만났고, 살아있음에 함께 감사했다.

기적적인 생존 몇 주 뒤, 짙은 노란빛 안개가 그녀를 숨죽일듯한 마비감으로 뒤덮었다. 샤론은 날이 갈수록 무덤덤해져 갔고, 열정, 방향, 기쁨 없이 하루하루를 그저 살아가고 있었다. 일주일 전만 해도 그녀는 클래식 음악을 좋아했으나 이제 더이상 흥미를 느끼지 못했고, "음악 소리는 듣기도 싫다."고 이야기했다. 그녀는 거의 대부분 무감각하게 살아갔지만, 주기적으로 공황 발작이 급습했다. 잠은 그녀의 적이 되었고, 그녀는 밤마다 자신의 비명 소리나 우는 소리에 잠을 깼다. 한때는 굉장히 의욕적인 회사 중역이었던 그녀가 살면서 처음으로 더이상 미래를 상상하지 못하게 되었다. 극심한 공포가 삶을 조직하는 원칙이 된 것이다.*

샤론의 공포는 어느 특정한 것에 초점이 맞춰져 있는 것이 아니었다. 그것은 '바깥 어딘가에' 있는 모든 것을 향하여 나타났다. 객관적으로 상황이 안전하고 예견 가능할 때조차도 그녀는 세상을 위협적으로 느꼈다. 이러한 느낌 때문에 그녀는 비행기나 지하철을 타거나 공공장소에 있는 것이 불가능했다. 그녀는 깨어있을 때나 잠잘 때나 늘 경계심을 늦추지 않았다. 샤론은 TV방송에서 나를 보았고, 내 협회를 알아내서 꼬박 나흘 밤낮을 기차를 타고 내가 교육 연수를 진행하던 로스앤젤레스까지 나를 만나러 왔다. 2001년 12월 1일, 우리는 다음과 같이 요약되는 회기를 가졌다.

주황색 사무 정장을 깨끗이 차려입고 상담실로 들어온 그녀가 나를 보지도 못한 듯 의자로 곧장 걸어와 앉는다. 거의 내가 자기소개를 마치기도 전에, 그녀는 마치 남의 일을 이야기하듯 무덤덤하게 공포스러웠던 그 사건에 대한 이야기를 하기

---

* 인생이 짧아진 것 같은 느낌, 그리고 말로 표현할 수 없는 절망감은 바로 극심한 트라우마의 가장 핵심적인 특징이다. 트라우마를 겪은 사람은 과거의 사건이 남긴 끔찍한 흔적에 갇혀 과거와 다른 미래를 상상하기 힘든 상태가 된다.

시작하는데, 그런 행동이 나에게 으스스하게 불편한 느낌을 준다.* 그녀가 하는 말을 내가 알아듣지 못했더라면, 나는 그녀가 죽음과 사지 절단의 위기에서 사투를 벌인 이야기가 아닌 지루한 사내 파티에 대한 이야기를 하는 줄 알았을 것이다. 감정이 완전히 분리된 이야기를 듣고 있자니, 나는 온몸으로 느껴지는 불편함에 그 자리에서 일어나 밖으로 나가고 싶은 충동을 느낀다. 나는 단조로움 밑에 숨어있는 무언가로 인해 안정감을 잃는다.

나의 자기성찰은 중단되고, 나는 샤론이 말하면서 두 팔과 두 손으로 취하는 약간 과장된 몸짓이 암시하는 것에 집중한다. 그녀는 마치 무엇인가를 잡으려고 팔을 뻗는 듯이 보인다. 샤론의 몸은 마음이 숨기고 있는 또 다른 어떤 **이야기**를 하고 있는 것은 아닐까? 나는 그녀에게 잠시 이야기를 멈추고 두 손이 우리에게 이제 막 진하려 하는 메시지에 집중하기를 제안한다. 나는 그녀에게 그 동작들을 **천천히** 되풀이하며 몸의 감각에 집중하도록 함으로써 두 손이 주는 메시지를 쫓도록 격려한다.† 천천히 움직이고 그 움직임에 주의를 집중하면 평상시와 다른 특별한 방식으로 느끼게 해준다. 내담자들에게 이를 하게 하면, 그들은 종종 자신들의 두 팔이 (아니면 몸의 다른 부위가) 스스로 움직이는 것과 같은 느낌을 받는다("제 팔이 저를 움직이는 것 같아요!"). 사람들은 종종 미소 짓거나 웃곤 하는데, 이는 팔이 스스로 움직이는 감각 그 자체가

---

*   이것이 바로 해리의 영향이다. 샤론이 마치 남 일을 이야기하듯 말한다는 것은, 그녀가 실제로 존재하고 있는 것이 아니라 자신의 몸 밖에서 제3자가 되어 관찰하는 것과 같다. 상상하기조차 힘든 공포와 두려움으로부터 살아남을 수 있도록 도와준 해리 상태를 경험했던 그 충격의 순간을 다시 살고 있는 것이다. 할리우드 영화들 중 히치콕 감독이 연출하는 트라우마를 보면, 영화 속 주인공들은 갑자기 너무나 생생히 되살아나는 기억들로 인해 고통스러워하곤 한다. 그러나 현실에서는 마비 또는 정지 상태가 더 흔히 나타나곤 하는데, 이는 극심하거나 만성적인 트라우마의 일반적인 특징이라 할 수 있다. 미국 드라마 〈워킹 데드Walking dead〉에 나오는 좀비로 변한 사람들의 경우와 비슷하다고 할 수 있을 것이다.

†   흔히 사람들은 밑에 깔린 근원적인 감각들을 느끼는 것을 피하기 위해 과장된 동작을 취하곤 한다.

매우 특이한 느낌이기 때문이다.*

샤론은 처음에는 당황하면서, 그 동작을 '무엇인가를 붙들고 있는' 것이라 설명한다. 이때 그녀 몸에 눈에 띌 만한 변화가 일어난다. 얼굴은 눈에 띄게 긴장이 풀리고 경직된 어깨도 조금 부드러워진다. 갑자기 맨해튼의 강 건너 편에 위치한 자신의 아파트 거실에서 매일 보던 허드슨 강의 이미지가 스쳐 지나간다.

샤론은 다시 이야기로 돌아가, 매일 같은 창문을 통해 보이는 불타는 연기 기둥들로 인해 예전 기억이 떠올라 얼마나 시달리고 있는지를 말하며 동요한다. 연기 기둥들은 그날의 끔찍하게 매캐했던 냄새를 떠올리게 하고, 그녀는 콧구멍 안이 타는 듯하다고 이야기한다. 나는 충격적인 기억을 '해소'하기보다, 그녀에게 안정감을 주어 이를 좀 더 견디며 팔 동작에서 오는 감각에 집중하기를 권한다. 그러자 배 한 척이 강을 따라 움직이는 이미지가 자연스럽게 **나타난다**. 그녀는 이미지를 통해 영원함, 움직임, 그리고 유동성이 느껴지는 편안한 기분을 느낀다. 그녀가 "건물은 부술 수 있을지 몰라도, 허드슨 강물을 없앨 수는 없죠."라며 차분히 이야기한다. 이후 그녀는 그 '완벽했던 가을 아침'의 출근길이 얼마나 아름다웠는지를 (느끼며) 이야기했고, 끔찍했던 사건의 세세한 이야기를 하지 않는 자신의 모습에 스스로 놀라워한다.

이 과정은 (7장에 설명된 것처럼) 마음속에 떠오르는 심상의 '작은 조리개'를 트라우마 이전의 상태로 확장시키는 것의 예시이다. 비행기가 건물에 부딪치던 순간 그 바로 직전까지는, 생기 넘치는 색깔과 감미로운 향기로 가득 찬 완벽한 하루였다. 이러한 감각을 통해 받은 인상들은 의식 저 밑의 지하묘지 어딘가에 여전히 존재하고 있었지만, 이는 트라우마 이후 고착된 기억들로 뒤덮여버렸다. 마음속 심상의 조각조각들 전부를 점차적으로 회복시키는 것은 트라우마를 해결하는 데 있어 필수적

---

*   나는 이 현상은 아주 느린 ('고유한') 동작들을 유념하여 하게 되었을 경우 감마 원심성 체계gamma efferent system가 활성화되기 때문이라고 생각한다. 이 체계는 뇌간-자율신경계 체계와 긴밀하게 연결되어있고, 추체 외로 운동계extra pyramidal motor system를 동원시킨다. 반면 자발적인(수의적인) 동작은 알파 운동계가 관장하며, 이는 자율신경계로부터 독립적이다. 감마로 조정되는 동작들은 극단적인 활성화로부터 신경계를 '다시 복구시키는' 경향이 있다.

인 요소이다.*

    샤론의 몸과 심상들은 마치 전혀 다른 두 사람이 이야기하는 것처럼 점점 완전히 상반되는 이야기들을 전하기 시작한다. 허드슨 강의 심상을 떠올리고 그와 관련된 몸의 감각에 집중하자 그녀는 임시적인 안도의 느낌을 인지한다. 그리고 그날의 출근길이 얼마나 기대감에 차 있었는지 천진난만하게 떠올린다. 그녀의 몸짓이 보다 더 강하고 확실해진다. 그 신체 감각에 계속 집중하자 안도감이 더 깊어지고 그녀의 활발한 호기심이 자극된다. 그녀가 자신의 양손을 번갈아 가며 의아한 듯이 바라보자 나는 안도의 한숨을 쉰다. 이처럼 사소해보이는 변화에는 사실 엄청난 의미가 내포되어 있다. 활발한 호기심은 트라우마에 있어 유력한 '항생제'이다. 호기심 어린 탐색 및 기쁨은 신경계 내에서 트라우마와 공존할 수 없다. 신경학적으로 서로 모순되는 것이다.†

    공포와 무력한 느낌들에 그대로 접해 있으면서, 관심 및 호기심과 관련된 긍정적인 몸의 감각들을 경험할 수 있는 역량은 샤론이 몇 분 전만 해도 할 수 없었던 것을 할 수 있게 한다. 그녀는 이제 한발짝 뒤로 물러나, 어렵고 불편한 신체 감각들과 심상들에 압도되지 않은 채 이를 '그저' 관찰하기 시작한다.‡ 다시 말해서, 그것들이 접근하지 못하게 하는 것이다. 이런 이중 의식dual consciousness은 몸 안의 감각들을 있는 그대로 느낄 수 있도록 변화를 유도한다. 즉, 과거로부터 두려움과 무력감의 조각난 파편들, 촉발요인들, 그리고 조짐들이 아닌 현재 시간 안에서의 본질적인 생기와 활력을 느낄 수 있게 되는 것이다. 이렇듯 신체 감각을 통하여 구별되는 느낌들은 끔찍했던 사건을 다시 경험하는 것 같은 느낌을 주지 않은 채 상세한 내용들을 검토하고 이해하는 것을 가능케 한다. 트라우마로 겪은 일들을 다시 체험하지 않는 상태

---

* 이런 긍정적이고 탁 트인 시야로 돌아가는 것은 회피가 아니라 트라우마 해결의 필수적인 부분이다.
† 이는 노벨상 수상 생리학자인 찰스 셰링턴 경이 발견하여 널리 받아들여지고 있는 상호 억제 원칙과 비슷하다고 할 수 있다.
‡ 이것은 우리의 타고난 진자운동(고통/수축의 상태와 기쁨/확장의 상태 사이에서 리듬감 있게 옮겨다니는 것; 5장의 3단계 참고) 능력이다. 진자운동은 변형의 연금술에서도 매우 필수적인 부분인데, 이것이 바로 사람들을 현재로 데려오는 원리이다.

에서 이에 대해 이야기할 수 있는 이런 새로운 '능력'은 내가 **재협상**이라 부르는 회복과 새로운 유대관계 형성 과정에 있어 필수적이다.

사람들은 있는 그대로 느껴지는 신체 감각들에서 재난의 전조가 되어버린 감정적, 정신적 **연결**을 분리시키고, 그것이 곧 생명의 감각임을 경험할 필요가 있다. 이렇듯 생기있는 감각들을 회복하는 것이 효과적인 트라우마 치료의 핵심이다. 이러한 과정은 흥미롭게도 명상, 샤머니즘, 요가와 같은 고대의 치유법에서도 발견된다.

실행하기

첫 번째 비행기가 샤론의 사무실보다 고작 10층 위에 부딪쳐 폭발했을 때, 테러의 충격파가 그녀의 몸을 관통했다. 그런 끔찍한 사건을 겪었을 때, 대부분 사람들의 즉각적인 반응은 모든 동작을 멈추고 자신의 위치를 확인한 후 탈출하는 것이다. 이 과정은 대개 달리고자 하는 강한 충동을 동반한다. 그러나 수천 명의 사람들과 함께 지상 80층이나 되는 곳에 갇힌 상황에서 샤론은 원초적인 반응을 억제해야만 했다. 달아나고 싶은 강한 욕구를 거슬러, 그녀는 공포에 질린 수많은 사람들과 함께 '차분히' 줄을 지어 계단을 걸어 내려갔다. 그녀의 몸은 '아드레날린이 방출되어' 전속력으로 달리고 싶은 상태였음에도 그렇게 할 수 없었던 것이다. 또한 샤론은 혹시나 함께 갇혀있는 다른 직원들 중 누구 하나라도 갑자기 겁에 질려 허둥대다가 사람들이 전부 우르르 몰리게 되면, 모든 이들이 위험에 빠지게 될 것이라는 것을 느끼고 있었다. 따라서 그녀뿐 아니라 모두가 본능적으로 뛰고자 하는 강한 충동을 억눌러야만 했다. 샤론이 천천히 **몸의 반응들을 느끼며** 탈출과정의 세부 사항들을 **하나씩 차근차근** 이야기하는 도중, 그녀는 당시 70층 복도 문이 잠겨서 폐쇄된 것을 발견하고 극심한 공포를 느꼈던 또 다른 상황을 기억해낸다.

나는 샤론이 자신의 즉흥적인 과장된 몸짓들과 허드슨강 이미지를 접하며 신체적 편안함을 느꼈기 때문에, 긴장이 고조되는 내용들을 다룰지라도 이제는 감정에 압도되어 트라우마를 다시 경험하지 않고 보다 안전하게 직면할 수 있을 것이라고 믿는다.* 그녀의 '몸이 전하는 이야기'를 따라가면서 폭풍우가 몰아치는 트라우마의 바다 안에서 안전의 섬들이 형성되기 시작한다(5장, 1~3단계 참고). 내면의 섬 안에서 그녀가 느끼는 안전감은 점차적으로 커지는 흥분 상태를 심한 괴로움 없이 헤쳐 나갈 수 있도록 한다.

　　나는 이렇게 평가했기에, 그녀를 다시 한번 비행기가 폭발했던 순간으로 안내하여, 그 끔찍한 흔적이 **몸 안** 어디에 위치하는지, 또 그것을 **어떻게** 느끼는지, 보게 한다. 이렇게 '감각 느낌'에 집중하면서 그녀는 다리와 팔에 느껴지는 불안함과 목구멍과 내장 안의 꽉 조여지는 듯한 '응어리'를 인지하기 시작한다. 그녀는 자신이 꼼짝할 수 없는 상태처럼 느껴진다고 이야기한다. 이때 나는 꽉 막혀버린 듯한 감각들을 해소하고 변형시키기 위하여 그녀에게 '부우' 소리법을 소개한다(6장 참고). 그녀가 (진동이 울리는 소리를 이용하여) 불편한 감각들에 집중하자, 몸의 감각들을 머리로 이해하고 설명하려는 경향이 줄어든다. 나는 정신적인 곳에서 부여하는 의미를 원치 않기에, 그녀에게 느껴지는 감각에 초집중하고 감각에 대해 해석을 하지는 말라고 안내한다. 현재 시간 안에서 새로운 통찰력을 얻기 위해선, 몸이 어떤 '느낌'을 느끼는지를 **먼저** 이야기해야 하는 것이다(얼마 전 나는 어느 자동차의 범퍼에 붙어있는 "현실은 생각하는 것과 다르다!"라는 스티커에서 '성급한 인지'에 대한 경고를 보았다).

　　샤론은 잠시 조용히 성찰하는 시간을 갖는다. 이해하려는 충동을 잠시 미뤄둔 상태에서 그녀는 갑자기 '뱃속 깊은 곳에서부터 느껴지는 솟구치는 에너지'를 경험한다. 그것에 색깔이 있는지 묻자, "네, 빨간색이에요. 불처럼 아주 밝은 빨간색이요." 라고 답한다. 그녀는 눈에 띌만큼 깜짝 놀라기는 했으나 그 영향에 움츠러들지는 않는다. 그녀의 경험은 다리와 팔에 집중된 뛰고 싶은 강한 충동으로 (그녀가 인식하고 있는 것으로) 바뀐다. 그러나 뛴다는 **생각**을 하자마자 그녀는 다시 '얼어붙는다.' 나는 그녀가 탈출하고 싶은 지극히 현실적이고 필요한 욕구와 달아나는 것은 곧 갇혀버리는 것이라고 연관 지어버리는 '무의식의' 세계 사이에 갇혀있다는 것을 감지한다. 계단에서 그녀는 생사를 넘나드는 위험에 처해있음에도 불구하고, 탈출하고싶은 아주 강

---

*　　신경계에 있어서는, 어떤 사건으로 인해 압도되는 것과 내적으로 발생한 그와 비슷한 감각들 혹은 정서들로 인해 압도되는 것 사이에 거의 차이가 없다.

한 충동을 **억누른 채** 천천히 걸어야만 했던 것이다. 이런 딜레마 상황에 70층에서 문이 폐쇄된 것을 발견했을 때 충격이 더해졌다. 그러고 나서 마침내 2층과 3층 사이에 도착했을 무렵 남쪽 건물이 무너져 내렸고, 그녀는 공중으로 거칠게 내던져졌다. 결정적으로 그녀는 정신이 몽롱한 상태로 죽은 사람의 몸 위에 누워있는 걸 알았을 때 끔찍한 공포감을 경험했다.

두 개의 뇌

샤론은 뇌 안의 아주 다른 두 개 중심 부위 사이에서 빚어진 갈등 상태에 붙잡혀 있었다. 뇌간과 변연계로부터의 날 것 그대로 원시적인 자기보호 메시지는 목숨을 구하려면 서둘러 달아나라고 요구하고 있었다. 이에 반해 전두피질은 그녀에게 억제와 제한의 메시지를 보내고 있었다. 보다 '합리적으로' 대처해야 하고 줄지어 침착하게 걸어야 한다고 지시하고 있었던 것이다. 이 치료 회기에서는, 갇힐 수 있다는 끔찍한 예상과 신체적으로 **행동하고자 하고 생존 에너지를 '대사시키고자'** 하는 생물학적 충동을 **분리시키는** 것이 매우 중요했다. 이 둘을 **분리**시키기 위해, 나는 그녀에게 몸에 느껴진다는 강렬한 '전기가 흐르는 것 같은 감각'에 집중하도록 한 후 달리기를 즐겨했던 예전의 어느 상황으로 그 느낌을 갖고 가도록 상상하기를 제안한다. 이 제안에 그녀는 몸이 뻣뻣해지면서 "너무 불안해질 것 같은데요."라고 말한다. 나는 불안감이 **어디에서** 느껴지는지, 또 **어떻게** 느껴지는지 물음으로써 샤론이 예상하지 못한 질문을 한다 (이 사례의 에필로그를 참고하라). 무장해제된 그녀는 "모르겠어요. 아, 목이랑 어깨, 그리고 가슴이요. 숨쉬기가 힘들게 느껴져요. 양쪽 다리는 너무 단단해서 마치... 아 잘 모르겠어요. 마치 뭔가를 할 수 있을 것 같은..."이라고 무심결에 불쑥 이야기한다.

"마치 무엇을요?"라고 나는 묻는다.

"마치 두 다리가 뛰고 싶어 하는 것 같아요."라고 그녀가 답한다. 그리고는 조금 안심한 상태로 그녀가 가장 좋아하는 공원의 길을 달리는 듯한 감각을 느끼기 시작한다. 몇 분 뒤, 나는 그녀의 두 다리가 가볍게 떨리는 것을 발견한다. 지금 어떤 느낌인지 묻자, 그녀는 "진짜 달리는 것 같아요. 전속력으로 달리고 있었어요... 그리고 불안한 것은 없어진 것 같아요."라고 답한다.

"그렇군요." 나는 끼어들어 질문한다. "그런데 **무엇이** 느껴지시나요?"

"음, 사실 기분이 좋아요. 안심이 돼요... 따끔거리고 안심되는 느낌이에요. 숨이 깊게 쉬어지고, 숨쉬기가 편안해요. 다리는 따뜻하고 긴장이 풀렸고요." 순간 눈물이 볼을 타고 조용히 흘러내린다. 그녀의 얼굴과 두 손은 고르게 분홍빛을 띤다.

이것은 샤론의 탈출하고자 하는 강한 **생물학적** 충동과 다시 갇혀버리고 압도당할 수 있을지 모른다는 정신적이며 감정적인 예상을 **분리**시키는 작업의 시작이었다. 몸이 그 경험에 충분히 참여한 상태에서, 안전한 곳에서 자유롭게 뛰고 있는 감각을 상상하는 과정을 통해 그녀는 몸 안에 얼어붙어 있던 동작을 **완성**할 수 있었다.* 만약 샤론이 단순히 뛰는 것만을 상상했다면 별 도움이 되지 않았을 것이다. 그러나 우선 그녀가 갇혀있었던 장소를 다시 떠올리고, 공포의 순간을 재방문하여 **(접촉하여)** 못다 했던 동작을 완성하는 (새로운) 가능성을 체험하는 것이 치료의 대단원이었던 것이다.[98]

잔뜩 고조된 신체 감각들을 그녀가 두려워하며 상상하던 느낌이 아니라 **있는 그대로** 느낀 것은, 신체적 경험으로부터 비극적인 생각, 공포, 그리고 공황을 분리시키는 데 있어 핵심적인 부분이었다. 두 시간 가량 진행된 이 과정에서 간간히 약한 떨림을 보이고 땀을 흘리며, 그녀는 몸의 여러 감각들이 자연스럽게 완료될 때까지 서서히 그 감각들을 견뎌내는 역량을 발전시켜 나갈 수 있었다. 나는 이와 같이 성취감을 주는 성공적인 경험이 뇌의 몇몇 중요한 회로들을 '전환시킴'으로써 그녀로 하여금 무력감과 불안감 대신 의미 있고 효과적인 체험을 할 수 있는 가능성을 경험하도록 했을 것이라 믿는다.[99] 이를 통해 그녀를 옭아맸던 불안은 '따뜻한 기운의 물결'로 탈바꿈할 수 있었다. 연속적인 흔들림의 방출을 통하여 '생사'와 관련된 어마어마한 생존의 기운이 생동감과 좋은 느낌으로 변화한 것이다.

---

* 이러한 과정이 있기 전까지 샤론은 자신이 여전히 계단에 갇혀 있는 듯한 경험을 하고 있었다. 그녀의 모든 생각들은 이렇게 깊이 각인된 믿음을 중심으로 돌아갔다. 샤론은 고조된 흥분 상태에서 달리는 (새로운) **신체** 감각을 느낌으로써 이전의 무력하게 얼어붙은 듯한 몸의 경험과 반대되는 경험을 한 것이다.

이렇게 그녀가 몸 안에서 느껴지는 감각으로 안도감을 직접 경험하자(이는 그녀를 마비시켰던 공포와 모순되는 감각이다), 샤론은 생기와 더불어 자신이 실제로 살아있으며 삶에는 늘어나는 가능성으로 가득한 미래가 펼쳐져 있다는 **몸으로 느껴지는** 현실을 되찾았다. 그녀는 더 이상 그 사건에 대한 공포에 갇혀 있지 않았고, 공포심은 서서히 과거로 물러나기 시작했다. 그리고 이제 그녀는 좋아하는 음악을 들으러 링컨 센터로 지하철을 타고 갈 수 있게 되었다. 본능적인 신체적 수준에서의 색다른 경험으로부터 그녀 인생에 대한 새로운 의미가 형성되기 시작한 것이다.

지금까지 샤론의 몸이 전해준 이야기였고, 이는 안토니오 다마시오의 글을 연상시킨다.

우리는 사실을 아는 것이 아니라 숨기는 것에 마음을 쓴다. 이 가림막이 가장 효과적으로 숨기는 것 중 하나는 몸, 우리 자신의 몸이다. 즉, 몸 안 구석구석 상세한 부분들을 감춘다는 뜻이다. 마치 피부 위로 덮인 베일처럼, 이 가림막은 하루하루의 여정 속에서 삶의 흐름을 이루고 있는 우리 몸 안의 상태들을 부분적으로 마음에서 지워버린다. **100**

에필로그

우리의 감정과 우리의 몸은 마치 물 안으로 흘러 들어가는 물과 같다.
우리는 (신체) 감각의 활력 안에서 수영하는 법을 배운다.
— 타르탕 툴쿠Tarthang Tulku

다시 한번 정리해보면, 인간은 지난 수 천 년 동안 자연적인 선택과 사회적인 진화를 통해 극한의 순간과 상실을 헤쳐나가며 살아가도록, 또 트라우마에 갇히지 않은 상태에서 무력감과 공포심을 처리해낼 수 있도록 설계되었다. 어려운 경험, 특히 끔찍한 감각과 감정들을 경험했을 때 인간은 움츠러들거나 피하려 하는 경향이 있다. 정신적으로 우리는 이 감정들로부터 스스로를 분리시키거나 '해리'시킨다. 또 신체적으로 우리의 몸도 영향을 받아 수축되거나 이에 대항해 버티려 하곤 한다. 우리 마음은 이러한 이상하고 '기분 나쁜' 감각들의 이유를 찾고 이해하려 과하게 작동하기 시작한다. 이에 따라 우리는 불길한 요소가 위치한 곳을 외부 세계에서 찾아내려 열과 성을 다한다. 우리는 이 감각들을 느끼게 되면, 영원히 압도될 것이라 믿는다. '끔찍한' 감정들에 사로잡힐 것이라는 공포는 우리로 하여금 이것들을 피하면 기분이 더 나아지고 결국은 더 안전할 것이라는 확신을 준다. 이와 같은 예는 매일의 삶 속에서도 흔히 찾을 수 있다. 우리는 옛 연인을 떠올리게 하는 카페나 음악을 피하거나 작년에 교통사고가 났던 교차로를 피할지도 모른다.

하지만 불행하게도 이와는 반대이다. 불쾌하거나 고통스러운 감각과 감정에 맞서 싸우거나 이를 피할수록 우리는 상황을 더욱 악화시킨다. 그 감각을 피할수록 우리의 행동과 행복감에 미치는 영향력은 더욱 강력해진다. 외면된 감각과 감정들은 계속 그대로 머물러 있거나 서서히 강해지는데, 이는 치명적이며 우리 마음을 좀먹는 정서들을 연달아서 일으킨다. 그리고 우리로 하여금 회피와 통제라는 방어기제를 더 강화시키게 만든다. 이것이 바로 트라우마로 인해 일어나는 악순환이다. **갇혀 있는 신체 감각**의 형태를 띠고 있는 버림받은 감정들은 우리의 삶에 드리워지는 그림자를 점점 더 짙어지도록 몰고 간다. 샤론의 사례에서 본 것처럼, 우리가 **신체 감각**들에 특별한 방식으로 집중할 때, 그것들은 짧은 시간 안에 변화하게 되고, 우리 또한 변하게 된다.

▍성급한 인지

샤론이 갖고 있던 (주로 잠재의식을 통한) 그릇된 믿음들은 자신의 경험을 이해하고 **왜** 그렇게 기분이 나쁜지를 스스로 정당화하도록 돕기 위한 노력들이다. 이러한 '설명'들은 공포 반응을 헤쳐나가고 계속되는 트라우마 반응의 근본을 형성하는 억제된 행동들을 완성하는 데 (**어떻게 해야 하는가에**) 아무런 도움이 되지 못한다. 이 단계에서의 지적 활동은 해결에 방해만 될 뿐이다. 이러한 이유로 나는 그녀에게 이해하려는 유혹을 참고, 그 대신에 몸이 **현재** 느끼는 신체적인 느낌에 적극적으로 관여하도록 지도한다. '성급한 인지'는 감각적 경험을 완성하고 새로운 통찰과 의미를 얻을 기회를 미처 가지기도 전에 그 경험으로부터 멀어지게 하는 결과를 가져온다.

■ 불안 경험은 보편적인 것이 아니다.

불안해하는 사람들에게 어떤 감정을 느끼냐고 물어보면, 그들은 아마도 모두 '불안감'을 느낀다고 **말할 것**이다. 그러나 "당신이 불안감을 느낀다는 것을 어떻게 **아시나요?**"라는 인식론적인 질문을 한다면, 아마도 여러 종류의 다른 답변들을 들을 가능성이 크다. 어떤 사람은 "저에게 나쁜 일이 일어날 것이기 때문에 알죠."라고 답할 수도 있고, 또 다른 사람들은 목이 조여오는 느낌이라고 하거나, 심장이 가슴에서 튀어나올 것 같다거나, 가슴이 두근거린다던가 아니면 장이 꼬인 것 같은 느낌으로 안다고 답할 것이다. 또 다른 사람들은 목, 어깨, 팔, 그리고 다리가 긴장된 것 같다고 이야기하는 반면, 어떤 사람들은 행동을 취할 준비가 된 느낌이라고 이야기할 것이다. 어떤 사람들은 다리에 힘이 없거나 가슴이 주저앉는 것 같다고 이야기할 것이다. 첫 번째 답을 제외한 나머지들은 구체적이고 다양한 **신체** 감각들에 관한 것이다. 그리고 만약 '나에게 나쁜 일이 일어날 것'이라고 두려워하는 사람에게 몸을 유심히 살피도록 안내한다면, 아마도 그 생각을 조정하는 **몸/신체** 감각을 발견해낼 것이다. 약간의 연습을 통해 우리는 감정, 생각, 신념을 그 근원이 되는 몸의 감각으로부터 분리해나갈 수 있게 된다. 그렇게 되면 우리는 공포, 분노, 무력감과 같은 힘든 정서 상태들에 씻겨 내려가 잠겨버리는 것이 아니라 이를 헤쳐나가고 견뎌낼 수 있는 우리의 능력에 몹시 놀라게 된다. 우리가 압도적인 정서의 **저변**에 있는 **신체 감각**들을 접하게 되면, 우리 몸 유기체 안에 꽤 굉장한 어떤 것이 발생한다. 그것은 바로 '제자리로 돌아오는' 흐름의 감각이다. 이것이 여러 고대 영적 전통들의 핵심 진리인데, 특히 티베트 불교의 몇몇 전통들이 그러하다.**101**

■ 감각의 변형력

오감을 통한 직접 경험의 변형력을 이해하기 위해서는 공포, 분노, 무력감과 같은 특정 정서들을 '세밀히 살펴볼' 필요가 있다(13장을 참고하라). 우리가 (의식적이건 무의식적이건 간에) 위험에 처했다고 인식하면, 몸에서는 스스로를 보호하는 데 필요한 특정 **방어 자세**들이 동원된다. 본능적으로 몸을 구부려 피신하거나, 피하거나, 움츠려 경직되거나, 싸우거나 달아나기 위한 준비를 한다. 그리고 도피하는 것이 불가능한 상황이면, 두려움에 몸이 얼어붙거나 무력하게 쓰러진다. 이 모든 것은 **몸의 선천**

적인 특정 반응들인데, 극한 상황에 처하면 강력하게 활성화된다. 이런 반응이 55킬로 그램 정도의 여성이 차 밑에 깔린 자신의 아이를 구하기 위하여 차를 번쩍 들어 올리는 상황을 가능케 한다. 이는 쫓아오는 치타를 피하기 위하여 한 시간에 70마일을 뛰는 가젤의 원시적인 힘과 같은 것이다.

이러한 생존 에너지는 뇌에 계획되어 있는데, 특히 **행동 준비**를 위한 근육의 긴장 패턴을 통하여 나타난다. 그러나 이 상태까지 활성화되면 샤론의 경우처럼 싸우거나 도망가는 행동 방침을 **완성하지** 못하고 몸이 얼어붙거나 무너지는 상태로 바뀌는데, 이때 활성화된 긴장은 몸의 근육 안에 여전히 남아있게 된다. 결국 이와 같은 사용되지 않았거나 부분적으로만 사용된 근육의 긴장은 척수를 타고 올라가 시상(감각의 중앙 진달 기지)과 두뇌의 어러 부분들(특히 편도체)에 위험 또는 위험이 여전히 존재하고 있음을 알리는 신경 자극의 흐름을 시작한다. 간단히 말해, **근육들과 내장 기관들이 위험에 대응하기 시작하면 우리의 머리는 우리에게 무엇인가 두려워할 것이 있다고 알린다.** 만약에 우리가 괴로움을 느끼는 곳의 위치를 알아내지 못하면, 우리는 계속해서 이를 찾으려 한다. 이러한 현상의 좋은 일례가 바로 샤론이 자신의 경험을 이해하기 위해 고투를 벌인 상황일 것이다. 우리는 이러한 현상을 자신이 위험한 상황에 처한 것이 아니라는 것을 이성적으로는 '알고' 있으나, 독립기념일 폭죽놀이 소리에 겁에 질리는 베트남전 참전 용사의 모습에서 찾을 수 있다. 또 다른 예시들로는 교통사고를 겪고 난 후 운전을 두려워하는 사람들, 또는 위험 신호들이 어디에서 오는지 알수 없어 집을 나서는 것조차 두려워하는 사람들의 경우를 들 수 있다. 사실 우리는 자신이 느끼는 기분에 대한 설명을 찾을 수 없을 경우, 그것을 반드시 만들어내고야만다. 우리는 배우자, 자녀, 직장 상사, 옆집이나 다른 나라를 비난하거나 또는 단순히 운이 나쁜 것이라 말하곤 한다. 머리는 계속해서 집요하게 과거의 원인을 찾고 미래를 두려워하는 데 열과 성을 다한다. 몸은 계속해서 뇌로 위험 신호를 보내고, 이로 인해 우리는 계속 긴장하고 경계하며 공포, 두려움, 그리고 무력감을 느끼게 된다. 우리의 머리는 이에 '동의'하거나 동의하지 않을지 모르나, 이러한 (두뇌 속 무의식의 영역으로부터 오는) 위험 신호는 **몸**이 행동 방침을 완성하지 않는 이상 사라지지 않는다. 이는 인간이 만들어진 원리, 바로 인간 두뇌와 몸의 생물학적 특성인 것이다.

이와 같은 신체 반응들은 은유적인 것이 아니다. 이는 우리의 정서적 경험을 알리기 위한 기본적인 자세들이다. 예를 들어, 목, 어깨, 가슴 부위의 긴장과 내장이나 목구멍이 막힌 것 같은 **뻣뻣함**은 공포감을 느끼는 상태임을 알려주는 가장 중요한 몸의 반응들이다. 무력감은 말 그대로 가슴과 어깨의 축 처짐, 횡격막의 접힘, 그리고 힘 없는 무릎과 다리의 모습을 통해 나타나곤 한다. 이러한 모든 '자세의 태도들'은 우리의 행동 전위를 나타낸다. 만약 이러한 자세들이 중요한 행동과정을 완성시킬 수 있으면, 모든 게 잘 된 거라 할 수 있다. 하지만 그렇지 못할 경우, 그 자세들은 몸이라는 공연장 안에서 계속 살게 된다.

샤론이 경험한 것과 같은 공포를 일으키는 감각들이 몸에서 (떨림을 통해) 해결되고 사라지는 데 필요한 시간과 주의가 주어지지 않는다면, 계속하여 두려움과 그 밖의 부정적인 감정들에 지배당할 것이다. 이 단계는 변덕스러운 증상들의 궤도를 향해 나갈 준비가 되어있다. 목, 어깨, 그리고 등의 긴장은 시간이 흐르면서 서서히 섬유조직염 증후군으로 발전할 가능성이 크다. 또한 편두통은 해결되지 못한 스트레스가 몸을 통하여 나타나는 가장 흔한 증상이다. 내장이 꼬이는 듯한 느낌은 과민성 대장 증후군, 심한 생리 전 증후군 혹은 경성결장과 같은 그 외의 위장 문제들로 흔히 변형되기도 한다. 이러한 증상들은 환자의 에너지 자원을 대폭 감소시키고, 만성 피로 증후군의 형태를 띠기도 한다. 또 일반적으로 이러한 환자들은 연속적으로 나타나는 여러 증상들을 완화시키기 위하여 수없이 많은 의사들을 찾아가지만, 고통스러운 증상에 대한 도움은 거의 받지 못하곤 한다. 트라우마는 대단한 가면무도회 참가자와 같아 환자들을 괴롭히는 수많은 만성병들과 '불-편함dis-ease'들의 가면을 쓴다. 짐작하건대 해소되지 못한 트라우마는 아마도 현대 인류가 경험하는 대다수 질환의 원인일지도 모른다.

■ **재협상**

재협상은 강간, 자연재해, 그리고 샤론이 경험한 9. 11 세계무역센터 공격같은 끔찍한 사고 등 '중대 사건'이 발생했을 때 흔히 사용되는 트라우마 치료법인 카타르시스적 '트라우마 재현'이나 홍수요법과는 완전히 다른 개념이다. 최근 연구들에 따르면 이러한 치료법들은 도움이 되기보다는 트라우마를 다시 경험하게 할 수 있다. **102**

다양한 트라우마 치료법의 함정 중 하나는 트라우마 기억을 되살려 강렬한 감정 소산에 초점을 맞추는 것이다. 이러한 노출 기반 치료법들은 환자로 하여금 고통스러운 트라우마의 기억들을 떠올려내고, 공포, 두려움, 분노, 또는 슬픔 등 기억과 연관된 (억압되어 있던) 정서들을 해제할 것을 촉구한다. 이러한 카타르시스적인 방식들은 흔히 무력감, 실패와 관련된 감각들을 강화시킨다는 단점이 있다.

아담: 홀로코스트 생존자

내가 치료를 맡았을 때, 아담은 재정적으로 성공한 60대 중반의 사업가였다. 그는 아내와 가족이 있는 다국적 전기 회사의 소유주였다. 조용하고 친절했던 아담은 직원들과 지인들로부터 좋은 평을 받고 있었지만, 진정으로 깊은 우정을 나누는 친구는 없었다. 최근에는 첫 손자가 태어났다. 표면적으로 그의 인생은 풍족해 보였다. 그러나 아담의 아들이 27살에 자살을 함으로써 이 치열하게 살아온 사람을 무너뜨렸고, 아담의 투지는 가라앉았다. 이 사건은 그를 강박적인 자기비난과 자기혐오로 몰아넣었다.

"파울로는 늘 어딘가 별난 데가 있었죠."라고 아담이 사무적으로 말했다. "그 아이는 아주 예민해서 쉽게 겁을 먹곤 했어요. 4살 무렵에는 무슨 영문인지 모르지만 한밤중에 일어나 소리를 지르며 울곤 했죠."

청소년기 후반쯤 되었을 때 파울로는 자살에 대해 자주 이야기했다. 그는 "사는게 너무 힘들다."라는 말을 수없이 되풀이했다. 아담은 아들이 어두운 시기를 보낼 때 절대로 혼자 있게 하지 않았다. 10년간 지속된 시련에 그도 지쳐갔지만, 아들을 향한 헌신적인 돌봄을 계속해나갔다. 아담이 아들을 살리기 위해 쏟아부은 노력에도 불구하고, 더이상 고통을 참기 힘들었던 파울로는 욕실에서 목을 매었다. 그리고 아담은 몸이 축 늘어진 채 죽은 아들을 발견했다. 파울로의 자살로 인한 충격으로, 아담은 살면서 처음으로 추진력을 잃었다. 슬픔에 잠겨 기진맥진한 상태라기보다는, 아무 감정도 느끼지 못했다... 그건 아들을 잃기 전부터도 그랬다. 하지만 이번에는, 이러한 무감각한 상태가 그로 하여금 모든 것을 완전히 내려놓아 기능하지 못하도록 만들었다. 그의 삶은 거기에서 멈춰버렸다.

수개월 간 계속된 괴로운 무력감에 시달린 끝에, 그는 정신과 의사와 약속을 잡았다. 가족과 친구들이 그에게 낙담한 상태를 치료하기 위해 정신과 약을 복용할 것을 권한 것이다. 그의 개인력을 들은 후, 정신과 의사는 그의 과거가 아들의 죽음을 애도하는 것을 막고 있다고 했고, '복합 애도반응' 진단을 내렸다. 유년기에 '정신적 외상을 입었고' 그것이 현재 불편한 상태의 원인이기도 하다는 이야기에 당혹스럽기는 했지만, 아담은 나와 만나보기로 합의했다.

아담은 태어나면서 어머니를 잃었다. 어머니는 분만 중 일어난 중증 심장마비 때문에 하나뿐인 아이를 살리기 위해 긴급 제왕절개수술을 받을 수밖에 없었다. 그녀는 아이가 2개월 일찍 조산아로 태어나던 그 순간 사망했다. 아담의 아버지는 이미 러시아군에 징집되었기 때문에, 아담은 아버지의 형에게 보내져 큰 집에서 자라게 된다. 그를 보살펴야 할 큰어머니는 정신병자처럼 잔인했고 그를 자주 때렸다.

이와 같은 위험한 유년기의 고통은 끝이 아니어서, 유기와 학대투성이인 아담의 삶은 연속적인 시련과 슬픔들로 이어졌다. 그가 4살 때 큰아버지와 두 이복 누나들이 강제 추방되어 나치군에 의해 몰살당했고 그는 일련의 기독교 가족들과 지내게 되었는데, 이들은 모두 그가 유대인임을 숨겨주려고 했다. 그 가족들에 의하면, 이 시기에 그는 한밤중에 깨어나 소리를 지르곤 했다고 한다. 같은 나이였을 때에 파울로가 그랬던 것처럼 말이다.

그는 9살 때 숲에서 생활하는 탈주자들에게로 보내졌다. "그곳에 있는 것이 정말 좋았다."라면서 그는 그 당시 사람들로부터 많은 사랑을 받았고 처음으로 자신이 필요한 존재임을 느꼈다고 이야기한다. 그는 "그때가 제 인생에서 최고였지요."라고 말한다. 그가 '숲속 가족'에게 사랑받고 보호받고 있다고 느꼈음에도 불구하고 밤 시간 나타나는 발작은 계속되었고 강도는 점점 심해졌다. 안심시키려는 어떤 노력에도 불구하고 그의 울음과 비명은 진정되지 않았다. 게다가 그가 깨어있는 상태도 아니었기 때문에 계속되는 발작은 숲속 가족에게 위험할 수밖에 없는 상황을 만들었다. 너무나도 비극적이지만 아담은 열 번째 생일을 맞기 전에 결국 마을로 다시 돌려보내지게 되었고, 그곳에서 고아로 정처 없이 떠돌며 지냈다.

어느 날 밤, 아담은 경찰서로 끌려가 심문을 받게 되었다. 그는 사람들이 일러준 대로 나치군에게 이름 대신 세례명을 대었다. 경찰이 그에게 만약 거짓말이면 벌을 받게 될 것이라고 했다. 그 후 그들은 모두가 보는 앞에서 아담에게 바지를 벗도록 강요했다. 9살난 아담은 수치심을 감추기 위해 벽에 걸린 십자가상만 바라보았다. 이때 겁에 질린 아담은 만약 거짓말이 들통 난다면 십자가에 못 박혀 죽을 수도 있다는 믿음을 갖게 되었다. 그 후 아담은 강제수용소로 보내졌다. 그는 "살아있는 상태로 강제 수용소로 보내진 것이 위로가 되었죠. 최소한 다른 유대인들과 함께 있었으니까요."라고 말했다.

수용소에 도착하자, 마을에서 온 포로 한 사람이 아담에게 이름을 물었다. 그와 같은 유대인들 사이에 있자, 아담은 어릴 때부터 써오던 자기 이름과 그가 부모라고 믿었던 사람들의 이름을 알려 주었다. 그 남자는 "아니야, 그건 너의 진짜 가족 이름이 아니라고."라며 소리쳤다. 그리고 그는 아담에게 친부모의 이름과 그들이 어떻게 사망했는지를 들려주었다. 아담은 그동안 함께 살아온 잔인했던 큰어머니가 생모가 아니라는 사실을 알게 되었고, 이때 깊은 안도감을 느꼈다는 것을 기억했다.

강제수용소에 있었던 기간 동안 아담은 사람들이 잔인하게 두들겨 맞고, 고문을 당하고, 총에 맞는 것을 목격했다. 그중 수많은 사람들은 목을 매달아 자살했다. 수용 기간 동안 아담은 두려움과 공포를 감당할 수 있게 도와줄 그 어떤 실제적인 위안이나 지지도 받지 못했다. 아담이 당시 겪은 경험들은 대다수의 사람들은 상상도 못할 정도일 것이다. 만약 우리가 그와 같은 경험을 했고 그 경험들이 우리에게 어떤 영향을 미칠지를 곰곰이 생각해본다면, 아마도 우리는 끔찍한 상상들로 심기가 불편해질 것이다. 그러나 아담의 인생을 바라보자면, 표면적으로 아담은 우리와 아주 조금 다를 뿐 현대 사회의 기준에 의하면 좀 더 성공적인 삶을 산 것으로 보였다.

태어나면서 고아가 되어 상상도 할 수 없을 정도의 잔학한 행위들과 인간적 고통으로부터 살아남은 아담은 이러한 괴로움을 초월했다. 그는 '과거로부터 도피할' 희망으로 19살에 남아프리카로 이민을 갔다. 그곳에 정착한 그는 사업을 시작했고, 이후 영향력 있고 성공한 국제적 기업가가 되었다. 그러나 이렇게 놀라운 사람이 나에게 의뢰되어 왔을 때, 그는 실의에 빠진 한 남자에 불과했다. 그가 구부정한 자세로 발을 끌며 상담실 안으로 들어왔다. 그의 자세와 동작들은 내가 예전에 정신병원의 병동 뒤쪽에서 봤던 환자들을 떠올리게 했다. 그의 눈은 멍하게 방바닥을 응시했고, 내가 방 안에 있는지조차 알아채지 못하는 것처럼 보였다. 나는 도대체 어디에서부터 대화를 시작해야 할지 전혀 감을 잡을 수가 없었다. 한편으로는 그가 충격으로 인해 정지된 상태라 내가 무어라 이야기를 하고 다가가건 아무런 소용이 없을 것 같이 보였는데, 또 한편으로는 내가 만약 그의 감정을 이끌어 낼 수 있게 된다면, 그가 그 감정들로 인해 완전히 무너져내려 끝없는 긴장성 절망 상태에 빠지게 될까봐 겁이 났다. 도대체 어떻게 해야 그를 망가뜨리지 않고 그에게 다가갈 수 있는 걸까? 나는 내 앞에 주어진 과제가 무척 광범위하고 어려운 도전이기에 어찌할 바를 모르는 채 겁을 먹었다.

아담은 정신과 의사에게 했던 장황한 이야기들을 계속해서 기계적으로 반복하듯 전했다. 그의 이야기에는 감정이라곤 흔적도 없었다. 그가 지친 한숨을 작게 쉬며 "그건 아주 오래전에 일어났던 일들이죠."라고 말했다. 나는 이야기를 듣는 동안 그가 아무런 감정 없이 그런 끔찍한 경험들을 이야기하는 것에 조금 불편함을 느꼈다. 하지만 이상하게도, 나는 그가 아무런 감정도 느끼지 않는다는 것에 안도감을 느꼈다. 나도 이야기를 들으며 아무런 감정을 느낄 필요가 없어졌기 때문이다. 나는 머릿속에서 나 자신을 감정으로부터, 또 이담으로부터 거리를 두었다. 나는 그가 어떤 방법으로 그 끔찍한 경험들로부터 자신을 분리시킬 수 있었는지, 어린 시절 고아였을 때 거리를 방황했던 것과 비슷한 신세에 처하지 않으려고 무엇을 하였는지, 정신병원의 환자가 되지 않은 채 어떻게 그런 힘든 상황들을 견뎌냈는지 등과 같은 내 임상적 분석에 의지하여 그에게서 거리를 둘 수 있었다.

아담에게 조금 다가가고자, 나는 그에게 하는 일, 가족, 그리고 친구 등 긍정적인 감정을 아주 조금이라도 느끼게 할 시작점이 될 수 있는 주제들에 대하여 물어보았다. 하지만 나는 아무것도 얻지 못했다. 왜 그랬지는 모르겠지만, 나는 그에게 오늘, 지난 몇 시간 동안 무슨 일이 있었는지 물어보았다. 그는 어리둥절해 하며, 비행기를 놓치는 바람에 정신없이 서둘러 차를 대여해서 쿠리티바(브라질 동남부)에서 상파울루까지 나를 만나기 위해 200마일을 운전해 왔다고 했다. 그리고는 공항 근처의 자동차 대여장에서, 아이들이 쓰레기 처리장에서 주어온 재료들로 만든 연을 날리는 것을 본 것을 기억해냈다.* 나는 처음으로 그의 무표정한 얼굴에 살짝 스쳐 가는 빛을 발견했다. 하지만 그의 얼굴은 곧 순간적으로 다시 무표정해졌고, 몸은 체념하듯 앞으로 숙여졌다. 나는 그가 무너지는 것을 막기 위해, 일어나서 양 무릎을 살짝 굽

---

*   리우데자네이루의 그리스 신화 촬영장에서 재작업된 고전 영화인 〈검은 오르페우스 Black Orpheus〉에서는 즉흥적으로 만든 연을 날리며 즐거워하는 빈민가 아이들의 생동감 넘치는 모습들이 잘 묘사되어있다.

힐 것을 권했다. 일어나는 동작은 우리 몸 안의 활성화 및 자기수용감각 시스템과 운동감각 시스템의 협응을 필요로 한다. 이는 흥분을 일으키는 신경계를 관여시킴으로써 아담의 의식상태를 유지하는 효과를 불러왔다. 이 개입은 내담자의 차단 반응을 활성화시켜, 수치심과 패배감이라는 굴욕적인 감정을 영속시킴으로써 내담자를 무너지게 놔두는 것과는 반대라고 할 수 있다. 그가 이완된 무릎으로 똑바로 서 있는 동안, 나는 아담에게 '안을 들여다보고' 몸 안 어디에서 '아이들이 즉석에서 만든 연을 갖고 노는 장면'이 느껴지는지 찾아보라고 권했다.* 처음에 아담은 (교감신경 과각성 상태로 인하여) 더 불안함을 느낀다고 했다. 그러나 내 격려를 받은 아담은 배 안에서 작은 원 형태의 따스함이 느껴지는 곳을 찾아냈다. 나는 그에게 "그 감각을 잠시 느끼며 좀 더 알아보죠."라고 권했다.

그러자 그가 "이건 위험할 수 있겠는데요."라고 말하는 자신에 스스로 놀라 눈을 번쩍 떴다.

"맞아요." 나는 그의 말에 동의했다. 그리고 "그건 위험할 수도 있죠. 그렇기 때문에 매번 아주 조금씩 그 느낌에 대해 배우는 것이 중요해요. 당신의 몸은 오랫동안 얼어붙은 상태였기 때문에, 몸이 녹는 데 좀 더 시간이 걸릴 거예요."라고 덧붙였다. 그의 합당한 두려움을 인정해주고, 두려움을 완화시키기 위해 (얼은 상태로부터 녹아내리는) 이미지를 보여주고 그에게 내부의 경험을 탐색하도록 권하는 것이 중요했다.

그 후 아담은 자리에 앉아 방안을 둘러보았다. 나는 그에게 방 안을 둘러보며 무엇이 보이는지 이야기해주길 청했다.† 이는 그가 지금 여기에서 인지하는 외부 세계에 대한 느낌과 배에서 느껴지는 따스함을 연결시키는 기회를 주었다. 그가 어리둥절해하며 "어? 아까는 꽃들이 저기에 있는지 몰랐어요. 아님 꽃이 놓여 있는 저 탁자를 못 본 것 같아요."라고 이야기했다. 거의 혼수상태에서 깨어난 사람의 호기심 가득한 표정처럼 그의 얼굴에 깨어남의 깜빡거림이 잠시 나타났다. 그는 주변을 둘러

---

*   이 시점에서 나는 아담에게 무엇이든 느껴보도록 하기보다는(이는 좌절감과 실패감을 불러오는 데 그쳤을 것이다), ('몸 안에서 그 장면이 느껴지는 곳을 찾아보는') 탐색을 시도하도록 그의 흥미를 불러일으키고자 했다.

†   이것은 전경-배경 지각과 현존을 증폭시키기 위한 과정이다.

보다 동양적인 카펫과 그림을 발견하자 천진난만하게 "다양한 색들이 있네요, 선명한 색깔들이에요."라고 말했다.

"자 그럼 저 색깔들을 바라보면서, 몸 안에서 저 색들이 아주 조금이라도 느껴지는 곳을 찾아볼까요."*

그가 어리둥절한 표정으로 마치 좀 더 자세한 지시를 기다리는 듯 나를 바라보았다. 그러나 곧 눈을 감고 내부를 탐색하기 시작했다. "배 안이 따뜻해요. 원형으로 느껴지는데, 크기가 점점 커지네요."

잠시 후 나는 그에게 다시 일어나길 청했다. "아담, 이제 조금 이상하게 보일지도 모르는 것을 한번 해볼까요... 자, 어린이들이 연을 날리고 있는 장면을 마음속에 그려보세요... 땅에 닿아있는 발을 느껴 보고 다리가 당신을 어떻게 지지해주고 있는지 느껴 보세요. 자, 이제 **당신이** 연줄을 잡고 있을 때 팔이 어떤지 느껴보세요... 그리고 당신이 아이들과 함께 벌판에 있는 모습을 상상해 보세요."

아담이 거의 기쁘게 반응했다. "팔과 배에 느껴져요... 점점 더 따뜻해지고 커지는 느낌이에요... 여러 가지 색깔들이 보여요. 색들이 모두 선명하고 따뜻하네요... 연이 하늘 높이 춤추고 있는 게 보여요."

잠시 정적이 흐른 뒤 아담은 자리에 앉아 방안을 둘러보았다. "필요한 만큼 충분한 시간을 가지세요, 아담... 지금 안과 밖에서 느껴지는 리듬을 있는 그대로 느껴보세요..."†

그의 눈이 꽃이 놓여진 탁자와 그림 사이를 왔다 갔다 했다. 그가 탁자에 주의를 집중했고, 탁자의 색과 나뭇결이 따스하다며 설명하기 시작했다... 그가 잠시 멈추었다... "마치 제 안의 따스한 느낌처럼요." 이번에는 내 지시 없이 다시 눈을 감고 잠시 휴식을 취하고는 눈을 천천히 뜨고 내 쪽으로 향해 어색한 기색 없이 내 눈을 바라보았다. 이것이 바로 아담의 사회적 유대 시스템(6장을 참고하라)이 처음으로 깨어나 가동한 순간이었다.

---

*   이와 같은 소소하고 새로운 내적 경험을 외적 인식 과정에 연결시키는 것은 중요하다. 이것은 '지금의 경험'을 일으키는 '전경-배경'이다.

†   전경-배경의 이동은 흔히 유동성과 흐름을 향한 일반적인 움직임이다.

아담의 몸이 잠정적인 생기를 보여줬다. 처진 얼굴은 거의 활기차 보일 정도의 다채로운 색을 띠었고, 웅크렸던 자세는 보다 퍼지고 똑바르게 바뀌었다. 아담의 이러한 모습은 마치 단단히 웅크려있던 갓 돋아난 바나나 잎이 태양을 향해 몸을 돌려 뻗어 나가며, 태양의 따스함을 믿고 천천히 잎을 펼치는 형상과 비슷했다. 아담은 마치 처음 보는 것처럼 방안을 둘러보며 경이로워했다. 그는 자신의 두 손을 바라봤고, 손가락들을 부드럽게 만졌다. 그리고는 두 팔을 가슴 앞에서 교차시키고 손을 팔 위쪽으로 움직여 어깨를 잡았다. 그건 마치 자신을 안고 보살피는 것 같은 모습이었다. 그가 "나는 살아있어."라고 말했을 때, 우리는 둘 다 놀랐다.

자신이 느낄 수 있다는 사실을 깨닫는 순간, 아담은 마치 자기가 만든 연의 경이로운 창작을 뿌듯해하는 어린아이와 같았다. 그것은 아담의 점진적이고 리듬 있는 배움의 시작이었다. 이제 그는 마음속 폭력과 공포의 어두운 문을 너무 크게 열지 않은 상태로 자신의 몸-자기body-self를 느낄 수 있게 되었다. 자신이 완전히 파괴되지 않고, 끔찍한 과거의 블랙홀에 빨려 들어가지 않으며, 파울로의 죽음에 대한 엄청난 비탄과 죄의식의 짙은 그림자 속에서 길을 잃지 않은 채, 그가 느낄 수 있을 만큼 열수 있게 된 것이다. 이 몸-마음 챙김의 과정에서 그는 중용middle ground이 있다는 사실을 발견하고 있었다. 그는 완전히 압도되어 넘쳐 흐르는 상태와 치명적인 우울의 차단 상태 사이에서 새로운 위치를 발견한 것이다.

아담은 후에 나에게 보낸 편지에 부드럽지만 튼튼한 중간 지점을 경험함으로써 희망의 느낌을 새로이 경험할 수 있게 되었다고 썼다. 이로써, 아담은 고아이며 홀로코스트 생존 아동인 자신에 대한 연민을 느낄 수 있게 된 것이다. 그는 "이것은 제가 사랑하는 아들을 애도하고, 제 가족과 함께 기쁨을 찾는 과정의 시작이었죠." 라고 전했다.

논점

나는 아담과의 치료 회기 중 무엇이 아담을 무력하게 만드는 우울에서 빠져나오게 하고 생명의 강으로 데려갔을지 깊이 생각해보았다. 그는 빈민굴 아이의 활력, 즉,

아이의 불우한 운명을 초월한 활력에 공감했다. 아담은 쓰레기 더미 안의 폐품으로 연을 만들어 날리는 아이의 천진난만함, 흥분, 그리고 환희를 자신의 몸 안에서 느낄 수 있었다. 비슷하게, 아담도 충격적이고 비인간적인 과거의 쓰레기 더미 안에서 폐품을 모았다. 그러나 이번에는 그 무게에 짓눌려 무너져 내리는 대신 창의적인 해결책을 얻었던 것이다. 아담은 (습관적으로 무너져내리던 것과는 운동감각적으로 반대로) 자리에서 일어나 고통을 몸으로 디디고 서서, 자신의 생명력을 동원하여 초월적인 연날리기에 동참했다. 그는 날아오르는 이미지를 통하여 진정한 자유와 즉흥적인 놀이의 가능성을 향하여 하늘로 끌려 올라가는 듯한 느낌을 받았다. 은유적으로, 그는 자신과 이름이 같은 사람의 우화를 다시 한번 깨닫게 되었다. 그가 알고 있는 끔찍한 일들의 쓴 열매가 인긴의 잔인히고 시악한 비인간성이라는 쓴맛으로 그익 혀를 더럽히지 않도록, 아담은 성서 속 아담의 결백을 연상했다. 실의에 빠져있던 그는 이제 슬퍼하기 시작하고 삶으로 되돌아갈 움직임을 시작하기에 충분한 현실에 기반을 둔 체현과 회복력 있는 자기연민을 경험하게 되었다. 나는 그가 아들이 욕실에서 목을 맨 모습을 본 충격을 다시 경험하는 것을 (그리고 그 충격에 압도되는 것을) 원치 않았다. 이 시점에서, 나의 주된 관심은 그의 신경계가 충격으로 인한 차단 상태를 벗어나 회복탄력성과 자기조절의 기반을 수립하도록 유도하는 것이었다. 다음 사항에 대하여 여러분도 곰곰이 생각해보길 권한다. 4살 때부터 시작된 파울로의 진정시킬 길 없는 비명의 삽화들과 목을 맨 선택은 과연 우연의 일치일까? (아담의 아내가 남편도 아들처럼 한밤중에 비명을 지르며 울었다고 말한 사실을 기억해보라) 아니면 이러한 사건들은 아버지가 경험했으나 느낄 수 없었던 일들과 처리되지 않은 감정들이 깊숙이 자리 잡아 세대를 건너뛰어 재현된 것일까? 이러한 가능성들은 트라우마와 인간 정신의 미스터리이다.

야엘 다니엘리Yael Daniele[103]와 로버트 리프턴Robert Lifton[104] 등과 같은 홀로코스트를 논한 저자들은 이 끔찍한 대학살 중 살아남은 피해자들을 획기적으로 분석한 저술을 했다. 나는 아담과 비슷한 경험을 한 여러 피해자들을 대상으로 일하는 가운데, 인간이 보여줄 수 있는 잔인성에 대한 끔찍한 인식뿐 아니라 몸이 어떻게든 이러한 잔학행위의 영향으로부터 분리되어 삶을 살아나가는 놀라운 과정도 마주했다. 몸은 미약하더라도 삶을 지탱하는 의지를 유지한다. 즉, 자신에게 지워진 짐을 견뎌내는 것이 더 이상 어려운 상태에서 무언가가 부담을 더할 때까지는 유지하는 것이다.

하지만 좋은 기회와 신중하게 조정된 지지가 주어진다면, 깊은 자기 자신의 꺼져 가는 불꽃은 기적적으로 다시 불붙을 수 있다.

에필로그

회기를 마친 후, 아담은 자신을 출산하다 사망한 생모에 관한 정보를 얻기 위해 그가 태어난 폴란드의 소도시를 방문했다. 나치 당원이 생모의 묘비를 훼손하지는 않았으나, 아담은 이를 새로운 추모비로 교체했다. 그의 가슴이 '어머니의 존재를 알고 너무나 깊은 감동을 받았기' 때문이었다.

빈스: 얼어붙은 어깨

> 자극과 억제라는 동시에 함께하기 어려운
> 두 개의 상반되는 과정들 사이에 충돌이 일어나거나,
> 또는 지속기간이나 강도, 경우에 따라 둘 모두가 너무나 특이할 때,
> 균형상태는 무너진다.
> — 이반 파블로프Ivan Pavlov

　소방관이 '마음전문 의사mind doctor'인 심리치료사를 찾아가길 꺼리는 것은 드문 일이 아니다. 특히 '명백히' 신체적인 문제일 경우에는 더욱 그러하다. 빈스는 얼어붙은 오른쪽 어깨 때문에 물리치료사에게 치료를 받고 있었다. 이러한 상태로 소방 업무를 보는 것은 불가능했다. 치료는 아무 효과가 없었다. 수차례 치료를 받았어도 그는 여전히 팔을 몸에서 겨우 몇 인치밖에 움직이지 못하고 있었다. 그를 진찰한 정형외과 의사는 수술을 권했다. 증상을 제거하기 위해서 전신 마취 후 팔을 심하게 확 잡아당겨 '맞추는' 수술이었다. 그런 수술은 포괄적이고 고통스러운 재활치료를 필요로 하는데, 이는 종종 증상을 개선하는 데는 별 도움이 되지 못한다.

　특별한 신체적인 부상이 없었기 때문에, 물리치료사는 힘든 수술 대신 나에게 빈스를 의뢰했다. 증상들은 나와 치료 약속을 하기 두 달 전쯤 시작되었다. 차고에서 전동모터를 차에 넣으려고 들어 올리는 순간, 그는 팔에서 '무언가 찌릿한 통증'을 느꼈다. 다음 날부터 어깨가 조이는 듯 아프기 시작했는데, 통증은 시간이 지날수록 점점 심해졌고 움직일 수 있는 정도도 계속해서 악화되었다. 빈스는 어깨 '좌상'의 원인을 당연히 차 수리로 여겼다. 마치 종이 한 장을 줍기 위해 몸을 구부리자마자 등에 경련이 일어난 경우와 비슷한 것이다. 상식적으로나, 그리고 대부분의 척추 지압사들이나 마사지 치료사들의 임상적 관찰에 의해서나 이는 이미 준비된 상황, '어차피 발생할 일'이었다.

　빈스는 말할 필요도 없이 '마음전문 의사'를 만나는 것에 대해 당황스러워하고,

나에게 치료받기를 주저한다. 나는 이를 감지하여, 사적인 질문은 하지 않을 것이고 증상들을 없애도록 돕는 데만 집중할 것이라고 그를 안심시킨다. "맞아요." 그가 말한다. "제 몸이 정말 망가지긴 했죠." 나는 통증이 시작되기 **직전**까지 얼마나 움직일 수 있는지 보여달라고 청한다. 그가 몇 인치 움직이고는, 나를 바라보며 "이게 전부예요."라고 한다.

나는 그에게 "좋아요, 그럼 이제 똑같은 방향으로 저처럼 **훨씬** 더 천천히 움직여봐요."라며 내 팔을 움직여 보여준다.

그가 움직이는 자신의 팔을 흘깃 보더니 "어?"하고 말한다. 그는 자신의 팔이 통증 없이 몇 인치 더 움직이자 분명 놀란 모습이다.

"이번에는 좀 더 천천히요, 빈스씨... 이번에는 어떨지 한번 봅시다... 자, 이번에는 **완전한 집중**이 필요해요. 온 정신을 팔에 집중해 보세요." 천천히 움직이는 것은 팔에 대한 알아차림을 가능케한다. 반면 마음챙김의 과정 없이 그저 빠르게 움직이는 것은 보호적인 고정 패턴을 재현한다.

손이 떨리기 시작하자, 그는 안심시켜줄 말을 기다리듯 나를 바라본다. "잘하고 있어요, 빈스씨. 지금 그대로 놓아둬 보세요. 이건 아주 좋은 현상이에요. 근육들이 풀리기 시작하고 있는 거죠. 계속 마음을 팔, 그리고 손 떨림에 집중시켜보세요. 팔이 움직이고 싶어 하는 방향으로 움직이도록 놓아둬 봐요." 떨림은 한동안 계속되다가 멈추었고, 빈스의 이마에 땀이 흐른다.

빈스의 긴장 패턴이 최고조에 이르자, 근육 방어 패턴 내에 있던 일부 '에너지'가 방출되기 시작한다. 이는 흔들림, 떨림, 땀, 체온 변화와 같은 무의식적 자율신경계의 반응들을 포함한다.* 피질하 영역에 기초하는 행동이기 때문에 우리는 보통 이런 반응에 대한 통제감을 갖지 못한다. 그리고 이것은 우리를 꽤 불안하게 만들기도 한다. 빈스는 통제할 수 없는 불수의적 반응들에 전혀 익숙하지 않았기 때문에, 여기서 내가 할 일은 빈스가 이러한 '자아 이질적'인 감각들에 친숙해질 수 있도록 돕는 코치와 조산사의 역할이다.

---

*   나는 천천히 주의를 기울여 하는 움직임은 신경계, 특히 추체 외로 체계/감마 원심성 체계의 불수의적인 기능을 일으킨다고 믿는다.

빈스가 "뭐죠? 대체 왜 이런 느낌이 드는 거죠?"라며 겁먹은 아이의 목소리로 묻는다.

"빈스씨, 이제 잠시 눈을 감고 몸 안에 주의를 기울여보세요. 저는 여기 있을 테니, 제가 필요하면 알려 주세요." 얼마간의 침묵 후, 그의 손과 팔이 바깥쪽으로 뻗기 시작하고, 팔 전체, 어깨, 손이 보다 더 강렬히 떨리기 시작한다. 나는 "괜찮아요. 몸이 하고 싶은 대로 하도록 놓아둬 보죠. 그리고 계속 몸에서 일어나는 느낌들을 지켜보세요."라며 그를 응원한다.

그가 계속해서 팔을 뻗다가, 45도 정도까지 움직였을 때 "춥다가 이젠 더워요." 라고 한다. 그리고는 갑작스럽게 멈춘다. 팔을 멀리까지 뻗을 수 있다는 사실에 놀라 그의 눈이 휘둥그레진다. 그 순간, 얼굴이 갑자기 창백해지며 불안해 보인다. 그는 속이 안 좋다고 한다.

그만두길 권하는 대신, 나는 그에게 현재 느껴지는 신체 감각들에 주의를 기울이도록 코치한다. 그의 숨이 가빠진다. "세상에! 이게 뭔지 알겠어요."

"네, 좋아요." 나는 그의 말을 가로막는다. "그래도 잠시만 더 그 감각들에 집중해보시죠. 그리고서 같이 이야기를 해보죠. 괜찮겠어요?"* 빈스가 고개를 끄덕이고, 마치 나무를 톱질하듯 어깨로부터 팔을 앞뒤로 천천히 움직인다. 이렇게 느린 동작을 하면서, 빈스는 저지되어 긴장 패턴으로 고정되어버린 내부의 움직임을 탐색하기 시작한다. 이제 그는 두 개의 상충하는 충동인 뻗고 싶은 충동과 혐오스러워 떠나고 싶은 충동을 분리하기 시작한다. (나는 입술을 한쪽으로 오므리는 모습과 머리를 살짝 돌리려는 기미 등 특정한 패턴을 통하여 그의 혐오감을 포착한다.) 떨림은 다시 심해졌다가 약해지고 가라앉는다. 그의 눈에서 눈물이 흘러내린다. 그가 자연스러운 깊은숨을 쉬고 손을 앞으로 완전히 뻗는다. "이제 전혀 아프지 않아요!" 이는 내가 만성 통증 사례들에서 보았던 것과 일치한다. 만성 통증의 경우 흔히 근본적인 긴장 패턴이 존재하고, 그 긴장 패턴이 완화되면 통증이 해소된다.

빈스가 눈을 뜨고 나를 쳐다본다. 상향 처리를 완료하자, 그는 이제 새로운 의

---

* 　나는 감각에 대한 설명을 찾아내어 일시적인 위안을 얻고자 하는 그의 충동을 저지했다. 대신 얼어붙은 동작을 완성하고 새로운 의미를 형성하도록 안내했다.

미를 형성할 수 있다. 그는 다음과 같은 사건에 대해 이야기한다. 8개월 전쯤* 그가 아내를 위해 쇼핑을 갔을 때였다. 슈퍼마켓에서 나왔을 때, 그는 굉음을 들었다. 길 건너편에서 차 한 대가 가로등 기둥을 들이받았던 것이다. 그는 쇼핑백을 내려놓고 사고가 난 곳으로 달려갔다. 운전석에 앉아있는 여성은 분명한 쇼크 상태로 보였고, 움직이지 않았다. 자동차의 엔진이 켜져 있는 상태였으므로 그는 화재나 폭발 가능성을 방지하기 위해 그녀의 무기력한 몸 너머로 점화장치를 끄려고 팔을 뻗었다. 자동차 열쇠를 돌리려는 순간, 그는 조수석에서 에어백으로 인해 목이 잘린 어린아이를 발견했다. 그리고 빈스는 나에게 그의 어깨가 왜 얼어붙었는지를 **설명했다.** "아이를 발견하기 전에는 괜찮았어요... 저는 그런 일을 하는 데 익숙했기 때문이죠. 위험한 일이요... 그런데 아이를 보는 순간, 저의 일부분은 제 팔을 움켜잡고 뒤로 돌아서고 싶었어요... 토할 것 같았죠... 그렇지만 또 다른 부분은 그 자리에서 그대로 제가 해야 하는 일을 했죠... 가끔 제가 해야 하는 일을 하는 게 정말 힘들 때가 있어요." 나는 "맞아요. 그건 정말 힘든 일이에요. 당신과 당신 동료들은 그 일을 계속해온 거죠... 고마워요."라며 그의 말에 동의했다.

회기를 마치면서, 그는 "흠... 이제부터는 제 몸에 좀 더 신경 쓰는 법을 배워야 할 것 같네요."라고 이야기했다. 빈스는 몸과 마음이 각각 별개의 독립체가 아니고, 자신이 전인적인 한 사람이라는 사실을 깨달았다. 그는 자신에 대해 좀 더 알고 싶다며 이후로도 세 번 더 회기를 가졌다. 그는 스트레스와 갈등이 많은 상황들에 보다 잘 대처하는 방법들을 배웠고, 당연히 수술은 받지 않아도 되었다.

인명 구조 활동을 해야 하는 상황이 왔을 때, 우리 몸 안에 넘치는 흥분과 아드레날린의 양은 어마어마하다. 빈스가 사고 자동차 안에 있던 승객을 구하려고 했을 때 생존을 위한 두 개의 서로 대립되는 행동들이 동시에 일어났는데, 이 중 하나는 승객의 목숨을 살리기 위해 무엇이든 하려 하는 움직임이고 다른 하나는 공포감으로부터 벗어나려 하는 움직임이었다. 이와 같은 극심한 대립 상황에서 빈스의 신경계와 근육들은 고정되어 버렸고, 어깨는 얼어붙어 버린 것이다. 이러한 대립되는 충동

---

* 많은 경우에 트라우마 사건이 일어나고 나서 상당한 시간이 흐른 후에야 증상들이 나타난다.

들, 즉 앞으로 나아가고자 하는 충동과 공포심에 떠나고자 하는 충동을 서로 부딪치게 놔두는 대신 이를 '몸을 통해 느끼고' 둘을 구분하는 과정을 통해, 엄청난 생존 에너지가* 떨림, 땀, 그리고 메스꺼움의 물결을 통해 방출되었다.

▌파블로프 박사는 누구인가

조건 반사에 관한 엄청난 업적으로 1904년 생리의학 노벨상을 수상한 이반 파블로프는 우연한 사건으로 발생하는 실험적 (트라우마를 초래할 정도의) 실패에 관한 연구에 참여하게 되었다. 1924년 발생한 레닌그라드 대홍수로 인해 그의 지하 실험실 우리에 갇힌 실험용 개들의 키 높이까지 물이 갑자기 들이닥쳤다. 개들은 공포에 휩싸이긴 했지만 신체적으로는 아무런 상해도 입지 않았다. 다시 실험을 재개했을 때, 그는 개들이 이전에 습득했던 조건 반사를 잃어버린 것을 발견하고 깜짝 놀랐다. 조건 반사에 대한 연구는 파블로프의 분명한 관심사였으나, 또 다른 관찰들이 그의 향후 연구 방향을 바꾸었다. 상당히 많은 수의 개들이 신체적으로는 아무 탈이 없었으나 정서적, 행동적, 생리적 상태는 아주 안 좋아졌던 것이다. 우리 속 모퉁이에 웅크려 떨고 있거나 전에는 온순했으나 갑자기 조련사에게 맹렬히 달려드는 등 상태들이 다양했다. 또한 아주 약간의 스트레스에도 심장박동율이 갑자기 높아지거나 낮아졌고, 아주 약한 자극(예를 들어, 실험자의 어조나 접근 등)에도 아주 큰 놀람 반응을 보이는 등 여러 가지 생리학적 변화들도 관찰되었다.

파블로프의 정의에 의하면, 홍수가 두 가지 상충하는 경향, '자극과 억제라는 두 가지 (강렬한) 대립되는 과정의 충돌'을 일으킨 것이다. 이와 관련된 또 다른 예시로는 먹으려는 충동과 심한 전기 충격의 자극이 동시에 일어나는 경우(충격이 먹는 것과 병행되는 경우), 굶주린 동물들은 그 자리에서 무너지게 된다. 그 자리에 머무르면서 먹으려는 것과 심하게 유해한 사건으로부터 도망가려는 것 두 가지의 대립되는 충동에 좌절되어 버리는 것이다.

요약하자면, 두 가지 강렬한 본능적 반응의 운동 신경적 표현은 몸 안에 갈등을

---

*   또 다른 상황에서는 다큐멘터리 〈전쟁의 징조Fog of war〉에서와 같이 자신의 생명을 구하고자 하는 충동, 또는 참호 안에 꼼짝 않고 있으려는 충동 등이 있을 수 있다.

일으키고 빈스가 어깨를 움직일 수 없었던 것 같이 얼어붙는 상태를 야기한다. 일반적으로 늘어나는 근육들은 구부러지는 근육들과 상반되게 작동한다. 그러나 외상적 상태에서는 주동근과 직접대항근이 서로에 맞서 작동하게 되고, 이에 얼어붙는(부동성) 상태를 야기한다. 이것은 우리의 몸 곳곳을 악화시키는 증상들을 불러온다. 억제된(좌절된) 반응들 내의 에너지 반동은 매우 강력하여 이것은 흔히 엄청난 결과를 가져오는 극도의 긴장을 야기할 수 있다. 예를 들어, 사람들이 불이 난 건물에서 지상의 트램펄린 안전망으로 뛰어내릴 때, 그들의 다리뼈는 몸이 망에 부딪치는 순간이 아니라 뛰어내리는 **도중** 골절될 수 있다. 이는 펴짐근과 굴근의 수축이 지나친 강도로 동시에 일어나기 때문이다.

전쟁 혹은 자연재해의 경우, 자기보호의 본능적인 충동은 흔히 타인을 보호하고자 하는 충동과 부딪치곤 한다. 1차 세계대전 당시 전선에는 탄환 충격의 유병률이 상당히 높았다. 보병들은 말 그대로 갇혀있는 상태에서 며칠, 몇 주간 끊임없이 귀를 찢는 파열음 세례를 받았다. 본능적으로 그들은 미친듯이 뛰어 도망가거나 포격을 받는 상태로 집단의 보호를 위하여 싸우고자 하는 '강한 충동을 느꼈다.' 사실 수많은 군인들이 도망가기 위해 어리석게 달리다가 전사했다(혹은 비겁자로 몰려 총을 맞았다). 1차 세계대전으로 인한 포탄 충격을 앓고 있는 군인들에 관한 몇몇 영화들에서는 이러한 만성적인 좌절로 인해 극심한 고통에 시달리고, 일그러지고, 발작적인 결과를 보이는 사람들을 볼 수 있다. 이 중 얼마나 많은 군인들이 생존을 위하여 부상자를 놔두고 자신의 몸을 챙겨야만 했기 **때문에** 이로 인한 트라우마 또는 죄책감 관련 증상을 갖게 되었을까. 어쨌든 용기란 일반적으로 인정받는 것보다 더 복잡한 현상이다.

아이의 눈에 비친 트라우마

　나는 평생 성인을 대상으로 일했지만, 종종 내담자 자녀의 치료를 맡아달라는 요청을 받았다. 나는 아이들이 치료를 받지 않았더라면 사는 내내 악화되었을 수도 있는 파괴적인 경험에서 아주 간단한 개입만으로도 얼마나 빨리 회복이 되는지에 자주 놀랐다. 이 아이들은 트라우마의 굴레에서 벗어나 자신감, 회복력, 기쁨을 발전시켜 나갔다. 나는 아동기 트라우마의 예방 및 신체 치료에 관한 책 두 권을 공동 집필했다. 이 중 한 권은 치료 전문가, 의료인, 교사들에 맞추어졌고,[105] 다른 한 권은 수로 부모들에게 효과적인 정서적 응급처치 방법들을 가르치는 데 맞추어졌다.[106]

　이 단원에서는 안나, 알렉스, 세미 세 아동의 이야기가 제시된다. 이 짤막한 이야기들은 적을수록 더 좋다는 원칙을 분명히 보여주고, 또한 인간 정신의 타고난 회복력에 대해 이야기한다.

안나와 알렉스: 잘못된 피크닉

8살인 안나는 커다란 갈색 눈을 갖고 있다. 아몬드 모양의 눈을 가진 아이들을 그린 인기 있는 킨Keane의 그림 모델이 되어도 손색이 없을 정도이다. 학교 간호사가 안나를 나에게 의뢰했다. 창백하게 고개를 숙인 채 간신히 숨을 쉬고 있는 안나는 마치 다가오는 차의 눈부신 라이트 앞에 얼어붙은 새끼 사슴과 같다. 힘없는 얼굴에는 표정이 없고, 팔은 금방이라도 어깨에서 떨어져 나갈 것처럼 기운 없이 축 처져 있다.

이틀 전, 안나는 바닷가로 소풍을 갔었다. 십 여명의 아이들이 물속에서 즐겁게 놀고 있을 때, 갑자기 세찬 격랑이 일면서 아이들을 바다로 휩쓸려 보냈다. 안나는 다행히 구조되었으나, 아이들 여럿을 용감하게 구한 메리(소풍의 자원봉사자 어머니 중 한 사람)는 익사했다. 메리는 안나를 포함하여 여러 이웃 아이들의 대리모였고, 그녀의 비극적인 죽음은 이웃 주민 전체를 충격에 빠뜨렸다. 나는 학교 간호사에게 갑작스럽게 증상(예를 들어, 통증, 두통, 복통, 또는 감기)을 보이는 아이들을 세심히 살필 것을 부탁했다. 안나는 그날 아침 오른팔과 어깨에 심한 통증을 호소하며 이미 간호사를 세 번이나 찾은 상태였다.

트라우마 대응 요원들의 가장 흔한 실수들 중 하나는 사건 직후 곧바로 아이들에게 감정에 대해 이야기하게 하려는 점이다. 비록 감정 표현을 억누르는 것이 바람직한 것은 아니지만, 사건 직후 바로 감정 표현을 하게 하는 것은 트라우마를 유발할 수 있다. 정신적으로 상처를 받기 쉬운 상황에서 아이들은 (또한 성인들도) 쉽게 감정에 압도될 수 있다. 또한 엄청난 사건의 여파로 이전의 트라우마가 다시 드러날 수도 있는데, 이는 추한 비밀, 엄청난 수치심, 죄책감과 분노를 동반한 복잡한 상황을 만들어내기도 한다. 이러한 연유로 나의 치료팀은 안나를 만나기 전에 몇몇 협조적인 초등학교 교사들(과 간호사들)에게 도움을 요청해 안나의 과거력에 관한 정보를 얻었다. 이를 통해 우리는 아이가 의식적으로 지각하지 못하고 있거나 취약한 상태일 때 이야기하면 위험할 수도 있을 정보들에 대해 알게 된다.

우리는 안나가 두 살 때, 아버지가 어머니의 어깨를 총으로 쏜 뒤 자살했고, 안나가 그 현장에 함께 있었다는 사실을 알게 되었다. 안나의 증상을 악화시킨 추가 사항들은 피크닉 이전의 경험들에 의해 유발된 것이다. 안나는 메리의 16살 난 아들인

로버트가 자신의 12살짜리 오빠를 괴롭혔을 때 무척 화를 냈었다. 안나는 익사 사건이 있기 전 로버트에게 적의를 품고 있었고, 사건 당일 그에게 보복할 생각을 갖고 있었을 가능성이 높았다. 이는 안나가 메리의 죽음에 대해 엄청난 죄책감을 느끼고 있을 가능성을 제기했다. 아마도 (마술적 사고를 통해) 메리의 죽음이 자기 탓이라고 믿고 있었을 것이다.

나는 여성 간호사에게 안나의 부상당한 팔을 부드럽게 감싸고 받쳐줄 것을 부탁했다. 이는 안나로 하여금 팔에 고정되어 얼어붙은 '충격의 에너지'를 견딜 수 있게 해주고, 내부 인식을 높여준다. 이러한 지지를 통해 안나는 천천히 (그리고 점진적으로) 얼어붙은 에너지를 녹여 삶으로 다시 돌아오게 도와 줄 감정들과 반응들을 접할 수 있게 될 것이다.

나는 부드럽게 "안나, 팔 안에 어떤 느낌이 느껴지나요?"라고 묻는다.

아이는 "너무 아파요."라며 힘없이 답한다.

아이는 눈을 내리뜨고 있고, 나는 "많이 아플 거예요, 그렇죠?"라고 말한다.

"네."

"어디가 아픈가요? 손가락으로 가리켜서 나한테 알려줄 수 있나요?" 안나는 팔 위쪽의 한 곳을 손가락으로 짚으면서, "다른 데도 다 아파요."라고 답한다. 오른쪽 어깨가 살짝 떨리고, 약한 한숨을 내쉰다. 순간 찌푸린 얼굴이 살짝 발그레한 색조를 띈다.

"좋아요, 잘했어요. 숨을 쉬니까 조금 나은가요?" 아이가 고개를 끄덕이고, 한 번 더 숨을 쉰다. 이러한 경미한 완화 직후, 안나는 갑자기 경직되면서 팔을 자기 몸쪽으로 보호하듯 끌어당긴다. 나는 그 순간을 포착한다.

"엄마는 어디를 다쳤었지요?" 안나가 팔의 같은 부분을 손가락으로 가리키더니 몸을 떨기 시작한다. 나는 아무 말도 하지 않는다. 아이의 몸은 점점 더 강하게 떨렸고, 이러한 떨림은 팔 아래로, 또 목 위로 이동한다. "좋아요, 안나, 잘하고 있어요. 계속 그대로 떨리게 놓아둬 봐요. 젤로처럼 말이에요. 안나의 젤로는 빨간색, 초록색, 아니면 노란색인가요? 계속 흔들어 볼 수 있어요? 떨리는 것이 느껴져요?"

"네, 노란색이요. 하늘에 있는 태양처럼요."라고 하면서 깊은숨을 쉬더니, 나를 처음으로 바라본다. 내가 미소를 짓고 고개를 끄덕인다. 아이의 두 눈이 잠시 내 눈을 바라보다가, 시선을 돌린다.

"지금은 팔에 어떤 느낌이 있나요?"

"아픈 게 제 손가락으로 내려가고 있어요." 아이의 손가락이 약하게 떨린다. 나는 조용하고 부드럽게 리듬을 타듯 이야기한다.

"안나, 그거 알아요? 내 생각에 이 마을 사람들 모두 메리가 죽은 게, 어떤 점에서는 자기 잘못이라고 생각하고 있는 것 같아요." 아이가 나를 잠시 흘깃 본다. 나는 "물론, 그건 사실이 아니죠... 그렇지만 사람들 모두가 그렇게 느끼고 있을 거예요... 왜냐하면 마을 사람들 모두 메리를 많이 사랑했기 때문이죠."라고 이야기한다. 이제 몸을 돌려 나를 바라보는 안나의 표정에 자기인식의 느낌이 묻어난다. 두 눈은 나에게 고정되었고, 나는 이어 "때때로, 우리가 누군가를 많이 사랑할수록, 그 사람에게 안 좋은 일이 일어나면, 그것이 내 잘못이라고 느끼는 경우가 있죠."라고 전한다. 아이의 눈가에 맺힌 눈물 반응이 흘러내리고, 아이는 천천히 나에게서 고개를 돌린다.

"그리고 가끔 우리가 누군가한테 정말 화가 났을 때 그 사람에게 안 좋은 일이 일어나면, 그건 내가 그렇게 되길 원했기 때문이라고 생각하는 경우가 있죠." 안나가 내 눈을 똑바로 바라본다. 나는 "그런데 있잖아요. 우리가 사랑하는 사람이나 미워하는 사람한테 안좋은 일이 생겼을 때, 그건 우리의 그런 감정 때문에 생긴 것은 아니에요. 가끔 안좋은 일은 그냥 일어나기도 하죠... 그리고 우리 감정은 아무리 크더라도 그냥 감정일 뿐이죠."라고 이야기한다. 마음을 꿰뚫어 보는 듯한 안나의 눈빛에 감사함이 묻어난다. 내 눈에 눈물이 맺히는 것이 느껴진다. 나는 아이에게 다시 교실로 돌아가겠냐고 묻는다. 안나가 고개를 끄덕이고, 다시 한번 우리 셋을 바라본 후, 문밖으로 나간다. 안나가 큰 걸음으로 걷자 그 박자에 맞춰 팔이 자유롭게 흔들린다.

바닷가에서 일어난 비극적인 사건을 목격한 여러 아이 중 하나인 알렉스는 수면과 식사에 어려움을 겪고 있었다. 알렉스가 이틀간 거의 먹지 못하자 아버지가 아이를 우리에게 데리고 왔다.

함께 자리에 앉은 후, 나는 알렉스에게 뱃속을 느낄 수 있는지 묻는다. 알렉스가 손을 조심스럽게 배 위에 올린 뒤, 훌쩍거리며 "네."하고 답한다.

"배 속에 어떤 느낌이 들죠?"

"매듭진 것처럼 전부 단단해요."

"그 매듭 안에 어떤 게 있는 것 같아요?"

"음. 검은색도 있고... 빨간색도 있고... 난 그게 싫어요."

"아픈가요?"

"네."

"있잖아요, 그건 알렉스가 메리를 사랑하기 때문에 아플 수밖에 없는 걸 거예요... 그렇지만 계속 끊임없이 아프진 않을 거예요."

알렉스의 양 볼에 눈물이 흘러내리고, 얼굴과 손가락에 혈색이 돌아온다. 그날 저녁, 알렉스는 식사를 잘했다. 메리의 장례식에서 알렉스는 엉엉 울었고, 따뜻한 미소를 지었고, 친구들을 안아주었다.

새미: 아동의 놀이

1년간의 대화보다
1시간 동안의 놀이를 통해
그 사람이 어떤 사람인지 더 잘 알 수 있다.
— 플라톤Plato

빈스나 의료전문가들이 계속 얼어붙어 있는 어깨와 끔찍한 사건을 연관짓지 못했던 것과 비슷하게, 종종 아이의 증상이나 행동 변화는 부모와 소아과 전문의를 당혹스럽게 만드는 질문을 던질 수 있다. 특히 안정적이고 양육적인 가정환경을 제공하는 '충분히 좋은' 부모를 가진 경우에는 더욱더 그러하다. 가끔 아이의 새로운 행동은 감지하기 힘들 뿐 아니라 수수께끼와 같다. 이에 당황한 가족들은 아이의 행동과 기타 증상들을 두려움의 근원과 연결시키지 못하기도 한다.

아이들은 쉽게 이해할 수 있는 방식으로 자신을 표현하기보다는, 종종 가장 난감한 방식으로 내면에서 고통받고 있음을 보여준다. 아이들은 이를 자신의 몸으로 표현한다. 반항적인 행동을 보이거나, 부모에게 매달리거나, 떼를 쓰기도 하고, 불안, 과잉행동, 악몽, 불면증 등으로 어려움을 겪기도 한다. 그러나 그보다 더 문제가 되는 경우는, 아이가 자신의 걱정과 상처를 애완동물이나 자기보다 어리고 약한 아이를 괴롭히는 행동으로 옮기는 경우이다. 이 외에도 어떤 아이들에게는 괴로움이 두통, 복통, 야뇨증 등으로 나타나기도 하고, 견딜 수 없는 불안감을 감당하기 위해 평소 좋아하던 사람이나 일을 피하기도 한다. 부모들은 이런 아동기 증상들이 도대체 어디에서 오는 것인지 묻는다.

유년기의 상징이기도 한 낙상, 사고, 의료 시술과 같은 '일상적인' 사건들은 해결되지 못한 경우, 아이의 불안 아래 숨겨진 범인으로 의심된다. 영유아인 새미의 사례가 바로 그랬다.

아이들은 천성적으로 놀이를 좋아하기 때문에 치료사와 부모가 이끌어주는 놀이를 통하여 공포심을 이겨내고 무서웠던 순간들을 극복하여 회복할 수 있다. 놀이를 통해 자신의 내면세계를 표현할 때, 아이들의 몸은 우리와 직접 소통을 한다.

두 살 반 된 남자아이 새미의 사례는 회기 중 실행한 놀이에서 거둔 승리가 회복으로 이어진 이야기이다. 이 사례에 대해 논한 후, 치료사, 전문 의료진, 그리고 부모들을 위한 제안을 하고자 한다. 다음 사례는 상처 봉합을 위해 응급실을 찾아야 했던, 흔히 일어나는 낙상이 잘못되었을 때 일어날 수 있는 예시이다. 이는 또한 새미의 무서워할만 했던 경험이 수개월 뒤 놀이를 통해 어떻게 자신감과 기쁨으로 변형되었는지를 잘 보여준다.

내가 새미의 조부모님 댁에 손님으로 묵고 있을 때, 새미도 조부모와 주말을 함께 보내기 위해 와 있었다. 새미는 제멋대로인 폭군처럼 매우 공격적이고 끈질기게 새로운 환경을 통제하려 든다. 마음에 드는 건 하나도 없고, 잠에서 깨어날 때면 엄청 성질을 부린다. 잠을 잘 때도 새미는 마치 이부자리와 레슬링이라도 하듯 몸을 계속 뒤척이고 뒹군다. 분리 불안을 경험하고 있는 아이들이 흔히 이를 행동으로 드러낸다는 점을 감안할 때, 새미의 이러한 행동은 부모가 주말 동안 자리를 비워 불안한 두살 반짜리 아이에게 나타날 수도 있는 행동이다. 하지만 새미는 조부모에게 오는 걸 항상 좋아했기 때문에, 조부모에게는 이러한 행동이 지나쳐 보였다.

새미의 조부모는 6개월 전 새미가 유아용 높은 의자에서 떨어져 턱이 찢어지는 사고를 당했다고 이야기했다. 새미는 피를 많이 흘리며, 인근 응급실로 실려 갔다. 간호사가 체온과 혈압을 재려 했지만, 새미가 너무 무서워해서 기록을 할 수가 없었다. 이 작고 연약한 남자아이는 '소아과용 아기 자루(덮개와 접착테이프 끈이 있는 판)'에 묶였다. 몸통과 두 다리가 고정되자 움직일 수 있는 부분들은 머리와 목밖에 없었고, 아이는 당연히 온 힘을 다해 움직이려했다. 그러자 의사들은 턱의 상처를 봉합하기 위해 끈을 더 단단히 조여 새미의 머리와 두 손을 고정시켰다.

이렇게 한바탕 소동을 벌인 후, 부모는 새미에게 햄버거를 사주고 놀이터에 데려갔다. 엄마는 이 경험이 새미에게 얼마나 무섭고 아팠을지에 신경을 썼고 신중하게 확인했다. 그리고 금방 모든 일이 잊혀진 듯 보였으나, 얼마 안 가 새미의 거친 행동이 나타나기 시작했다. 새미의 투정과 제멋대인 행동은 그가 이 트라우마에서 지각한 무력감과 연관이 있을까?

부모가 돌아오자, 우리는 새미가 최근 경험으로 인해 정신적 외상의 흥분 상태에 아직 있는 것인지를 탐색해보기로 했다. 모두가 내가 묵고 있는 통나무집으로 모였다. 새미와 부모 그리고 조부모가 보는 앞에서 나는 의자 모서리에 곰돌이 푸 인형을 놓았고, 인형은 곧 바닥으로 떨어졌다. 새미가 비명을 지르며 문밖으로 뛰쳐나가 징검다리를 건너 시냇가의 오솔길로 달려갔다. 우리의 추측이 들어맞은 것이다. 새미의 최근 병원 방문은 해롭지 않은 것도 잊혀진 것도 아니었다. 새미의 행동은 이 놀이가 그를 압도할 가능성이 있음을 우리에게 말해 주고 있었다.

새미의 부모가 아이를 시냇가에서 다시 데리고 왔다. 우리가 또 다른 놀이를 준비하는 동안, 새미는 엄마에게 필사적으로 매달렸다. 우리는 곰돌이 푸 인형을 지켜줄 것이라 이야기하며 새미를 안심시켰다. 새미가 또 달려나갔다. 하지만 이번에는 옆방으로 갔을 뿐이었다. 우리는 새미를 따라 들어갔고, 어떤 일이 벌어질지 지켜보며 기다렸다. 새미는 침대로 달려가 무언가 기대하는 눈으로 나를 바라보면서 두 팔로 침대를 쳤다.

"화가 났구나, 그렇지?"라고 하자, 그는 내 질문이 사실임을 확인시켜주듯 나를 쳐다봤다. 그 표현이 나에게 보내는 계속하라는 신호라고 해석한 나는 곰돌이 푸 인형을 담요 밑에 넣고 새미를 인형 옆 침대 위에 앉혔다.

"새미야, 우리 곰돌이 푸를 도와주자."

나는 담요 밑에 곰돌이 푸 인형을 그대로 두고, 모두에게 도움을 청했다. 새미가 관심을 갖고 바라보다 이내 일어나 엄마에게로 달려가서, 엄마의 두 다리를 팔로 꼭 껴안으며 "엄마, 나 무서워."라고 말했다.* 아이에게 부담을 주지 않고, 우리는 새미가 다시 놀 준비가 될 때까지 기다렸다. 이번에는 할머니가 곰돌이 푸 인형과 함께 담요 밑에 잡혀있었고, 새미는 이 둘을 구하는 데 적극적으로 참여했다. 곰돌이 인형이 구출되자 새미는 엄마에게로 달려가 이전보다 더 단단히 매달렸다. 새미가 두려움에 떨기 시작했다. 그리고 나서는 흥분과 자부심이 점차 커지면서 눈에 띄게 가슴이 쭉 펴졌다.

이제 우리는 이 부분에서 트라우마의 재연이 치유적 놀이로 전환되는 과정을 볼 수 있다.

---

*   이와 같은 안전성에 대한 신뢰는 견고한 애착 관계 안에서만 가능하다. 만약 건강한 유대가 없거나 학대가 있었을 경우, 당연히 치료는 훨씬 더 복잡하고 일반적으로 부모나 돌보는 사람의 치료도 필요하다.

새미가 다시 엄마를 붙잡았을 때는 매달리기보다는 신이 나서 펄쩍펄쩍 뛰고 있었다. 우리는 새미가 놀 준비가 다시 될 때까지 기다렸다. 새미를 빼고는 모두가 번갈아 가며 곰돌이 푸 인형과 함께 구조되었다. 매번 담요를 벗겨내고 안전한 엄마 품으로 도망갈 때마다 새미는 점점 더 활기차졌다.

새미가 곰돌이 푸 인형과 함께 담요 밑에 잡혀있을 차례가 되자, 아이는 꽤 불안해하며 무서워했다. 그리고 최종적인 도전을 받아들이기까지 여러 번 엄마의 품 안으로 달려갔다. 내가 담요를 살짝 누르고 있는 동안, 새미가 용감하게 곰돌이 푸 인형과 같이 담요 밑으로 기어들어 갔다. 나는 새미의 눈이 두려움으로 커지는 것을 보았는데 아주 잠깐 동안일 뿐이었다. 새미가 곰돌이 푸 인형을 꽉 잡고, 담요를 획 밀어짖히고, 엄마의 품으로 뛰어들었다. 새미가 흐느껴 울며 몸을 떨면서 "엄마, 여기서 나갈래, 엄마, 이거 벗겨 줘!"라며 소리쳤다. 새미의 아빠는 깜짝 놀라며, 새미가 병원에서 아기 자루에 갇혀 비명을 지를 때 똑같은 말을 했었다고 이야기했다. 그는 두 살 반밖에 안된 새미가 그렇게 직접적이고 똑 부러지는 요구를 할 수 있다는 사실에 상당히 놀랐기 때문에 분명하게 기억하고 있었다.

우리는 놀이를 서너 번 더 했는데, 매번 새미는 더 잘했고 더 의기양양해졌다. 엄마에게 겁을 먹고 달려가는 대신, 새미는 기뻐서 깡충깡충 뛰었다. 매번 탈출에 성공할 때마다 우리는 모두 함께 손뼉을 치고 춤을 추며 "새미 만세! 우와, 새미가 곰돌이 푸를 구했어!"하며 환호했다. 두 살 반인 새미는 몇 달 전 자신을 산산이 조각낸 경험을 극복했고 이에 숙달되었다. 트라우마에서 기인한, 주변 환경을 통제하려 하는 공격적이고 사납게 성질을 부리는 행동은 사라졌고, 의료적 트라우마를 다시 다루는 과정에 일어났던 '과잉행동'과 회피는 승리를 거둔 놀이로 탈바꿈했다.

아동의 트라우마 해소를 위한 놀이를 안내하는 다섯 가지 원칙

아동들의 놀이 치료를 진행하는 데 있어 중요한 원칙을 명료화하고 적용하는 것을 돕고자 새미의 경험에 대한 다음과 같은 분석을 제시한다.

1. 아동이 놀이 속도를 조절하게 한다.

치유는 천천히 흐르는 시간의 순간순간 일어난다. 여러분이 치료하는 아동이 안심할 수 있도록, 그의 속도와 리듬에 맞춘다. 아이의 행동을 세심하게 관찰하는 과정을 통해 아이의 시각에서 바라본다면, 그의 정서에 공감하는 법을 빨리 터득할 수 있다. 새미의 사례로 돌아가 이 과정이 어떻게 이루어지는지 다시 살펴보자.

곰돌이 푸 인형이 의자에서 떨어졌을 때 방 밖으로 뛰쳐나감으로써 새미는 우리에게 자신이 아직 자극을 주는 새로운 놀이를 할 준비가 되지 않았음을 분명히 보여주었다. 놀이를 이어가기 전에 새미는 구조를 받고, 위안을 받고, 놀이 장소로 다시 돌아오도록 부모의 도움을 받아야 했다. 우리는 곰돌이 푸를 보호하기 위해서 우리 모두 그곳에 있을 것이라고 말하여 새미를 안심시켰다. 지지하고 안심시킴으로써, 새미가 **기분이 내킬 때 자기속도대로** 놀이하는 것에 한 걸음 가까워질 수 있도록 도운 것이다.

이와 같이 안심을 한 후, 새미는 문밖으로 뛰쳐나가는 대신 침실로 뛰어 들어갔다. 이는 이전보다 덜 위협감을 느끼고 우리의 지지를 더 확신한다는 분명한 신호였다. 아이들은 자신의 생각을 말로 전달하지 못하는 경우도 있어 그들의 행동과 반응들에서 단서를 얻어야 한다. 아이들이 어떻게 소통하든 그들이 원하는 바를 존중해준다. 아이들이 놀이 장면 진행을 기꺼이 하고 또한 할 수 있는 정도까지만 해야 하고, 절대 이보다 더 빨리 진행하도록 서둘러서는 안된다. 새미의 경우와 같이 아이에게서 두려움, 얕은 숨, 경직되거나 멍해지는 해리된 표정과 같은 신호들이 보이면, 과정을 천천히 진행하는 것이 매우 중요하다. 이러한 반응들은 여러분이 옆에 있을 것이라 이야기해주어 아이를 안심시키고 조용히 인내심을 갖고 기다리면, 금세 사라질 것이다. 일반적으로 아이의 눈과 호흡 패턴이 과정을 계속 진행해도 될지 아닐지를 알려준다.

2. 두려움, 공포, 흥분을 구별한다.

트라우마를 다루는 놀이를 하는 중 두려움이나 공포를 잠깐 이상 경험하는 것은 아동이 트라우마를 다루어 나가는 데 도움이 되지 못한다. 대부분의 아이들은 이를 피하기 위한 행동을 할 것이다. 그렇게 하도록 두라! 단, 그것이 회피인지 도피인지를 파악하도록 한다. 다음은 이와 같이 잠시 휴식이 필요할 때와 계속하도록 지도해도 괜찮을 때를 '파악하는' 기술을 발전시키도록 돕는 명확한 예시이다.

새미가 시냇가 쪽으로 달려간 것은 회피 행동을 보여준다. 트라우마 반응을 해소하기 위하여, 새미는 감정에 휩쓸려 행동하는 것이 아니라 자신의 행동을 스스로 제어할 수 있다고 느껴야 했다. 회피 행동은 아동과 성인 모두 두려움과 공포감에 압도되려 할 때 발생한다. 아동의 경우 이러한 행동은(울기, 겁먹은 눈빛, 비명과 같은) 정신적 고통을 나타내는 신호를 동반한다. 이에 반해 적극적인 도피 행동은 유쾌한 경험이다. 아이들은 소소한 승리에 신이 나고, 흔히 환한 미소, 박수, 그리고 배를 잡고 웃는 등의 행동을 통해 기쁨을 표현한다. 전반적으로 이러한 반응들은 회피 행동과 매우 다르다. 아이가 흥분히여 신나하는 것은 기존 경험에 동반되었던 감정들을 성공적으로 방출하고 있다는 증거이다. 이것은 긍정적이고, 바람직하며, 필연적인 과정이다.

트라우마는 견디기 힘든 느낌과 감각들을 좋은 경험들로 변화시킴으로써 탈바꿈된다. 이 과정은 트라우마 반응을 일으켰던 이전의 활성화와 비슷한 수준의 활성화가 일어날 때만이 가능하다.

만약 아이가 흥분하여 신나 보인다면, 우리가 새미와 함께 손뼉을 치며 춤췄던 것과 같이 응원하고 계속해도 괜찮다.

그러나 만약 아이가 두려워하거나 겁에 질린다면, 안심시키되 계속하도록 부추기지 말아야 한다. 대신 두려움이 충분히 진정될 때까지 차분히 기다리며 많은 관심과 지지를 보여준다. 만약 아이가 피로한 기색을 보이면, 휴식을 취하게 한다.

3. 일보일보 조금씩 전진한다.

트라우마 경험을 재협상하는 과정은 매우 천천히 진행되어야 하는데, 특히 어린 아동의 경우에는 더욱더 그러하다. 트라우마를 다루는 놀이traumatic play는 당연히 반복적이다. 이와 같은 놀이의 순환적 특성을 이용한다. **재협상**과 트라우마를 다루는 놀이(재연)의 주된 차이점은, 재협상의 경우에는 아동의 반응과 행동이 숙달과 해결에 가까워질수록 점진적인 차이를 보인다는 것이다. 다음은 내가 새미에게서 이러한 작은 변화들을 어떻게 알아차렸는지 설명해준다.

새미가 문밖으로 나가는 대신 침실로 뛰어 들어간 것은 이전과는 다른 행동으로 반응하는 것이었고, 진전이 있었음을 나타내었다. 아무리 반복을 많이 하더라도, 여러분이 돕고 있는 아동이 말이나 자연스러운 움직임이 더 많아지면서 약간 더 흥분하는 것처럼 이전과 다르게 반응한다면, 이는 트라우마를 헤치며 나아가고 있는 것이다. 만약 아이의 반응들이 확장과 다양성이 아닌 수축이나 강박적인 반복쪽으로 가고 있어 보이면, 이는 아마도 아이가 진전을 하기에는 너무 지나친 흥분 상태임에도 여러분이 놀이를 진행하여 트라우마를 재협상하려 하기 때문일 것이다. 만약 놀이를 통한 재협상 과정에서 여러분이 시도하는 것들이 역효과를 불러오고 있다면, 잠시 현실감을 유지한 채 자세를 가다듬고 자신의 호흡이 차분함, 자신감, 자연스러운 감각을 불러올 때까지 감각에 집중한다. 그리고는, 놀이를 작은 부분들로 나누어 변화의 속도를 늦춘다. 이것은 앞서 이야기한 아이의 속도를 따르라는 것과는 모순되게 들릴지도 모른다. 그러나 아이의 욕구에 맞춘다는 것은 때때로 아이가 감정에 압도되어 상처받거나 무너지는 것을 방지하기 위해 제한하는 것을 의미하기도 한다. 만약 아이가 긴장하거나 겁먹은 듯이 보인다면, 치유적인 조치를 취하는 것도 좋다. 예를 들어, 의료적인 트라우마를 재협상할 때, "자, 그럼 네가 (놀이에서의 의사 또는 간호사) 곰돌이 푸(또는 기타 인형 이름)한테 주사를 놓기 전에 푸가 너무 무서워하지 않게 하려면 무엇을 하면 좋을까?"하고 이야기할 수 있다. 종종 아이들은 자신들이 **필요로 했던** 것, 즉 예전 경험 중 자신에게 보다 안정감을 주었을 수 있는 **빠져있는** 요소가 무엇인지를 정확히 보여주는 창의적인 해결안을 생각해낼 것이다.

'이전과 별 차이 없는 것'처럼 보이는 과정을 얼마나 많이 반복해야 하는지에 대해 염려하지 않는다(우리는 새미와 푸 곰 인형의 놀이를 최소한 열 번 이상 반복했다). 새미는 자신의 트라우마 반응들을 꽤 빠르게 재협상할 수 있었다. 여러분이 돕고 있는 다른 아동의 경우에는 더 많은 반복이 필요할 지도 모른다. 모든 과정을 하루만에 다 끝낼 필요는 없다! 아동이 감지하기 힘든 수준의 경험을 내적으로 재조직하기 위해서는 휴식과 시간이 필요하다. 만약 트라우마 해소가 완성되지 않았다면, 다음 회기에 놀이를 하게 되면 비슷한 단계에서 또다시 시작할 수 있을 것이라고 안심시키도록 한다.

4. 안전한 컨테이너가 된다.

생명 활동은 여러분 편이라는 사실을 기억하라. 아마도 아동과 트라우마 사건을 재협상하는 데 있어 가장 어렵고 중요한 부분은 모든 일들이 잘 될 것이라는 믿음을 유지하는 것일 것이다. 이러한 느낌은 여러분 안에서 시작되어 아이에게 투사된다. 그리고 이것은 아이를 자신감으로 감싸주는 그릇이 된다. 만약 트라우마를 재협상하려는 여러분의 시도에 아동이 저항한다면, 이는 특히 어려울 수도 있다.

만약 아동이 저항한다면, 인내심을 가지고 차분히 안심시켜라. 아이의 본능적인 부분은 이 경험을 재작업하고 싶어 한다. 여기에서 여러분이 해야 할 일은 아이의 그 부분이 자신감을 얻고 충분히 안전함을 느껴 밖으로 드러날 때까지 기다리는 것이다. 만약 아이의 트라우마 반응들이 변할 수 있을 지 지나치게 걱정하고 있다면, 여러분은 상충되는 메시지를 의도치 않게 전달할 지도 모른다. 특히 자신의 아동기 트라우마가 해소되지 못한 성인들은 이 덫에 걸리기 쉬울 수 있다.

5. 진정으로 아동이 놀이에서 도움 받지 못하고 있다고 느낀다면 멈춘다.

〈너무 겁이나 울 수 없는Too Scared to Cry〉에서 훌륭하고 존경받는 아동심리학자인 레노어 테어Lenore Terr[107]는 원래의 공포를 재현시키는 트라우마 놀이 '치료'에 아동을 참여시키는 것에 대하여 임상가들에게 경고한다. 그녀는 세 살 반 된 로렌이 장난감 자동차를 갖고 놀며 보이는 반응들을 묘사하고 있다. 로렌은 경주용 자동차 두 대를 손가락 인형들을 향해 빠르게 움직이며, "차들이 사람들을 향해 가고 있어요."라고 한다. "차들의 뾰족한 부분이 사람들을 향하고 있어요. 사람들은 무서워해요. 뾰족한 부분이 사람들 배로 향하고, 또 입으로, 그리고... (자신의 치마를 가리킨다) 내 배가 아파요. 더 놀고 싶지 않아요." 갑작스럽게 공포가 신체적 감각으로 나타나자 로렌은 멈춘다. 이것이 전형적인 반응이다. 로렌은 똑같은 놀이를 계속해서 반복할 것이고, 배에서 느껴지는 공포스러운 감각들이 불편해질 때마다 놀이를 멈출 것이다. 어떤 치료사들은 로렌이 자신에게 트라우마를 유발한 상황을 어느 정도 통제하려는 시도로서 놀이를 하는 것이라고 설명할 것이다. 로렌의 놀이는 성인들이 공포증을 극복하기 위해 받는 '노출' 치료와 비슷하다. 그러나 테어는 그러한 놀이들이 대개 성공적이지 못하다고 주의를 준다. 비록 아동의 정신적 고통을 줄이는 데는 도움이 될지 몰라도, 이 과정이 성과를 보이려면 상당한 시간이 필요하다. 대부분 이러한 놀이들은 해결점 없이 강박적으로 반복된다. 성인들이 트라우마의 재연과 카타르시스적 해소를 경험한 후 트라우마 증상이 더욱 심해지는 것과 마찬가지로, 미해결되고 반복적인 트라우마 놀이 치료는 아동들의 트라우마로 인한 충격을 더욱 악화시킬 수 있다.

새미의 사례에서 본 바와 같이 트라우마 경험의 재작업 또는 재협상은 트라우마 놀이 또는 재연과는 근본적으로 다르다. 아이들을 제 생각대로 하도록 놔둔다면, 대부분의 아이들은 놀이가 유발하는 트라우마와 관련된 느낌들을 피하려고 할 것이다. 그러나 안내를 받으며 진행되는 놀이를 통해 **새미는 점진적이고 순차적으로 두려움을 숙달하며 '느낌들을 이겨나갈 수'** 있었다. 트라우마 사건의 단계적인 재협상과 곰돌이 푸와의 우정을 이용하여 새미는 승자와 영웅으로 떠오를 수 있었다. 승리감과 영웅적 행위는 대부분 재협상된 트라우마 사건의 성공적인 결말을 알린다. 잠재적으로 자극이 될 수 있는 상황을 준비해놓은 뒤, 새미가 이끄는 놀이에 동참하고 놀이 속 게임을 함께 만들어나감에 따라 새미는 자신의 두려움을 놓을 수 있었다. 새미가 교정적 결과를 경험하도록 돕는 무언의 목표를 달성하는 데는 최소한의 지도(30~45분)와 지지가 함께 했다.

9장

피터의 교통사고에 관한 주해

나는 우리의 긴 여정의 출발점이었던 어느 화창하고 아름다운 날의 개인적인 경험을 마지막 사례로 논하고자 한다. 1장에서 자세히 이야기했던 내가 겪은 끔찍한 교통사고 사례와 이에 관한 간단한 분석을 (괄호 안의 번호로) 끼워 넣어 설명해보고자 한다. 이 주해를 통해 사례의 재검토뿐 아니라 이러한 경험이 어떻게 외상후 스트레스장애PTSD로 이어지지 않았는지, 이를 방지한 요인들은 무엇이었는지를 면밀히 검토하고자 한다. 사건 자체, 다시 말해 차에 치여 전면유리에 부딪친 후 공중으로 내던져져 신체적 부상을 입은 사건은 분명 트라우마를 초래할 정도의 사건이다. 그런데 나는 어째서 트라우마를 입지 않았을까?

그 운명적이었던 2월의 어느 날, 나는 절친 버치의 60세 생일을 축하할 행복한 기대에 차 걷고 있었다. 나는 횡단보도로 내려섰다... 잠시 후, 마비되고 멍한 상태로 나는 길바닥에 누워 있다. 움직일 수도 숨을 쉴 수도 없다. 내게 방금 무슨 일이 일어난 건지 알 수 없다. 어쩌다 내가 여기에 있는 거지? 소용돌이치는 믿을 수 없는 혼란 속에서 사람들이 내게로 달려온다. (1. 내 사례에서 충격적인 부분은 말 그대로 숨이 꽉 막혀버린 상황 그 자체였다. 모든 트라우마는 어떻게든 우리를 숨 막히게 한다. 충격의 순간, 사람들은 자신에게 무슨 일이 일어난 것인지 모른다. 그들은 내부와 외부의 방향감을 상실한 채 숨을 쉴 수 없는 상태로 남겨진다.) 그들은 아연실색하며 멈추어 선다. 불쑥, 그들이 내 팔다리와 뒤틀린 몸에 눈을 고정시킨 채 원을 좁혀들며 내 주변을 맴돈다. 무기력한 내 관점에서 그들은 상처 입은 먹잇감을 내려 덮치는 육식성 갈까마귀 떼처럼 보인다. 나는 천천히 주위를 둘러보며 나의 현재 위치를 파악하고, 실제로 나를 공격한 게 무엇인지를 확인한다. 섬광이 터지는 옛날식 사진처럼 라디에이터 안전망을 이빨처럼 드러내고 앞 유리가 산산 조각난 베이지색 차가 내 눈에 들어온다. (2. 쇼크 상태에서의 이미지들은 이질적이고 파편화되며, 오직 가장 핵심적인 위협의 특징들에 집중하게 된다.) 차 문이 갑자기 벌컥 열린다. 눈이 휘둥그레진 십대 여자아이가 튀어나온다. 아이는 공포에 질린 멍한 눈으로 나를 뚫어지게 쳐다본다. 이상하게도 나는 방금 무슨 일이 일어났는지 알 것 같으면서 또 동시에 잘 모르겠다. (3. 트라우마의 역설 중 하나는 트라우마를 입은 사람은 분열된 인식/지각을 갖고 있다는 점이다. 그들은 차분히 행동하는 자동 조종 상태에 있으면서도, 또한 깨어날 수 없는 꿈/악몽으로 들어가게 된다.) 사건의 여러 단편들이 모이기 시작하면서 끔찍한 현실이 전해진다. **횡단보도에 내려서다가 차에 치인 게 틀림없어.** 믿기지 않는 혼돈 속에 나는 흐릿한 여명 속으로 다시 가라앉는다. 나는 명확하게 생각할 수도 이 악몽에서 깨어날 의지도 없음을 깨닫는다.

한 남자가 달려와 내 옆에 무릎을 꿇는다. 그는 자신이 비번 중인 구급대원이라고 소개한다. 목소리가 어디서 나는지 보려고 하자, (4. 이는 무의식적인 초기 생물학적 정향 반응이다.) 그가 엄한 목소리로 지시했다. "머리를 움직이지 마세요." (5. 여기에서 나는 두 가지 상반되는 지시로 딜레마에 빠진다. 하나는 방향을 잡으려는 선천적인 노력이고, 다른 하나는 이 강력한 본능을 실행하지 말라는 요구이다. 그 결과 대립되는 두 가지 충동들이 부딪치게 된다. 그리고 이로 인해 생물학적 정향 충동이 방해받는다. 이는 어깨가 얼어붙어 고생한 8장의 빈스 경우도 마찬가지이다.) 그의 날카로운 지시와 내 몸이 자연스럽게 원하는 것, 즉 목소리가 나는 쪽으로 향하려는 것 사이의 모순에 나는 겁에 질리고 놀라 일종의 마비 상태가 된다. 나의 자각은 이상하게 분열되고, 나는 묘한 '이탈'을 경험한다. 이는 마치 내가 내 몸 위를 떠다니며 장면이 펼쳐지는 것을 내려다보는 것과 같은 느낌이다. (6. 이와 같은 묘사는 해리 상태의 전형적인 표현이다. 그러나 해리는 트라우마의 결과로 발생하는 심리적 분열과 신체적 증상들의 집합을 포함하는 다양한 형태를 띤다.)

그가 거칠게 내 손목을 잡고 맥박을 재는 바람에 나는 흠칫 놀라 되돌아온다. 그가 자세를 바꿔 내 바로 위에 자리 잡는다. 내 고개가 움직이지 않도록 그는 엉거주춤하게 양손으로 내 머리를 붙잡는다. 그의 갑작스러운 행동과 쏘는 듯 울리는 지시에 나는 공황 상태에 빠져 점점 더 움직일 수 없게 된다. (7. 두려움이 증가하면 좌절과 부동성 반응이 더 심화된다. 그리고 이는 **두려움으로 강화된 부동성**을 불러온다.) 극심한 두려움이 몽롱하고 어렴풋한 내 의식 속으로 스며든다. 나는 **어쩌면 목이 부러졌을지 모른다**는 생각을 한다. (8. 극심한 두려움과 무력감은 부동성의 깊이와 지속 기간을 증가시킨다.) 집중할 **다른** 누군가를 찾고 싶은 강한 충동을 느낀다. (9. 위기에 처했을 때, 다른 사람과의 접촉을 필요로 하는 것은 포유류의 생존 본능이다. 6장을 참고하라.) 나는 그저 누군가의 위로가 되는 눈길이, 붙들고 있을 생명줄이 필요하다. 하지만 나는 움직이기에는 너무 겁에 질렸고 무기력하게 얼어붙어 버렸다. (10. 충격과 부동성 반응의 영향으로, 가장 마지막에 발달된 포유류의 사회적 생존 본능인 도움을 청하는 능력이 줄어들게 된다.)

착한 사마리아인이 내게 여러 가지를 연달아 물었다. "이름이 뭐예요? 지금 어디에 있는지 아시겠어요? 어디를 가던 중이었죠? 오늘은 며칠인가요?" 하지만 나는 내 입과 연결할 수 없고 말을 만들지 못한다. 질문에 답할 기력이 없다. 그의 질문 방식에 나는 방향감각을 더 잃고 완전히 혼란스러운 상태가 된다. 마침내 나는 간신히 단어를 만들어 소리 내어 말한다. 내 목소리는 긴장되어 목이 멘 듯하다. (11. 무언의 공포는 부동성 반응의 한 부분이고, 이는 보통 목소리를 내는 모든 종들species에서 관찰된다.) 나는 양손과 말을 통해 그에게 "좀 물러서 주세요."라고 요청한다. (12. 이는 내가 보호적 경계를 설립하기 시작함으로써 다른 이의 침범에 대해 처음으로 효과적인 방어를 동원할 수 있게 된 순간이다.) 그가 내 말에 따른다. 마치 중립적인 관찰자가 아스팔트 위에 널브러져 있는 사람에 대해 말하는 것처럼, 나는 그에게 내가 머리를 움직이면 안된다는 사실을 이해하고 있고 질문에는 나중에 답하겠다며 그를 안심시킨다. (13. 효과적인 경계 형성으로 충격이 줄어들자 내 뇌 속의 통신 센터인 브로카 영역이 경계를 보다 확실하게 말로 설명하기 위하여 작동되기 시작한다.)

 ## 친절함의 힘

몇 분 후, 한 여성이 차분하게 다가와 조용히 내 옆에 앉는다. "저는 의사예요. 소아과 의사요. 제가 도와드릴 게 있을까요?"라고 묻는다.

나는 "그냥 저와 함께 있어 주세요."하고 답한다. 그녀의 소박하고 친절한 얼굴은 나에게 힘이 되고 나를 차분하게 걱정해주는 듯하다. 그녀가 두 손으로 내 손을 감싸고, 나는 그녀의 손을 꼭 움켜쥔다. (14. 그녀의 봉사와 신체적 접촉은 방향감의 원천을 제공하고 나의 줄어들었던 사회적 유대 능력이 다시 돌아올 수 있도록 돕는다. 복부 미주신경계의 활성화는 트라우마의 블랙홀로 빨려 들어가는 것으로부터 나를 보호한다. 6장을 참고하라.) 그녀도 부드럽게 내 손을 움켜쥔다. 내 눈이 그녀의 두 눈과 마주치자 내 눈에 눈물이 차오른다. (15. 눈을 마주치는 것은 접촉과 마찬가지로 사회적 유대 시스템에 있어 필수적이다. 이와 같은 생리적 교류, 즉 우리가 서로의 신경계에 참여하는 것은 안정화와 완화를 불러온다.) 그녀의 은은하고 이상하리만치 익숙한 향수 냄새에 나는 혼자가 아니라는 느낌을 받는다. 든든한 그녀의 존재가 나를 정서적으로 지원해 주는 느낌이다. (16. 우리는 냄새를 통해 변연계에 직접 접근할 수 있다. 바로 이런 이유로, 이전에는 변연계를 후각-냄새-뇌라고 불렀다.) 떨리는 방출의 파도가 나를 관통해 지나가고, 나는 처음으로 크게 숨을 들이마신다. (17. 이는 생리적 방출과 자기조절의 중요한 첫 순간이다.) 그러자 걷잡을 수 없는 공포의 전율이 내 몸을 꿰뚫고 지나간다. 눈물이 흘러내린다. 내 마음속에서, **이런 일이 내게 일어났다니 믿을 수 없어, 이런 일은 있을 수 없어, 이건 내가 오늘 밤 버치 생일을 위해 계획한 게 아니야**라는 말들이 들린다. (18. 이는 내 스스로의 부정에 대한 인식이다.) 나는 알 수 없는 후회의 깊은 역류 속으로 빨려 들어간다. (19. 이 순간 나는 상실을 인정함으로써 깊은 감정적 진실을 접한다. 이는 치료 과정 중 지속적이고 점차적으로 발생한다.) 내 몸은 계속해서 마구 떨린다. 현실감이 들기 시작한다.

잠시 후, 격렬한 전율은 보다 부드러운 떨림으로 바뀌기 시작한다. 나는 두려움과 슬픔의 파도를 번갈아 느낀다. (20. 이러한 파도를 통한 방출은 3장과 5장에서 설명된 팽창/수축의 진자운동의 자연스러운 경험을 가능케 하고 두려움과 슬픔의 정서들을 누그러뜨린다.) 내가 심하게 부상당했을지 모른다는 냉혹한 가능성이 떠오른다. (21. 이와 같이 몸을 살펴보고 부상의 종류와 정도를 가늠하는 것은 부상당한 포유류의 반응 중 일부분이다.) 어쩌면 불구가 되어 남의 도움을 받으며 휠체어를 타게 될지도 모른다. 다시 한번 깊은 슬픔의 파도가 나를 덮친다. 나는 슬픔에 삼켜질까 두려워 그녀의 두 눈에 의지한다. (22. 이제 나는 이 여성을 보다 적극적으로 자원으로 활용하고 있다.) 조금 느려진 호흡에 그녀가 뿌린 향수 냄새가 내게 전달된다. 그녀의 지속적인 존재감이 나를 지탱해준다. 나를 압도하던 격한 느낌이 약해지자 나의 두려움도 약해지고 진정되기 시작한다. 나는 일말의 희망과 뒤이어 오는 격렬한 분노의 파도를 느낀다. (23. 분노는 강한 방어 반응이다. 이는 죽이고 싶은 충동이다! 따라서 사람들은 이 충동에 겁을 먹고 이를 억누르려 한다. 이 소아과 의사는 내가 이와 같은 분노를 견뎌내고 이로 인해 압도당하지 않도록 돕고 있다.) 내 몸은 계속 떨리고 전율한다. 몸이 번갈아 가며 얼음처럼 차갑다가 열병에 걸린 듯 뜨거워진다. (24. 이것은 계속되는 강한 방출을 나타낸다.) 붉게 타오르는 듯한 분노가 내 뱃속 깊숙이에서부터 터져 나온다. **어떻게 저 멍청한 녀석은 횡단보도에서 날 칠 수가 있지? 도대체 앞을 보고나 있었던 거야? 빌어먹을 것 같으니!** (25. 인간 신피질의 비난 성향이 함께 하면서 더 격분한다.)

날카로운 사이렌 소리와 번쩍이는 붉은 불빛이 모든 것을 가로막는다. 내 배가 조여들고, 내 눈은 다시 한번 그 여성의 친절한 눈길을 찾는다. 우리가 손을 꼭 잡자 배의 뭉친 느낌이 풀어진다.

내 상의가 찢겨나가는 소리가 들린다. 나는 화들짝 놀라 널브러진 내 몸 위를 떠도는 관찰자의 시점으로 다시 한번 튀어 오른다. (26. 상의가 제거될 때의 갑작스러움이 해리 상태를 다시 일으킨다.) 제복을 입은 낯선 사람들이 내 가슴에 꼼꼼하게 전극을 부착시키는 것을 지켜본다. 그 착한 사마리아인 구조대원이 누군가에게 내 맥박이 170이라고 보고한다. 내 상의가 더 찢겨나가는 소리가 들린다. (27. 내가 해리 상태라는 것을 알아차리자, 나는 내 몸으로 되돌아올 수 있게 된다.) 응급구조팀이 목 보호대를 내 목에 끼워 넣고 조심스럽게 나를 들것에 싣는 것이 보인다. 그들이 나를 끈으로 고정시키는 동안, 잡음 섞인 무전 소리가 들린다. 응급구조팀이 전체 외상 팀을 요청한다. 비상 호출에 정신이 번쩍 든다. 나는 그들에게 현 위치에서 1~2킬로미터 떨어진 인근 병원으로 데려다 달라고 요청했지만, 그들은 내 부상 정도가 너무 심해 50킬로미터는 더 떨어진 라호야 지역의 중증외상센터로 가야 한다고 전한다. 가슴이 철렁 내려앉는다. 그런데 놀랍게도, 두려움은 빠르게 가라앉는다. (28. 정서적 흥분의 급증과 감소는 자기조절이 점점 깊어지고 있다는 증거이다.) 구급차에 들어 올려질 때 나는 처음으로 눈을 감는다. 나를 도와주던 그 여성의 어렴풋한 향수 냄새와 차분하고 친절한 눈빛이 마음에 남는다. 다시 한번, 나는 그녀의 존재가 주는 정서적 지지와 위로를 느낀다.

구급차 안에서 눈을 뜨자 나는 아드레날린으로 잔뜩 충전된 것처럼 과도하게 각성된 느낌을 받는다. (29. 이제 나에게는 충분한 자원들이 있다. 나는 눈을 감은 채 내 몸 안에서 과각성 상태의 감각들을 느끼며 버틸 수 있다. 오래 남아 있는 여성의 향수 냄새는 나의 변연계와 몸을 진정시키고, 내 안에 어떤 일이 일어나고 있는지를 탐색하는 것에 추가적인 지지를 제공한다.) 강렬하긴 하지만 그 느낌이 나를 압도하지는 않는다. 내 눈은 여기저기 빠르게 둘러보며 불길한 예감이 드는 낯선 환경을 살펴보려 하지만, 나는 의식적으로 내면을 향해 집중한다. 나는 신체 감각들을 찬찬히 살피기 시작한다. (30. 내 삶이 위협받고 있다는 위험에 대한 지각은 감소하고, 내 몸에 접근할 수 있는 능력은 증가하고 있다.) 이렇게 적극적으로 집중하자 내 온몸에서 느껴지는 강렬하고 불편한 윙윙거림이 내 주의를 끈다.

이 불편한 감각과는 다른, 왼쪽 팔에서 느껴지는 이상한 긴장을 알아차린다. 나는 이 감각을 내 의식의 전면으로 불러와 팔의 긴장이 점점 커지는 것을 추적한다. 점차적으로, 나는 **팔이 구부리고 위로 움직이고 싶어 한다**는 것을 알아차린다. (31. 나는 이제 나의 신체 감각을 추적할 수 있다. 나는 '소음'과 각성 상태의 윙윙거림 안에서 의도적인 긴장을 구별할 수 있다. 이러한 호기심은 현재 시간 안에서의 방향성을 회복하는 데 도움을 준다. 트라우마와 호기심은 상반되는 정신생리학적 기능들이며, 공존할 수 없다.) 움직임을 향한 이런 내적 충동이 커지는 동안, 내 손등 또한 돌고 **싶어 한다.** 아주 살짝이지만, 나는 손이 마치 타격으로부터 얼굴을 보호하려는 것처럼 얼굴 왼쪽을 향해 움직이는 것을 감지한다. (32. 이는 적절하지 못했거나 완성되지 못했던 강한 보호반응인, 무의식적 방어 반응이 회복되는 것이다. 방어 반응의 실행은 창문과 도로에 심하게 부딪치면서 중단되었다.) 갑자기 내 눈앞으로 베이지색 차의 창문 이미지와, 번쩍 섬광이 터지는 스냅사진에서처럼 거미줄처럼 산산이 조각난 창문 뒤편에서 멍하게 쳐다보는 두 눈의 모습이 다시 한번 지나간다. (33. 원래의 위험적인 존재와 관련된 이미지가 다시 떠오른다.) 순간적으로 내 왼쪽 어깨가 차의 앞 유리에 부딪치는 둔탁한 '칭'하는 소리가 들린다. (34. 앞서 7장에서 논했던 SIBAM 모델과 관련이 있는 감각 인상 및 이미지들은 이제 시각뿐 아니라 청각적 요소까지 포함하여 확장되고 있다.) 그러자 예상치도 않은 안도감이 나를 감싸고 밀려든다. 내가 다시 몸 안으로 돌아오는 듯한 느낌을 받는다. 윙윙대는 전기소리가 물러났다. 멍한 눈과 산산이 조각난 창문의 이미지도 멀어지며 녹아 사라지는 것 같다. 이 장소에서, 나는 집을 나와 부드럽고 따뜻한 햇볕을 얼굴에 느끼며 저녁에 버치를 볼 기대에 기뻐하는 모습을 그려본다. 내가 바깥에 초점을 맞추는 동안 내 눈의 긴장이 풀린다. 구급차 안을 둘러보자 어쩐지 낯설고 불길하던 느낌이 덜하다. 나는 보다 선명하게 그리고 '부드럽게' 볼 수 있다. 내가 더 이상 얼어붙어 있지 않고, 시간이 흐르기 시작했으며, 악몽에서 깨어나고 있다는 깊은 안도감을 느낀다. (35. 심상은 계속하여 확장되고, 시각적, 청각적 요소들의 상세한 연결이 이루어지면서 보다 깊은 수준으로 완성된다. 이제 나는 충격의 순간 t=0을 헤쳐 나왔다. t-1(충격 이전의 순간)에서부터 t=0(충격의 순간), 그리고 t=0 직후의 순간인 t+1 까지 통과하여 충격의 핵에서 빠져나왔던 것이다. 그림 9.1을 참고하라. 나는 현재 시간으로 돌아와 내 위치를 파악하고 그 완벽했던 겨울 아침을 회상하는 것을 통해 '바늘귀'를 빠져나왔다.) **나는 내 옆에 앉아있는 구조대원을 응시한다. 그녀의 차분함이 나를 안심시킨다.** (36. 이와 같은 안심은 내가 이 악몽에서 깨어났고, 구급차 안의 여성을 접함으로써 내 자원력과 지지의식을 늘릴 수 있다는 의미 있는 느낌을 견고히 한다.)

경험의 연속성 회복하기

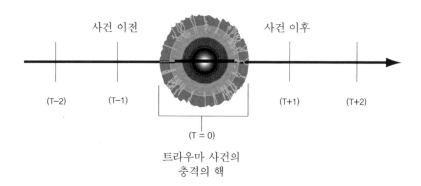

그림 9.1 충격의 핵심적 순간을 향하는, 그리고는 통과해 나가는 움직임을 보여준다. 이는 부동상태를 해소한다.

울퉁불퉁한 길을 몇 킬로미터 더 달린 뒤에 나는 등 위쪽의 척추에서 또 다른 강한 긴장 패턴이 생겨나는 것을 느낀다. 내 오른팔이 바깥으로 뻗고 싶어 하는 것을 감지한다. 순간 번쩍 이미지가 보인다. 검은 아스팔트가 나를 향해 돌진하고 있다. 내 손이 철썩하고 도로를 치는 소리가 들리고 오른손바닥에 타는 듯한 쓰라림을 느낀다. 나는 이것이 내 머리가 길바닥에 부딪치는 것을 막으려고 내 손이 밖으로 뻗어 나가려 하는 것과 연관이 있는 것이라 이해한다. 나는 내 몸이 나를 배신하지 않았다는,

치명적일 수 있는 부상에서 연약한 뇌를 지키기 위해 무엇을 해야 할지 정확하게 알고 있다는 데 깊은 감사와 함께 엄청난 안도감을 느낀다. (37. 나는 이제 t-1에서부터 t+1까지 사건을 순차적으로 처리하기 시작했고, 스스로를 보호할 수 있는 내 몸의 능력에 대한 자신감은 점점 늘어나게 된다.) 내 몸이 계속해서 약하게 떨리는 동안 나는 따뜻하고 얼얼한 감각의 파도와 함께 몸속 깊은 곳에서 내적인 힘이 쌓이는 것을 감지한다.

날카로운 사이렌 소리가 울려 퍼지는 동안 구급차의 응급구조원은 내 혈압을 재고 심전도를 기록한다. 그녀에게 혈압을 알려달라고 청하자, 그런 정보는 알려줄 수 없다며 친절한 전문가의 태도로 답한다. 나는 그녀와 대화를 더 나누며, 사람 대 사람으로서 교감하고 싶은 묘한 충동을 느낀다. 나는 그녀에게 차분히 내가 의사라고 알린다. (반은 진실이다.) 함께 농담을 주고받는 듯한 가벼운 느낌이 든다. (38. 이런 종류의 장난스러운 사회적 유대관계는 6장에서 논한 복부 미주신경계가 작동될 때만 가능하다.) 그녀가 의료기기를 좀 만지작거리더니 이것이 오측일 수 있다고 말한다. 잠시 뒤 그녀가 내 심장박동수는 74이고 혈압은 125/70이라고 알린다.

"처음 쟀을 때는 얼마였어요?"라고 내가 묻는다.

"글쎄요, 심장박동은 150이었어요. 우리가 왔을 때 처음 박동을 쟀던 남자 분은 170 정도였다고 했고요."

내가 깊은 안도의 한숨을 내쉰다. 나는 "고마워요."라고 말한 뒤, "정말 다행이네. PTSD는 안 생기겠네요."라고 덧붙인다.

"그게 무슨 말씀이시죠?" 그녀가 정말 궁금해하며 묻는다.

"그러니까, 제 말은 아마도 저한테 외상후 스트레스장애가 생기지는 않을 것 같다는 뜻이에요." 그녀가 여전히 어리둥절해 하는 것 같아, 나는 몸을 떤 것과 자기보호 반응을 따라간 것이 신경계를 '재설정'하도록 돕고 내가 몸으로 되돌아올 수 있도록 해 주었다고 설명한다.

"이렇게 해서 전 더 이상 싸움-도주 모드에 있지 않죠."하고 내가 덧붙인다.

"음... 그러면 사고 피해자들이 우리랑 씨름하는 이유가 그것 때문인가요? 그들이 아직 싸우거나 도망가기 상태라서요?"

"네, 맞아요."

"그러니까," 그녀는 덧붙인다. "제가 보니까 사람들을 병원으로 데려갈 때 의료진은 의도적으로 그들이 몸을 떨지 못하도록 하거든요. 때로는 끈으로 꼭꼭 묶거나 신경안정제를 주사하기도 하고요. 어쩌면 그런 게 그리 좋은 건 아니겠군요?"

"안 좋아요." 내 안의 선생이 확답한다. "일시적인 편안함은 줄지 몰라도, 그 사람들을 계속 얼어붙고 고착된 상태에 머무르게 하죠."

그녀는 자신이 최근에 위기사건보고라 불리는 '트라우마 응급 처치' 수업을 들었다고 말한다. "진행자들이 병원에서 우리한테 그걸 시도했어요. 우리는 사고 뒤에 어떻게 느꼈는지를 말했어야 했고요. 사건에 대해 이야기하고 나니까 저와 다른 구급요원들은 기분이 더 안 좋아졌어요. 그 후 저는 잠을 잘 수 없었죠. 하지만 당신은 무슨 일이 있었는지는 말하지 않고 있었어요. 제가 보기에는, 그냥 몸만 떨고 있었는데, 그것 덕분에 당신의 심장박동과 혈압이 내려온 건가요?"

내가 그녀에게 "맞아요."라고 답했고, 내 팔이 자발적으로 보여준 보호하려는 작은 움직임들도 일조했다고 덧붙였다.

"그럼 수술 후에 흔히 일어나는 떨림을 억제하기보다는 그냥 내버려 두면 더 빨리 회복되고 수술 후 통증도 줄어들 수 있겠네."라며 그녀는 혼잣말을 했다.

나는 웃으며 "그렇죠."라고 동의한다. (39. 나는 내 지적 능력의 회복과 상황이 힘들었을 때의 내 '예비 용량'에 안심한다.)

독자 여러분께 다시 한번 고대중국의 〈주역(51괘, 기원전 2000년경)〉에 나오는 현명한 조언을 남긴다.

가슴 속에서 두려움과 떨림이 무엇인지를 배운 사람은 외부의 영향으로 인한 그 어떤 공포에 대해서도 안전하다.

PART 3

이성 시대의 본능

인간이 아닌 동물의 눈에 비친 자신을 볼 때까지는
아무도 자기자신을 알지 못한다.

— 로렌 아이슬리Loren Eiseley, 〈광대한 여행〉

우리는 특별한 동물일지 모른다.
매우 특별한 특성을 지닌 특이한 동물일지 모른다.
하지만 그렇다 할지라도 우리는 동물이다.

— 마시모 피그리우치Massimo Pigliucci

10장

—

우린 그저 한 무리의
동물일 뿐

—

트라우마 치유에 있어 나의 접근 방식은 인간은 본질상 주로 본능을 따른다는 전제에 광범위하게 기초하고 있다. 즉, 우리의 가장 핵심은 인간이라는 동물이라는 것이다. 우리를 트라우마에 취약하게 만드는 동시에 그 위협의 여파로부터 회복하여 균형 상태로 안전히 되돌아올 수 있게 하는 강력한 능력을 촉진시키는 것은 우리의 동물성과 관계가 있다. 보다 일반적으로, 나는 치료사들이 인간의 몸과 마음을 진정으로 이해하려면 먼저 동물의 몸과 마음에 대해 배워야 한다고 생각한다. 이는 끊임없이 변화하는 까다로운 환경 안에서 인간의 신경계가 진화해온 방식 때문이다.

우리는 누구인가? 우리는 어디에서 오는가? 또 우리는 어떻게 이곳에 왔는가? 등의 질문들은 여러 신학자, 생물학자, 무정부주의자, 동물학자, UFO 연구가, 그리고 심리학자들이 던진 중심적인 질문들이다. 이 전문가들은 우리가 어떤 물질로 만들어졌으며 우리는 과연 누구인가에 대한 다양한 관점을 가진 이론들을 가정하고 있다. 그들은 매우 다른 렌즈를 통하여 인간을 살폈으나, 이 때문에 반드시 공공연하게 서로 대립되지는 않는다. 일례를 들면 모든 종교가 창조 신화들을 중심으로 조직되었지만, 빅뱅 이론과 성서 속 창조에 관한 발상 사이에 격렬한 충돌이 있는 것은 아니다. 분명 우리는 학교와 대학들의 물리학 및 천지학 수업 중 신앙 교리를 가르치라며 시끄럽게 요구하는 적극적인 반대 의견이나 주장은 아직 들어보지 못했다. 그러나 우리의 문화적 시대정신 속에는 극심한 분열이 도사리고 있다. 터놓고 말해, 사실 '창조론'과 '지적 설계'의 지지자가 진화에 반대해 싸우는 것은 내세우고 있는 화석 기록의 공백에 대한 것이 아니다. 이는 오히려 인간이 근본적으로 동물인가 아닌가에 대한 것이다.

찰스 다윈은 〈인간의 유래The Descent of Man〉를 출간함으로써 동물계 내의 인간의 해부학적, 생리적 위치를 알아내는데 기여했다. 이를 통해 오늘날 그는 반백 년 전 킨제이Kinsey가 청교도 국가인 미국에 대해 발표한 보고서에서 보여주었던 것보다도 더한 두려움의 화신이 되었다. 스코프스 재판을 돌아보면, 다윈설에 맞선 미국인의 '종교적 권리'에 대한 감정적인 싸움은 인간의 동물성에 대해 뿌리 깊이 박혀있는 부정 및 두려움과 관련이 있다. 여기에서 부정은 '고등 인간'(이성과 도덕)과 '하등(성적인) 동물들' 사이의 근본적 분리를 나타낸다. 수많은 현대 행동과학자들 사이에서도 이같은 본능적인 삶에 대한 부정이 공통적으로 나타났다.

우리의 동물성에 대한 거부는 인간이 (지나치게) 사회화됨에 따라 나타나는 당연한 현상이다. 그러나 이에 대한 부정과 그로 인한 비인간적인 결과는 익사인 맥스 플로우맨Max Plowman의 〈블레이크에 관한 연구 입문서Introduction to the Study of Blake〉에 잘 요약되어 있다.

> 모든 문명화cultivation에 있어, 타고난 본능은 기억하고 염두에 두기 가장 어려운 힘이다. 우리의 문명은 역사가 길기에, 원초적 중심으로부터 우리의 거리는 마치 참나무의 가장 깊은 원뿌리로부터 잔가지까지의 거리와 같다고 할 수 있다. 우리는 너무나 세련되어져서, 악취가 날 때까지는 우리에게 배수로가 있다는 사실을 인식하지 못하게 되었다. 우리는 지능을 기계적으로 사용하는 데 너무 자신만만해져서, 본능의 역할에 대해서는 대수롭지 않게 여기게 되었다. 본능이 진실되고 자연스러운 감정 표현을 할 수 있는지 없는지는 더 이상 중요하지 않다고 여기는 수준까지 말이다. 본능이 우리의 이러한 관심 부족에 맞서 대항할 때에야… 비로소 아연실색한다.

우리는 본능적 뿌리로부터 점점 더 멀어짐에 따라, 삶을 점점 더 악화시키는 것에 익숙한 무모한 종으로 성장해 온 듯싶다. 우리는 생명유지에 필수적인 우리의 핵심으로부터 거리를 두는 것을 꽤 '성공적으로' 해왔다. 본능은 우리를 안내하고 우리에게 정보를 전달해주는 역할을 하는데, 가장 훌륭한 방법으로 **동물뿐 아니라 우리를** 가장 인간답게 만들어준다. 이러한 사실은 다음의 삽화에서 보인다.

자연을 촬영하는 어느 사진작가가 야생 코끼리 한 마리가 사산된 새끼의 시체를 계속해서 발로 차는 모습을 보며 절망적인 공포감에 싸인 채 서 있었다. 그가 이

섬뜩한 장면을 세 시간 동안 관찰하며 계속해서 사진을 찍는 도중 정말 예상치 못한 일이 일어났다. 새끼 코끼리가 살짝 움직인 것인데, 놀랍게도 어미가 새끼의 심장을 활성화해 소생시켰던 것이다. 이것은 어미의 본능이었고, 본능 하나만으로 이루어낸 기적 같은 일이었다. 이 과정에서 생각은 아무 쓸모가 없었을 것이다.

 백조의 호수

우리는 포유류와 연관 짓는 복잡한 행동들을 이끄는 본능의 명백한 지능을 '하등' 종들에게서도 보게 된다. 에메랄드빛 피어발트슈테터 호숫가(스위스 루체른호의 투명한 빙하 호수)에 앉아 아침 식사를 하고 있을 때, 식탁 옆으로 오리와 백조들이 아기 새들과 '당당하게' 이리저리 걸어 다니고 있다. 내가 어미 새에게 다소 갑작스럽게 접근하면, 새들은 겁을 먹고 쉿쉿 대는 등 침착하고 품위 있는 조류들에게서는 예상하기 힘든 공격적인 반응을 보일 것이다. 새들이 평화롭게 지나쳐 갈 때, 나는 작은 빵 조각들을 조심스레 던진다. 그리고 어미 새들이 뒤로 물러나 아기 새들이 빵 조각들을 쪼아 먹는 걸 주의 깊게 지켜보는 모습을 호기심을 갖고 관찰한다. 새끼들이 폭신해 보이는 배를 가득 채운 뒤에야 어미들은 작은 빵 조각들을 먹는다. 이는 어미들이 자신의 새끼를 외부 위험으로부터 사나우리만치 보호할 뿐만 아니라 평소답지 않은 참을성 있는 자제를 통해 과식으로부터도 새끼를 보호하는 것으로 보인다. 새끼가 없을 때는 우아하고 백합처럼 흰 백조들도 길에 놓인 빵 부스러기를 놓고 다른 새들과 다투며 고약하고 사나운 짐승의 진정한 색깔을 내보인다.

포유류의 발달에 있어 보호와 돌봄의 본능은 다양한 양육 행동을 통해 크게 확장되고 정교해졌다. 이후 영장류와 **호모 사피엔스**의 진화에서는 자식을 돌보는 것에 대단한 변화가 있었는데, 이는 이타적이고 상호지지적인 다양한 사회 행동과 같은 패러다임의 전환을 가져왔다. 그 후 직접적인 신체 접촉과 눈 맞춤을 통한 긴밀한 유대가 한 번에 한 명의 배우자감에게만 집중하도록 도왔다. 특히 그중에서도 남성과 여성 사이의 생식을 위한 연결은 오르가슴의 우세한 신경화학물질 급증을 통하여 강화되었다.* 그 결과 우리는 순간에 충실한 사랑을 하기 위해 용기를 내는 끊임없이 이어지는 무용담을 만들어내고 있다. 오늘날 사랑, 섹슈얼리티, 그리고 상실은 영원히 본질적으로 엮여져 전 세계의 시, 예술, 음악, 산문에 있어 광범위한 비즈니스가 되었다.

우리 인간들은 무조건적인 부모의 사랑이 보여주는 초인에 가까운 힘에 대해 주저없이 이야기한다. 그것이 없다면, 배변, 소변, 또 미칠듯한 불편함에 귀청이 찢어질 것 같은 비명을 질러대는 것 외에는 아무것도 할 줄 모르는 끈적끈적하고 말린 자두처럼 주름진 갓난아기를 향한 우리의 엄청난 감정과 행동들을 어떻게 설명할 수 있겠는가? 우리는 아기를 바라보고, 아기에게 귀 기울이며, 다정하게 속삭이고, 아기의 냄새를 맡는다. 우리는 아기를 안아주고 달랜다. 우리는 구제불능인 터무니없는 사랑에 빠진다. 모든 부모가 알고 있듯이 이것은 고난과 무한한 인내의 시작에 불과하다. 진화는 우리에게 돌봄과 양육의 중요한 행위들을 지시하고 체계화하도록 모든 감정들 중 가장 강렬한 감정을 갖게 했다. 다윈설의 '사랑'의 정서와 행동들은 진화했는데, 아마도 자식 하나를 낳으며 18개월의 임신 기간을 (틀림없이 큰 머리 때문에) 9개월로 압축시킨 종들이 새끼들을 보호하고 돌보려는 이유에서일 것이다. 이처럼 충분히 발육하지 못한 생물들이 생존하기 위해선 특별하고 더 길어진, 따라서 매우 의욕적인 돌봄 행동들이 필요했다. 이와 같은 지속적인 과제는 사랑을 필요로 했는데, 이것은 아마도 한창 전쟁 중 매우 위험한 순간에 군인들이 자신의 목숨을 걸고 쓰러진 전우를 안전한 곳으로 옮겨 구하는 행동을 유발하는 정서와 같을 것이다. 사랑은 결국 우리의 집단 해독제일지 모른다. 무분별한 살인과 대학살을 저지르는 종을 위한 구원인 셈이다. 사랑은 가족과 집단, 그리고 필요시에는 사회 전체까지도 단결시키는 접착제이다. 또한 최고의 종교적이고 영적인 일체감과 연결감을 통하여 인간이라는 동물을 신에 따르게 하는 묘약이기도 하다. 호숫

---

*   옥시토신과 엔도르핀은 이러한 완전한 만족과 신뢰를 촉진시키는 화학적 반응과 관련돼 있다.

가에서 보았던, 어미 새들이 평상시에는 서로 경쟁적으로 왕성했던 식욕을 냉정히 자제하여 새끼들이 배를 채울 수 있게 한 모습은 원시적 본능을 따르는 프로그램들 속 극진한 사랑의 초기 형태일까?

열린 창문

> 과학은 우리의 새로운 종교이고 성수는 살균제이다.
> — 조지 버나드 쇼George Bernard Shaw

우리의 동물성에 대한 끈질긴 부정에도 불구하고, 20세기에는 본능을 대상으로 한 주제에 노벨생리의학상이 6개나 수여 되는 매우 중요하고 풍요로운 기간이 있었다.* 150년 전, 다윈은 본능이 얼마나 미묘하고 우수한지 강조했다. 노트 M(1838)에서 다윈은 "이제 인간의 기원은 입증되었다. 개코원숭이를 이해하는 사람은 로크 Locke보다도 더 형이상학에 보탬이 될 것이다."라고 사색했다. 이것과 관련하여 최근에는 (인간과 다른 포유류를 정확히 구별 짓지는 않은 상태에서) 인간과 침팬지의 유전체는 겨우 1~2%의 차이만 있을 뿐이라는 사실이 입증되었다. 실제로 침팬지들은 꽤 복잡한 수학 문제의 해결에 있어 대학교 2학년 학생들을 능가하기도 한다. 그러나 알려진 대로라면 자연 과학인 심리학에서는 아직도 우리가 결국 동물이라는 현실을 간과하고 있는 것 같다.

심지어 경외감조차도 우리는 가장 가까운 사촌인 유인원들과 공유하고 있을 지 모른다. 선두적인 영장류 동물학자인 제인 구달Jane Goodall은 수년간 신중히 진행한

---

*   이반 파블로프, 찰스 셰링턴 경, 니콜라스 틴베르헌, 콘라트 로렌츠, 칼 폰 프리쉬, 로저 스페리가 이에 해당한다.

연구를 통해 침팬지들에게 원시적인 영적 느낌들이 존재한다는 사실을 제안했다. 그녀는 침팬지 무리가 폭포와 강이 있는 특별히 아름다운 장소에 갔을 때 보인 행동들에 대하여 다음과 같이 묘사한다.

> 나에게 이곳은 신비롭고 영적인 장소이다. 가끔 침팬지들은 강둑을 따라 천천히 율동적인 동작을 내보이며 다가오곤 한다. 그들은 큰 바위들과 나뭇가지들을 주워 던진다. 그들은 늘어진 덩굴을 움켜잡기 위해 뛰어올라, 냇물 위 물보라에 흠뻑 젖은 바람 사이로 이 가느다란 줄기가 툭 부러지거나 뜯어질 때까지 흔들어대며 개울을 건넌다. 침팬지들은 이런 멋진 '춤'을 10분 이상 추기도 한다. 왜 그럴까? 침팬지들이 경외감과 같은 감정에 반응하는 것이 가능할까? 물의 미스터리로 일어난 감정. 마치 살아있는 것처럼 물은 늘 급하게 지나쳐가지만 절대 떠나지 않고, 늘 같으면서도 항상 다르다. 이것은 혹시 통제가 불가능한 자연의 요소들과 미스터리들을 숭배하는 애니미즘 종교들을 생겨나게 한 경외감과 비슷한 느낌들은 아닐까? **108**

아이러니하게도 인간의 동물적 뿌리에 대한 창조론자들의 부정에도 불구하고, 종교적 경외감은 진화론의 종의 지속성과 인간의 엄청난 본능적 유산을 확인하는 또다른 길일지 모른다.

수많은 합리적인 과학자들에게 인간 이외의 영장류에 '종교적 경외감'을 귀속시키는 것은 억지스럽게 보일 수 있다. 최악의 경우, 도가 지나친 의인화의 극단적인 경우처럼 보일 지 모른다. 그러나 인간 도덕성의 진화적 전례로써 침팬지의 행동과 감정을 연구하는 믿을 수 있고 경험에 기반하는 전통이 있다. 아이블 아이베스펠트Eibl-Eibesfeldt의 영향력 있는 책인 〈사랑과 증오: 행동 패턴의 자연사〉**109**에서부터 프랜스 드 발의 최근 절정을 이룬 〈내 안의 유인원〉**110**까지, 원숭이와 유인원의 특정 사회적 행동이 인간의 도덕적 행동의 사전 단계임을 보여주는 설득력 있는 사례들이 있는데, 이는 중재와 같은 인간의 매우 교양있는 행동을 포함한다. 이러한 전조로는 유인원들의 상호간 털 손질 해주기, 사회 계급 유지, 그리고 폭력 감소가 있다. 쉽게 볼 수 있는 분명한 예로는, 어른 침팬지가 어린 침팬지를 나무에 올라가도록 도와주는 경우나 (수영을 못하는 것으로 알려진) 동물원에 갇혀있는 침팬지들이 익사하는 침팬지를 구하기 위해 우리를 둘러싸고 있는 깊은 도랑으로 뛰어드는 헛된 시도를 하는 경우이다. 이와 같은 이타적인 행동들은 소방관이 갇혀있는 가족을 구하기 위해 불길에 완전히 에워싸인 건물로 들어가는 모습이나 군인들이 부상당한 전우를 구하기 위해 사선으로 직접 뛰어 드는 모습들을 상기시킨다.

드 발의 견해는 수십 년간 영장류 사회 속의 공격성을 관찰한 결과를 바탕으로 한다. 그는 침팬지 두 마리가 싸우면, 이후 다른 침팬지들이 패자를 위로하는 듯한 행동을 보이는 것을 목격했다. 이러한 행동은 공감 능력과 상당한 수준의 자기인식 능력을 요한다. 드 발은 암컷 침팬지들이 싸우려고 돌을 집어 든 수컷의 손에서 어떻게 해서든 돌을 뺏는 모습을 묘사했는데, 이는 싸움을 저지하거나 최소한 치명적인 위해를 가하는 것을 막으려 하는 것으로 보였다고 한다. 이러한 '화해'의 노력은 집단 결속력을 보존시킴에 따라 외부 공격자로부터의 취약성을 약화시킨다.

인간의 도덕성은 옳고 그름, 그리고 정의를 중심으로 구성된다. 드 발 등에 따르면,[111] 이것은 타인에 대한 배려와 사회 규범의 이해와 존중에서 유래한다. 이는 다수의 포유류 집단들에서도 볼 수 있다. 전 도덕적 행동의 조직화는 대단히 정교한 수준의 정서적, 사회적 기능을 요한다. 하버드 대학교에 재직하는 진화생물학자인 마크 하우저Marc Hauser는 이러한 개념을 더 확장하여, 뇌는 유전적으로 형성된 메커니즘으로써 뇌에는 복잡한 감정 상태들에 기초한 윤리 규칙을 습득하는 기능이 있다고 보았다.[112]

이와 같은 강력한 의견들에도 불구하고, 사회과학에서는 동물로서의 인간이라는 추정에 대한 불쾌감을 종종 드러내는 것으로 보이는데, 가장 분명하게는 본능적 행동의 개념과 관련된 용어 중 불쾌한 부분을 제거한 후 사용하는 것을 통해 나타난다. 사실 현대 심리학 문헌들에서는 **본능**이라는 단어 자체를 거의 찾아보기 힘들다. 보통은 삭제되거나 **충동**, **동기**, **욕구**와 같은 용어들로 대체되었다. 우리는 일상적으로 동물의 행동들을 설명하는 데는 여전히 본능에 의지하는 반면, 얼마나 많은 인간의 행동 패턴들이 (변할 수 있다 할지라도) 원시적이고, 무의식적이며, 보편적이고, 예측 가능한지에 대해서는 잊어버렸다. 예를 들어, 세계무역센터 건물이 무너져 내릴 때, 본능에 따라 움직인 사람들은 발에 피가 날 때까지 달렸다. 그들은 고대 세렝게티에서 선조들이 포식성 고양이에게 쫓겼을 때처럼 죽어라고 달린 것이다. 이후 그들은 다시 모여서, 안전한 쉴 곳과 공동체를 찾아 질서정연하게 걸어 5개 자치구로 이어지는 다리를 건넜다.

사랑하는 사람의 죽음 앞에서 비탄에 빠져 무너질 때, 우리는 인간 이외의 고도로 발달된 포유류들과 상실에 대한 선천적인 반응을 공유한다. 일례로, 우두머리 침팬지인 플로가 죽자 어린 수컷 새끼가 어미의 시체 위 나무에서 절식을 했다는 제인 구달이 전한 이야기를 들 수 있다.* 이와 비슷한 애도 반응의 또 다른 예로는, 짧아 보이는 주말여행 뒤 우리가 집에 돌아왔을 때 볼 수 있는 기운 없어 보이는 애완동물들을 들 수 있다. 운전 중 분통을 터뜨리는 것이나 성적 집착은 그 외의 본능들이 혼란스러운 방식으로 나타난 것이라 할 수 있는데, 이는 본능이 빗나가 버린 경우들이라 할 수 있다. 비탄, 분노, 공포, 혐오감, 성욕, 짝짓기, 자녀 양육, 그리고 사랑은 (또한 이에 포함되는 모든 행동 패턴들도) 인간들 사이에서 보편적인 것들이다. 이 모든 것들은 포유류의 유사 행동들과 놀랄 만큼 비슷하다.

찰스 다윈은 누구보다도 인간과 그 외 동물 종들 사이의 근본적인 연관성에 대하여 명료화했다. 그는 인간과 동물들의 형체와 기능의 진화를 발견하는 것 이외에도 이 둘이 공유하는 동작, 행동 패턴, 정서, 그리고 얼굴 표정의 유사점들을 알아냈

---

*   스코트랜드 스털링 대학교의 심리학자이자 영장류 연구원인 짐 앤더슨Jim Anderson은 최근 녹화된 침팬지의 죽음, 그리고 같은 우리 속 다른 침팬지들의 반응에 대하여 다음과 같이 이야기했다(BBC 뉴스, 2010년 4월 26일). "늙은 암컷 침팬지의 호흡이 느려지고 마침내 멈추자, 다른 침팬지들이 얼굴을 보기 위해 허리를 구부렸죠... 우리는 침팬지들의 이런 모습을 한 번도 본 적이 없습니다." 침팬지들은 숨이 멎은 몸을 30~40초간 쩔러도 보고 조심히 흔들기도 했다. 앤더슨은 침팬지들이 모두 어리둥절해 보였고, 그날 밤 평소보다 더 자주 자다 깨다 했다고 보고했다. 죽은 침팬지의 다 자란 딸 침팬지는 단위에 눕혀져 있는 죽은 어미 가까이에서 잤는데, 어미를 만지거나 확인하지는 않았다. 과학 학술지인 〈현대생물학〉의 2010년 4월 27일자 발행본에서 앤더슨은 이것이 침팬지들이 풍요로운 정서적 삶을 살고 있다는 제안을 더 확실히 해주는 증거라고 덧붙였다. "침팬지들은 죽음에 대해 어느 정도 인식하고 있는 것이 분명하다. 다른 연구들을 통해, 우리는 침팬지들이 문제가 있거나 공격을 받은 다른 침팬지들에게 공감을 나타내는 능력을 원숭이들보다 더 갖고 있다는 사실을 알고 있다. 그들에게서 위로하는 행동을 볼 수 있다." 앤더슨은 침팬지들이 분명 자기감을 갖고 있으며, 미래와 과거에 대한 의식 또한 어느 정도 갖고 있다고 이야기했다.

다. 다윈의 역작들은 포유류 종들 내에서의 정서 표현의 연속성에 대해 다루었다. 그는 인간과 동물 사이의 생리적이고 해부적인 구조의 유사성뿐 아니라 모든 종에 걸쳐 나타나는 타고난 본능적 행동들과 정서들에 감명받았다. 〈인간의 유래〉에서 다윈은 다음과 같이 기록한다.

> 인간과 고등 동물들은... 공통의 본능을 지니고 있다. 이 둘은 모두 같은 감각, 직관, 느낌, 열정, 애정, 정서, 그리고 보다 복잡한 질투, 의심, 경쟁, 감사, 아량과 같은 정서를 지니고 있다. 그들은 속임수를 쓰고 복수심에 불탄다. 그들은 때때로 조롱에 민감하고, 유머 감각을 지니고 있기까지 한다. 그들은 경이와 호기심을 느낀다. 그들은 모방, 집중, 심사숙고, 선택, 기억, 상상, 발상의 연합, 판단 등과 같은 능력들을 갖추고 있다... 비록 정도의 차이가 매우 크긴 해도 말이다.[113]

수컷 공작새의 화려한 깃털 과시와 같이 짝짓기 의식에서 볼 수 있는 본능의 편재는 우리를 감탄시킨다. 이러한 도발적인 행위는 아름다운 만큼 짝을 끌어들이는 데도 성공적이다. 이 두 가지 결과는 분명 동일한 것이라 할 수 있다. 대부분의 짝짓기 의식들이 '추파 던지기'와 같은 초기 단계에서 시작하고, 이후 매력을 뽐내는 순으로 이어진다. 매력을 뽐내는 것은 수컷의 신체적인 기량뿐 아니라 덜 실체적인 무언가를 보여준다. 예를 들어 특정 조류들의 경우, 암컷은 수컷의 특이하고 창의적인 음, 리듬, 표현을 매력적으로 느낀다.* 반면에, 수컷은 자신의 영역을 지키기 위해서 싸움을 벌이거나 상대를 죽일 수도 있다. 실제로 원숭이 무리 가운데 70%의 수컷들은 평생 한 번도 짝짓기를 하지 못하며, 고립되어 죽는다.[114] 진화는 생사에 관한 것이다. 여기에 사랑이 더해지면, (우리에게) 훨씬 더 좋은 것이다.

---

*   아시시의 성 프란치스코St. Francis of Assisi 전통을 따른, 〈새들은 왜 지저귀는가Why Birds Sing?〉의 데이비드 로젠버그David Rothenberg와 〈나는 새장의 새가 왜 지저귀는지 안다I Know Why the Caged Bird Sings〉의 마야 안젤루Maya Angelou는 이와 같은 새소리의 창의적인 핵심에 대하여 집필했다. 로젠버그는 왜 새소리가 음악과 같은지에 대한 질문을 던졌는데, 그는 새소리와 첼로와 플루트의 기존의 '이중주'에 이어, 새소리와 클라리넷의 라이브 이중주를 연이어 녹음했다.

날 것 그대로의 본능과 기교 있는 외형 갖추기의 조합은 인간의 짝짓기 의식들에서도 볼 수 있다. 그러나 분명, 우리는 '동물 형태관' 즉 동물의 행동에서 얻어진 결론들을 아무런 비판적 사고 없이 인간에게 확대 적용하는 것을 주의해야 한다. 그렇긴 해도 누구든 탱고나 삼바와 같은 춤을 제대로 추는 걸 본 적이 있다면, 이는 곧 본능에 기반한 아주 아름다운 짝짓기 의식을 목격한 것이라 할 수 있다. 원시적인 성적 뿌리 없이 단순히 형식적인 동작들만 보여주는 춤은 생명력과 진정성을 잃는다. 이와 동등하게 중요한 것은 예상치 못한 창의적인 변이와 더불어 이러한 뜻밖의 경험에 대한 파트너의 반응이라 할 수 있는데, 이것이 바로 춤을 본능적이고 예술적으로 만든다. 나는 예전에 두 마리의 전갈이 교미 춤을 추는 것을 본 적이 있는데, (장미 대신 산가시를 선물하는 것을 포함하여) 탱고의 기본 구조와 너무나 닮아있어 웃을 수밖에 없었다. 분할 스크린에 탱고를 열정적으로 추는 커플의 모습과 그 옆에 교미 춤의 열정 속에 맺어진 두 마리 전갈의 모습을 본다고 상상해보라. 당신은 이 둘의 예상치 못한, 거의 기이한 유사성과 이 둘의 뉘앙스와 변이의 차이에 놀랄 것이다. 지금 이 순간, 서로의 눈을 뚫어지게 바라보고 있는 전 세계의 수많은 연인들을 잊지 말자. 황홀감과 함께 독창성, 창의력, 완전함에도 불이 붙게 되는데, 이는 평생 함께할 삶을 위해 본능적인 발판을 다지고 있는 것이라 할 수 있다. 유감스럽게도, 이 춤이 엉망이 될 경우 상심한 연인들로 하여금 질투의 분노를 일으키는 본능들 또한 있다.

대부분의 사람에게 있어, 수많은 원초적인 충동들은 대개 이성적인 말에 가려진다. 그러나 우리의 초점을 선명하게 하기 위해 내면의 사바나, 즉 일관성 있는 행동, 감각, 느낌, 생각들을 통해 드러나는 오래된 본능들이 사는 곳을 파악하는 것을 시작할 수 있다. 이와 같은 원시적인 반응들과 대응들은 '생래적인' 신경학상 메커니즘으로 인해 체계화되고 조직된다. '고정적 행동 패턴'과 '영역 한정적 프로그램'(그리고 선천적 방출 메커니즘이라고 불리는, 이를 방출하는 자극)이라고 알려진 생리 과정들의 집합은 우리가 오랜 세월 동안 진화해온 과거의 유산이다. **고정적**fixed이라는 용어는 이러한 행동들이 실제보다 더 융통성이 없는 것처럼 보이게 한다. 이는 아마도 이와 같은 반응을 가리키는 본래의 독일어, Erbkoordination의 오역 때문일 것이다. 이는 서술적으로는 '유산 조정legacy coordinatiion'이라고 번역된다. 이 용어는 완전히 결정되지는 않고 수정되기 쉬운 강력한 유전적 요소를 암시한다.

다윈에 따르면,**115** 정서는 신체상의 변화와 '초기의' 신체적 행동을 동반한다. 예를 들어, 그는 격렬한 분노에 따른 전형적인 신체적 행동을 다음과 같이 묘사했다.

> 일반적으로 몸을 똑바로 하고 있고, 즉각적인 행동을 할 준비가 되어있다... 이는 악문 상태로 있거나 갈고 있다... 화가 치밀어 오르면 아주 극소수만 이... (그들을 격분하게 만든) 사람을 난폭하게 때리거나 밀쳐버릴 것처럼 행동하는 것을 참아낼 수 있다... 실제로, 공격 욕구는 종종 참을 수 없을만큼 강해져 무생물체들을 때리거나 땅에 내동댕이치기도 한다. **116**

그러나 로렌츠는 "쉽게 화를 잘 내는 사람들조차도 귀중품을 박살 내는 것은 삼 갈 것이고, 귀중품보다는 값싼 그릇들을 택할 것이다."라고 지적하여 이와 같은 본 능적 행동 패턴에 대한 관점을 수정했다.**117** 그러므로 정서는 특정 행동을 하고자 하는 **성향**과 그 행동의 **준비성**에 관련되어 있다고 할 수 있는데, 여기에서의 행동은 절 제되거나 완화되거나 조정되었을 수도 있다.

본능은 본질적으로 행동, 즉 신체적 충동과 움직임들로 나타난다. 진화 초기에 는 본능에 따른 프로그램들이 주로 행동 시스템action system을 위하여 '쓰여졌다.' 따라서 본능은 음식, 은신처, 그리고 짝을 어떻게 찾을지, 또한 우리 자신을 어떻게 보호할지와 같은 동작에 관한 것이었다. 이러한 반응들은 학습을 필요로 하지 않는 다. 이것은 우리의 생존을 위하여 타고난 것이라 할 수 있다. 가장 원초적인 본능 중 하나는 불쑥 나타나는 커다란 그림자에 대한 대응 반응이다. 또 다른 것으로는 포유 류, 새들, 그리고 나방과 같은 가장 작은 생명체들까지도 공유하고 있는, 위에서 아 래로 갑자기 내리 덮치는 두 눈(짐작건데, 조류 포식자의 눈)에 대한 타고난 두려움이 있 다.* 거의 틀림없이, 이는 부적, 의식절차, 예술과 같은 다양한 문화들에서 표현된 '악마의 눈'에 대한 우리의 공포의 기원일지도 모른다.**118** 자신의 어린 아들과 관련 된 사건을 걱정하던 친구가 나에게 이와 같은 선천적 대응 반응의 예시를 보내왔다.

16개월 된 평소 조용하고 행복하며 평화로운 아이인 알렉산더는 아직 기어 다 니거나 설 수만 있고 걷지는 못하는 상태였다(그는 18개월쯤 걷기 시작했을 것이다). 알렉

---

*   나방의 위장술 중 하나는 두 날개에 있는 눈 모양의 반점이라는 것에 주목하라.

산더의 아버지는 아들을 데리고 친구 집에 놀러 갔다. 아버지의 친구가 알렉산더를 무릎 위에 앉히고, 고무처럼 탄력 있고 젤리 비슷한 눈알 장난감들이 들어 있는 자루를 보여줬다(자루를 쥐어짜면, 눈알이 하나씩 튀어나오게 되어 있다). 알렉산더는 그 장난감을 좋아하지 않는 것 같았는데, 아이가 눈알 장난감을 보자마자 얼른 고개를 돌리고 얼굴을 찌푸리는 모습을 통해 알 수 있었다. 그 후 알렉산더가 바닥에 앉아있을 때, 아버지 친구가 알렉산더에서 다시 한번 장난감을 보여주었다. 이번에는 서서 눈알 장난감을 위에서부터 쥐어짰다. 알렉산더와 튀어나온 눈알 장난감 사이의 거리는 4~5피트 정도였다. 알렉산더는 비명과 함께 두 손과 다리를 휘저으면서 순식간에 몸을 180도 돌려 뒤로 돌진했다. 아이는 반대쪽 벽으로 가 구석에 쪼그리고 앉았다. 두 어른은 알렉산디의 빈응에 깜짝 놀랐고, 아이에게 급히 달려갔다. 알렉산디의 아버지가 그를 안았고, 잠시 후 알렉산더는 진정을 했다.

본능적인 동작들은 맹금의 '악마의 눈'에 대한 알렉산더의 반응과 이외의 싸움-도주 반응들처럼 크고 강력할 수 있다. 이에 반해 속으로 울 때 아주 작은 가쁜 숨을 쉬는 것처럼 감지하기 힘든 경우들도 있다. 또한 본능적인 동작들은 우리가 아기나 연인에게 부드럽게 속삭이거나 소곤거릴 때 일어나는 목구멍의 아주 작은 움직임처럼 섬세할 수도 있다.

태초에 말씀이 있기 전, 의식이 있었다.

인간의 근원 의식은 정신 이전의 것인데,
인지와는 아무런 관련이 없다.
이것은 동물들에게도 마찬가지이다.
그리고 이 정신 이전의 의식은 우리가 살아 있는 한
우리 의식의 굳건한 뿌리와 몸체로 남아있다.
정신은 마지막 꽃, 막다른 골목일 뿐이다.
— D. H. 로렌스, 〈정신분석과 무의식〉

대체 왜 애당초 의식이 발달한 것일까? 우리, 그리고 다른 모든 동물들은 어째서 자신의 내적 경험을 느끼는 일 없이 그저 자기 할 일만 할 수는 없는 것인가? 대체 누가 의식을 따르는 느낌과 괴로움을 필요로 한단 말인가? 만족스러운 답을 얻지 못한 채 우리에게는 다윈설 지지자의 전반적인 주장 속 허점들만 남아있을 뿐이다. 인간과 짐승의 왕국들 널리 퍼져있는 행동들이나 기능들은 생존을 위한 필요조건이기에 존재하는 것은 아닐까? 이 질문에 대한 답을 구하기 위해 우리는 당연시 여겨지는 의식의 기능에 대해 우선 알아보아야 한다.

다윈설에서의 생존을 위한 노력은 포식자와 피식자 간의 끊임없는 무기 경쟁으로 나타난다. 성공적인 포식 능력과 영리한 도피 능력은 끊임없이 진화한다. 전투원들은 공격력, 위장, 도주 능력을 향상시키는 다양한 전략들을 (유전자 선택과 학습을 통하여) 시험하고 개선해 나간다. 이것은 먹을 권리를 확보하고 잡아먹히는 것을 피하기 위해서이다. 식량 공급 전쟁의 우위를 유지하는 데 도움이 될만한 건 어떤 것이든 일반적으로 뇌와 몸의 진화하는 책략에 포함될 것이다.

현재 보존되어있는 (5억 년 전) 캄브리아기의 화석조차도 포식자들이 먹잇감을 자르는 데 사용한 치명적인 아래턱과 적의 공격으로부터 보호하는 역할을 했던 외

골격을 생생하게 보여주고 있다.* 게다가 이 시대의 생물들은 먹잇감을 쫓거나 포식자로부터 도망가는 데 사용된, 붙잡기에 적합한 팔다리와 부속기관들을 지니고 있었다. 따라서 이 시대의 전형적인 접근방식이 포식자/피식자 간의 생존을 위한 투쟁 중 하나가 되었다.

이후 약 2억 8천만 년간 동물들은 물리적 공간 및 중력에 관하여 변화하기 시작했다. 지구에 적응하기 위해서는 보다 복잡한 행동 목록들을 추가해야 했던 것이다. 새롭고 예측 불가능한 환경의 탐색은 (시각, 청각, 촉각, 미각, 후각과 같은) 외부 감각 지각을 조직하고 통합하도록 했는데, 이는 생물들이 환경 내 장애물과 위협을 살피고 생활 필수품들을 얻을 수 있도록 하기 위해서였다. 그와 동시에, 본능에 따른 프로그램들은 긴장과 자세의 신호를 보내기 위해 근육과 관절들로부터 오는 내수용감가의 (내부) 피드백을 필요로 하게 되었는데, 이는 동물들로 하여금 그들이 어느 순간 공간 안에서 어디에 있는지를 보다 정확히 알 수 있게 했다.

포식자/피식자의 투쟁에는 공격과 도주를 위해 **사전계획** 능력이 필요했다. 이 시대의 서식 동물들은 두 개의 운동체, 즉 먹잇감(또는 몰래 뒤를 쫓는 포식자)과 자신에 관한 복잡한 뉴턴 물리학 문제를 풀어야 했다. 다시 말해, 그들은 불확실하고 예견하기 힘든 지형에서 미래를 예측해야 했다. 이것을 달성할 수 있는 오직 한 가지 방법은 5차원, 즉 3차원 공간, 1차원 중력, 그리고 1차원 **시간**에 대해 자각하는 것이었다. 정확한 타이밍은 최근의 사건들과 현재의 사건들을 통합하는 것을 필요로 했다. 이후 생존을 위해 많은 동물이 미래 추정을 추구했고 이것은 '가장 적합하고' 중요한 일이 되었다.

예지력이나 텔레파시가 없을 때, 미래는 오직 '기억해 낸' (암묵적인) 과거 경험들의 순열과 재조합을 통해서만 예측할 수 있다. 자연은 예측의 복잡한 계산에 있어 위대한 해법을 찾은 듯 싶다. 그것은 **의식**이라 불린다. 이 '방법(즉, 메커니즘)'은 '가져다 놓는take-and-put' 게임을 가능케 한다. 다시 말해, 내가 만약 이 **현재** 상황을 가

---

*   물론 화석 기록으로 보존되지 못한 몸체가 부드러운 다수의 생명체도 있었을 것이다. 참고자료: Richard Dawkins, *The Ancestor's Tale: A Pilgrimage to the Dawn of Evolution* (New York: Houghton Mifflin, 2005).

져다 과거 경험을 바탕으로 (몸과 마음의 눈에) 맡겨 놓는다면, 이러저러한 일이 앞으로 일어날 것 같다 하게 되는 것이다. 움직임을 예상하고 예측하는 능력이 바로 의식의 기반을 이룬다. 가장 기본적인 수준의 의식은 계획인데, 이는 간단히 말하면 동물이 (공간, 중력, 시간 안에서) 자신의 행보를 보다 잘 **예측**할 수 있게 한 진화적 발명이다. 이것은 식량, 주거지, 그리고 위협의 잠재적 요소와 관련하여 실행된다. 의식이 '수행하는' 역할, 또는 의식 안에서 스스로 수행되는 기능인 것이다. 차 운전하기, 배 항해하기, 스키 타기, 테니스 치기, 춤추기 등과 같은 '게임'은 의식 없이는 존재하지 못한다. 추상적으로, 의식은 체커, 체스, 문자, 단어, 그리고 수학적 관계들의 기호 논리학 안에서 보인다. 이런 의미에서 현대의 침팬지는 미숙하지만, 의식을 가진 것으로 평가된다. 한편 뒤로 갈수록 의식 수준이 낮아지는 순인 개, 고양이, 돼지, 쥐는 초기 발생기의 의식 능력 수준을 보여준다. 그러나 어떤 동물이든 자신의 행동을 (상황의 변화에 대하여) 수정할 수 있는 어떤 형태의 의식을 지니고 있다고 할 수 있다.

그리하여 '마음가짐'은 바로 시공간 안에서의 보다 향상된 신체적 움직임의 조직화와 실행에서 나온다.[119] 예측 가능한 의식이 없다면 우리가 우유통을 잡고 냉장고에서 꺼내거나 샌드위치를 만들어 먹는 일들은 불가능할 것이다. 우리는 2차 방정식을 풀거나 책을 쓰지도 못할 것이다. 이 모든 훌륭한 재능들은 진화했는데, 태고적 의식이 우리가 포식자에게 잡아먹히는 것을 피할 수 있게 도왔고, 또한 우리가 먹잇감을 쫓는 데 있어 약삭빠르게 행동할 수 있도록 했기 때문이다. 현대 신경생리학의 아버지이자 과묵한 신사인 찰스 셰링턴 경은 이에 대해 다음과 같이 아주 간결하게 말했다. **"운동 작용은 정신의 요람이다."**

우리의 기본 생존 본능은 진화상의 엔진으로써, 그 견고한 기초 위에 의식의 성이 세워졌다. 의식이 인간만의 유일한 속성은 아니지만, 의식적 인식은 본질적 현상 자체가 아닌 각 유기체 내 신경계의 복잡성에 따라 그 질과 양이 다양하다. 내 애완견인 파운서(유별나게 영리한 딩고와 호주산 셰퍼드의 잡종)가 부리는 '재주'는 꽤 복잡한 형태의 인식을 암시한다. 파운서를 예시로 들겠다.

파운서는 나와 함께 크로스 컨트리 스키 경기를 다니는 것을 좋아했고, 내 옆에서 눈 내리는 하얀 언덕 사이로 기쁘게 뛰어오르는 모습은 마치 눈 위의 돌고래를 연상시켰다. 그러나 내가 활강 스키를 타기로 한 날은, 파운서는 내 트럭 안에서 하루의 대부분을 보내야 했고 아주 가끔 주차장을 뛰어다니는 것이 전부였다. 어느 날 아침, 나는 새로 내린 눈 위에서 활강 스키를 타러 갈 준비를 하기 위해 지하실에 있던 스키 부츠와 스키를 들고 올라왔다. 이를 본 파운서는 체념한 듯, 누가 봐도 실망한 기색으로 바닥에 털썩 주저앉았다. 그러나 잠시 뒤 벌떡 일어나 방 밖으로 걸어 나가더니, 얼마 후 지하실에서 내 크로스 컨트리 신발을 입에 꽉 문 채 돌아왔다. 그리고는 마치 나에게 오늘 자기에겐 다른 계획이 있다고 이야기하려는 듯 내 앞에서 신발을 흔들어 댔다. 그가 원하는 바가 너무나 분명했기에, 이에 감동한 나는 계획을 바꿀 수밖에 없었다. 파운서가 만약 충분한 언어 능력을 갖추고 있었다 하더라도, 그 어떤 말도 나를 무장해제시킨 파운서의 무언의 반응보다 더 분명할 수는 없었을 것이다. 파운서의 반응에서 볼 수 있듯이, 예측 가능한 익식익 주고받는 게임은 기호나 추상적 개념을 요구하지 않는다. 이는 오히려 '득과 실'의 가치와 목적이 분명한 행동, 또는 긍정적인 결과를 불러오려면 내가 여기에서 저기까지 어떻게 가야 하는가 하는 질문에 근본적인 뿌리를 두고 있다.

성공적인 공격과 도피는 미래 결과들을 상상하는 과정('심상화')에서 **과거 경험**을 통합하는 기본 전략을 통해 촉진된다. 시간의 확장은 떠올린 옵션들의 선택을 가능케 한다. 그러나 이 전략은 유기체가 **현재에** 온전히 존재할 때에만 효과적이다. 반면, 만약에 우리가 현재에 튼튼한 기반을 두지 않은 채 오로지 과거와 관련해서만 미래를 본다면, 서양의 컨트리 음악 가수인 빈스 길Vince Gill의 노랫말처럼, "과거 속에 미래란 없다." 다시 말해 지나치게 과거에 의해 결정되는 미래는 더이상 미래가 아니다. 이처럼 과거와는 다를 수 있는 미래에 대한 감이 전혀 없이 과거에 고착된 상태가 바로 트라우마를 겪을 때 일어나는 현상이다. 만약 파운서가 현재 시간 안에서 상상할 수 없었다면, 그는 아마도 체념한 뒤 조금 우울해졌을 것이다. 유감스럽게도 우리의 동물친구들과는 달리, 인간은 스트레스를 받으면 과거에 집착하는 경향이 있다. 오직 인간만이 판에 박힌 듯 지나간 날에 대한 후회와 앞으로 일어날 일에 대한 걱정에 사로잡혀 지금과 단절되어 방황한다. 어떤 이는 이처럼 지금 이 순간을 누리지 못하는 것을 현대병이라고 부르기도 한다. 이것은 본능적인 동물성과의 연결 상실로 인한 부작용으로 보인다.

세상 속 나아갈 길 찾기: 목적 본능

모든 생물이 '해야 하는 일'은 복잡한 생태계 속에서 혼자 힘으로 적응하고 안식처를 지키는 것이다. 진화의 선별 과정은 모든 종에게 가장 극단적인 상황들에서조차도 복잡한 일련의 **행동들**을 통해 이에 대처하는 수단을 만들어냈다. 다윈은 우리가 두려움에 얼어붙고 이에 압도되어 무너질지 아니면 기동성을 유지한 채 계속 참여할지는 주로 복잡한 본능적 행동 패턴을 다루는 능력에 의해 결정된다고 설명했고, 그의 후학들은 뒤이어 이를 정교하게 발전시켰다. 복잡한 유기체의 반응들은 사회적 협업의 맥락 안에서 화학물질, 호르몬, 뉴런, 근육들 사이의 조화로운 협동작업에 달려있다. 이와 같은 복잡한 조직화가 동물들이 자신의 위치를 파악하고 제어와 안전의 복구를 확보하기 위한 올바른 행동들을 취하는 것을 가능하게 한다. 모든 복잡한 시스템들이 일관성 있게 함께 작용하게 될 때, 우리 인간은 우리가 이 세상에 '속해있고' 우리의 의식은 확장되며 삶이 가져오는 그 어떤 시련에도 적응할 수 있다는 감각 느낌을 인식할 수 있다. 이 시스템들이 순조롭게 작동되지 않으면, 우리는 불안정하고 불편한 느낌을 받게 된다. 탈근대적 (실제 포식자는 드문) 환경 안에서의 기본적인 생존은 확장된 의식에 그다지 의존하지 않지만, 우리의 온전한 정신과 자기성selfhood의 생존 자체는 이에 달려있다고 할 수 있다.

잠시 생명의 기원으로 돌아가 우리가 탐색 중인 개념에 대해 좀 더 깊이 이해해보자. 아메바와 같은 단세포 생명체는 날카로운 물체에 찔리면 움츠러들고 독성 물질들을 멀리한다. 반면, 물속 화학적 영양소의 변화에 따라 식량공급원을 향해 나아간다. 이러한 행동들 전체는 **접근과 회피**를 요한다. 즉, 영양분의 원천을 향해 이동하고 유해 자극으로부터 멀어진다. 이후, 세포들이 군집을 이루고 전기 작용으로 소통하기 위하여 신경회로망들이 발전함에 따라, 이러한 움직임들은 보다 더 조직화되어지고 '목적이 뚜렷해'진다. 파도가 굽이치는 바닷속에서 길을 찾아가는 고도로 조직화된 해파리의 율동적인 리듬은 이러한 일관성 있는 기능의 일례이다. 처음에는 어류로, 이후에는 파충류나 포유류로, 유기체들이 점점 더 다양해지고 복잡해짐에 따라 포유류의 발달에 있어 운동 신경은 근본적으로 개선되었고, 조직화의 사회성은 점점 더 높아졌다.

우리의 초창기 유인원 조상들은 사회적 동물이었는데, 서로에게 새로운 것, 위험, 그리고 긴급 상황들에 대해 신속히 알릴 수 있어야 했다. 게다가 그들은 위계를 확립하고 속임수를 쓰기 위해 서로의 행동을 예측할 수 있어야 했다. 그러한 기술들을 연마하는 가장 좋은 방법은 내면에서 일어나는 과정들을 스스로 관찰하고 신뢰하는 것이었다. 〈마음을 읽는 세포들Cells That Read Minds〉에서 산드라 블레이크슬리Sandra Blakeslee는 신경생리학자인 지아코모 리졸라티Giacomo Rizzolatti의 말을 다음과 같이 인용한다.[120]

> "우리는 매우 정교한 사회적인 동물이다. 우리의 생존은 타인의 행동, 의도, 정서를 이해하는 데 달려있다. 거울신경세포는 우리로 하여금 개념적 추론이 아닌 직접적인 시뮬레이션을 통해 타인의 마음을 파악할 수 있도록 해준다. 생각이 아니라 감정에 의해서인 것이다."

갈수록 더 복잡해지고 사회적 영향이 커지는 세상에서 살아남기 위하여, 신포유류의 적응 수단인 감정 상태들은 진화했다. 감정은 결코 중립적이지 않으며, 불쾌함에서 유쾌함까지의 정서적 스펙트럼을 가리키는 '쾌락의 연속체'라 불리는 것을 따라 존재한다. 우리는 **절대** 중립적인 감정을 느끼지 않는다. 아메바가 무엇인가에 찔렸을 때 반사적으로 움츠리거나(회피) 영양분이 되는 것을 향하여 움직이는(접근) 것에 반해, 고등 동물들은 그런 움직임들을 즐겁거나 고통스러운 것으로 '느낀다'. 외부 감각 기관들은 신체 자극을 변화시키고 이를 시각, 청각, 촉각, 미각, 후각을 인식하는 신경 자극으로 전환시킨다. 몸 여기저기의 수많은 내부 센서들은 생리적이고 본능적인 다양한 과정들을 모니터하고, 이를 편안한 것과 불편한 것으로 분류한다. 이는 곧 윌리엄 제임스William James가 알려 준, 우리를 감정의 도가니에 빠지게 하는 것은 내부 감각의 스캐닝이라는 지혜였다.

포유류의 새끼는 설탕의 맛이 '좋다'던가 세게 꼬집히는 것이나 복통은 '안 좋다'는 것을 배울 필요가 없다. 설탕의 섭취는 에너지 생산에 필요하므로 즐겁게 끌리고, 꼬집히는 것은 조직 손상을 초래할 수 있으므로 고통스러워 피하게 된다. 마찬가지로, 아주 가벼운 접촉이 우리에게 불편한 섬뜩한 느낌을 줄 수 있는데, 이것은 진화의 과정 속에서 근질근질한 것들은 주로 유해할 가능성이 컸기 때문이다. 우리가 느끼는 안 좋음(회피)과 좋음(접근)의 가장 강렬한 느낌들은 메스꺼움이나 배의 따뜻함과 같은 내장감각들에서 온다.

쾌락적 느낌들은 집단 응집력을 위해서도 중요하다 할 수 있는데, 이는 곧 생존에 관련된 것이라 할 수 있다. 예를 들어, 우리가 애정어린 돌봄이나 협동과 같은 집단에 유익한 행동들을 보일 때, 우리는 좋은 느낌으로 보상받는다. 우리는 자신의 생명이 위험에 처하더라도 누군가를 구하려 할 수도 있다(또는 신장 하나를 누군가에게 주기도 한다). 반면 다른 사람의 짝이나 소유물을 탐내거나 자신의 자녀들을 위험에 빠뜨리는 것과 같이 집단을 위험에 빠뜨리는 행동을 했을 때, 우리는 창피를 당하고 다른 사람들의 기피 대상이 된다. 이런 느낌들은 병을 일으키거나 심지어 죽음을 초래할 정도로 고통스러울 수 있다.**121** 실제 여러 연구를 통해 전 세계적으로, 사회경제적 수준과 무관하게 최상의 건강과 긍정적인 자존감을 경험하는 사람들은 강한 집단 소속감을 갖고 있다는 사실이 입증되었다.

느낌과 정서는 적어도 부분적으로는 접근과 회피의 쾌락적 감각들을 증폭시키기 위해 진화했다. 예를 들어, 약간 쓴 것을 맛볼 때는 의식상에 '불쾌함'의 감각들이 인식된다. 그러나 매우 쓴 (따라서 유독할 것으로 예상되는) 것을 맛볼 때는 메스꺼움의 감각을 동반한 혐오라는 강렬한 정서를 느끼기 쉽다. 이와 같은 정서적 경고 신호(혐오)를 통해 우리는 미래에 그와 비슷한 물질들 (또는 비슷한 맛이나 냄새를 갖고 있거나 비슷하게 보이는 것들)을 피할 가능성이 높다. 더불어 우리의 반응을 본 다른 집단 구성원들도 그와 같은 물질을 먹지 않을 가능성이 크다. 왜냐하면 (부패한 동물의 시체와 같은) 독물을 피할 기회는 우리에게 한 번밖에 없을지 모르므로 이런 정서적 신호를 보내는 반응들은 우리와 다른 이들에게 강렬해야 하고, 이를 통해 생존의 각인을 더욱 오래 지속되게 한다. 이것이 바로 당신이 가장 좋아하는 레스토랑에서 베어네이즈 소스를 바른 스테이크를 먹고 심하게 탈이 난 뒤 수년간 그 요리, 또는 심지어 그 레스토랑을 피할 가능성이 큰 이유이다. 아니면 보다 극단적으로 채식주의자가 될 가능성도 있다.

사물을 느낄 수 있게 됨에 따라 우리는 정확성과 전반적인 적응성을 갖추게 되었고, 이것은 우리를 생태계 조직의 정상에 올려놓았다. 그러나 이같은 엄청난 집행 기능을 감정에게 준 해결책에는 뚜렷한 부정적인 면이 있다. 만약 스트레스와 트라우마의 경우처럼 정서적 감정 시스템들이 도움이 되지 않고 엉망이 되어버린다면, 이러한 혼란은 무수히 많은 생리적, 행동적, 지각적 하위 시스템들 전반에 걸쳐 나타날 것이다. 이는 우리에게 근본적인 오해를 불러일으킬 소지가 있다. 이러한 결점의 당황스러운 일례로는 존재하지 않는 위험을 감지할 경우를 들 수 있다. 반면, 우리 눈앞의 위험을 감지하지 못할 경우도 그러하다. '감정 시스템'이 실패한 또 다른 가슴 아픈 예로는 현대 의학의 골칫거리인 오만가지 스트레스, 자가 면역 질환, 그리고 '정신신체증'이 있다. 예를 들면, 진료실을 찾는 방문자 중 75~90% 이상은 스트레스 관련 방문인 것으로 추정되고 있다. 다행히 **만약** 우리가 몸의 내부에서 일어나는 것들을 인식하고 이에 대응하는 법을 배울 수만 있다면, 의식이 있는 정서적 감정 상태들의 진화 자체가 주목할만한 해결책을 불러올 수 있을 것이다.

본능적 감정 프로그램들은 우리가 계획을 세우며 목적과 방향을 가지고 전진할 수 있도록 해주는 기반이다. 이는 우리를 서로 연결해주는 기초이다. 이 중요한 지도가 트라우마나 오래 지속된 스트레스로 인해 혼란스러워지고 부적응적으로 된다면, 그 결과 우리는 정말로 길을 잃게 된다.

 ## 세상에서 길을 잃다: 뜻밖의 발견

이반 파블로프는 중앙 러시아의 작은 마을에서 태어났다. 가족은 성직자가 되길 바라는 마음으로 그를 신학교에 입학시켰다. 그러나 찰스 다윈의 혁명적인 업적을 읽은 후, 그는 신학교를 중퇴하고 상트페테르부르크 대학에 입학하여 화학과 생리학을 공부하며 과학 분야의 경력을 쌓았다. 그는 1879년에 박사 학위를 받았고, 1904년에 조건 반사에 관한 놀라운 연구로 노벨 생리의학상을 수상했다. 파블로프는 조직적으로 통제된 조건화 이론으로 가장 잘 알려져 있다. 그러나 엄격하게 조직된 실험실 연구계획에 지장을 초래한 자연재해로 인해 예상치 못했던 통제되지 않은 실험을 하게 됨으로써, 자연스럽게 그는 트라우마를 이해하는 데 있어 중추적인 공헌을 하게 된다. 우연한 사건이 새로운 지평을 열었던 그 당시, 그는 거의 20년간 노벨상의 명예에 안주하고 있었다. 그의 발견은 **최초로서의** 진가를 인정받지는 못하지만, 트라우마의 생리와 행동들을 이해하는 데에는 분명 가장 중요한 실험적 선례라 할 수 있다.

1924년 레닌그라드 대홍수로 파블로프의 지하 실험실 안은 우리에 갇힌 실험용 개들의 키 높이까지 갑작스럽게 물이 차올랐다. 다행히 그의 조수들이 우리에서 개들을 구조하여 안전한 곳으로 옮겼다. 이 동물들은 신체적인 상해를 입지 않았고 겉으로 보기에는 멀쩡해 보였지만, 매우 이상한 변화들을 보이기 시작했다. 우선, 공포에 사로잡힌 동물들은 사건이 있기 전 학습했던 조건화를 '잊었거나' 또는 뒤바꾼 행동들을 보였다. 두 번째로, 이전에는 성질이 유순했던 개들이 자신에게 접근하는 사람을 무조건 공격하는 모습을 보인 반면, 과거 공격적인 성향이 있던 어떤 개들은 종종 떨거나 우리 안에서 몸을 웅크리고 있곤 했다. 게다가 파블로프는 약한 스트레스에도 높아지거나 낮아지는 심박수, 또는 다가오는 실험자의 어조, 소리, 동작과 같은 약한 자극에도 격한 놀람 반응을 보이는 것과 같은 생리적 변화를 목격했다. 새로운 진로를 선택하면서(말장난하는 게 아니다), 파블로프는 개들이 보인 현상을 체계적으로 연구하기 시작했다. 1916년 10월에 160~180만 명이 전사하고 200만 명이 전쟁 포로로 잡혔던 러시아군의 손실을 고려하면, 그는 군인들이 트라우마를 입어 정신적으로 무너졌으며 이에 대한 치료가 반드시 필요하다는 사실을 분명히 알고 있었을 것이다.

파블로프는 이 시기에 스트레스를 받은 동물들의 정신 붕괴에 관한 실험연구에 집중했다. 그는 개들이 (그리고 짐작건대, 인간들이) 극단적이거나 오래 지속된 스트레스를 받아 정신적으로 무너지면서 방향 감각과 목적의식을 잃게 되는 순서를 다음과 같이 구상했다.

첫 번째는 **등가** 단계equivalent phase로써, 동물은 약하거나 강한 자극 모두에 같은 반응을 보인다. 이는 이틀 정도 잠을 못 잔 사람들에게서 관찰되기도 한다. 이러한 종류의 스트레스 하에서 사람들은 아무런 악의가 없는 질문에도 마치 큰 자극을 받았을 때와 같은 정도의 짜증과 혼란으로 반응한다. 과연 얼마나 많은 사소한 집안 다툼들이 단순한 수면 부족으로 인해 일어나는 걸까.

오래 지속된 스트레스에 대한 파블로프의 두 번째 반응인 **역설적** 단계paradoxi-cal phase에서 동물들은 조건 반응들에 **반전**되는 행동들을 보였다. 분명 뇌에 무슨 일이 생기기나 한 것처럼 개들은 강한 자극보다 약한 자극에 더 활발히 반응했다. 이것은 트라우마를 겪지 않고서는 사람들에게 보통은 일어나지 않는 일이다. 먼 곳에 있는 자동차의 폭발음을 듣고는 몸을 홱 굽히지만, 오후 내내 사격 훈련장에서 시간을 보내는 베트남 참전 군인은 이러한 정신붕괴의 단계를 잘 보여준다. 또 다른 예로는 스쳐 지나가는 그림자들에는 깜짝깜짝 놀라는 성폭력 피해자가 지저분한 술집에서 많은 시간을 보내는 경우를 들 수 있다.

파블로프는 완화되지 않은 스트레스에 의해 발생하는 세 번째이자 마지막 정신붕괴의 시기를 **초역설적** 단계ultra paradoxical phase라 이름 붙였으나, 이를 또한 **한계초과** 단계transmarginal phase라고 지칭하기도 했다. 이 '최대 초과' 자극의 최종 단계에서, 동물들은 임계점에 도달한다. 많은 개들이 이 정점을 넘어서면, 환경과 자신을 차단해 버렸다. 즉, 장기간 아무런 반응도 보이지 않았다. 파블로프는 이러한 차단이 신경 과부하에 맞선 생물학적 방어라고 믿었다(이를 통해 파블로프는 엥글Engle에 의해, 그리고 이후 다미주신경 이론을 제시한 포지스에 의해 분석된 보존-철회에 관한 연구의 기초를 닦게 된다). 게다가 동물들은 깜짝 놀라는 것으로부터 '회복되면서', 굉장히 이상하고 이해하기 힘든 행동들을 보였다. 앞서 이야기했던 것처럼 공격적이었던 개들이 유순해졌고 겁이 많던 개들이 지나치게 공격적으로 변했다. 이와 비슷하게, 홍수 이전에는 훈련사에게 애정 표현을 했던 개들이 이후 공격적으로 으르렁대거나 달려드는 행동을 보였고, 훈련사들을 싫어했던 개들은 이후 훈련사들에게 꼬리를 흔들고 애정 표현을 하며 이들을 반겼다.

이와 같이 180도 바뀐, 직관에 어긋나는 행동들은 심각한 트라우마를 입은 사람들이 보이는 행동과 유사하다. 다정했던 남편이 이라크전에서 돌아온 뒤 갑자기 아내를 공격하는 것은 이러한 현상의 한 예로 들 수 있을 것이다. 또 다른 예는 스톡홀름 증후군Stockholm syndrome을 보이는 인질들의 경우이다. 그들은 억류자에게 순응할 뿐만 아니라 마치 그들과 사랑에 빠진 것처럼 행동하며, 심지어 자신을 구출하러 온 사람들이 도착했을 때 억류자를 떠나는 것을 거부하기도 한다. 실제로 납치 피해자들이 수감 중인 가해자들을 수년간 정기적으로 방문하고 심지어 결혼까지 한 다수의 사례가 있다. 〈크리스천 사이언스 모니터〉의 기자인 질 캐롤Jill Carroll은 이라크에서 납치되었던 사건에 대해 거의 유쾌한 어조로 이야기했지만, 하루 이틀 후 그녀는 트라우마 때문에 은둔 생활을 하고 있다고 말했다. 그리고서는 마음의 평정을 되찾길 바라며, 그녀는 "드디어 다시 살아난 것 같은 기분이 들어요."라고 진술했다.

또한 트라우마를 겪은 사람들은 일반적으로 파블로프의 한계 초과 단계처럼, 한편으로는 무감각하고 마음을 닫아버린 상태와 다른 한편으로는 공포와 분노 등의 감정이 흘러넘치는 상태 사이를 걷잡을 수 없고 예측할 수 없이 왔다 갔다 하는 것을 발견하곤 한다. 이와 같이 양극단을 오가는 것은 흔히 불규칙적이고 변덕스럽다. 인간이 겪는 외상후 스트레스장애의 경우, 만성 환자들은 시간이 지남에 따라 차단 상태로 향하는 경향이 있는데, 이것은 감정표현불능증alexithymia(정서 인식력의 결함으로 인해 느낌을 묘사하고 설명하는 것이 불가능한 상태), 우울증, 신체화 등의 증상들로 나타난다.

파블로프는 개들이 점점 쇠약해져 가고 고치기 어려운 증상들로 인해 고통받는 것을 목격하고는 이들이 적응적인 접근/회피 반응을 할 수 있는 역량을 잃어버렸다고 결론 내렸다. 개들은 근본적으로 '목적'을 잃은 것이다. 이 불쌍한 동물들의 역경을 요약하면서, 파블로프는 개들이 '반사 반응' 또는 **목적 본능**을 잃었고, 길을 잃었다고 소견을 밝혔다. 그와 유사한 정신붕괴의 예시는 자연에서 볼 수 있다. 갈라파고스 제도의 어떤 가이드가 내 제자에게 다음과 같은 이야기를 전했다. "화산이 폭발하면, 동물들은 흔히 생존 본능을 잃고, 혼란스러워합니다. 어떤 동물들은 그들에게 다가오는 용암으로 곧바로 걸어 들어가기도 하죠. 다른 섬으로 헤엄쳐 갈 수 있는 능력이 있는 바다사자와 바다이구아나들도 마찬가지입니다." 이와 같은 극단적인 갇힌 상태에서는 야생의 동물들조차도 혼란 속에서 방향을 잃는 것으로 보인다. 또한 보기 드문 통찰력으로, 파블로프는 트라우마를 겪은 유기체들에게 그들의 목적과 살고자 하는 의지를 회복할 수 있는 타고난 본능적인 메커니즘이 있음을 추론했다. 특히 그는 접근과 회피가 **방어 및 정향 반응(이라고 그가 불렀던 것)**에 부합하는 것을 깨달았다. 이후 파블로프는 정향 반응들(접근)과 방어 반응들(회피)에 관한 후속 연구에서 유기체와 환경 사이의 건강한 만남을 가능하게 하는 비결을 제시했는데, 이는 자기자신의 방어 및 보호 욕구와 호기심 사이에 최적의 균형을 이루는 것이다.

파블로프는 동물들이 환경 속에서 어떤 새로운 것에 노출되었을 때, 먼저 동작을 멈춘다는 것을 발견했다. 이후 순간적인 소리, 순식간에 스쳐 지나가는 그림자, 또는 낯선 냄새의 방향으로 두 눈과 머리, 목이 향한다(또는 집단 안의 다른 구성원들이 정지 및 경계 반응을 보일 때 그들의 주도를 따른다). 정지 중에는 심박수가 잠시 동안 줄어드는데, 이것은 실제로 감각 지각에 '조율하고' 이를 열기 위함이다.**122**

파블로프는 이러한 **정향 반응**들이 새로운 것의 위치를 파악하고 그것의 의미에 다가가는 두 가지 기능을 한다는 사실을 발견했다(다시 말해, 이것은 위협, 짝짓기, 음식, 또는 주거지의 원천인가?). 파블로프는 이러한 이중 기능에 대하여 알고 있었을 가능성이 크다. 그는 정향 반응의 타고난 특성을 (보다 간단한 츠토 에타chto eta 대신) 츠토 에토 타코에 반사chto eta takoe reflex라 불렀다. 이것을 문자 그대로 번역하여, "그것은 무엇인가What is it?" 반사라 부르게 되었다. 그러나 보다 정확히 번역하면, "저것은 무엇인가What is that?", "여기에서 무슨 일이 벌어지고 있는 것인가What is going on here?", 또는 "이봐, 대체 무슨 일이야Hey man, what's happening?!"라는 의미에 더 가까울 것이다.* 이와 같이 이름을 붙이는 것은 정향 반응의 고유한 놀라움과 호기심을 강조한다. 이러한 이중 반응(대응하기와 탐구하기)은 정향 행동들의 지배적인 특성이다. 인간뿐만 아니라 다른 동물들에게도 정향 반응에는 기대, 놀라움, 조심성, 그리고 호기심이 있다.

파블로프가 우리에게 가르쳐준 것을 내담자 치료에 어떻게 적용할지에 대하여 이야기하며 이 장을 마치도록 하자. 거의 모든 치료 회기에서, (외형상) 트라우마를 겪은 사람들은 부동성과 차단 상태에서 벗어남에 따라 생물학적으로 상담실, 치료사, 그리고 (집단치료 회기의 경우) 다른 성원들에게 적응하고자 하는 초기 충동을 느낀다. 따라서 파블로프는 우리가 어떻게 길을 잃게 되는지 보여준 것처럼, 돌아오는 길에 대해서도 이해하기 쉽게 밝혔다. 잠시 (8장의 홀로코스트 생존자인) 아담과 함께했던 치료 회기의 사례를 생각해보라. 아담은 빈민가 어린이들이 즐겁게 연을 날리는 이미지를 체현함으로써 극심한 차단 상태에서 벗어날 수 있었고, 방 안의 다양한 사물들에 정향 반응을 보이기 시작했으며, 나와 생생하고 활력 있게 대화를 나눌 수 있

---

*　　나는 최근 내 첫 번째 책인 〈내 안의 트라우마 치유하기Waking the Tiger: Healing Trauma〉의 러시아어 번역자와 이야기했고, 그녀는 이러한 분석이 맞음을 확인해 주었다.

었다. 그 순간 그는 새로운 가능성을 체현할 수 있을 만큼 충분히 긴 시간 동안 삶으로 되돌아왔다.

그래서 최종 분석을 하자면, 우리는 그저 한 무리의 동물일 뿐이다. 본능적이고, 느끼며, 사유하는 동물 말이다. 마지막으로 나는 이 장을 시작하면서 썼던 마시모 피그리우치의 말을 다시 인용하고자 한다. 그의 말이 이 모든 것을 간단명료하게 종합하고 있기 때문이다. "특별한 동물일지 모른다. 매우 특별한 특성을 지닌 특이한 동물일지 모른다. 하지만 그렇다 할지라도 우리는 동물이다."

제11장

아래에서 위로

세개의 뇌, 하나의 마음

중력의 법칙을 이해한다고 해서 중력으로부터 자유로워지는 건 아니야... 다른 일을
하기 위해 그걸 사용할 수 있다는 뜻이지. 인류에게 우리의 뇌가 어떻게 기능하는지,
또 우리가 그것을 어떻게 사용하는지를 알려주기 전까지는... 다른 사람들을 지배하는
것이었음을 우리가 인정하기 전까지는, 무엇인들 변할 가능성은 거의 없어.

- 앙리 라보리Henri Laborit, 〈나의 미국 삼촌〉

지렛대를 놓을 장소만 있으면,
지구도 들어 올릴 수 있다.

- 아르키메데스Archimedes

우리가 뇌와 신체의 작용에 따른 산물이라는 데 대해 반론을 제기할 사람은 아무도 없을 것이다. 모든 것을 설명해 주지는 못할지라도 가장 근사치에 가까운 표현이다. 하지만 동시에, 우리가 느끼고 아는 모든 것이 뇌 기능에 의해 이해될 수 있다고 믿는 것이 터무니없듯이 모든 주관적 경험이 뇌의 해부학과 생리학에 의해 정확하게 설명된다고 하는 것도 오만일 것이다. 결국 좋든 싫든 우리는 뇌가 신체에 미치는 영향과 작용에 의해서 제약을 받는다는 사실을 부인할 수 없다. 어느 정도, 우리 자신을 아는 것은 우리 뇌를 아는 것이고 우리 뇌를 아는 것은 우리 자신을 아는 것이라고 할 수 있다.

20세기 초 윌리엄 제임스가 선견지명 있는 경험적 연구를 한 이후, 뇌 기능 연구의 주안점이 바뀌었다. 제임스는 정서의 주관적 경험에 초점을 맞추었던 반면, 그 후의 연구들에서는 동물의 뇌세포를 자극하고 잘라냄으로써 특정 부위들과 (분노나 공포 같은) **관찰된** 정서적 행동들 사이의 연관성을 밝히고자 했다. 그 시대(1920~40년대)의 뛰어난 생리학자였던 월터 B. 캐논을 선두로 하여, 필립 바드Philip Bard가 그 뒤를 이어 신체(에서의 경험)보다는 뇌가 정서를 통제한다고 주장했다.* 그리고 이 연구들의 중심 이론은 뉴욕주 북부 작은 도시의 무명 개업의이자 신경해부학자인 제임스 파페즈James Papez에 의해 보다 발전되었다. 1937년 발표된 획기적인 논문인 "정

---

*   또한 캐논은 내장으로부터 오는 피드백이 너무 느리고, 상이한 정서들을 설명해 줄 만큼 충분히 구체적이지 않다고 주장하면서 제임스의 이론에 대해 상당히 합리적인 비평을 했다(이 의문점들은 13장에서 다루어질 것이다).

서 기전에 대한 제안"에서[123] 파페즈는 뇌간의 윗부분인 시상을 중심으로 하는 '정서 회로'에 대해 서술했다. 시상의 주변은 해마, 시상하부, 그리고 대상회를 포함하는 핵의 회로 또는 '둘레limbus'로 에워싸여 있는데, 우리가 알고 있듯이 대상회는 정서와 이성의 중요한 연결고리이다. 주목할만한 사실로, 파페즈는 (지금은 정서, 특히 새로움이나 위험과 관련된 정서의 중요한 중계 역할을 한다고 알려진) 편도체를 정서 회로에 대한 논문들에서 언급하지 않았다.

파페즈는 이 회로에 '감정의 흐름the stream of feeling'이라는 기억하기 쉬운 이름을 붙였다. 오늘날 이 영역은 변연계 또는 정서적 뇌로 알려져 있는데, 정서적인 뇌라는 서술적 명칭은 잘 알려진 뇌과학자인 조셉 르두Joseph LeDoux가 붙인 것이다. 이들 21세기 연구자들은 뇌에 대한 관심이 아주 높았지만 정서의 **표현**에만 관심이 있었고 주관적인 정서의 **경험**은 완전히 도외시했다는 데 주목해야 한다. 프로이트의 은유적 틀과 제임스의 감각 및 감정에 대한 자기성찰적 초점은 연구 테크놀러지의 발달로 인해, 그리고 정서 표현의 구체적인 신경 메커니즘과 행동 요소에 대한 강한 흥미로 인해 퇴색해 버렸다. 그럼에도 불구하고 (원래 신경과 의사인) 프로이트는 적어도 정서의 소재를 발견한 것에 대해서는 기뻐하지 않았을까. 역시 정서는 그가 본능(또는 '이드')이 위치한다고 믿었던 뇌의 중심부에 자리하고 있었다. '자아'와 의도적인 의식의 범위에서 확실히 벗어나 있었던 것이다. 하지만 우리가 알고 있듯이, 본능(이드)과 이성적인 의식(자아) 사이에는 직접적인 연결이 없을지 몰라도 이드(본능)와 자기 인식 사이에는 **아주 중요한** 양방향 회로가 있다.

우리의 가장 원시적인 본능들은 순수한 고대 뇌 영역인 변연계에 위치하고 있다. 그곳에는 가시 돋은 뉴런(신경세포)의 핵이 끊임없이 뇌간을 따라 이동하고 있다. 내부 환경의 항상성을 유지하고 흥분 상태를 조절하는 기능을 하는 것이 바로 이 고대의 시스템이다. 엉성하게 엮어진 이 가시철조망 같은 곳에 작은 흠집 하나만 생겨도 우리는 되돌릴 수 없는 혼수상태에 빠져버린다. 케네디 대통령이 저격 당해 뇌간에 손상을 입었다는 사실이 방송으로 알려졌을 때, 미시건 대학교 학생회관의 텔레비전 앞에 앉아있던 제임스 올드 신경생리학 실험실의 내 연구 조교 동료들은 카멜롯 왕자의 최후가 다가왔음을 알아차리고 눈물을 흘렸었다.

신경해부학자 월레 나우타Walle Nauta는 원시 뇌간의 흥분 조절을 '내부 환경의 상태posture'라고 적절하게 묘사했다. 이러한 서술적 함축을 통해, 그는 현대 생리학의 아버지인 클로드 베르나르Claude Bernard가 이전 세기에 행했던 예지적인 작업을 인정하고 입증하고 발전시켰다. 베르나르는 모든 생명의 기본적인 필요조건이 어떻게 안정적인 내부 환경을 유지하는지 보여주었다. 세포, 아메바, 록스타, 관리인, 왕, 우주인, 대통령 그 무엇이든 누구이든 간에 변화무쌍한 외부 환경 앞에서 이 역동적인 내부 안정성을 잃는다면 모두 소멸하고 말 것이다. 예를 들어, 혈액의 산소 수치 및 ph(산성도)는 생존이 가능한 **매우** 좁은 범위 내에서 유지되어야 한다. 뇌간은 다양하고 복잡한 반사작용을 통해서 기본적인 생명 유지에 필요한 끊임없는 적응의 세세한 부분들을 관상하는 '중앙 통제소'이다. 이는 또한 우리의 기본적인 흥분, 각성, 그리고 활동 상태를 조절한다. 그리고 뇌간의 망상 활성계가 복잡하고 원시적일수록 생명 보존 임무를 **훌륭하게** 수행한다.

지나칠 정도로 단정하게 여섯 층으로 배열된 원기둥꼴 구조인 대뇌피질에 비하면, 뇌간은 열등하고 혼란스러운 난장판처럼 보인다. 하지만 바로 이 원시적인 구조 덕분에 뇌간은 맡겨진 기능을 수행할 수 있다. 쉴 틈 없이 변화무쌍한 외부 환경에도 불구하고 뇌간은 몸의 안과 밖에서 빠르고 효율적으로 다양한 감각 정보를 모아서 내부를 비교적 안정되게 유지한다. 동시에 전반적으로 흥분 상태를 증가시키기 위해서 다양한 감각 통로들을 통해 정보를 수집하고 더한다. 이것이 지나가던 트럭의 소음이 우리 잠을 깨우거나, 혼수상태 환자를 음악, 냄새, 신체 접촉으로 자극하면 의식이 되돌아오기도 하는 이유이다. 다양한 감각 통로들의 고유한 기능 외에 시각, 청각, 후각, 미각의 일반적인 공감각synesthesia을 통해서 흥분 조절이 가장 잘 이루어지도록 진화되어 온 것이다.

아래처럼 위도

정신 이전의 의식은 우리가 살아 있는 한
우리 의식의 굳건한 뿌리와 몸체로 남아있다.
정신은 마지막 꽃, 막다른 골목일 뿐이다.
— D. H. 로렌스, 〈정신분석과 무의식〉

러시아 태생의 위대한 신경병리학자인 폴 이반 야코블레프Paul Ivan Yakovlev는
복잡한 여섯 층으로 이루어진 대뇌피질의 군대식 질서가 '단순한' 뇌간의 무정부주의
식 혼란스러운 네트워크와 분명히 대조되고, 이보다 우위를 차지하는 것을 언짢아했
다. 이반 파블로프의 제자인 그는 새로운 시대의 획을 그은 1948년도 논문에서 위계
적인(하향식) 데카르트주의 세계관Cartesian worldview에 도전했고, 계통발생론에서 존
재론이 생겨나듯 또한 점점 더 복잡해지는 행동들이 암시하듯 중추신경계 조직은 **안
에서 밖으로, 아래에서 위로** 진화해 왔다고 제안했다.

뇌간과 시상하부(원시피질) 가장 안쪽의, 진화론적으로 가장 원시적인 뇌 구조
가 내장과 혈관의 자율적 통제를 통해 내적 상태를 조절한다. 야코블레프는 이 가장
원시적인 시스템이 **행동은 물론 뇌의 나머지 부분을 정교화하는 기반**을 형성한다고 주장
했다.

다음 단계인 변연계(진화와 위치 측면에서 원시 대뇌피질 또는 원시 포유류의 뇌)는 자
세, 이동 그리고 **내장 상태의 외적 (즉, 얼굴) 표현**과 관련이 있다. 이 계층은 **정서적 욕동**
과 정동의 형태로 나타난다. 마지막으로, 야코블레프의 도식에서 중간 시스템으로부
터 파생되어 가장 바깥쪽에 발달한 부분(신피질)은 통제, 지각, 상징화, 언어, 그리고
외부 환경 조종을 가능하게 한다.

우리는 주로 제일 나중에 보다 정교하게 발달된 부분에 동질감을 느끼기는 하
지만, 야코블레프는 (차곡차곡 포개져 있는 러시아 네스팅 인형들처럼 동심형으로 자리잡고 있
는) 이러한 뇌의 층들이 기능상 독립적이지 않음을 강조했다. 오히려 유기체의 전행

동-total behavior에 기여하는 서로 중복되고 통합된 부분들이다. 변연계와 신피질은 원시적인(본능적인) 뇌간에 뿌리를 두고 있으며, 뇌간의 기능이 정교해진 것이다. 야코블레프는 보다 복잡하고 수준 높은 대뇌피질의 모습이 진화 과정의 **개선**을 보여주며, 이는 궁극적으로 음식 섭취, 소화 및 배설을 포함한 정서적 기능과 내장 기능으로부터 파생된 것이라고 주장했다. 뇌는 음식을 확보하기 위해서 위장에 의해 진화된 장치라고 말할 수 있는 것이다. 물론 위장이야말로 생명을 유지하고 기능하는 데 필요한 에너지와 원료들을 제공받기 위해 뇌가 개발한 도구라고 주장할 수도 있을 것이다. 그렇다면 누구의 주도인가, 몸인가, 뇌인가? 물론 두 주장 모두 똑같이 옳다. 그리고 이것이 **유기체**가 기능하는 방식이다. 뇌에는 필연적으로 위장이 따르고, 위장에는 필연적으로 뇌가 따른다. 즉, 이 둘은 상호작용의 평등한 망 안에서 서로 밀접하게 관련을 맺고 있다. 소화계의 예와 같이, 유기체적 관점은 '상위'인 뇌가 '하위'인 몸의 기능을 통제하는 데카르트주의의 하향식 모델을 근본적으로 뒤집어 생각하게 한다. 이런 관점의 차이는 단지 말장난이 아니다. 오히려 유기체가 어떻게 작동하는지에 대한 완전히 다른 세계관, 전적으로 다른 관점이다. 야코블레프는 현대 신경과학자들이 그들의 사고에 성공적으로 접목시킬 수 있는, 몸과 뇌의 유기체적인 연결에 대한 보다 깊은 이해를 돕는 지도를 제공해 주었다.

요약하자면, 대뇌화 경향은 (야코블레프에 따르면) 내장 기능의 진화상 원시적인 욕구들이 개선된 것이다. 생각과 감정은 내장 활동과 분리된 새롭고 독립적인 과정이 아니다. 우리는 직감적으로 느끼고 생각한다. 예를 들어, 소화 과정은 처음에는 신체 감각(단순한 굶주림)으로, 그다음에는 정서적 느낌으로(예를 들어, 공격성으로서의 굶주림), 그리고 마지막에는 (새로운 지식에 대한 굶주림과 소화처럼) 새로운 인식들과 개념들을 받아들이는 형태인 대뇌피질의 개선으로 경험된다. 우리의 자기중심성에서 보면 섭섭한 이야기지만, 이 (혁명적인)진화적인(r)evolutionary '상향식' 관점은 항상성을 유지하려는 원시적 생존 기능에 중점을 두며, 이는 신경 조직과 의식의 형판template이다. 우리가 그토록 매료되었던 소위 상위 사고 과정은 주인이 아니라 하인이었던 것이다.

야코블레프의 내장 영역인 기능과 의식의 매트릭스는 원시적인 망상체 안에 있다. 수천 개의 뇌 조직 조각들에 대한 그의 정밀한 분석(조직학)은 톨스토이와 도스토예프스키 같은 러시아 문인들에게 위대한 시적 비전을 주었다. 야코블레프는 꼼꼼한 평생의 연구들을 다음과 같은 한 문장의 포괄적인 서술로 섬세하게 요약했다. "망상계의 늪으로부터, 대뇌피질은 아름답지만 죄책감을 안은 사악한 난초처럼 피어났다." 우와... 우와... 우와!

 ## 개인적 성지 순례

야코블레프의 아이디어를 처음 접했을 때 나는 그의 가설이 옳다는 것을 본능적으로 알았다. 이를 직관적으로 인정한 나의 내장은 꾸르륵거렸고 감정은 흥분으로 고조되었다. 그리고 나는 그의 천재적인 예리한 본질을 지적으로 소화해 내 것으로 만들고 음미하기를 열망했다.* 그가 아직 살아있다면 그의 전부를 몽땅 삼켜버리고 싶었던 것이다. 나는 며칠 동안 끈기 있게 전화를 건 끝에 그를 찾을 수 있었다. 그는 실제로 살아있었고 건강했다. 그리고 나의 이 오디세이는 다른 중요한 몇몇 지적 영웅들이 어디에 있는지 찾아내고 만나는 것으로 바뀌었다. 1977년 캘리포니아 버클리 대학교에서 박사학위를 드디어 받고 나서, 나는 지적 멘토였던 과학자들에게 학위논문을 보냈다. 니콜라스 틴베르헌, 레이몬드 다트, 칼 리히터Carl Richter, 한스 셀리에, 에른스트 겔혼Ernst Gellhorn, 폴 매클린Paul MacLean, 그리고 야코블레프가 명단에 있었다. 그리고 나는 길을 떠났다...

야코블레프의 실험실은 국립보건연구소 소속(이라고 생각되는) 어둡고 동굴 같은 건물 지하에 있었다. 나는 안내에서 알려준 연구실 문을 향해 걸어갔다. 아주 조금 열려 있는 문틈으로 고개를 들이밀었을 때, 액체 속에 뇌가 담긴 병들이 선반마다 가득 차 있는 파노라마 같은 시야가 놀랍게 펼쳐졌다. 장난기 있어 보이는 어떤 사람이 나에게 자신의 책상으로 오라는 몸짓을 했다. 작은 체격의 이 팔순 노인은 실제로는 대

---

*   심리학에서 **식욕 증진**은 획득하기를 의미한다.

범했던 성격과는 딴판으로 조용하고 온화한 모습이었다. 반짝이는 푸른 눈과 순수한 열정을 지닌 야코블레프는 따뜻하게 나에게 앉으라고 권했다. 그는 내 관심사가 무엇인지 물었고, 자신을 만나기 위해 그렇게 먼 길을 오고자 했던 이유를 궁금해했다.

본능에 관한 관심, 그리고 마음과 몸의 치유, 스트레스, 자기조절에 관한 생각에 대해 이야기하자, 그는 벌떡 일어나 흥분을 감추지 못하며 내 팔을 붙잡고 병 하나씩 하나씩 앞으로 데려가 뇌의 해부학적 기본 자료들을 보여주었고 우리는 매우 다양한 표본들에 대해 이야기를 나누었다. 그리고는 다시 현미경이 놓여 있는 자신의 책상으로 나를 데려갔고, 우리는 아주 얇은 뇌 조직 조각의 슬라이드들을 함께 보았다. 그는 자신의 정교한 추론을 서정적으로 표현하면서 슬라이드에 대해 설명했는데, 나는 불과 100여 년 전 다윈도 그랬을지 모른다는 생각이 들었다. 너무나도 강렬한 전율을 느꼈던 나는 벌떡 일어나서 "맞아!"라고 외치고 싶은 충동을 참을 수 없을 것만 같았다. 우리는 정말, 우리의 뉴런조차도, 그저 한 무리의 동물들일 뿐이라는 내 생각이 옳았던 것이다. 그리고 우리가 동물이라는 건 그리 기분 나쁜 일이 아닌 것이다.

1시에 달걀 샐러드 샌드위치를 함께 먹은 후, 야코블레프는 40마일 정도 떨어진 매리랜드 교외에 있는 다음 약속 장소로 나를 안내해 줄 정교한 지도를 그려 주었다. 그는 밝은 색의 색연필들을 섬세하게 사용하고 최적 경로와 눈에 띄는 지형물을 아주 명확하게 표시하면서 해부학적으로 상세하게 정보들을 그려 넣었다. 그리고 내가 일을 마친 후에 시간 여유가 있어서 다시 돌아오면 환영받을 거라고 했다.

나는 예정대로 목적지에 도착했다. 폴 매클린은 깍듯하게 나를 맞았으나, 바로 전의 만남에서 아낌없이 받았던 활기 넘치는 따뜻함은 없었다. 하지만 그도 자신을 만나기 위해 그렇게 멀리까지 온 이유가 무엇인지 똑같이 나에게 물었다. 나는 똑같은 대답을 했다. 매클린은 호기심과 함께 아버지 같은 염려가 내비치는 당혹스러운 표정으로 나를 바라보았다. "자네 이야기는 모두 매우 흥미롭군." 그는 말했다. "그런데 그게 사실이라는 걸 어떻게 밝힐 건가?" 조금은 허탈한 심정으로 나는 지금은 삼위일체뇌 이론triune brain theory이라고 불리는 그의 20여 년에 걸친 엄격한 실험연구에 대해 많은 질문을 했다. 매클린은 야코블레프, 나우타, 파페즈가 정리한 신경해부학적 경로들에서 제시된 많은 특정 행동들을 연결 지어 생각했다. 비록 이 기본적인 뇌 유형들은 조직과 화학적 특성에 있어서 큰 차이를 보이지만, 세 개의 뇌가 상호작용을 하며 하나의('삼위일체') 뇌로서 함께 기능한다는 뜻이다. 매클린은 우리 신경구조가 가장 원시적인 것에서 가장 정교하고 세련된 것으로 복잡하게 진화되었을 뿐 아니라 (다윈이 예측했던 것처럼) 우리 행동들도 진화되었음을 체계적으로 증명했다. 이 연구는 매우 심오한 함의를 지니고 있다. 우리가 인정하고 싶지 않은 만큼이나, 과거 우리 선조들의 가장 원시적인 형태가 오늘날 우리 안에 잠재적으로 깊숙이 자리하고 있음을 알려주는 것이다(그림 11.1 참고).**124**

[폴 매클린의 삼위일체뇌 모델]

영장류 수준
생각, 의식적 기억, 상징, 계획, 충동 억제

변연계, 포유류 수준
감정, 동기, 상호작용, 관계

파충류 수준
감각, 흥분 조절(항상성), 운동 충동의 개시

그림 11.1 파충류(뇌간), 포유류(변연계), 영장류(신피질)의 기본적 기능을 보여준다.

저명한 정신과 의사인 칼 융은 **심리적 개성화**psychological individuation 과정을 통해서 본능적인 계층화layering가 통합될 필요가 있음을 인식했다. 각 개인은 그가 집단무의식이라고 칭한 것에 동화되면서 전체성을 향해 나아간다고 믿었던 것이다. 융은 집단무의식을 추상적이고 상징적인 개념이 아니라 구체적인 물리적/생물학적 실재로 이해했다.

비록 개인차가 있을지라도 온전한 정신적인 유기체는 몸과 정확히 소통한다. 이는 특히 인간의 몸(그리고 마음)에 있어 중요한 특징이고 모든 사람이 가지고 있다. 인간의 발달과 조직에 있어서, 몸은 아직도 무척추동물과, 그리고 궁극적으로는 단세포동물과 연결되는 요소들을 지니고 있다. 이론적으로는 벌레의 심리학, 그리고 심지어 아메바의 심리학에 이를 때까지 집단무의식을 한층 한층 '벗겨내는' 것이 가능해야 한다.[125]

융의 멘토인 지그문트 프로이트 역시 그의 주요 저서 〈자아와 이드The Ego and the Id〉에서 계통발생적 뿌리가 가지는 함의에 대해 고심했다. 상대방의 마음을 열게 만드는 솔직함과 엄격한 자성을 통해, 그는 평생 작업의 기본 가정들에 의문을 제기한다. 그는 "계통발생에 대해 언급하면 새로운 문제가 발생하는데, 그렇기 때문에 누구나 이를 꺼리게 된다... 그러나 그에 대한 해결책은 없다."라면서 안타까워 한다. "하지만 이를 언급하려는 시도는 반드시 이루어져야 한다. 그것이 우리의 모든 노력이 부족했음을 드러낼지라도 말이다." 프로이트는 우리의 계통발생적 유산에 비추어보면서 그의 모든 정신분석적 토대의 기본적인 타당성과 전제에 의문을 품었던 것이 틀림없다. 이 점에서 그는 우리의 동물적인 뿌리를 치료과정에 통합시키고 이해할 필요가 있음을 인정했다고 할 수 있다. 하지만 어떻게 이를 치료과정에 반영할 것인가? 야코블레프와 매클린이 이에 대한 기반을 제공해 준다.

야코블레프가 그보다 앞서 했던 것처럼, 매클린은 포유류 뇌를 진화적 발달상 파충류의 원시피질 시대, 구포유류 시대, 그리고 신포유류 시대쯤에 해당되는 세 개의 뚜렷하게 조직된 층으로 나누었다. 매클린은 이 지도를 발전시켜 나가는 과정에서 세 개의 뇌 영역들을 이어주는 접합점으로 시상하부를 포함시켰다. 시상하부는 뇌간을 움직이는 운전수로서 자율신경계의 기능을 조절한다. (포르투갈의 신경학자이며 주 스페인 대사였던 에가스 모니스Egas Moniz와 1949년 노벨 생리의학상을 공동 수상했던) 헤스 W. R. Hess[126]의 초기 연구에 기반하여, 매클린과 에른스트 겔혼[127]은 콩알만한 원시기관인 시상하부가 대안적인 행동들을 준비시킨다고 주장했다. 이 기관은 전체적으로 유기체의 행동을 지시하는 역할을 하는데, 이는 관례적으로 신피질이 담당한다고 여겼던 기능이다. 우리가 알고 있듯이, 단일한 통제 소재가 있는 것이 아니라 뇌 전반의 다양한 시스템들이 공동작용으로 행동을 통제한다. 우리는 **셋으로 나누어진 뇌**를 가지고 있는 것이 아니라 매클린의 말대로 각 부분의 전체적인 통합을 강조하는 **삼위일체의 뇌**를 가지고 있다. 우리는 세 개의 (실제로는 우리가 어류와 공유하는 물과 관련된-항상성-요소를 포함하면 네 개인) 뇌로 '하나의 마음'이 되는 매우 어려운 과제를 맡고 있는 것이다. 즉, 속박인 동시에 해방인 도전 앞에 놓여 있다.

 세개의 뇌, 하나의 마음

파충류의 고군분투하는 영역 보호,
초기 포유류의 양육적인 가족 지향,
신피질의 상징적이고 언어적인 능력은
우리의 저주를 가중시킬 수도 있고,
우리의 구원을 은혜롭게 할 수도 있다.
진 휴스톤Jean Houston, 〈가능성 있는 인간The Possible Human〉

매클린의 삼위일체뇌는 세 개의 뇌가 각각의 역할을 하는 게 아니라 하나를 이루어 그 안에서 방향을 찾아가기 위해 세심한 균형잡기를 한다. (정중시상면으로 알려진 단면을 보여주도록) 머리의 옆면을 마주 보고 중간선을 따라 뇌를 반으로 나누면, '마음이 아래를 향해 내려가는mind be-lowing' 사실을 관찰할 수 있다. 인간 행동과 의식의 가장 복잡한 기능을 담당하는 뇌의 제일 앞부분인 전전두엽피질이 두개골을 따라 곡선을 이루면서, 거의 유턴을 하며 가장 원시적인 부분들인 뇌간, 시상하부, 변연계와 아주 근접한 위치에 맞붙어 있는 것이다. 신경과학은 일반적으로 뇌의 두 부분이 해부학적으로 근접해 있는 것은 함께 기능하기 위해서임을 알려 준다. 이는 전기화학적 신호들이 정확하게 전달될 가능성을 보다 더 높여주기 때문이다.

뇌의 가장 원시적인 부분과 가장 진화된 부분이 그처럼 친밀한 관계라는 걸 데카르트Descartes가 알았더라면 매우 놀라고 당황했을 것이다. 이 부분에서 우리는 동물 조상의 가장 원시적인 고대 흔적과 함께 '침대에서'* (뺨을 맞대고) 인간이 되는 것이 어떤 것인지 보여주는 최고 정점을 목격할 수 있다. 데카르트는 이 신체적인 배열에는 합당한 이유가 없다고 했을 것이다. 만일 가치라고는 '위치, 위치, 위치'가 전부인 부동산 투기를 한 적이 있더라면, 그는 더 당황했을지 모른다. 아울러 바로 옆에 이웃해 있는 뇌간, 정서적 뇌 그리고 신피질은 소통을 위한 공통 언어를 찾아야 한다. 그러한 친밀한 관계를 유지하는 것은 MIT의 IBM 슈퍼 컴퓨터를 중국 식료품점의 오래된 주판과 연결하여 하나의 장치로서 함께 작동시키는 일과 유사하다. 마찬가지로, 도마뱀의 가장 기초적인 뇌와 아인슈타인Einstein의 천재적인 뇌(신피질)는 시종일관 조화를 이루며 양립하고 소통해야 한다. 하지만 본능, 감정, 이성의 공존에 분열이 일어나면 어떻게 될까?

1848년의 피니어스 게이지Phineas Gage 사례는 그러한 심각한 분열을 최초로 잘 기록하고 있다. 철도건설현장 주임이었던 그는 버몬트 주 벌링턴 근처에서 터널 발파작업을 하던 중, 길이 1미터 정도의 쇠막대가 총알처럼 두개골을 뚫고 지나가는 사고를 당했다. 쇠막대는 눈 근처로 들어가서 뇌를 관통했고 반대편 머리 정수리를 뚫고 나왔다. 하지만 놀랍게도 게이지는 한쪽 눈을 제외하고는 '완전히 회복되었다.' 그러나 꼭 그런 것만도 아니었다... 지적 기능은 정상이었지만 뇌 손상으로 기본 성격이 변해버린 것이다. 사고를 당하기 전에는 고용주와 직원들로부터 (이상적인 중견관리자로) 호감을 받았으나, '새로운' 게이지는 '제멋대로에 변덕스럽고 불안정했으며, 지인들은 그를 말버릇이 고약한 야비한 사람으로 여겼다.' 그는 동기 결여로 직장을 계속해서 다닐 수 없었고, 결국은 축제의 막간 쇼 무대에 서는 등 떠돌이 생활을 했다.† 오랜 시간 알고 지내온 한 사람은 "게이지는 더 이상 게이지가 아니었다."고 말했다. 또한 게이지를 치료한 의사 존 할로우John Harlow박사는 다음과 같은 통렬한 표

---

* **역자 주** 시상thalamus이라는 용어는 '작은 방', '내실' 또는 '신부의 침대'를 의미하는 그리스어 thalamos에서 유래되었다. 참고자료: Kalat, J. W. (2013) *Biological psychology*, 11th Eds. Wadsworth.

† 믿을만한 회고록으로는 다음을 참고하시오. M. Macmillan (2000), "Restoring Phineas Gage: A 150th Restrospective," *Journal of the History of the Neurosciences*, 9, 42-62.

현을 했다. "게이지는 그의 지적 능력과 (그의) 동물적 성향 사이의 평형 또는 균형을 잃었다."

140여 년 후, 저명한 신경학자 안토니오 다마시오의 환자인 엘리엇의 사례를 보자.128 이 불쌍한 남성은 벼랑 끝에 몰려 개인적으로나 직업적으로나 삶이 파멸로 치닫고 있었다. 취직을 할 수 없었던 그는 평판 나쁜 동업자들과 여러 가지 사업을 벌인 끝에 파산했고, 연달아서 여러 번 이혼까지 하게 되자 정신과에 도움을 청했다. 다마시오에게 의뢰된 엘리엇은 철저한 신경학적 검사를 받을 수 있었는데, 인지적/지적 검사들에서 아무 문제도 발견되지 않았고 표준성격검사에서는 정상으로 평가되었다. 도덕 발달을 측정한 검사에서도 높은 점수를 받았으며, 다양하고 복잡한 윤리적 문제들에 대한 추론 역시 무리 없이 해냈다. 하지만 이 남성은 어딘가 분명 '정상'이 **아니었다**. 엘리엇은 "이 모든 것들이 다 괜찮다는데도 나는 여전히 뭘 해야 할지 모르겠네요."라고 말했다. 그는 온갖 복잡한 지적, 도적적 딜레마에 대해 '충분히 생각할' 수 있었지만 적절한 선택과 행동을 할 수는 없었다. 그의 도덕적 컴퓨터는 작동하고 있었으나 도덕적 나침반은 작동하지 않았던 것이다.

마침내, 다마시오는 엘리엇의 결함을 정확히 찾아내어 그토록 삶을 재앙으로 내몰았던 이유에 대한 단서를 제공해 줄 검사 도구들을 고안해 냈다. 그 가운데 하나는 카드 게임 형태의 도구였는데, 잃는 위험과 따는 이익의 전략들이 서로 영향을 미치는 게임이었다. 엘리엇은 (전부 잃을 가능성이 있는) 고 위험-고 이익 전략을 (최종적으로는 따는) 중간 위험-중간 이익 전략으로 바꿀 필요가 있을 때도 그렇게 하지 않았고, 설혹 전략을 바꾼다해도 계속 유지해 나갈 수 없었다. 삶에서도 전반적으로 그랬듯이, 엘리엇은 비참한 실패자였다. 그는 변화가 중요한 시점이 언제인지를 알 수 없었다. 다마시오는 엘리엇이 자신의 결정이나 행동의 결과를 정서적으로 경험할 수 없으리라고 짐작했다. 그는 이성적인 생각을 완벽히 잘할 수 있었다. 중요한 일의 성패가 달려있을 때를 제외하고는 말이다. 다마시오는 엘리엇이 기본적으로 느끼고 돌보는 능력을 잃었다고 추론했다. 그렇기 때문에 가치판단(평가)을 하여 중요한 결정을 내리고 행동으로 옮길 수 없었을 것이다. 그에게는 정서적인 방향타가 없었다.

다마시오는 엘리엇이 오늘날의 피니어스 게이지일 가능성이 있는지 골똘히 생각했다. 의사였던 할로우와 다마시오는 1세기 이상 떨어진 시대에 살고 있었지만, 두 사람 모두 환자가 본능과 지성의 균형을 잡는 능력을 잃었다는 추론을 했다. 그러나 다마시오와 그의 아내 한나Hannah는 이 가능성을 그저 생각만 하는 데 그치지 않고 의학 지향적인 고고학적 탐험에 착수했다. 그들은 잘 알려지지도 않은 하버드 의과 대학 박물관의 선반 위에 지저분하게 먼지를 뒤집어쓴 채 보관되어있던 게이지의 두 개골을 찾아냈다. 긴장감 넘치는 TV 범죄 현장 수사와 같았던 그들의 연구는 따분한 학문적 실험보다는 극적인 법의학적 분석들로 가득했으며, 다마시오 부부는 구멍이 뚫린 두개골을 빌려와서 정교한 컴퓨터 구동 분석을 할 수 있었다. 효과적인 영상 기술을 사용해서, 그들은 게이지를 바닥으로 내동댕이치고 영구적으로 성격을 훼손시 켜버린 다루기 힘든 투사체인 쇠막대가 그의 뇌를 관통했을 위치를 정확하게 예측할 수 있었다. 기대했던 바와 같이, 엘리엇의 뇌에서 기능장애를 일으켰던 깃과 동일한 부위의 신경세포들이 게이지의 재구성된 '가상 뇌'에서도 심각하게 파괴된 것을 보여 주었다. 수수께끼는 풀렸다! 비록 한 사례에서는 극단적이었고 다른 사례에서는 보 다 애매해 보이긴 했지만, 정서 회로와 이성 사이의 뇌 경로 절단이 그들의 기능과 정신에 끔찍한 손상을 가져왔고 그들을 폐인으로 만들었던 것이다. 그들의 뇌는 더 이상 **삼위일체**가 아니라 셋으로 갈라졌으며, 뇌를 일관된 전체로 연결하는 중요한 소 통 네트워크가 차단되어 있었다.

전두엽과 그에 인접한 변연계 사이에는 (게이지의 사고로 인한 뇌엽절단과 엘리엇의 역기능적 뉴런이 위치하고 있는) 대상회라는 접혀진 구조가 끼어 있다. 이 영역은 생각과 감정의 통합에 있어 중심적인 역할을 한다.[129] 바꿔 말하면, 원시적이며 거칠고 있 는 그대로인 본능적인 아랫부분과 가장 복잡하고 정교하며 계산적인 신피질엽을 연 결하는 조직이다. 대상회, 그리고 뇌섬엽 같은 관련 조직들은 세 개의 뇌를 가졌으 나 마음은 하나인 온전한 인간이라는 동물이 될 수 있는 열쇠를 쥐고 있을 것이다.

게이지와 엘리엇에게는 본능적 뇌와 이성적 뇌가 기능적으로 연결되어 있지 않 았다. 그 결과 그들은 양쪽 뇌 모두를 잃었다. 뇌의 매혹적인 베틀에 본능과 이성(날 실과 씨실)이 함께 짜여 있지 않았기에 전체성을 지닌 인간이 된다는 것이 의미하는 걸 그들은 가지지 못했던 것이다.

할로우가 그린 게이지의 모습은 본능적인 변덕의 노예가 된 '동물인 동시에 어 린 아이 같은' 사람이었다. 이후 1879년에는 데이비드 페리어David Ferrier라는 신경 학자가 원숭이의 전두엽 제거에 대한 경험적 연구를 추가했다. 그가 밝힌 바에 따르면, "원숭이들은 (이전처럼) 시야에 들어오는 모든 것에 호기심을 가지고 엿보면서 주변에 관심을 보이고 적극적으로 탐색하는 대신, 무관심하거나 활기가 없거나 졸고 있었다."[130]

안타깝게도, 페리어의 영장류 연구는 포르투갈의 신경학자 에가스 모니스가 이끈 게 아니었다. 모니스는 후에 전전두엽 백질 절제술prefrontal leucotomy이라고 이름 붙인 인간 대상의 유사한 수술법을 개발했다. 이 수술법의 등장으로 '정신외과'라는 불명예스런 분야가 탄생했다. 그러나 이 '치유법들'은 '질병'보다도 훨씬 더 못한 것이었다. 그리고 이 방법은 돌이킬 수 없는 수많은 좀비를 양산해 내었다. 앞서 언급했듯이, 모니스는 전 세계 수만 명의 환자들을 '다루기 쉽게' 만든 이 끔찍하고 노골적으로 사이비 과학 같은 기이한 연구로 노벨상을 받았다. 이 수술은 월터 프리먼Walter Freeman이 전전두엽 절개술prefrontal lobotomy이라는 방법을 개발했던 미국에서 가장 인기가 있었다. 예상과는 다르게, 프리먼에 의하면 이 치료는 "어떤 일반 개업의의 진료실에서도 시행될 수 있을 정도로 간단하다." 그의 말을 빌리자면, 기본적으로 수술 방법은 "전기 충격으로 그들을 기절시키고" 그다음에 (피니어스 게이지의 쇠막대에 의한 우발적인 뇌엽절개를 연상시키는 '의학적 절차'로) "얼음 깨는 송곳을 눈꺼풀의 주름 안으로 찔러 넣어서 전두엽까지 밀어 넣고 좌우로 흔들며 측면 절단을 한다... 보기에는 확실히 불쾌한 일이지만, 쉬운 시술 절차이다."(프리먼이 '수술 도구'로 얼음 깨는 송곳을 선택했을 뿐만 아니라, '그들'과 '일'이라는 단어들을 이상하고 무감각하게 사용한 데에 주목하자.)

이 치료법이 피니어스 게이지의 경우처럼 '동물과도 같고 어린아이와도 같은 사람'을 만들어 낼 수 있다는 사실은 모순처럼 보일 수도 있다. 페리어의 원숭이들에게서는 호기심과 탐험심이 사라졌고, 다마시오의 환자 엘리엇에게서는 가치판단과 적절한 선택 능력이 영구적으로 손상되어 버렸기 때문이다. 그러나 불행하게도, 이후 시술이 유행하면서 절개술을 받은 수만 명의 괴물 같은 환자 집단을 만들어 내었다. (그리고 수십 만 명 이상이 의사가 처방한 소라진Thorazine과 할돌Haldol에 취해 멍한 상태로 지내게 되었다.) 인간 안의 동물 그리고 동물 안의 인간이 없다면, 우리 안에 활력과 생명력이 넘치는 것을 인식할 수 있는 방법이 거의 없다. 많은 폭력범들뿐 아니라 주의력결핍 과잉행동장애ADHD로 어려움을 겪는 많은 사람들의 본능적 뇌가 저각성 상태이고, 전전두엽피질 또한 차단된 것으로 보여 흥미롭다. 이에 대해 생각해 보면, 둘 모두와 연관된 부적응 행동들은 인간임을 보다 더 느끼기 위해 스스로를 자극하려는 시도일 지도 모른다. 불행하게도 이런 충동장애들은 개인과 사회 모두에 파멸을 초래할 수 있다.

반면에 만성적으로 정서 분출이 넘쳐나는 사람들은 삶이 그만큼 제한적일 수 있다. (게이지-엘리엇 좀비 '시체 도둑들body-snatchers'처럼) 비인간적인 존재가 아닌 한, 감정 폭발은 개인적 관계와 전문적 관계를 유지하기 어렵게 만들며 또한 말할 것도 없이 일관된 자기감을 좀먹을 수 있다. 트라우마를 입은 사람들은 두 개의 세상 속 최악의 상태에 갇혀 있다. 공포, 격분, 수치심과 같은 강렬한 정서들이 한꺼번에 몰려드는 동시에 이로부터 차단되고, 느낌에 따른 본능적인 그라운딩으로부터 멀어지며, 목적의식과 방향성을 잃게 된다. 이들은 양극단에 붙잡혀서 끝없이 정서적 동요와 무감각 상태(단조로움/단절) 사이를 오가는 우리의 내담자, 친척, 친구, 또는 지인일 수 있다. 엄밀히 말해 그들은 정서적 지능을 사용할 수 없는 것이다. 우리가 만성 피로나 트라우마의 영향을 받을 때 우리 안에는 모두 피니아스 게이지가 있다는 사실을 그들이 어느 정도 보여주고 있다.

균형 잡힌 전체성

> 위처럼 아래도, 아래처럼 위도.
> — 〈키발리온〉

우리는 말하는 동물 그 이상인 언어를 사용하는 동물이다. 하지만 우리가 언어의 폭정에 갇혀 있는지, 아니면 언어에 의해 해방되었는지에 대해서는 의문을 가질만한 여지가 있다. 언어를 어떻게 사용하는가 또는 남용하는가는 우리가 어떻게 살아가는가와 관련이 깊다. 짜증난 아기에게 말 자체는 별로 중요하지 않다. 말을 하더라도 아기를 품에 안고 흔들어주며 '어구구구'나 '오오' 같은 부드러운 소리를 들려주면서 **가까이서 신체적으로 달래주어야** 한다. 우리의 비언어적인 말투와 억양은 화난 아기를 달래고 누그러뜨릴 수 있게 말에 힘을 실어 준다. 아이들은 자라나면서, 실제로 말을 이해하는 동시에 말하는 방식에 의해서도 기분이 풀어지기 시작한다.

하지만 말이 상처를 치유하고 건강에 이롭기 위해서는 여전히 신체적인 맥락이 있어야 한다. 플로리다주에서 터무니없는 정치적 다툼의 볼모가 되었던 어린 소년 엘리안 곤잘레스Elian Gonzalez를 아마 기억할 것이다. 필경 소년의 복지를 염려했을 (마이애미에 거주하는 쿠바계 미국인인) 엘리안의 먼 친척이 (쿠바에 거주하는) 엘리안의 생부와 격렬한 양육권 분쟁을 벌었다. 베르톨트 브레히트Bortolt Brecht의 연극 〈코카서스의 백묵원The Caucasian Chalk Circle〉에서처럼 어리둥절해 있는 여섯 살짜리 어린아이를 말 그대로 양쪽에서 잡아당겼던 것이다. 결국 대법원이 중재에 나섰고, '반카스트로 시민의 모델'로서 엘리안을 미국에서 보호하려 했던 젭 부시Jeb Bush 주지사의 노력에도 불구하고 생부에게 엘리안의 양육권을 되돌려주었다.

주방위군은 여성 연방요원으로 하여금 친척들과 분노한 구경꾼들에게서 엘리안을 구하고 안전하게 품에 안고 나와, 플래카드를 휘두르는 적대적인 폭도들로부터 아이를 보호하라는 명령을 받았다. 의심할 여지 없이, 예기치 못하고 원치 않는 상태에서 낯선 사람이 자신을 껴안자 이미 놀라고 혼란스러우며 세뇌받은 아이는 공포에 질렸다. 그러나 그때 아주 놀라운 일이 벌어졌다. 여성 요원은 성난 폭도에게 아이를 빼앗기지 않을 정도로 꼭 안고 있었지만, 그녀가 스페인어로 차분하게 이야기하던 말들과 잘 어울리는 부드러운 포옹이었다. "엘리안, 지금 당장은 무서울 지 모르지만, 곧 괜찮아질 거야. 아빠를 만나러 가는 거란다... 쿠바로 돌아가진 않을 거야 (그 당시에는 사실이었다)... 다시 배를 타지도 않을 거고(아이는 위험한 배에 태워져 마이애미로 왔었다). 너를 무척 좋아하는 사람들이 너를 돌봐 줄 거야."

이미 알아차렸을 수도 있지만, 이 말은 엘리안에게 일어났던 일과 어려움을 알고 있는 소아정신과 의사에 의해 세심하게 쓰여진 것이었다. 아이의 불확실성과 공포를 완화시키기 위한 말이었는데 효과가 있었다. 하지만 여성 FBI 요원의 보디랭귀지, 침착함, 어조에서 명백하게 전해진 것이 없었다면 말만으로는 충분치 않았을 것이다. 그녀는 엘리안을 보호하는 데 필요한 만큼 꼭 껴안으면서도 갇힌 기분을 느끼지 않을 정도로 보듬어 안는 방법을 본능적으로 알고 있었다(그리고/또는 아마도 코치를 받았을 것이다). 그녀는 안고 있는 엘리안을 아주 부드럽게 흔들어주고 짧은 눈 맞춤을 하면서, 다정하고 평온하게 아이의 파충류 뇌, 정서적 뇌, 전두엽 뇌 모두에게 동시에 한 목소리로 말했다. 이러한 하나된 목소리와 안는 방식이 아이의 민감하고 취약한 정신에 과도한 트라우마와 상처를 입히는 것을 예방하는 데 도움이 되었을 가능성이 크다. 이것이 우리가 8장에서 보았던, 상이한 방법과 다양한 형태로 행해지고 있는 효과적인 트라우마 치료이다.

몇 년 전, 나는 고통을 줄이기 위해 본능적으로 위로의 말과 함께 인간적인 신체 접촉을 하는 또 다른 장면을 목격했다. 그때 나는 친구인 잉거 아게르Inger Agger의 코펜하겐 아파트에 있었다. 잉거는 구유고슬라비아 대학살 당시에 유럽 연합의 심리사회서비스 책임자였으며, 트라우마나 인도주의적 재난이 낯설지 않은 친구였다. 따라서 BBC 월드 뉴스에서 동티모르 화재의 보도 자막을 보자마자 우리는 채널을 돌렸고, 누가 보아도 멍한 얼굴로 정신적 혼란에 빠진 채 난민 캠프를 향해 정처 없이 걸어가는 난민들의 모습을 보게 되었다. 캠프 입구에는 하얀 수녀복을 입은 통통한 외모의 포르투갈 수녀들이 도움을 주고 있었다.

주의 깊은 수녀들은 그중 극심한 혼란과 충격에 빠진 난민들, 특히 어린아이들을 본능적으로 자세히 살피고 '심각한 정도를 선별하는' 것이 분명해 보였다. 멍한 상태의 사람에게는 가장 가까이 있던 수녀가 조심스럽고 신속하게 다가가 그를 품에 안아 주었다. 우리는 수녀들이 한 사람 한 사람을 부드럽게 안아 주고 조용히 좌우로 흔들며 귀에 대고 무언가 속삭이는 모습을 눈물을 흘리며 지켜보았다. 그리고 아마도 FBI 요원이 엘리안에게 했던 말과 비슷하리라고 생각하며, 수녀들이 무슨 말을 하고 있을지를 상상했다. 그러나 이러한 모습들이 보여준 것과는 반대로 BBC 방송 아나운서는 '이 불행한 영혼들은 평생 지울 수 없는 상처를 입었을 것'이라고 보도하면서 난민들이 영원히 트라우마 경험을 안고 사는 종신형을 선고 받았음을 시사했다. 그는 이 온정적인 여성들에게 좋은 느낌으로 안겨 있던 운 좋은 난민들과 수녀들의 보디랭귀지가 생생하게 보여준 중요한 부분을 놓치고 있었던 것이다.

이 감동적인 장면은 사람들이 긴장을 풀고 충격에서 벗어나 역경에 대처하고 회복해 나가는 여정을 준비하기 위해 되살아나는 데 무엇이 필요한지를 보여준다. 나의 비영리기관인 인간계발재단Foundation for Human Enrichment의 자원봉사자들은 엄청나게 파괴적이었던 동남아시아의 쓰나미와 미국의 허리케인 카트리나와 리타로 인한 참화를 돕는 활동을 했는데, 이는 보다 즉각적이며 개인적인 예이다.131 다시 한번 정리하자면, 사람들이 자기감을 유지할 수 있도록 충격과 공포에서 빠져나오게 돕고 그럼으로써 끔찍한 상실을 다루는 과정을 시작하도록 하는 것은 가장 즉각적이고 직접적인 신체 접촉과 적절한 순간에 들려주는 가장 단순한 단어들이 함께 엮어진 것이었다.

이 모든 사례에서는 뇌간의 리드미컬한 본능적 욕구들, 변연계의 정서적인 연결 욕구, 그리고 신피질의 일관되고 차분한 말을 듣고 싶은 욕구가 모두 수렴되고 충족되었다. 우리가 지금 무엇을 느끼고 있든지 간에 그것이 지나갈 것이라는 자신감을 되찾는 것이다.

참혹했던 2006년 이스라엘 헤즈볼라 전쟁에서 폭격을 맞은 베이루트 건물들로부터 사망하거나 사지가 절단된 수많은 여자들과 어린아이들이 옮겨지던 장면을 세계가 생생하게 지켜보았던 것은 분명히 그 반대되는 예였다. 텔레비전으로 방영된 사진에 더하여, 미국 국무장관 콘돌리자 라이스Condoleezza Rice는 연민과 슬픔의 말을 전하는 대신 난해한 법률용어를 기계적으로 언급함으로써 이미 끔찍한 보도를 더 끔찍하게 만들었을 뿐이었다. 이 시각적 청각적 이미지들은 은유적인 쇠막대가 되어서 대상회를 꿰뚫고 지나가, (한 때는) 삼위일체였던 뇌를 피니어스 게이지를 떠올리게 하는 모순된 조각들로 나누어 버린다. 사람들에게 희망을 주고 도움의 손길이 오고 있다는 온화하고 친절한 말을 대신 전할 수도 있었을 텐데, 얼마나 애석한 일인가.

이전 장들에서는 본능의 현상에 대해서 깊이 다루지 않았다. 하지만 이 장에서는 우리에게 나아갈 방향을 제시해 주는, 마땅히 다루어야 할 본능에 대해 살펴보았다.

PART 4

체현, 정서, 그리고 영성:
좋은 느낌 회복하기

나는 육신이 지성보다 지혜롭다고 믿는다.
우리의 몸-무의식 안에는 생명이 용솟음치고 있다.
이는 우리가 살아 있음을,
영혼 깊은 곳까지 살아 있으며
우주와 생생하게 닿아 있음을 알려준다.

— D. H. 로렌스

제12장

———

체현된 자기

———

몸은 존재의 바다에 있는 해안이다.

- 수피교도 격언

이제 십대가 운전하던 차에 치였던 내 개인적인 이야기로 잠시 돌아가 보자. 사고 결과는 분명 끔찍하고 엄청나게 충격적일 수 있었으나 오히려 결과적으로 나를 더 나은 방향으로 바꿔 놓았다. 몹시 공포스럽고 혼란스러우며 해리 상태였음에도 불구하고, 나는 PTSD의 무서운 영향을 받지 않았다. 장기간 지속되는 트라우마 증상들에 시달릴 수도 있었던 나를 구해준 건 무엇이었을까? 그것은 이 책에서 앞서 기술했던 방법과 함께, 샴쌍둥이 자매인 **체현**embodiment과 **자각**awareness이었다. 이 귀중한 자산은 스트레스를 조절하고 트라우마를 치유하는 중요한 역할을 할 뿐 아니라 개인적 성장과 자기발견을 위한 중요한 수단이 된다. 이 장에서는 몸이 보내는 메시지들을 좀 더 배울 수 있도록 보다 진지하게 몸을 받아들이는 한편, 극도로 '부정적'이거나 불편한 감정들을 탈바꿈시키는 데 있어 몸이 강력한 동맹 역할을 할 수 있도록 몸에 가볍게 머무르길 권한다. 그럼으로써 좋은 느낌과 기쁨의 진정한 체현이 어떤 것인지 경험할 수 있도록 말이다.

이 자비로운 쌍둥이 자매는 트라우마의 예방과 치유에 있어서 아주 필수적인 요소이므로, 체현된 자각이 어떤 것이고 어떤 느낌인지 생각해 보도록 하자. 우리는 보통 매 순간 일어나는 수많은 내부 신체 감각들을 의식적으로 알아차리지는 못하지만, 이 경험들은 흔히 일상적인 말속에서 언급되고 있다. 우리는 어려운 문제들을 '곱씹는다.' 그리고 '덥석 받아먹거나 소화시킬' 수 없는 일들이 있으며, '토하고 싶게' 만드는 사람들이 있다. 그리고 물론 대부분 '뱃속에서 나비가 파닥이듯 초조한' 경험을 한 적이 있다. 부풀어 오르거나 죄어드는 것 같은 감각들은 확실하게 알아차릴 수 있고, 정서적인 의미를 지닌다. 우리는 어떤 때는 '입이 무겁고', 어떤 때는 '입이 가벼울' 수도 있다. 또는 배와 가슴이 넓어진 것처럼 느껴지거나 '흥분하여 숨도 못 쉴 정도일' 수도 있다. 이러한 것들은 근육과 내장이 보내는 절절한 메시지들이다.

인간의 모든 경험은 인간의 모습으로 구현된다. 즉, '몸을 통해' 구현되는 것이다. 사고는 감각과 정서의 안내를 받는다. 그러나 화가 난 것을 **어떻게** 아는가? 또는 행복한 것을 **어떻게** 아는지 알고 있는가? 전형적으로 사람들은 정신적 원인이 정서를 일으킨다고 생각하는 경향이 있다. 예를 들면, 그/그녀가 이렇게 했기 **때문에**(이렇게 이야기해서, 이렇게 하는 걸 잊어서 등) 내가 (분노, 슬픔 등을) 느낀다고 생각한다. 그러나 지금 여기서 몸에 무슨 일이 일어나고 있는지에 집중하는 법을 배우면, 보통 "위가 조인다." 또는 "가슴이 넓어진 기분이다. 심장이 더 편안하게 뛰고 가슴이 열려 있다."고 말한다. 이런 신체적 단서들은 무엇을 느끼는지 알려 줄 뿐만 아니라 고통스러운 감각과 감정을 없애려면 어떻게 해야 할지도 알려준다. 또한 우리가 살아있고 실재한다는 것을 알려준다.

우리 삶에 영향을 주었던 (어머니 자궁 안에 있던 때까지 거슬러 올라가는) 모든 경험들, 즉 모든 스트레스와 부상과 트라우마 뿐만 아니라 안전, 기쁨, 은혜, 좋은 느낌 등의 감정 모두가 몸의 모습을 변화시킨다. 때로 이런 변화들은 꼭 끼고 있는 팔짱, 뻣뻣한 척추, 처진 어깨 또는 움츠러든 가슴처럼 분명하게 드러나 보인다. 그러나 약간 비대칭적인 어깨, 한쪽으로 살짝 기운 자세, 몸체에 비해 짧은 듯한 팔다리, 골반의 수축, 또는 차가움과 따뜻함이 뒤섞인 피부 색조처럼 알아차리기 어려운 것들도 있다. 이러한 몸의 변화들은 우리가 어떠한 사람이 되어 있는지에 대한 기반을 형성한다. 또한 이는 우리가 어떠한 사람이 될 것인지에 대한 출발점이기도 하다.

우리는 외부 감각 기관인 시각, 청각, 촉각, 후각, 미각 기관을 통해서 세상으로부터 정보를 받아들인다. 우리들 대부분은 시각과 청각에 주로 의지하지만, 사실 우리는 모든 감각들로부터 중요한 정보들을 얻는다. 외부 감각 정보보다 많지는 않더라도 똑같이 중요한 것이 **내부** 감각 기관으로부터 오는 방대한 정보의 흐름이다. 우리는 근육, 관절, 중력수용기, 그리고 내장 기관으로부터 이 정보들을 받는다(7장의 SIBAM에 대한 논의 참고). 사실 **내수용감각** 정보가 없다면, 우리는 근본적으로 길을 잃을 것이다. 시각과 청각을 전부 잃은 사람보다도 오히려 더할 정도로 말이다.* 내부 정보 없이는 지구 위를 걸을 수도 없고, 자신의 정서나 욕구를 알 수도 없을 것이다. 타인과의 관계도 외부와 내부의 감각 자료들을 상호교환함으로써 이루어진다. 우리는 바라보고, 만지고, 말을 하며, 감각의 **공명**을 통해서 우리 자신과 서로를 안다. 이런 과정이 동시에 이루어질 때의 전반적인 느낌이 소속감과 좋은 느낌이다. 신체 감각을 통해서 느낌을 감지하지 못한다면 우리 삶은 흑과 백만 존재하는 일차원적일 것이다. 가장 원시적인 갈망에서부터 최고의 예술 창작품에 이르기까지 신체적 삶과 정서적 삶은 모두 체현에 달려있다. 이 책은 대부분 이론적이고 교육적이지만, 이 장에서는 독자가 간단한 자각 체험에 참여하기를 권한다. 이렇게 '개입'하는 이유는 참여하여 적극적으로 임하도록 격려함으로써, 느끼고 치유하고 알게 되는 몸이 지닌 타고난 능력의 진수를 개인적으로 직접 접할 수 있게 하기 위해서이다.

 ## 기초적인 자각 체험

오른쪽 손바닥이 당신을 향하도록 하고 이를 바라본다. 당신의 눈으로 관찰한다. 이제 주먹을 쥔다. 움직임을 바라보고 마지막 모습을 주의 깊게 관찰한다. 손을 펴서 다시 한번 본다. 그리고 눈을 감고 펼친 손의 신체 감각을 느낀다. 눈을 그대로 감은 채, 손을 천천히 오므려 다시 주먹을 쥔다. 그리고 다시 펼친다. 계속 눈을 감은 상태로, 이 움직임을 반복하면서 펼치고 오므리는 데 모든 주의를 집중한다. 이렇듯 단순해 보이는 신체 활동 중에 느껴지는 감각들을 의식하는 것을 계속해 나감에 따라 당신의 인식이 어떻게 변화하는지에 주목한다.

---

*   환자의 모든 내부 감각신경들이 기능하지 않는 희귀한 신경학적 상태들에 대한 기록이 있다. 이 불행한 사람들은 거의 똑바로 걸을 수 없으며 눈을 감는 순간 넘어질 것이다.

이 짧은 연습이 진부해 보일 지도 모른다. 하지만 주위에서 일어나고 있는 일이나 (연습 활동에 대한) 생각과 이미지에 주의를 흐트러뜨리지 않고 실제로 몸을 알아차리기란 정말 어려운 일일 수 있다. 그럼에도 불구하고 상당한 보상이 주어지는 일이다. 우리는 생각과 현실을 혼동할 정도로 동일시하는 경향이 있다. 자신의 생각을 **자신이라고** 믿는 것이다. 이 연습을 통해서 몸에 대한 시각적 이미지와 실제 '내수용감각' 경험이 근본적으로 다르다는 것을 감지할 수 있다. 신체 자각은 부정적인 정서와 신념체계로부터 어느 정도 거리를 둘 뿐만 아니라 좋은 느낌의 정서나 신념체계와 접촉할 수 있도록 돕는다. 우리가 단지 생각과 이미지만은 아니라는 것을 발견하는 순간, 우리는 살아있고 함께하며 감각이 있는 체현된 생명체로서 충만함을 향한 여정을 시작하게 된다.

 태초에는

다음은 인류의 체현과 자각 경험에 대한 간략한 검토이다. 이 탐구는 추론적이라고 할 수 있는데, 체현과 자각의 두 주요 개념이 시간이 흐르면서 어떻게 인식되고 발전되어 왔는지를 더 잘 설명해줄 수 있을 것이라는 희망에서 비롯되었다.

생물학적으로 우리는 보호와 사냥을 하고 사냥당하는 것을 피할 수 있도록 설계된 매우 효과적인 운동 시스템을 발달시켰다. 이 자동적인(본능적인) **행동 시스템**은 몸이 스스로를 보호하기 위한 것으로서, 뱀이나 호랑이와 맞닥뜨렸을 때 빠르게 대응하게 되어있다. 무의식적으로 도주하거나 싸우거나 얼어붙는 즉각적인 반응을 하는 것이다. 고대 조상들에게는 신체적인 준비성이 생존을 위한 기본적인 필요 조건이었다. 하루하루 매 순간 '지금 여기'에 존재해야 했으며, 낯선 냄새를 얼핏 맡거나 멀리서 잔가지 부러지는 소리를 듣는 즉시 제대로 대응할 준비가 되어 있었다. 간단히 말해서 직감적으로 반응해야 했다. 이런 강력한 감각적 메시지가 없었다면, 수렵인 조상들은 살아남아 그 이야기를 전하지 못했을 것이다. 그렇지만 어느 정도로 본능적인 반응을 '자각'했었는지는 알 수 없다.

본능의 어원은 하지 않을 수 없는 **행동**actions이다. 본능은 몸이 행하는 움직임, 또는 그 행동을 위해 우리를 준비시키는 자세 조정이다. 그러므로 이런 행동들을 이끄는 신체 감각은 우리의 본능적인 모습을 직접 알려주는 수단이다. 도구, 상징, 그리고 드디어 기초적인 언어를 사용하면서 선조들은 서로 소통할 수 있게 되었고, 효과적인 행동양식과 그렇지 않은 행동양식이 무엇인지를 공유하며 집단 행동을 개선해나갔다. 이를 위해 예술, 무용, 스토리텔링을 받아들였을 것이며, 시간이 흐르면서 그 과정에서 성찰적인 자기인식이 이루어지고 쌓아지고 발전되었다. 동굴 회화와 그 외의 고고학적 자료는 자기이해self-knowledge에서, 추상적인 상징들에서, 그리고 마침내 문자 언어에서 꽃을 피웠던 체현된 인간 의식의 진화에 대한 무용담을 기록하고 있다.

개인들이 모여 거주 공동체를 이루면서, 끊임없이 주변을 경계하고자 하는 생존 욕구는 줄어들었다. 그 대신에 지금은 사회적·정서적 지능이라고 칭해지는 사회적 기능에 대한 신체 감각의 자각이 더 이루어졌다. 생존은 더 이상 싸우거나 도주하거나 얼어붙는 긴급한 상황에 달려 있지만은 않았다. 그보다는 사회가 더욱더 복잡해질수록 집단 안에서 자신의 위치를 찾으려는 고차원적 정신 능력에 대한 욕구가 늘어난 것이다. (무언의 신체 언어인) 얼굴과 자세의 미묘한 단서를 읽는 것보다 충동 조절이 더 중요해졌으며, 그럼으로써 우리 선조들로 하여금 점점 더 정신적 틀을 지향하도록 몰아갔다.

17세기 중반인 소위 이성의 시대에 이르러 합리성의 가치는 새로운 정점을 찍었고, 합리성을 추구하기 위해 육체를 배제하는 비 체현disembodiment이 규범이 되었다. 본능과 (섹스 같은) 육체적 욕망의 즉시성은 곤혹스럽거나 나쁜 것으로 여겨졌으며, 교회의 지배력이 몸과 마음의 깊은 분열을 더욱 심화시켰다. 마침내 근대성을 상징하는 진술인 데카르트의 "나는 생각한다. 고로 존재한다."에서 합리성은 패권을 잡았다. 그 이후는 더 좋게든 더 나쁘게든 역사적으로 알려진 그대로이다.

하지만 분명 분리되어 있을지라도, 우리의 강렬한 본능은 여전히 똬리를 튼 채 몸과 마음이 효과적인 조정 작용에 불을 붙여 다시 만나기를 기다리고 있다. 이를테면 황야에서 길을 잃게 되면, 포식, 보호, 대피를 위한 본능에 예리하게 초점이 맞추어질 것이다. 그렇지 않으면 분명 죽음을 피할 수 없을 것이기 때문이다. 또한 지적 능력도 전력투구로 신체적인 본능을 도울 준비를 할 것이다. 딱 소리를 내며 부러진 잔가지, 낯선 냄새 또는 순간적으로 스친 그림자는 우리의 경계 태세 준비성을 고조시킬 것이다. 나뭇가지, 잎사귀, 그리고 진흙은 집을 짓는 귀한 재료로서 위험으로부터 우리를 보호해 줄 것이다. 죽음이 닥쳐올 때, 심사숙고는 도움이 되지 않는다. 대신 현시점에서의 몸의 참여가 매우 중요해진다.

그러나 우리의 흥미로운 생존 본능은 대부분 거의 쓸모 없어 보이며, 실제로 일상생활에서 자주 해를 끼치기도 한다. 우리는 본능이 분출되는 것을 막기 위해서 엄청난 에너지를 소모한다. 예를 들어, 직장 상사가 자신보다 경력이 짧은 경쟁자를 승진시켰다면 (실제 위협으로 **지각하고**) 순간적으로 화가 치밀어 오르는데, 우리는 이를 느끼기도 전에 살인적인 분노를 몸안으로 다시 쑤셔 넣는다. 그러나 이렇게 강렬한 충동들을 억누르는 것이 누적되면, 그 결과 요통, 두통, 고혈압, 심장질환, 소화장애와 같은 형태로 해를 끼친다.

오늘날의 생존은 기본적인 본능을 실행으로 옮기는 것에는 거의 의존하지 않는다. 오히려 우리의 신체적 · 심리적 건강은 기본적인 본능에 반사적으로 반응하지 않고 신중하게 접근하는 데에 달려있다. 고대에 설계된 계획이 그대로 남아있음으로, 우리는 생존 본능이 온전하게 관여하고 있을 때만 **진정으로 살아있음을 느낀다**. 그러나 현대의 삶은 그런 종류의 원초적이고 강렬한 표현 기회를 거의 주지 않는다는 것이 문제이다. 그리고 우리가 어떠한 조치를 취해야 할 때, 우리가 처해있는 사회 환경에서는 싸움-도주 반응이 부적절한 경우가 대부분이다. 결과적으로 이러지도 저러지도 못하게 되는 것이다.

본능적인 생동감을 느낄 수 없기에, 우리는 무언가에 대한 갈망을 느낀다. 그리고 이런 충동들은 일반적으로 두 가지 원초적 본능인 자기 생존 본능(위험)과 종족 생존 본능(성)에서 비롯된다. 더 나아가 이 본능들을 일으킬 '실제' 상황을 찾을 수 없으면 상황을 만들어내기도 한다. 예를 들어, 부적절하고 위험한 성적 불륜을 저지르거나 발목에 굵은 번지점프 고무줄을 묶고 절벽에서 뛰어내리기도 하는 것이다. 그러나 이런 일시적인 해결책은 우리 열망을 만족시키지 못한다. 그러므로 대부분의 경우 본능적 욕망의 불충분한 대체물인 생각만 하고 있을 뿐이다. 우리는 생각하는 데 많은 에너지를 쏟을 뿐 아니라 자주 생각과 현실을 혼동한다. 데카르트가 그랬듯이, 자신의 생각이 **자신이라는** 그릇된 믿음을 가지게 된 것이다. 그러나 불행하게도 생각은 경험으로 얻은 생동감을 대체하지 못하며, 감정과 연결되지 못할 때는 정신을 좀먹는 반추, 환상, 망상과 과도한 걱정을 낳는다. 그러한 집요함은 당연한 것인데, 이는 모호한 상태에서 잠재적인 위협을 염려하는 피해망상적 경향이 과거에는 적응하는 데 상당히 유리했기 때문이다. 하지만 오늘날에는 판단적이고 회의론적인 '초자아'가 통상적으로 사용된다. 반면에, 명확한 신체 감각과 느낌들을 알게 되면 걱정이 줄어들고 창조성과 목적 의식이 향상된다.

버몬트에서 정원을 가꾸던 시인 데이비드 버드빌David Budbill은 이 매우 인간적인 상태를 '지금 이 빛나는 순간'이라는 시로 표현한다.[132]

> 매일 온종일 혼신을 다하고 마음을 비울 때, 육체적으로, 온전하게, 그리고
> 완전하게 이 세상의 새들, 사슴, 하늘, 나무들과 함께할 때... 정신적인 반추
> 없는 지금 이 빛나는 순간.

그리고 다른 종류의 정원에 대해서는, 섹슈얼리티 세미나에 참석한 어떤 젊은 여성이 "내 머릿속이 아니라 내 몸이 남편과 함께 그곳에 있는 것이 가장 중요한 것 같다."고 말한다. 시인 버드빌은 완전한 육체노동을 통해서 마음의 휘둘림에서 벗어나 위안을 찾았다. 많은 도시인들이 마음을 다스리기 위해 조깅을 한다. 하지만 그러한 휴식은 보통 일시적일 뿐이고 더 과한 상태로 쉽게 바뀔 수 있으며, 게다가 불편한 감각과 감정을 회피하는 방법이 된다.

우리 모두는 소화되지 않은 되새김질 거리인 미해결 문제들을 반추하고 있다. 문제 해결에 도움이 되든 안 되든 말이다. 명상, 불교, 도교와 그 밖의 영적 전통 수행자들은 반복적인 부정적 사고로 인한 '불필요한 고통'에 대해 잘 알고 있다. 이러한 고통은 인지행동치료를 받는 동기가 되기도 한다. 여러 수행, 전통, 치료들이 공통적으로 지목하는 해결책은 강박적 사고가 유독한 배출물을 몸으로 뿜어대기 전에 강박적 사고의 폭정을 물리치는 것이다. 그렇지만 불안한 마음을 다스리려는 접근법은 계속하여 몸으로 되돌아오도록 돕는 방법만큼이나 활용하기 쉽지 않고 효과적이지

못하다. 시인 버드빌은 자신의 몸을 목적이 뚜렷한 활동에 완전히 참여시킬 때, 비로소 마음이 평안해진다는 사실을 깨달았다. 그는 몸에 전념함으로써 소중한 순간순간의 살아있는 경험을 직접 할 수 있었다. 강박적인 근심이나 후회 대신, '지금 빛나는 순간'을 음미하고 감사하는 경험을 하기 시작했던 것이다.

　오래전 선조들에게는 생존 이외에 다른 선택의 여지가 없었다. 그렇기에 연이은 위협들로부터 살아남고 이런저런 보호 본능들을 불러일으키는 등 그들은 끊임없이 반응했다. 반면에 우리는 위협을 지각했을 때 반사적으로 반응하는 이런 동일한 본능들의 지배를 받고 있으면서도, 본능에 따라 행동하는 대신에 강렬한 감각과 충동들을 인식하면 뒤로 물러나 지켜보고 친숙해질 기회를 가지고 있다. 야생적이고 원시적인 충동들에 대한 의식적인 컨테인먼트와 반영은 우리에게 생기를 불어넣어주며, 우리가 욕구와 갈망을 적극적으로 추구하는 데 집중할 수 있게 해준다. 이것이 반영적 자기인식의 기초이다. 본능에 자동적으로 반응하는 (또는 억제하는) 대신에, 감각 중심의 알아차림을 통해서 주위를 기울여 탐색할 수 있다. (현대의 경험을 언급하는 데 사용하려는 용어인) **체현된다는 것은 본능의 안내를 받는 동시에 그 안내를 자각할 수 있는 기회를 가지는 것을 의미한다.** 이러한 자각은 감각과 감정을 인식하고 추적하는 것을 필요로 한다. 본능으로부터 소외되거나 본능에 의해 강제로 움직이는 것이 아니라 우리 안에 존재하는 본능을 드러내는 것이다.

　삶에서의 이런 일들은 만만찮은 과제인 생각의 반추에서 벗어나 **현재**를 자유롭게 살게 해준다. 체현되면, 지금 이 순간의 멋진 풍경에 더 오래 머물게 된다. 비록 좋지 않은 일들이 일어날 수 있고 실제로 일어나며, 보이지 않는 위험들이 뒤따르는 세상에서 살고 있기는 하지만, 그럼에도 지금을 살 수 있는 것이다. 그리고 온전히 현존할 수 있을 때, 우리는 상상 이상으로 더 큰 즐거움, 경이로움, 지혜로움을 누릴 수 있게 된다.

　'체현'은 시끄러운 '원숭이 마음'*의 횡포에 대한 개인적-진화적 해결책이다. 이는 역설적으로 본능과 이성이 함께 하며, 즐거운 참여와 흐름 안에서 융합을 이루는

---

* **역자 주** 고요히 집중하기를 거부하는 마음을 가리키는 명상 용어이다. 마치 머릿속을 원숭이가 이리저리 돌아다니는 것처럼 계속해서 새로운 대상들에 주의를 돌리며 명상을 방해한다.

것이다.* 체현은 자각이라는 수단을 통해서 자유로운 에너지와 생동감이 몸 안으로 울려 퍼지는 잔잔한 신체 감각을 느끼는 능력을 얻는 것이다. 마음과 몸, 생각과 감정, 정신과 영혼이 함께 하며, 분화되지 않은 경험 통일체로 결합된다. 체현을 통하여 가장 어두운 원시적 본능에 닿고, 본능이 밝은 의식의 춤을 추는 것을 체험하며, 그럼으로써 우리의 삶에 생명력, 흐름, 색채, 색조 그리고 창조성을 불어넣어 마치 처음인 것처럼 우리 자신에 대해 알게 된다.

계관시인 엘리엇T. S. Eliot은 서사시 4개의 4중주 중 제4번 〈리틀 기딩Little Gidding〉에서 그러한 진화하는 의식의 역설을 파악했던 것 같다.

> 결코 탐험을 멈추지 않으리
> 모든 탐험의 끝은
> 출발했던 곳에 도착하는 것일 터이니
> 그때 비로소 그곳을 처음으로 알게 되리라.

 ## 체현과 창의성

알베르트 아인슈타인Albert Einstein이 생각을 이미지로 했다는 것은 잘 알려져 있는 사실이다. 그의 이론은 그의 은유와 마찬가지로 이 사고 과정을 반영한다. 예를 들어, 우리의 상대성 이론에 대한 이해에는 엘리베이터와 기차들이 서로 지나쳐 가는 그림들이 깊이 각인되어 있다. 그러나 아인슈타인이 몸으로도 생각을 했다는 것

---

*   (확실히 일천한 예술사 지식에 의거한) 나의 개인적 생각으로는 서구의 체현 시대는 약 5천 년 전인 후기 이집트와 그리스의 초기 키클라데스 시대에 절정에 달했었다.

은 그보다 훨씬 덜 알려져 있다. 그의 위대한 발견 중 일부가 몸이 찌릿찌릿하거나, 미세하게 떨리거나, 그 밖의 활기를 띠게 하는 신체 감각 형태로 몸에서 가장 먼저 나타난 것 같다고 그는 자서전에서 밝혔다. 그 자신에게조차 불가사의했던 이 과정에서 위대한 발견을 이끌어낸 이미지와 통찰들을 알려 준 건 신체 감각이었던 것이다.

수십 년 후에 의학 연구를 위해 아인슈타인의 뇌를 해부했을 때, 눈에 띌만한 **유일한** 특징은 몸으로부터 오는 정보들을 통합해서 공간과 시간의 지남력을 관장하는 뇌 영역인 두정엽의 크기와 구조에 있었다.* 이 위대한 인물에 대해 밝혀진 또 다른 이야기가 있다. 어떤 기자가 과학 분야의 향후 위대한 돌파구는 무엇이 될 것인지 묻자, 아인슈타인은 잠시 곰곰 생각하더니 '우주가 우호적이라는 것을 증명하는 것'이라고 대답했다. 이 말은 삶 속에 고통과 괴로움이 전혀 없을 것이라는 뜻이 아니라, 우주가 재미있고 경이롭고 대단히 흥미롭다는 뜻이었을 것이라고 생각한다. 그가 몸 안의 우주에서 느끼는 기쁨이 그랬던 것이다. 티베트 승려 챰프 느가왕Tsamp Ngawang 박사는 "몸은 만다라이다. 만약 그 안을 들여다본다면, 몸은 끝없는 깨달음의 원천이다."라는 가르침을 주었다.

아인슈타인이 충분히 체현된 사람의 전형이었다는 인상을 심어주려는 게 아니다. 확실히 그런 건 아니었지만, 그는 이런 특별한 방식으로 체현되었다고 생각한다. 그리고 그가 한계를 훨씬 뛰어넘어 고정관념을 벗어날 수 있었던 것은 (거의 틀림없이) 이런 조율 덕이었다. 분명히 이것은 그가 천재라는 증거이다. 위대한 지적 발견을 하는 것과 몸의 감각에 주의를 기울이는 것은 서로 배타적인 경험이 아니다. 사실 인간이라는 동물에게는 이것이 '전체성'의 전부일 수도 있다. 철학자 니체Nietzsche는 "나는 머리부터 발끝까지 몸이다. 더 이상 아무 것도 아니다. 그리고 영혼은 몸 안의

---

* 두정엽은 기능적으로 두 부분으로 나누어져 있다. 한 부분은 감각과 지각, 그리고 다른 부분은 주로 시각 시스템의 감각 투입을 통합하는 데 관여한다. 첫 번째 기능은 하나의 지각 표상을 형성하기 위해 몸의 내부와 외부로부터 오는 감각 정보를 통합하는 것이다. 두 번째 기능은 우리를 둘러싸고 있는 세상을 보여주기 위해 공간적인 조정 시스템을 구축하는 것이다. 두정엽에 손상을 입은 사람들은 종종 신체 이미지 및 공간 관계의 이상과 같은 현저한 결함을 보여준다(Kandel, J., Schwartz, J., & Jessell, T., *Principles of Neural Science*, 3rd ed., New York: Elsevier, 1991).

무언가를 일컫는 말일 뿐이다."라고 했다. 위대한 미국 시인 랄프 왈도 에머슨Ralph Waldo Emerson은 다음과 같이 요약했다. "우리의 뒤에 놓여 있는 것과 앞에 놓여있는 것은 **안에** 있는 것에 비하면 지극히 작은 것들이다."

보다 심리학적인 맥락에서 유진 젠들린은 "우리가 처해있는 상황을 완전하게 사는 삶으로 들어가는 문은 매우 일상적인 우리 몸의 중심에 있다."고 언급했다. 하지만 이 '일상적인' 것은 대단한 것이기도 하다. 티베트 불교의 쿰 나이Kum Nye 전통* 에서 가르치듯이, "몸 밖의 공간은 유한하지만, 몸 안의 공간은 무한하다." 이러한 적용은 탄트라 불교에서 깨달음을 전해주는 경이로움과 기쁨에 불을 지핀다.**133** 이것이 '동양적' 관념인 것만은 아니다. 하버드 의과대학 정신과의 다니엘 브라운Daniel Brown 박사는 "초점 맞추기는 영적 수행의 좋은 토대가 되는 내부 신체 자각을 함양하는 데 도움을 준다."고 덧붙인다. 랭R. D. Laing은 "내부 세계 없는 외부 세계는 의미를 잃으며, 외부 세계 없는 내부 세계는 실체를 잃는다."고 덧붙였다.

우리 모두 살아가면서 언젠가 그냥 '직감적으로 뭔가 아는' 경험을 해본 적이 있다. '논리적으로' 이해되지 않고 종종 '논리'에 맞지도 않지만, 그냥 '그게 옳다는 걸 알았다.' 그리고 이런 직감적인 본능을 따르지 않았을 때, 종종 가혹한 결과가 뒤따르곤 했다. 이런 종류의 예지를 '직관'이라고 한다. 나는 본능적인 신체 반응이 생각, 내면의 그림, 지각과 이음새 없이 매끄럽게 결합될 때 직관이 작용한다고 생각한다. (비록 추정은 무성하지만) 어떻게 이런 전체론적 '사고'가 이루어지는지는 아직 미스터리로 남아있다. 그러나 동종요법† 의사인 라잔 산카란Rajan Sankaran 박사의 저술에서 입증되었듯이 "감각은 마음과 몸의 연결점이다. 육체적 현상과 정신적 현상이 동일한 언어로 소통되는 접점인 것이다. 그리고 그곳에서 두 영역 사이의 경계는 사라지고, 전체 존재에 있어 무엇이 진실인지를 실제로 인식할 수 있다." 깊은 직관의 핵심이란 그런 것이다.

....

* **역자 주** 쿰 나이는 티베트의 종교적, 의료적 몸 수련의 다양한 방법들이며, 문자 그대로 '신비체(오감으로는 식별할 수 없는 초감각적 세계에 존재하는 몸의 총칭)의 마사지'라는 뜻이다. 몇몇 수련 체계는 요가, 다이치, 기공, 또는 치료적 마사지와 다소 유사하다(위키피디아 참고).

† **역자 주** 질병과 비슷한 증상을 일으키는 물질을 극소량 사용하여 병을 치료하는 방법

직관은 상향 처리의 한 예이다. 데카르트의 "나는 생각한다. 고로 존재한다."에 반영된 하향 처리와 반대인 것이다. 세상에 대한 우리의 기본 인식을 바꾸는 데는 하향 처리보다 상향 처리가 더 힘이 있다. 이 힘은 우리가 무엇보다도 **운동체**motor creatures라는 사실에서 비롯된다. **두 번째로** 우리는 관찰하고 지각하고 생각하는 정신을 사용하고 관여한다. 생각하기 때문에 존재한다기보다는, 존재하기 때문에 생각한다. 술집에서 맥주를 더 마시겠느냐는 질문을 받았을 때, 데카르트는 "생각이 없다."고 대답했다. 그렇다고 해서 그가 사라졌는가? 데카르트의 정리는 상향 처리를 반영하기 위해서 다음과 같이 수정될 수 있을 것이다. "나는 감지한다. 행동한다. 느낀다. 지각한다. 반영한다. 생각한다. 그리고 추론한다. 고로 존재한다는 것을 안다."

심리적 변화는 주로 통찰과 이해를 매개로 하거나 행동 수정을 통해서 일어난다고 암묵적으로 가정되어 왔다. 하지만 트라우마 후유증에 변형이 일어나도록 사람들을 돕는 데는 제한적으로 유용할 뿐이라는 것이 정신 과정 연구에서 입증되었다. 사람들은 종종 수년간 고통스러운 증상으로 곤욕을 치른다. 영속적인 변화는 주로 심리적인 하향 처리(즉 이성적 사고, 지각, 훈련된 행동 선택에서 시작하는 경우)보다는 상향 처리(신체적, 생리적 감각에 집중하는 법을 배우고, 그 감각은 지각, 인지, 결정으로 계속해서 발전하는 경우)를 통해서 일어난다. 변형은 하향 처리와 상향 처리의 상호관계 안에서 일어난다. 지각 있는 존재로서, 우리는 본능과 이성 사이에서 필수적인 균형을 잡는 잠재력을 지니고 있다. 이 융합으로부터 생동감, 흐름, 연결, 자기결정이 이루어진다.

 트라우마와 비 체현

트라우마를 입은 사람들은 몸으로 느끼지 못하고, '몸이 텅 빈 것 같다.' 신체 감각에 압도되거나 또는 심각하게 차단된다. 어느 경우든, 다양한 감각들을 구별할 수 없을 뿐 아니라 적절한 행동을 선택할 수도 없다. 감각들은 위축되고 혼란스럽다. 감각에 압도되면 미묘한 차이들을 알아차리지 못하며 일반적으로 과잉반응을 하게 된다. 감각이 차단되면 멍해지고 무력감에 빠진다. 이런 습관적인 둔화 상태에 있기 때문에, 실제로 위협을 받았을 때조차도 만성적으로 미온적인 반응을 보이게 되고 여러 번 해를 입게 되기 쉽다. 게다가 뭔가를 느끼기 위해서 실제로 자해를 할 수도 있다. 비록 그것이 고통스러울지라도 말이다. 1965년의 감동적인 영화 〈전당포 주인〉에서 감정이 메마른 유대인 홀로코스트 생존자인 솔 나저맨 역을 맡은 로드 스타이거는 인종적 편견이 있었음에도 불구하고 전당포에서 일하던 흑인 소년에게 애정을 느끼게 된다. 마지막 장면에서 소년이 살해되자, 솔은 뭔가, 뭐든지 느끼기 위해 영수증을 모으는 날카로운 메모꽂이로 자신의 손을 찌른다!*

감각이 위축되면 감정의 색조와 질감이 사라진다. 외상 경험으로 인한 무언의 지옥인 것이다. 다른 사람들과 친밀한 관계를 형성하거나 우리가 활기차게 살아있는 존재임을 느끼기 위해서는 반드시 이 미묘한 차이를 구별할 수 있어야 한다. 그러나 안타깝게도, 심한 트라우마를 입은 사람들만이 몸으로 구현하지 못하는 것이 아니다. 대부분의 서양인들은 정도가 덜하긴 하지만, 마찬가지로 내면의 감각 나침반과 연결이 끊긴 손상을 입고 있다. 대조적으로 동양의 다양한 영적 전통들에서 '기본적인 본능'은 없애 버려야 할 것이 아니라 변화를 위해 이용할 수 있는 힘으로 인식되어 왔다. 비파사나 명상에 관한 책은 명상의 목적이 '보편적인 선의, 친절, 겸손, 사랑, 평정 등 진정으로 인간적인 영적 특성들이 나타나도록 기본적인 본능들이 자리 잡고 있는 마음을 정화하는' 데 있다고 전한다.**134** 영적 변형은 몸의 포기가 아니라 본능의 '순화'에서 비롯된다는 뜻이라고 생각한다. 체현의 핵심은 본능을 물리치는 것이 아니라, 본능을 온전히 존재하게 하는 데 있다. 동시에 경험의 미묘한 특성을 점점 더 고취하기 위해서 원초적인 날 것 그대로의 에너지를 이용한다. 욥기에는 "이내 몸으로 나는 주님을 뵈리라."고 씌어 있다.

신체 내부를 깊이 느낄 수 없을수록 과다한 외부 자극에 대한 갈망이 커져서, 성적 자극, 과로, 약물, 감각적 과부하를 추구한다. 요즘에는 지나친 특수 효과나 자

---

*   역설적으로, 일부 '손목을 그은 사람들'이 알고 있듯이 자해를 가하면 고통을 줄여주는 엔도르핀도 방출된다.

동차 여러 대가 충돌하는 장면이 없는 영화를 찾아보기 어렵다. 몸의 미묘한 생기를 느낄 수 있는 능력을 부정하는 문화에 의해, 끝이 없어 보이는 폭력, 공포 그리고 폭탄이 터지는 듯 몸을 진동시키는 소음 세례에 익숙해졌다. 대화와 정서적 뉘앙스 중심의 영화들은 차츰 줄어들고 있다. 대신에, 연결이 안 되고 앞뒤가 안 맞고 의미 없는 장면이나 감상으로 뒤죽박죽인 영화들을 질리도록 봐야 한다. 자신을 조용히 되돌아볼 시간을 가지지 못하는 것이다. 오히려 실재하는 사람을 만나는 대신 채팅을 하거나, 가상공간에서 아바타를 만들거나, 핸드폰으로 TV를 시청하면서 우리의 소중하고 자유로운 순간들을 온라인에서 보내고 있다. 즐거운 시간을 보내는 것에 반대하거나 기술 발전의 진가를 인정하지 않는 게 아니다. 단지 미디어가 우리의 유감스러운 무감각 상태를 반영해 주며, 또한 심각한 양상으로 과다자극 중독에 기여하고 있음을 이야기하는 것이다.

우리가 체현되지 않은 만큼 기본적인 생존 본능과 성적 본능은 왜곡되고, 두려움, 분노, 불안을 낳게 된다. 몸으로 체험하지 못하는 섹슈얼리티와 자기조절 능력의 결여는 거식증과 폭식증 같은 장애뿐 아니라 포르노그라피의 황량하기 짝이 없는 풍경을 초래한다. (에어브러시로 수정한 모델들의 '이상적인 몸'과) 복잡한 정신역동적, 사회적, 그리고 미디어 요인들이 있긴 해도, 비 체현은 많은 섭식장애를 일으키고 악화시킨다. 포르노그라피와 마찬가지로 섭식장애의 존재론적 근원은 살아있고-감지하고-느끼는 몸으로부터의 소외이다. 체현되지 않은 남성들에게 있어서, 여성의 신체 **이미지**는 즐거움으로 느껴지는 것이 아니라 성적 자극이 된다. 그리고 장난기 있는 유혹, 즐거움, 몸을 맡김 그리고 깊은 감사로 이어지기보다는 용기 없는 욕망을 일으킨다. 이렇게 하여 (본성상 시각적인 성향을 가진) 몸으로 체험하지 못하는 남성들은 '이상적인' 여성의 몸에 대한 체현되지 못한 유사 욕구로 인해서 여성들의 거식증에 기여하게 된다. 그럼으로써 여성들의 몸은 타인의 눈과 자기자신의 눈에서 사물화되기 시작하는 것이다. 신체 감각과 신체 이미지를 맞바꾼 젊은 여성들은 감각을 차단하는 가슴 성형을 하거나 거식증에서처럼 극도의 '날씬함'을 추구하기 쉽다. 후자의 경우에는 괴상하며 문화적으로 강화되고 비현실적으로 바짝 마른 신체 **이미지**와 동일시하게 되고, 신체 감각을 느끼지 못하는 것은 물론 생명 유지나 출산도 거의 할 수 없게 된다. (폭식증에서 일어나는) 강박적인 폭식과 구토는 신체 감각을 통제하려는 무모한 시도이며, 혼란스럽고 압도되거나 또는 감각이 차단되고 멍해진다. 섹스를 하면 토하고 싶고, 토하는 것은 오르가슴을 느끼는 것과 같다고 보고하는 폭식증 환자들도 있다. 또한 폭식증은 자신의 몸에 강제로 들어온, 몸이 아닌 것을 몸에서 내보내려는 비효율적인 시도이다. 남성들에게는 그들 자신의 섹슈얼리티로부터 멀어지게 하는 비 체현의 공허함을 채워 주는 것이 포르노그라피인 것이다.

그 외에도 비 체현되는 방법들이 많은데, 또 다른 강박적 충동인 과로, 섹스, 약물, 음주에 대한 중독 또는 강박적 섭식을 포함한다. 모두가 몸을 억제하거나 무감각하게 하거나 통제하는 방법이고, 또는 아이러니하게도 몸을 느끼려는 잘못된 시도이다. 하지만 신체적인 경험을 포용하지 않고서는, 자신이 어떤 사람일 것이라고 생각하는 자기애적 **이미지**뿐인 빈 조개껍데기만이 우리에게 남겨질 뿐이다. 우리는 자기 자신의 충만함, 끊임없이 이어지는 경험으로부터 얻어지는 충만함을 진정으로 느낄 수 없게 된다. 포르노그라피와 섭식장애는 비 체현과 사물화라는 동전의 양면이다. 몸은 살아있는 개체로 경험되지 못할수록 더욱더 사물화된다. 몸의 경험이 소유되지 못할수록 자신의 핵심적인 자기감과 관련된 어떤 것과도 더욱 단절되는 것이다.

체육관에 가도 비슷한 이야기가 드러난다. 몸을 만들기 위해 줄서서 로봇처럼 역도를 하고 있지만, 행동에 대한 내적 느낌이나 자각은 거의 없다. 심혈관 건강과 근력 강화라는 분명한 이점에 대한 이야기들만 무성하다. 하지만 지구력과 신체 역학 이상의 뭔가가 있는 것이다. 그것은 근육 운동감각인데, 어떤 운동에서나 일깨워지고 개발될 수 있으며 어떤 운동도 미리 형상화하는 바로 그 감각이다. 이것이 운동을 **기꺼이 하는 것**과 운동을 **하는 것**의 차이를 가져온다.

외국여행에서 돌아와 집 근처의 YMCA에 운동하러 갔을 때, 사실상 모든 운동기구 앞에 최신형 TV가 설치된 것을 보고 놀랐다. 이건 마치 사람들이 일시적으로 자기 몸을 맡기고, 기계가 운동을 시켜주고 나면 세탁을 맡겼던 것처럼 몸을 찾아가기만 하는 것과 같다. 이와 관련하여, 독일어에서는 신체적 몸을 의미하는 단어인 Körper와 영어로 '살아있는 몸'으로 번역되는 Leib를 구분한다. Leib라는 용어는 ('시체'와 다르지 않은) 단순히 신체적/해부학적인 Körper와 비교해서 훨씬 더 깊은 생성적 generative 의미를 나타낸다.

사회적으로 우리는 합리성과 우리 자신에 관한 이야기를 찾기 위해서 살아있고, 감지하며, 인식하는 몸의 대부분을 포기했다. 삶에서 하는 일의 상당 부분이 이런 집착에 기반하고 있다. 물론 우리는 이성적인 정신의 막강한 힘 없이는 자전거나 시계는 말할 것도 없고 컴퓨터나 비행기, 핸드폰이나 비디오 게임 같은 것을 가지고 있지 못할 것이다. 하지만 연못에 비친 자신의 모습과 사랑에 빠졌던 나르시스처럼, 우리도 자신의 생각, 자만심 그리고 이상화된 자기 이미지에 매료되어 있다. 우리 역시 창백하게 **비추어진** 자신의 모습과 사랑에 빠진 것일까? 나르시스는 물에 비친 자신의 모습에 빠져 본성을 잃어버렸다. 느낄 수 있는 몸으로 감각을 경험하지 못하면, 본성은 우리와 동떨어져 있는 통제하고 지배해야 할 그 무엇이 된다. 몸으로 구현하지 못할 때, 우리는 본성의 일부가 되지 못하고 우리를 감싸고 있는 본성 안에서 겸허히 자신을 찾지 못한다. 다윈 이래로, 프로이트는 우리가 본성의 일부분이라고 주장한 현대(심리학)의 최초 사상가 가운데 한 사람이었다. 본성은 본능과 욕망의 형태로 우리 안에 있다. "마음은 잊혀질 수 있다. 그러나 **감사하게도** 몸은 그렇지 않다." 고 프로이트는 말했다. 오늘날 요가와 댄스 수업을 받거나 보디워크*를 하는 사람들이 폭발적으로 증가하는 것은 충족되지 못한 깊은 열망을 되살리려는 시도가 있다는 단서이다. 마침내 몸이 전하는 무언의 목소리를 '기억하고' 들으려 노력하는 것일까?

　생기를 불어넣는 내적 경험의 자궁에서 떨어져 나오는 순간, 몸은 하나의 사물로, 객관적인 생화학적 집합체로 여겨진다. 그렇지만 탁월한 물리학자 에르빈 슈뢰딩거Erwin Schrodinger는 뛰어난 에세이 〈생명이란 무엇인가What Is Life?〉에서 생명은 화학 요소로 환원될 수 없다고 결론지었다. 인간 유기체는 부품, 스프링, 기어, 스템 등을 모아서 기능하도록 조립할 수 있는 시계와는 다르며, 역설적으로 생명은 물리학의 법칙에 어긋나지 않으면서 그를 뛰어넘는다고 주장한다. 슈뢰딩거는 어떻게 이런 일이 일어날 수 있는지에 대해 추정했고, 후에 '자기조직' 시스템이라고 불리게 될 분야를 예견했다. 하지만 즐겁게 어울려 뛰노는 천진난만한 아이들을 바라보거나 풀잎에 맺혀있는 아침 이슬방울을 보면서 생명이 단순히 화학과 물리학의 총합이 아

-----

* **역자 주** 올바른 자세를 통해 인체의 구조와 기능의 효율성을 증진시켜 건강한 몸과 마음을 만드는 모든 작업(두산백과 참고)

님을 인식하는 데는 노벨상 수상 물리학자의 설명이 필요치 않다. 그러면 **어떻게** 그 것을 아는가? 느끼기 때문에 아는 것이다. 우리는 활력이 넘치고, 감지하고, 끊임없 는 흐름이 이어지며, 지혜로운 몸 안에서 살아있고 실재하는 것이 어떤 것인지를 느 낀다. 자신이 살아있는 유기체임을 아는 것이다.

"당신이 살아있다는 걸 어떻게 알죠?"라는 질문을 받으면, 대부분 "음, ...때문 이죠." 같이 무언가를 가지고 추측할 것이다. 그러나 그건 답이 아니며, 답이 될 수 없다. 살아있음을 **아는** 방법은 직접적인 체험을 통해서이다. 즉, 신체 감각을 통해 살 아있음의 실재를 우리 깊은 곳에서 **느끼는** 능력에 뿌리를 두고 있는 것이다. 간단히 말해서 이것이 체현이다.

 자각

체현의 전조 현상이며 쌍둥이 자매인 자각은 못 보고 넘어가기는 어렵지만 자 신도 모르게 지나칠 수 있는 외딴 바위 위에 조용히 앉아있는 800 파운드의 고릴라 이다. 변덕스러움의 많은 원형들처럼, 이 원시 디바의 존재는 거대하지만 포착하기 는 어려워서 당혹스럽다. 자각은 귀부인처럼 앉아서 기다리다가도 우리가 붙잡으려 하면 살그머니 떠나 버린다.

독립적이거나 변치 않거나 또는 단일한 자기self를 보여 줄 수 있는 사람은 아무 도 없었다. 철학자 데이비드 흄David Hume은 "나는 '나 자신'이라고 부르는 것에 최 대한 스스럼없이 들어갈 때마다 항상 뜨거움이나 차가움, 밝음이나 어두움, 사랑이 나 미움, 고통이나 즐거움과 같은 어떤 특정한 인식이나 또 다른 인식과 마주치곤 한 다. 인식하지 못한다면 '나 자신'을 말할 수 없고, 인식 외에는 아무것도 관찰할 수 없다."고 했다.[135] 실존주의 철학자 사르트르Sartre 또한 숙고 끝에 양손을 내저으며, 비록 그것이 (잘못된) 인식의 오류일지라도 "우리는 자기 자신에 대한 믿음일 수밖에 없다."고 했을 것 같다. 역설적으로 자신을 알 수 있는 유일한 방법은 그때그때 발생하는 다양한 상황들에 따라 매 순간 몸과 마음에서 무엇이 일어나는지 주의를 기울여 알아차리도록 배우는 것이다. 우리는 영구적이며 인식의 영향을 받지 않는 그 어떤 것도 경험한 바 없다. 따라서 자아 또는 자기라는 것은 존재하지 않으며 단지 위조된 의미일 뿐이다. 우리들 대부분에게는 납득이 잘 안될 수 있지만, 고도로 숙련된 명상가들에게는 주지의 '사실'이다.

자각은 (의식과 마찬가지로) 상대적인 개념이다. 예를 들어, 어떤 동물이 어떤 사건에 대해 부분적으로 알고 있거나, 잠재의식적으로 알고 있거나, 또는 잘 알고 있을 수 있다. 그러나 많은 생물학자와 심리학자들은 동물이 자각할 수 있다는 데 대해 불편해하며, 오직 인간에게만 가능하다고 여겨지는 **자기인식**과 지각을 차별화한다. 자기인식이란 자신이 존재한다는 것을, 개인적인 감정과 생각을 가진 개인으로서 (다른 사람들과는 별개로) 존재한다는 것을 명백하게 이해하는 것이다. 그러나 최근의 조사연구들은 침팬지에게 그리고 심지어 코끼리에게도 자기인식과 유사한 뭔가가 있음을 발견했다. 나는 다른 이들과 마찬가지로, 자각이란 이른바 자기인식을 가장 우위에 두는 연속선 상에 있는 것으로 본다.

인간에게나 동물에게나 자각은 내장의 느낌과 같은 내부 상태에서 일어날 수도 있고, 또는 감각 지각을 통해 외부 사건에 의해 일어날 수도 있다. 자각은 (인간을 포함한) 동물에게 그들의 경험에 대한 특질이나 주관적 의미를 발전시킬 원자료를 제공한다.

내부 환경에 대한 자각은 우리가 배가 고픈지 성적으로 흥분했는지, 갈증이 나는지 피곤한지, 행복한지 슬픈지, 괴로운지 평온한지 알게 한다. 그리고 이러한 자각은 내부 상태를 다루기 위해 해야 할 일을 촉진시킨다. 불편함이나 불균형을 인식하고, 단호한 의지력을 발휘해서 욕구 충족을 위한 준비를 할 수 있다. 예를 들어, 심한 허기를 느끼면 음식을 찾고, 비가 퍼붓기 시작하면 피할 곳을 찾는다. 그리고 성적으로 준비가 되면 짝을 찾고 구애를 하고 아이를 낳는다. 간단히 말해, 자각은 유기체의 욕구 충족과 '자기조절'을 회복하기 위해 내부와 외부 환경을 **순간순간** 감지하는 데에서 비롯된다.

불행하게도 우리들 대부분은 여러 가지 이유로 자각 능력을 잃어버리는데, 이는 생애 초기 단계에서 시작된다. 아기에게 젖을 먹이고 안아서 흔들어 주고 달래줄 때, 기저귀를 갈아줄 때, 그리고 너무 덥거나 추울 때 등 갓난아기의 모든 기본적 욕구는 양육자의 돌봄에 의해서 충족되어야 한다. 모든 원시적 욕구가 '타인'에 의해 충족되어야 하는 것이다. 욕구가 충족되지 않으면 아기는 악을 쓰며 울고 팔다리를 버둥대면서 소란스럽고 격렬하게 불편함을 알린다. 그러나 반복적으로 욕구가 때맞춰 일관되게 충족되지 않으면, 괴로운 감각이 너무 강해지고 견디기 어려워져서 갓난아기에게는 차단이 마지막 선택지가 된다. 이것이 아기에게 남겨진 유일한 행동의 모습인 것이다. 성장하고 성숙함에 따라, 우리는 부모의 벌이 두려워서 본능적인 충동, 욕구, 정서를 주도적으로 억누르는 법을 배운다. 우리는 암묵적으로 부모의 미묘한 못마땅함과 불편함을 느끼지만, 부모로부터 자신의 생각이나 느낌이 거절당하거나 무시당하는 것을 외면하고 더 나아가 이러한 초기 자각조차 차단해 버린다. 사랑하는 애완동물이 차에 치이는 것을 본 자녀의 충격, 슬픔, 공포와 분노를 가라앉히기 위해 '대신' 새 강아지를 사자고 즉시 말함으로써, 부모는 자녀에게 감정이란 중요하지 않을뿐더러 근본적으로 존재조차 하지 않는다고 가르친다. 성인으로서 우리의 자각 능력이 그렇게나 무뎌지고 줄어들었다는 게 놀라운 일이겠는가?

자각과 자기성찰

비록 자주 혼용되고 있지만, 자각과 자기성찰은 아주 다른 것이다. 간단히 말하자면, **자각은 지금 이 순간 일어나는 감각, 감정, 지각, 생각 또는 행동 등 모든 것을 경험하는 자연발생적이고 중립적인 것이다.** 이와는 대조적으로, **자기성찰은 의도적이고 평가적이며 통제적이고 가끔은 판단적인 방식으로 주의를 쏟는 것이다.** 자기성찰은 (많은 대화 치료의 핵심이며) 종종 가치가 있지만, 그 자체로 방해가 되어 지금 여기와는 동떨어진 곳으로 데려갈 수 있다. 소로Thoreau에 따르면, 반성하지 않는 삶은 살 가치가 없을지도 모른다. 그러나 자기성찰적인 반성은 반추, 억제, 자의식, 과도한 자기비판을 증가시키면서 병리적으로 될 수 있다.

자각은 스스로 타오르며 빛을 발하는 불씨를 보는 것에 비유될 수 있다. 반면에 자기성찰은 플래시 같은 외부 광원에 의해 밝혀진 물체를 보는 것과 같다. 사람은 자각을 통해 자신의 생명 에너지가 고동치고 빛나는 것을 직접 경험한다. 그러나 자기 성찰에서는 삶의 내용에 대한 반영만을 볼 뿐이다. 생각과 자각을 동일시하여 혼동하는 것이 인간의 너무나 많은 불필요한 고통의 근원이다.**136** 통찰이 중요하기는 하지만 신경증을 치료하거나 트라우마를 치유하는 경우는 거의 없다. 사실상 종종 문제를 악화시키기도 한다. 무엇보다도, **왜** 누군가가 어떤 사람, 장소, 또는 일에 대해 반응하는지 아는 것 **자체는** 도움이 되지 않는다. 실제로 그것은 잠재적으로 해롭기까지 하다. 예를 들어, 연인이 당신을 애무할 때 불안해진다면 무척이나 괴로운 일이다. 그런데 왜 그런 일이 일어나는지 이해한 후에도 같은 반응이 반복된다면 더욱 혼란스러울 수 있다. 단지 과거 사건에 의해 촉발된 일이라는 것을 이해하는데도 원치 않는 침입이 반복적으로 계속되고 그를 견뎌내야만 한다면 심각한 실패감, 수치심, 무력감까지도 느낄 수 있는 것이다.

반면에 당황스럽고 겁나는 신체적인 몸 감각에 대한 내성이 강화되면, 쉽게 변하지 않는 정서적, 신체적 증상들을 '단순한' 자각만으로도 마법처럼 예방하거나 없앨 수 있다. 알아차림에 깊이 집중했던 덕분에 나는 정서적 상흔 없이 사고에서 살아남을 수 있었다. 그것은 또한 젊은 사무라이가 감정의 지옥 한가운데서 평온을 찾을 수 있게 해준 것이기도 하다. 그러나 말하자면 실제로는, 특히 초기에 자각의 강력한 단순성을 경험하는 것이 그렇게 쉽지 않을 수도 있다.

다음은 한 젊은이가 자각의 본질에 닿는 법을 배우는 과정에서 겪은 시행착오를 기술한 것이다.

> 자각의 깊이를 더해 가는 것은 어려운 일이다. 부모님에게 충분한 사랑을 받지 못했기 때문이 아니라, 어려운 일이기에 어려운 것이다. 개인적인 의미를 부여할 필요가 없다. 나는 과거를 파헤치고 정리하고 그 잔해들을 분류하는 데 여러 해를 보냈다. 그러나 아무리 날카로운 통찰력으로도 내가 정말 누구인지, 내 존재의 본질적 진실은 무엇인지 알 수 없었다. 나는 자기성찰을 자각과 혼동했는데, 그것들은 같은 것이 아니다. 나 자신을 이 세상에서 가장 잘 아는 전문가가 되는 것과 온전히 현존하는 것과는 아무 관계가 없다.**137**

초보 명상가들은 마음이 혼란스럽게 요동칠 때 종종 고통스러울 정도로 놀란다. 강아지가 자기 꼬리를 잡으려고 계속 빙글빙글 도는 것처럼 생각, 감각, 감정, 두려움, 욕망이 혼돈스럽게 꼬리를 물고 이어진다. 그러나 숙련된 명상가들은 어느 정도 안정되게 알아차림이 이루어지면서 산란한 마음을 다스리기 시작한다. 요동치는 생각과 정서가 끝없이 빙글빙글 도는 소용돌이에 휘말리지 않게 되면 명상 시간이 길어진다. 그리고 마음이 요동치는 대신 순간순간의 경험에 대한 숭고한 호기심이 생겨난다. 다양한 생각, 감각, 감정, 상황에 대한 자신의 **반응성**뿐 아니라 각각의 일어나는 순간이 '어떠한지' 살펴보기 시작하는 것이다. 그리고 '무아no-self'의 신비스러운 경외감이 자리 잡는다. 명상가의 말 중에, "사람은 현존해야 한다. 그리고 현재에 살기 위해서 과거를 모두 되돌아보는 것이 항상 유용한 것은 아니다."라는 말이 있다.

온전하게 현존하는 데 있어 가장 큰 장애물 중 하나는 자연적으로 일어나는 것을 살펴보는 게 아니라 의도적으로 (즉, '목적을 가지고') 한 일을 단지 하나의 특정 상태가 아닌 '결론'으로 받아들이는 습관이다. 성장과 발달을 위해서는 생명을 지닌 유기체와 지지적인 환경이 긴밀한 접촉을 해야 한다. 그렇지만 과거의 무섭고 혐오스러운 사건들뿐 아니라 문화적 길들이기 탓에 우리는 이런 유기체의 흐름을 차단하는 법을 배웠다.

아마도 몸에 주의를 기울여야 하는 가장 구체적인 이유는 몸이 다양한 신체적, 정서적, 심리적 증상들을 해결할 수 있는 준비된 도구이기 때문일 것이다. 그러나 그런 '치유'는 전통적인 의미의 치료가 아니다. 단순한 증상 완화가 아닌 것이다. 그보다는 우리가 다루지 않기를 바랄 지도 모르는 생경한 우리 존재의 부분들을 향하여 내려가는 것이다. 어느 순간 우리가 보거나 느끼지 않기로 '선택하여' 분리시켜 버린 우리 자신의 부분들은 '경험하지 못한' 세계 속에 감추어져 있다.

부재하는 몸, 존재하는 몸

　　부엌으로 들어간다. 식탁 위에 놓인 그릇에 '먹음직스러운' 사과가 담겨져 있다. 색깔이나 모양이나 크기가 눈길을 끈다. 손을 뻗어 사과를 잡자, 단단하며 향이 좋고 질감이 부드럽다는 걸 알아차린다. 이미 입안에는 침이 돌기 시작한다. 그리고 내장은 슬며시 꼬르륵 소리를 낸다. 사과를 입으로 가져간다. 입을 벌려서 힘있게 한 입 베어 문다. 씹기 시작하자 침샘에서 침이 쏟는다. 새콤달콤한 맛이 최고이다. 계속 사과를 씹는다. 사과가 액체가 되자, 삼키려는 반사작용이 일어나고 당신은 순순히 따른다. 과일이 목으로 넘어가자, 식도를 따라 미끄러져 내려가기 시작한다. 아마도 음식이 아래로 내려가는 신체 감각을 느끼고, 다음에는 위장으로 부드럽게 떨어지는 감각을 느낄 것이다. 그리고는 그뿐이다. 즉, 한참 후에 장에서 배변 충동을 느낄 때까지는 아무 감각도 없다.

　　이 짧은 연습을 시작한 때로 돌아가서, 눈에서 입으로 그리고 직장으로 인도하는 신체 감각의 기차를 따라가 보자. 사과의 시각적 인상은 뇌의 의식적인 영역에 등록되기 전에 이미 잠재의식적인 부분을 자극하여 장에 부드러운 작은 움직임을 일으킨다. 팔은 아마도 우리가 알아차리지 못했을 감각인 내장과 침샘의 신체 감각이 시키는 대로 움직이기 시작한다. 손을 뻗어 사과를 잡는 동작을 하는 동안에는 눈이 행동을 지시한다. 동작은 운동(근육)계에 의해서 실행되고 조정된다. 손을 뻗고 싶은 충동은 근육의 장력수용기와 관절의 위치수용기(각각 운동감각과 자기수용감각)로부터 뇌에 보내지는 피드백에 의해 안내된다. 이들 감각들은 손으로 사과를 잡고 입으로 가져가는 것을 안내한다. 눈은 쉽게 감길 수 있고, 자기수용감각과 운동감각이 손가락을 똑바로 우리 코에 닿도록 팔과 손을 정확하게 안내했을 것이다. 우리는 일반적으로 이런 안내를 인식하지 못한다. 그리고 근육의 긴장이나 관절의 위치를 명확하게 알아차리지 못한다. 그럼에도 불구하고 감각들은 먹음직스러운 사과 한 입을 의도된 목표물로 정확히 안내한다.

　　만일 사과 한 조각을 씹고 맛보고 삼키면서 우연히 신문을 집어 들고 읽게 되면, 연속해서 이어지는 감각들을 의식적으로 알아차리지 못하기 쉽다. 그리고 나중에 대장이 차서 배변 신호가 와도, 당면한 일을 마치는 데 몰두해서 여전히 이를 무시할 수도 있다. 어쨌든 바빠서든 알아차리지 못해서든 내부 감각은 부재의 그늘 속으로 물러난다. 그렇지만 참지 못할 만큼 급해져서 자연 현상이 일어날 수밖에 없는 때가 언젠가는 올 것이다.

사과 이야기로 다시 돌아가자. 우리는 사과에서 눈으로, 눈에서 뇌로, 뇌에서 내장으로, 내장에서 팔과 손, 그리고 입으로, 입에서 위로, 위에서 소장으로, 소장에서 대장으로, 대장에서 항문으로 이어지는 전체 순서를 거의 의식하지 못할 수 있다. 그와 같은 과정을 거의 의식하지 못한 채 기능적으로 수행할 수 있으며, 그런 점에서 다중 피드백 루프가 있는 복잡한 서보 시스템인 기계와 흡사하다. 그렇지만 알아차림의 시간을 가질 때, 완전히 새로운 경험의 세계가 열리기 시작한다... 상상도 하지 못했던 세계가 존재했던 것이다!

마찬가지로, 숙면 중에는 내수용감각의 세계에 완전히 순응한다. 자동적인 장 운동이 우리의 인식 영역 밖에서 생명을 조절하고 유지한다. 호흡, 심장 박동, 체온, 혈액 수치 모두 생명을 지속시키는 좁은 범위 안에서 유지된다. 이런 내부 세계는 보통 의식적 자각의 외곽에, 또는 그 너머에 있다. 깨어 있을 때도 내부 세계를 인식하지 못할지 모른다. 그러나 우리 인식의 원경에서 근경으로 이를 가져오고, 잠시라도 전경으로 부드럽게 끌어들이는 것은 가능하다. 그렇게 해보도록 하자.

내부로 들어가기: 내수용감각의 탐험

서언

> 어둠 속에 외로이 있는 건 혼자서도 할 수 있어.
> 그러나 빛이 비치려면 두 사람이 필요하지.
> ㅡ〈모타운 곡〉

다음의 몇 가지 연습들은 혼자 할 수 있다. 그러나 포유류로서 우리 신경계의 안정성은 안전하다고 생각되는 타인의 지지에 달려 있다. 1장에 서술된 심각했던 불행한 사고를 겪은 직후에 도움이 절박했던 내 곁을 지켜주었던 소아과 의사의 경우처럼 말이다. 내가 사고 후에 균형을 회복하기 위해 했던 일 중 일부는 혼자서도 할 수 있었을 것이다. 그러나 그녀가 곁에 조용히 앉아 있었던 것이 엄청난 차이를 가져왔다. 그녀의 안정된 존재 덕분에 나는 계속 집중할 수 있었고, 두려움을 억누르며 슬픔에 잠겨 완전히 혼자서 외롭게 있지 않을 수 있었다. 다음 연습들은 혼자 할 수도 있지만 다른 사람과 함께 할 때 보다 생산적일 수 있다.

연습 1: 내부 탐색하기

몸 전체에 대한 인식이 첫 번째 연습의 목표이다. 주의를 기울여 몸의 모든 부분을 여기저기 천천히 둘러본다. 좋은지 나쁜지 또는 옳은지 틀린지 판단하지 않고, 단순히 어떤 부분을 느낄 수 있는지에 주목한다. 몸이 어느 정도까지 느껴지는가? 처음에는 실제로 몸의 일부를, 심지어 골반이나 다리같이 큰 부위까지도 느끼지 못한다는 사실에 놀랄 수도 있다. 몸에서 느껴지는 부분들 가운데는 불편하고 굳어있고 아픈 부위가 아마도 대부분 제일 먼저 알아차려질 것이다. 또한 찌릿찌릿함과 경련을 느낄 수도 있다. 이러한 불편한 느낌들이 몸을 보다 깊이 감지하게 되는 시작점이 될 수도 있다.

다음에는 근육의 긴장에 주의를 기울인다. 뭔가 하려고 하지 말고 그저 집중한다. 근육의 긴장을 풀고 싶은 조급함을 느낄지도 모른다. 그보다는 긴장을 그대로 두고 자연스럽게 변해가는 걸 지켜보는 게 중요하다. 이제 피부 감각에 **주목한다.** '몸 전체를 느낄 수 있는가? 머리가 목과 어깨와 연결된 것을 느낄 수 있는가? 가슴을 느낄 수 있는가? 가슴 앞쪽에서 뒤쪽까지 호흡은 어떻게 느껴지는가? 호흡이 완전하고 편한지 또는 가슴이나 목이나 배에서 '막히는지' 감지할 수 있는가? 숨을 쉴 때 늑골이 팽창하고 수축하는 것을 감지할 수 있는가? 두 다리 또는 적어도 일부를 느낄 수 있는가?' 다음에는 생식기로 주의를 옮긴다. 생식기에 집중할 때 어떤 일이 일어나는지 주의를 기울인다.

■ 논의

이 첫 번째 실험을 하면서, 만약 연습이 쉽다는 생각이 들거나 머리끝에서 발끝까지 몸에서 일어난 모든 것을 관찰했다고 생각한다면 그건 분명 착각일 것이다. 당신은 아마도 판단과 평가를 하지 않고 '오로지' 경험을 관찰한다는 것이 얼마나 어려운 일인지 알아차리기 시작했을 것이다. 신체 자각은 시간이 흐르면서 점차 연마되는 기술이다. 만일 너무 빨리 그리고 깊이 경험하면, 우리는 압도당하여 더욱 억제하거나 분리시킬 수도 있다. 대부분의 경우, 우리는 아이디어나 그림을 실제의 직접적인 경험으로 대체한다. 이것이 실제 오감으로 아는 느낌의 위조품이라는 것을 알아차릴 때까지는, 우리 피부 아래 아주 멋진 곳을 알게 되기는 어렵다. 애초에 존재 자체를 몰랐다면, 무얼 놓치고 있는지 어떻게 알 수 있겠는가? 그것이 우리가 점차적으로 몸을 직접 경험해야 하는 이유이다. 우리 몸의 부분들이 어디에 있는지 '알고' 있더라도, 실제로 느끼는 데는 시간이 걸릴 수 있다. 심지어 많은 무용수들과 운동선수들도 같은 어려움을 겪는다. 다리, 그리고 신체의 다른 부분들이 자유롭고, 강제되지 않고, 자발적으로 기능을 하려면, 그 부분의 긴장과 자세를 신체의 나머지 부분들과 관련 지어 직접 느낌으로 경험해야 한다. 나는 이 작업을 처음에는 무척 어려워했던 많은 전문 무용수들과 함께 일해 왔다. 그러니 낙담하지 않도록 하자. 매일 **적당량의** 연습을 한다면 결국은 능숙하게 감각을 알아차리게 될 것이다.

자신에 대한 심상과 실제 신체적 감각 사이에는 근본적인 차이가 있다는 걸 이해하는 것이 도움이 될 수 있다. 물론 우리 모두에게 어느 정도 차이는 있기 마련이다. 그러나 '신경증적' 성격은 근조직의 무의식적인 수축(긴장 항진) 또는 무너짐(긴장 저하)을 통해서 증상을 만들어내고 영속시킨다.* 오직 정교한 알아차림을 숙달하고 근육과 내장의 자발적인 표현을 가능하게 함으로써 '신경증적이고' 외상을 입은 (분리된) 부분들을 없애고 더 깊고 더 확실한 자기 자신에 대한 요구를 할 수 있다.

자각 능력을 키워나가는 것이 처음엔 힘들기 때문에, 몸을 감지하는 것이 얼마나 보편적으로 어려운지 인식하고 결심을 단단히 하며 인내심을 가지는 편이 좋을 것이다. 이 연습은 시간을 할애할 만한 가치가 있다. 그러나 너무 오래 하지는 말라. 시상 단세에서는 한번에 15~20분 정도면 충분하다. 또한 하루 일과 중에 가지는 짧은 알아차림 연습도 특별히 흥미로울 수 있다. 일상적인 활동과 일들이 근육, 자세, 호흡에 어떤 영향을 주는지 발견할 지 모른다. 예를 들어, 걷고 말하고 운전하고 컴퓨터 작업을 하고 식품점에서 줄을 서 있을 때에 온몸이 어떻게 다르게 행동하고 반응하는지 알기 시작할 수도 있다. 몸을 인식하기 위한 이 짧은 낮시간 여행에는 득실이나 성패가 없다. 유일한 목표는 매번 경이로움을 느끼며 조금씩 더 탐험해 나가는 여정을 계속하는 것이다.

어떻게 느끼든 그 경험을 하는 것은 바로 **당신**이라는 마음가짐을 가진다. 막힘과 저항이 있을 때는 멈추거나 검열하거나 강제로 밀쳐내지 말고 경험의 일부분으로 받아들이려고 노력한다. 각각의 모든 경험을 할 때마다, "지금 나는 ...을 알아차린다."

---

* 　　　이 분야는 Wilhelm Reich, Else Gindler, Else Wittendorf, Charlotte Selvers, Lilimor Johnson, Frits Perls, Magda Proskauer 외 여러 학자들에 의해 심층 연구가 이루어졌다. 참고자료: Heller, M. (2007). The Golden Age of Body Psychotherapy in Oslo I: From Gymnastics to Psychoanalysis. *Journal of Body, Movement and Dance in Psychotherapy, 2*(1), 5-16. Heller, M. (2007). The Golden Age of Body Psychotherapy in Oslo II: From Vegetotherapy to Nonverbal Communication. *Journal of Body, Movement and Dance in Psychotherapy, 2*(2), 81-94. 또한 Perls, F. S., Hefferline, R. F., & Goodman, P. (1994). *Gestalt Therapy: Excitement and Growth in the Human Personality*. London: Souvenir Press.

또는 "지금 나는 ...을 경험하고 있다."라는 말로 관찰을 시작한다. 이렇게 하는 것이 어리석고 지루해 보일 수 있지만, 탐색과 자기수용의 태도를 형성하는 데 도움이 된다. 힘들어서 하거나 변화해야 할 필요는 없다. 당신이 감지하는 것을 관찰하면 된다.

연습 2: 감각, 이미지, 생각 구별하기

편안하게 눕거나 앉을 장소를 찾는다. 지나치게 부드러운 바닥은 피하고, 비스듬히 기대앉을 때는 머리를 너무 높이 두지 않는다. 먼저 외부 환경에서 보고 듣고 냄새 맡은 것에 집중하면서, "지금 나는 이것 또는 저것을 알아차리고 있다..."고 말한다. 다음에는 신체 표면과 내부 경험을 중심으로 점차 초점을 옮겨 본다. 어떠한 이미지(그림), 근육 긴장, 내장감각 또는 정서적 느낌에도 주목한다. 감정이나 감각에서 생각으로 초점이 바뀌는 것을 알아차리도록 하고, 다시 부드럽게 내부 감각으로 되돌아간다. "그리고 나는 ...생각을 할 때 몸에서 ...을 알아차린다."와 같은 혼잣말을 할 수도 있다. 처음에는 감각, 정서, 생각을 구별하는 것이 어려울지 모른다. 이 도전에서 오는 당혹감을 받아들이며 충분한 시간을 갖는다. 연습을 하면 몸과 마음의 다양한 측면들을 훨씬 더 분명하고 능숙하게 구별하게 될 것이다. 당신이 한결같이 해나가면 시간이 지나면서 결과적으로 경험의 역량을 확장하는 충분한 기회를 가지게 될 것이라는 믿음을 가진다.

연습 3: 경험의 한 가지 요소에 초점 맞추기

이제 당신이 경험하는 것을 탐색하면서 알아차려진 감각, 이미지, 생각에 주목하고 이름을 붙인다. 내면을 들여다보면서, 이들 세 요소 중 어느 것이 가장 두드러져 보이는지 살펴본다. 그 후 하나씩, 처음에는 이미지에 집중하는 것으로 시작해서, 신체 감각, 감정, 생각의 순서로 초점을 바꾸어 가며 집중한다. 어떤 경험들은 어디선지 모르게 불쑥 나타나는 것 같아서 당신을 놀라게 하거나 심지어 겁나게 할지도 모른다. 그리고 당신의 '생각하는 마음'이 뛰어들어 무슨 일이 일어나고 있는지 알아내려고 할 수도 있다. 이런 습관을 따르지 않는다. 생각하는 버릇은 초점을 맞추는 경험을 키워나가는 데 방해가 된다. 그와 같은 정신적 유혹은 예상 가능한 일이다. 이런 일이 일어날 때마다, "이것이 내가 **지금** 경험하고 있는 것이다."라고 단순하고 부드럽게 스스로에게 상기시키고, 생각에 빠지기 전에 경험했던 그림, 감각, 감정으로 되돌아간다. 초점 맞추기를 계속함에 따라, 이미지, 감각, 감정이 확장되거나 깊어지거나 변할지도 모른다. 스스로에게 "지금 나는 …을 알아차리고 있다."고 부드럽게 말한다.

당신은 무슨 일이 일어나고 있는지 알아내려 하거나 당신이 **생각한** 것이 과거 기억에서 오는 것은 아닌지 기억해내려 할 가능성이 크다. (어압되거나 그렇지 않은) 그 어떤 것도 '기억해내고자' 하지 말라. 비록 어떤 종류의 '재경험revivification'은 **저절로** 일어날 수도 있는 것이 전적으로 가능하긴 하지만 말이다. 해결책은 **지금 여기에서** 내부 경험을 계속 **따라가면서**, "지금 나는 …을 알아차리고 있다."라고 부드럽게 말하며 현재로 되돌아오는 것이다. 특히 트라우마가 연루되어 있을 때는 재경험에 빠져드는 경향이 있다. 그렇지만 트라우마 기억을 성공적으로 처리하는 (그리고 이른바 거짓 기억의 함정을 피하는) 열쇠는 **지금 여기** 펼쳐진 감각, 감정, 이미지, 생각에 중점을 두고 이중 의식을 견지하는 능력을 배양하는 것이다. 그렇게 되면, 트라우마의 핵심인 파편화된 감각 요소들이 점차 일관된 경험으로 통합된다. 바로 이런 변형이 트라우마 치유의 전부이다. 트라우마 치유는 '기억하기' 그 자체가 아니라, 고착과 파편화에서 흐름과 전체성으로 점차 옮겨 가는 것이다.

▌논의

당신은 (지극히 강박적이지 않은 한) 생각에 빠져들지 않고 감각 (또는 이미지)에 계속 집중하는 것이 몹시 어렵다는 걸 알게 되었을 지도 모른다. 연습이 계속될 수 있도록 (일반적으로 5~10분에서 1시간 정도) 규칙적으로 시간을 정해 놓을 필요가 있다. 당신은 생각에 빠져들거나, 완전히 '멍해지거나', 냉장고를 열어 무언가 먹고 싶은 충동을 느끼는 등 수많은 저항과 마주할 것이다. 다른 종류의 회피는 어떤 감각이나 이미지가 데자뷔 경험처럼 과거 사건을 떠오르게 할 때 발생한다. 이때 성급하게 의미나 해석을 '붙이면' 내적 과정의 발전은 거의 확실하게 멈출 것이다. (8장의) 미리암 회기를 돌아보면, 그녀는 해석하거나 판단하거나 이해하려는 성향을 일시 멈춤으로써 몸에서 자발적으로 일어나는 일들을 신뢰하는 법을 배웠다. 연습을 통해서, 미리엄은 경험의 깊이를 더하고, 자신의 경계를 알아차리며, 첫 결혼의 미해결된 깊은 슬픔을 치유하고, 억압되었던 섹슈얼리티에 육체적으로 눈뜨게 되었다.

집중과 심화 능력은 큰 보상을 얻는 대단한 기술이지만 점차적으로 형성되며 좌절이 따른다. 일반적으로 사람들이 몸과 만날 수 있을 때는 먼저 불편한 부분에 끌리게 된다. 그래도 괜찮다. 사실 (의학적 이유 때문이 아닌) 통증은 일반적으로 충돌이 있는 부분임을 나타내는 **갇혀있는 감각**이다.* 당신은 이런 불일치가 있는 곳을 찾아내고 점진적으로 해결하는 법을 점차 배울 것이다. 그러나 **무엇보다도 먼저** 다양한 **자발적인** 신체(근육과 내장) 감각들에 집중하고 구별하는 법을 배워야 한다.

여기서 중심이 되는 것은 **자발적**이라는 용어이다. 우리는 몸을 잘 알지 못하는데, 주로 행위를 하는 데 있어서 그렇다. 말하자면 우리가 원하는 것을 하기 위해 몸을 어떻게 사용할 것인지 잘 알지 못한다. 만약 체육관이나 헬스클럽에서 일어나고 있는 일을 관찰한다면, 대부분이 몸과 친밀한 관계를 맺지 못하고 있다는 걸 알게 될 것이다. 대신 그들은 열량을 태우거나 매력적으로 보이는 몸매를 만들고 있다. (일부 체조선수, 무용수 그리고 감각이 뛰어난 사람들을 제외하고는) 운동선수들조차도 대부분 매우 제한적인 신체 자각을 할 뿐이다. 자발적인 감각과 감정의 세계를 면밀히 살피려면 몸의 형태와 기능을 단순히 느끼는 것과는 아주 다른 접근을 해야 한다.

▪ 복습: 내수용감각, 내적 자기와 접촉하기

우리가 자신에 대해 가지는 가장 친밀한 감각은 **자기수용감각, 운동감각, 내장감각**에 의한 것이다. 자기수용감각은 중력과 관련하여 신체 모든 부분의 **자세**를 잡아주는 관절의 감각 수용기를 통해서 일어난다. 운동감각은 근육의 **긴장 정도**에 대한 감각이다. 그리고 내장감각은 내장 신경계(6장에서 보았듯이, 고양이의 뇌 전체보다도 신경세포가

---

* 충돌의 밑바탕에는 반대되거나 불완전한 운동근육 패턴이 있다. 치료(와 삶)의 실천에 있어서 그 중요성은 기념비적이다.

더 많고 더 복잡한 우리 내장 안의 신경계)에 의해 통합된 내장 수용기를 통해 일어난다. 이런 내부 감각 없이, 그리고 외부 세계에 대한 '가수 상태 아닌non-trance' 확장된 지각 없이, 우리는 결코 우리 자신을 알 수 없다. 또한 흥미롭든 즐겁든 아름답든 추하든 위험하든 지루하든 간에 이 사건에 집중하고 있는 것이 **당신**이라는 것을 깨닫지 못한다. 이런 감각을 방해받지 않고 지각하지 못한다면, 당신이 **누구**이며 삶에서 무엇을 원하고 필요로 하는지 알 도리가 없다. 이 표현이 강하다는 걸 인정한다. 그러나 희망컨대, 다음의 연습들을 통해서 그 진실성을 확인하게 될 것이다.

내부 신체 감각은 눈을 감은 채 팔을 움직여서 집게손가락을 정확하게 코끝에 갖다 댈 수 있게 해준다(적어도 술에 취하지 않았다면 말이다. 취했는지 의심스러울 때 경찰관은 음주 수준을 확인하기 위해서 그렇게 해보라고 청할 수 있다). **내장**감각은 장의 감각, 그리고 심장과 혈관을 포함하는 다른 기관의 감각을 직접 지각하는 능력이다. 대부분의 의학 교과서에는 정확한 내장감각은 있을 수 없다고 적혀 있다. '육감gut feelings'은 은유일 뿐이며, 우리는 내장으로부터 보다 표면적인 신체 부위로 '보내지는' 고통을 느낄 수 있을 뿐이라는 것이다. 이건 정말 잘못된 진술이다. 사실, 내장감각이 없다면 우리에게는 말 그대로 살아있음을 깨닫게 해주는 활력 넘치는 느낌들이 없는 것이다. 우리의 가장 깊은 욕구와 열망을 지각할 수 있게 해주는 것은 내장이다.

▌감각 패턴

다음 과제는 감각 반응 패턴을 인식하고 다루는 것이다. 특히, 다양한 감각들(즉, 긴장, 진통, 아픔, 통증 등)이 연이어 나타나거나 한꺼번에 나타나는 경향이 있다는 걸 알게 될 것이다. 예를 들어, 배 안에 '매듭'을 묶듯 조여지는 느낌이나 항문이 조이는 느낌이 호흡 억제나 멈춤과 관련이 있다는 걸 알아차릴 수도 있다. 처음에는 이 추가 과제가 좌절감을 높이거나 두려움을 불러일으킬지 모른다. 그렇게 많은 감각을 따라가는 것이 지나치게 어려워 보일지도 모른다(처음에는 하나의 초점을 맞추는 것만으로도 어려운 과제이다). 그리고 감각들이 서로 연결되어 있기 때문에, 압도당하거나 '그 안에 영원히 갇히게' 될 가능성도 있을 것이다.

이런 우려들을 할 만도 하지만, 연습을 통해 숙련되기 시작하면 오히려 놀라운 일들이 일어날 수도 있다. 당신은 이런 긴장 패턴을 야기하는 근본 원인을 알고자 할 것이다. 습관적인 불편함의 오래된 패턴 기저에는 모든 갈등과 미해결된 트라우마 잔재가 부적응적으로 조직되어 있다. 당신은 다음의 체험적 연습을 통해서 이 책에 쓰여 있는 내 가설만 믿기 보다는 자신을 '들여다보는' 기회를 가지게 된다. 비록 끈기가 필요하고 이러한 콤플렉스들과 관련 있는 저항이 증가하는 것을 다루어야 될 수도 있겠지만, 이완과 기민성, 숙면의 증가로부터 생명력과 생동감의 증가에 이르기까지 잠재적인 혜택의 범주가 무척 넓다. 또한 수십 년 동안 당신을 괴롭혀온 정신신체적, 정서적, 심리적 증상들이 때로는 순식간에 사라질 수도 있다.

이 과정의 핵심 하나는 그런 감각들 가운데서 어떤 감각은 중요하지 않다는 생각을 버리는 것이다. 당신에게 중요하지 않아 보일 수도 있지만, 그렇게 구분해 버리면 감각이 중요성을 드러내는 방향으로 발전하는 데 지장을 준다. 다음으로는 아픔, 통증, 그 밖의 불쾌한 감각들의 양과 강도가 증가하는 것을 알게 되면서, 당신은 그 감각들이 일상적 기능을 방해하거나 증상이 더 심해질까 봐 걱정스러울지도 모른다. 두려움을 느낄 수도 있겠지만 그런 일은 거의 일어나지 않는다. 압도당하거나 '갇힌' 것처럼 느껴진다면 신체 지향 치료 훈련을 받은 유능한 치료사에게 도움을 청하도록 하라.*

유기체의 역기능을 벌려만 놓고, 효과적인 조치나 물러서는 방법조차 없이 당신을 몸 안에 가둬두려는 의도는 전혀 없다. 분명히 말해서, 너무 익숙해져 의미 없어 보이는 긴장과 감각의 만성적인 패턴을 탐색하게 하는 것이 이 실험 단계의 목적이다. 당신이 의도적으로 인식하기 오래전부터 그 감각들이 거기에 있었다는 걸 깨닫게 될 것이다. 더 나아가 방향성 있는 알아차림directed awareness을 꾸준히 계속하면 틀림없이 '교정 절차'가 일어날 것이다. 이는 뭔가를 하기보다는 몸의 타고난 자기조절 능력에 자리를 내어 줌으로써 가능하다.

▮ 경험의 연속성

앞에서는 행동으로 옮기려는 몸의 성향을 자각하는 토대인 자기수용감각과 운동감각에 대한 탐색이 이루어졌다. 이번 연습에서는 내부 경험과 외부 경험의 결합

---

*   나의 접근법인 신체 경험 치료Somatic Experiencing 훈련을 받은 실천가 목록은 웹사이트 www.traumahealing.com에서 찾아볼 수 있다.

을 탐색한다. 몸/환경 분야에 대한 탐색 과정을 통해 다음 단계로 나아가게 된다.

감정은 다양한 정도의 좋은 느낌과 나쁜 느낌을 포함하는 연속 과정이다. (신체 감각에 근거한) 감정 색조는 경험의 특유한 표현으로서, 우리의 관심사와 그것을 충족시킬 방법을 인식하게 해준다. 하지만 이런 느낌의 윤곽은 흔히 간과된다. 대부분 내적 경험에 대한 민감성이 부족하거나 또는 감각이 종종 더 강렬한 정서의 그림자 속에 감추어져 있기 때문이다. 대부분의 사람들은 때때로 어디선지 모르게 불쑥 나타나는 일관성 없는 강렬한 정서의 분출에 가려 빛을 보지 못하는 이런 미묘한 차이를 알아차리지 못한다. 그러한 정서들은 완전히 비이성적이고 심지어 '위험해' 보일 수도 있기에 억제되며, 이것은 연속적인 감정 색조의 미묘함을 더욱 잃게 할 뿐이다... 그 결과 단조로움과 무감각을 증가시킴으로써 감정 색조를 가로막는 더 압도적인 정서 상태의 분출로 이어진다... 이것이 다양한 감정 색조가 알아차려지기도 전에 억압되는 방식이다. 자신에게 부여된 행동 안내 역할을 마무리짓지 못한 채, 임신 중에 유산이 되는 격이다. 이런 상실의 결과로 '이차적인 정서'가 일어난다. 그리고 그럴싸하게 위조된 정서가 자발적으로 일어난 감각을 가려 버린다(그리고 불행하게도 많은 경우 혼동을 일으킨다).

연습 4: 주의를 기울여 씹기

턱은 대부분의 사람들에게 상당히 긴장되어 있는 부분 중 하나이다. 거기에는 이유가 있다. 다음 연습은 이 전형적인 '붙잡아두려는 경향'의 이유와 이 경향이 해소되면 그 이면에 무엇이 있을지 밝히는 데 도움이 될지도 모른다.

다음 식사 때나 아삭아삭한 사과를 손에 들고 있을 때, 원하는 음식을 '과감하게' 한 입 베어 문다. 정말 한 입 잘 베어 물었으면 신중하게 씹기 시작한다. 액체가 될 때까지 천천히 집중해서 계속 씹는다. 씹으면서 동시에 몸의 다른 감각들과 반응들을 알아차린다. 삼키고 싶은 충동을 느끼면, '목으로 넘기기 직전'인 느낌에서 그 충동을 참으려 노력하고 부드럽게 씹는 데 계속 집중한다. 어렵고 불편할 수 있지만 인내심을 가진다. 삼키거나 울거나 토하고 싶은 충동 또는 현재나 과거에 당신 삶에서 일어난 일과 연관 있는 어떠한 충동들에도 주목한다. 구토나 불안과 같은 반응이 너무 심해지면, 지나치게 밀어붙이지는 말도록 하라. 당신의 반응을 메모로 남긴다.

연습 5: 금붕어의 턱

턱과 입의 긴장에 주의를 기울인다. 입술과 치아가 닿아 있는지 아닌지 의식한다. 천천히 입술을 벌리고 아래턱을 아주 살짝 밑으로 내린다. 모든 충동이나 욕구를 알아차린다. 다음에는 당신이 금붕어가 된 것처럼 아주 천천히 입을 열었다 닫았다 하기 시작한다. 점차로 거의 알아차릴 수 없게 여닫는 정도를 늘려간다. 저항이 일어나면, 살며시 뒤로 물러났다가 다시 저항을 느꼈던 상태로 천천히 되돌아간다. 리듬을 알아차리면서, 이 동작을 반복해서 여러 번 한다. 십중팔구 하품을 하고 싶은 강한 충동을 느낄 것이다. 하품을 실제로 크게 하지 말고, 참으려고 조용히 노력하면서 하품을 하는 느낌으로 옮겨간다. 이 과정이 몹시 어렵겠지만, 가능한 한 오래 머물도록 노력한다. 흔들거나 떨고 싶은 충동을 느끼는지 또는 정서적 감정이나 이미지가 떠오르는지 주의를 기울인다. 그에 맞서 싸우거나 버티거나 아니면 항복하는 것처럼 보이는지에도 주목한다. 이 연습을 여러 번 반복하면서, 다시 당신의 경험을 기록하고 비교해 본다.

연습 6: 어깨

사람들은 대부분 어깨도 상당히 긴장되어 있다. 긴장의 특성을 탐색하기 위한 간단한 연습이 있다.

어깨의 긴장감을 탐색하기 위한 시간을 가진다. 어느 쪽 어깨가 더 긴장되었는지 주의를 기울인다. 이제 그 긴장감에 알아차림을 집중한다. 그리고는 긴장감이 점점 더 증가한다고 상상한다. 긴장감이 증가할수록 어떻게 어깨를 '움직이고 싶어 하는지' 주목한다. 어깨를 움직이도록 한다... 어깨 스스로 움직이는 것처럼 느껴질 만큼 아주 천천히 움직인다. 이렇게 하는 데 10분 정도 소요될 것이다. 어깨가 귀 쪽으로 움직이는 것처럼 느껴지는가? 귀와 어깨가 서로를 향해 움직이려 하는 것처럼 느껴지는가? 어깨가 어쩐지 당신을 보호하고 있는 느낌이 드는가? 만일 그렇다면, 무엇으로부터 당신을 보호하려는 것 같은가? 머리, 목, 눈을 특정 방향으로 돌리고 (또 향하고) 싶어 하는 걸 알아차리겠는가? 어떤 느낌인가? 눈을 뜨면, 창밖의 나무를 보거나 방안을 둘러보면서 여러 가지 사물들에 초점을 맞춘다.

즐기자!

제13장

정서, 몸, 그리고 변화

그대 자신의 감정에, 만나는 모든 사람들에게,

그리고 마주치는 모든 상황들에 마음을 여는 수행을 매일 한다면,

또한 마음을 닫지 않고, 그대가 그렇게 할 수 있다고 믿는다면,

그것은 그대가 나아갈 수 있는 한 그대를 데려갈 것이다.

그리고 그대는 그 누구도 이제껏 가르쳐주지 않은

깨달음을 얻게 될 것이다.

- 피마 코드론Pema Chodron (불교 승려)

사람은 어떻게 변하는가?

신경과학자들은 다양한 정서와 관련 있는 뇌 영역을 우리에게 알려줄 수 있다. 그러나 슬픔, 분노, 두려움 같은 '바람직하지 않은' 정서를 어떻게 변화시킬 수 있는 지에 대해서는 알려준 바가 거의 없다. 또한 사람들의 일반적인 변화과정에 대해서 도 거의 밝히지 못하고 있다.

인정하든 안 하든, 우리 모두는 자신의 근본적인 어떤 부분을 변화시키고 싶어 한다. 하지만 우리 인간은 필시 자신보다는 눈앞에 보이는 누군가를 먼저 변화시키 려고 애쓰기 쉽다. 우리는 배우자, 고용인, 자녀, 부모를 변화시킬 방법을 찾으며, 그 들이 진지하게 변화를 모색하도록 설득하거나 또는 강제로라도 바꿀 수 있는 방법을 알아내고자 한다. 하지만 약간의 통찰력만 있어도, 우리는 자신 안에서 깊은 변화가 먼저 일어나야 한다는 걸 깨달을 것이다. 그러나 이런 장기적인 변화과정이 어떻게 일어나는지에 대해서는 여전히 알기 어렵다.

우리는 더 나은 삶을 살기 위해서 익숙한 혼잣말로 스스로를 다그칠지 모른다. "그냥 이제 해보자... 내일부터 운동을 시작하고... 단 것, 술, 쇼핑도 줄이고... 기운 내자... 자, 몸도 만들고, 운동도 하고... 진심으로 원하면 할 수 있어." 그리고 계속 반복해서 이렇게 되뇐다. 이런 격려의 말과 좋은 의도는 자기통제라는 칭찬받을 만 한 노력들이다. 이 능력은 중요한 생활 기술이지만 종종 성취할 수 있는 것이 그다지 많지 않으며 명백한 결점이 있다. 흔히 이 전략은 단기 효과만 있을 뿐이며, 죄책감과 자기비난에서 헤어나기 힘든 상황으로 우리를 몰아간다. 아이러니하게도, 치과 예약을 하거나 매년 받는 건강 검진 일정을 잡는 일이 간단하지만은 않은 때도 있다.

목표 설정과 관련하여 다음의 짤막한 상황에 대해 생각해 보자. 월요일, 존과 아내는 딸의 치아 교정을 위해 추가 수입이 필요하다는 결론을 내린다. 존이 임금 인상 기회를 모색하기 위해서는 자기통제가 필요하다. 그는 회사에서의 자신의 가치를 염두에 두고 전략적으로 적절한 시점을 기다린다. 금요일 정기 회의에서 상사로부터 후한 칭찬을 받았을 때, 그는 임금 인상 이야기를 조심스럽게 꺼내라는 신호를 받는다. 분위기가 조성될 순간까지는 이 모든 정보를 유지하기 위해서 그의 뇌가 의지적 기억volitional memory을 해야 한다. 존의 지발적 기억은 나흘 동안 은밀한 의도를 완전히 숨겨야만 한다. 그건 그다지 어려운 일이 아니지만 단순하지도 않다. 주중에 "이번 주말에는 체육관에 가서 운동해야지."하고 마음먹어 본 적이 있는 사람이라면 계획을 실천에 옮기는 것이 얼마나 어려운 일인지 알 것이다. 토요일 아침에 일어나서, 가족에 대한 의무가 자신의 소중한 개인 시간을 비집고 들어오기 전에 신발장에서 조깅화를 꺼내 들고 체육관에 가는 것이 결코 작은 일은 아니다.

체중 감소, 더 매력적인 '자신 만들기' 또는 삶에서 더 많은 자유를 누리기처럼 보다 중요한 장기 목표를 성취하는 것은 좀처럼 엄두가 나지 않을 수 있어서 일찌감치 포기해 버리거나 아예 시도조차 하지 않을 수도 있다. 건강과 안녕에 심각한 대가를 치르게 되더라도 말이다. 이것이 바로 자기통제력이 미치지 못하는 지점이다. 스트레스를 받거나 수많은 일상 업무들로 머리가 복잡해지면 곧바로 결심이 흔들린다. 보다 지속적이고 의미 있는 목표에는 의지적 기억이 적절치 않다. 자기통제는 중요한 계획을 달성하는 데 충분할 정도로 지속적인(유지되는, 즉 기억되는) 동기를 장기간 지원할 수 없다. 그런 야심 찬 프로젝트와 열망을 위해서는 더 깊고 더 내재적인 기억 시스템을 동원할 필요가 있다. 이 기억은 **정서적** 나침반과 맞물려 있고 명백한 의식적인 지시 없이도 우리의 반응을 인도한다.

장기 목표(예를 들어, 체중 감량, 진로 변경, 몸매 관리, 친밀하고 지속적인 관계 형성)를 위해서는 **정서적 경험 기억**이 떠올라야 한다. 이런 유형의 무의식적 기억은 서술(긴 목록) 기억이 완전히 잊혀진 후에도 정서적 신호를 통해서 주의를 끌고 계속 동기를 부여한다. 몇 달 전에 스스로 세웠던 건강 목표를 잊어버린 지 한참 뒤, 뜻밖의 순간에 정서적 기억은 우리에게 도움을 준다. 그것은 유난히 생생한 꿈이나 예기치 않은 끌림으로 떠오를 수도 있다. 예를 들어, 청과물 시장을 어느 때처럼 돌아보고 있을 때 빛깔 고운 과일과 야채가 시선을 끌지도 모른다. 먹음직스럽게 진열되어 있는 건강에 좋은 먹거리들을 오감으로 느끼면서, 우리는 그 중 몇 개를 고르기 시작한다. 이렇게 손길이 가는 것은 체중을 줄이겠다는 의식적인 결정 때문이 아니라, (영양 추구 행동이 프로그래밍 된) 뇌의 원시적인 본능적 영역으로부터 보내진 신호가 더 이상 무시되지 않기 때문이다. 이러한 뇌 메커니즘은 어떤 것을 고를지 안내하는 특정한 주관적인 감정 상태인 매력과 회피의 느낌을 불러일으켜서 적극적으로 영양 선택을 하라는 신호를 보낸다. 마찬가지로 우리의 성적 파트너 선택은 이전에는 충동과 위험한 불장난에 이끌렸을 수 있으나, 점차 편안한 보살핌을 받는 느낌, 에로틱한 부드러움, 좋은 느낌, 그리고 안전감이 서로 잘 맞는지에 따라 이루어지게 될 것이다.

의지적 기억과 대조적으로 감정 기반 기억의 기능은 (자전거 타는 법을 배우는 것처럼) 모든 경험들을 **암묵적으로** 저장하며 경험이 불러일으키는 정서적 분위기에 의해 평가된다. 실질적인 변화에 필요한 만큼 끝까지 동기를 유지하거나 재활성화하고 결심이 흔들리지 않게 하는 것은 이런 관심을 끄는 반응이다. 하나의 예로서, 건강을 위해 체중 감소를 원하며(목표를 유지할 수 없는 머릿속 생각), 섹시한 드레스를 입고 파티에 참석해 시선을 끄는 모습을 상상하는 (정서적) 전략을 세운 여성을 들 수 있다. 그 여성의 과체중 원인 중 하나가 자신의 몸이 그런 관심을 받지 않기를 바라는 것일 수도 있지만, 그런 가능성을 제쳐 놓는다면 이러한 이미지화 전략은 합리적인 전략이다. 여기서 요점은 심사숙고 끝에 설정한 목표라도 쉽사리 잊혀지고 일상생활의 잡다한 일들 속으로 묻혀 버린다는 것이다. 그러나 감각과 느낌이 떠올려질 때 이런 취약점은 옆으로 한발짝 물러서게 된다. 아마도 '코끼리가 절대로 잊지 않는' 이유는 정서적 기억을 하기 때문일 것이다.

의지적 기억과 반대로 정서적 기억은 많은 경우 의식적인 인식의 범주 밖에서 떠오른다. 우리의 의식 속에 언어로 생각을 담고 있는 대신에("금요일 회의까지 기다려야 해." 또는 "체중 감소를 위해 점심으로 샐러드를 먹어야 해."), 경험적 기억은 **신체 표지**somatic markers라는 것을 사용한다.**138** 이는 우리에게 과거의 경험이나 느낌에 근거해서 상황에 대해 알려주는 정서적 또는 신체적 감각이다. 신체 표지는 불안할 때 뱃속에서 나비들이 파닥거리는 것 같은 느낌, 창피할 때 뺨의 홍조, 흥분되는 이야기를 들을 때 크게 떠지는 눈, 중요한 일을 마쳐서 안도감을 느끼고 있다는 걸 알려주는 신체 근육의 이완, 또는 마음의 짐을 덜었을 때 알아차려지는 가벼움과 편한 호흡일 수 있다.

신체적인 감각 느낌이 행동에 창조적인 영향을 미치는 힘을 가진 이유는 바로 무의식적이기 때문이다. 의지력으로 느낌을 불러일으킬 수는 없다. 감각 느낌은 의식적인 마음에서 오는 정보가 아니다. '정서 지능'과 '정서 소양'은 감각 느낌/신체 표지를 통해 소통이 이루어지며, 우리가 처신하는 데 있어서 절대적으로 중요하다. 실제로 작가 다니엘 골먼Daniel Goleman[139]은 우리 인생에서 거둔 성공의 80%를 정서가 설명해 준다고 주장한다. 하지만 정서는 우리를 잘못된 방향으로 이끌 수도 있다.

치료의 회전목마

심리학자들은 변화에 대해 이야기할 때 종종 통찰과 동일시한다. 이 가정은 흔히 잠재의식적이기는 하지만, '정신' 및 '정서' 질환을 다루는 데 도움이 된다는 평을 받는 이론들과 치료들에 지대한 영향을 미쳤다. 그러나 좀 더 살펴보면, 이해, 대화, 그리고 변화는 많은 경우 서로 거의 관계가 없다는 것을 알게 된다. 우디 앨런Woody Allen은 아직도 증상이 여전하냐는 질문을 받자, 정신분석 받은 지 '15년' 밖에 안되었다고 재치있게 대답했다. 변화과정이 주로 개인의 내적 감정 상태를 바꾸는 것과 관계가 있고, 내적 감정 상태가 습관적으로 되거나 '고착'될 때 '심리적인' 문제가 일어난다는 것을 그가 알았더라면 좋았을 텐데... 이런 만성적인 정서 상태는 생각하고 상상하고 행동하는 방식을 차례로 지배한다. 따라서 뿌리 깊은 감정이 어떻게 변할 수 있는지 이해하는 것이 효과적인 치료의 핵심이다. 이는 특히 트라우마를 겪은 사람들이 많은 행동적인 재연과 두려움, 무감각, 격노, 공포, 무력감, 절망감 등 반복적인 감정으로부터 어떻게 자유로워질 수 있는지와 밀접한 관련이 있다.

감각, 감정, 인지의 치료적 역할은 본질적으로 상이하며, 복잡하고도 혼란스러운 역사를 지니고 있다. 때로는 정서가 무시되고, 인지는 중시되었다. 그런가 하면 인지가 잊혀지고 사실상 정서가 찬양받던 시기도 있었다. 그리고 대부분의 경우, 거의 예외 없이 감각의 치료적 역할에 대해서는 알려진 바가 없었다. 감각, 감정, 인지, 그리고 생명의 약동(생명 에너지)에 대한 균형 있는 관심은 전인적인 변형을 위한 치료의 새로운 영역으로 남아있다.

탁월한 재능을 지닌 스승 샤르코Charcot의 뒤를 이어 프로이트는 처음에는 신경증을 치료하기 위해 환자가 '억압했던' 고통스러운 (트라우마) 기억을 '되살려야' 한다고 믿었다. 또한 이러한 회상은 촉발 사건과 관련된 극적 카타르시스인 강한 정서적 요소를 포함해야 했다. 이 방법을 적용하면서, 프로이트는 흔히 아버지가 딸에게 저지른 아동기 성추행이 많은 경우 신경증을 촉발했다고 믿게 되었다(프로이트의 환자들 대부분은 소위 히스테릭한 여성들이었다).

두말할 필요도 없이, 프로이트의 이론은 상당수가 의사, 은행가, 변호사였던 전문직 사회로부터 호평을 받지 못했다. 그들 대부분은 아버지이기도 했다. 오늘날 성학대 발생에 대해 알려진 바로는, 그들 중 일부는 근친상간죄를 범했던 것이 거의 틀림없다. 이런저런 이유로, 프로이트는 강한 정서적 카타르시스를 통해 기억을 되살리도록 억압된 기억을 들춰내는 치료법뿐만 아니라 (얄궂은 꼬리표가 붙었던) 유혹 이론으로부터도 한 발짝 뒤로 물러났다. 그의 많은 환자들에게는 깊은 배신이었겠지만, 프로이트는 환자의 증상이 성폭력으로 인한 것이 아니라 대신 이성 부모와의 섹스 환상인 아동기 '오이디푸스 콤플렉스'에 뿌리를 둔 것으로 해석하기 시작했다. 또한 프로이트는 강렬한 카타르시스가 일어나는 회상 과정에서 환자들이 오이디푸스 콤플렉스 성욕(이라고들 하는 것)을 그에게 전이하는 일이 잦을까봐 불안했을 수도 있다. 그 자신의 섹슈얼리티에 불편한 마음이 있었던 프로이트는 치료 중 환자들의 혼란스럽고 불안정한 섹슈얼리티에 주목하는 것을 피했고, 따라서 이를 다른 방식으로 다루었다. 이런저런 이유들 때문에 프로이트는 환자들이 오이디푸스 콤플렉스 소망을 인식하고 유아 '성욕'을 (어떻게든) 승화시키도록 '돕기' 위해서 자유 연상을 선호하고 '최면 소산hypno-abreactive' 기법 사용을 중단했던 것으로 보인다. 이렇게 해서 프로이트는 신경증이 스스로 만들어 낸 공상이라는 걸 환자들이 인식하게 되면 이 질환은 '평범한 고통'으로 변형될 수 있다고 믿었다. 그러나 프로이트의 동시대 학자인 피에르 자네Pierre Janet[140]와 제자 빌헬름 라이히는 이에 대해 다르게 보았다.

오스트리아 출신 정신과 의사인 빌헬름 라이히는 스승이 두 가지 중대한 실수를 범했다고 확신했다. 첫째, 라이히는 심각한 갈등뿐만 아니라 실제 사건으로부터도 신경증이 발생한다고 믿었다. 둘째로, 그는 환자가 트라우마 사건을 기억하는 동시에 강력한 정서적 해방이 일어날 때만 치료가 가능하다는 확고한 입장을 취했다. 그뿐 아니라 라이히는 프로이트보다 치료법을 한층 더 발전시켰다. 그는 건강을 회복하고 유지하기 위해서는 트라우마 기억을 회상하면서 유발되는 고통스러운 정서들이 진심으로 즐거운 감각으로 (치료 과정에서) 대체되어야 한다는 것을 분명하게 인식했다. 또한 라이히는 부정적인 정서든 기분 좋은 정서든 감정이 억압되면, 신체에 만성적인 근육 긴장과 경련이 나타난다고 믿었다. 그리고 이런 신체적인 제약은 호흡 곤란을 일으키고, 불편하거나 조절이 안 되거나 로봇 같은 움직임을 야기하게 된다. 그는 이러한 근육 경직을 **성격 무장**character armor이라고 명명했고, 이원적 기능을 가진 메커니즘으로 인식했다. 즉 억압된 기억의 정서적 요소를 유발하는 동시에 즐거운 감각을 느끼는 능력을 억누르기도 하는 기능을 가진 것이다.

라이히는 트라우마 기억을 되살려야 한다는 프로이트의 견해와는 달리 굳이 기억을 파헤칠 필요는 없다는 사실을 깨달았고, 거기에서 더 나아가 획기적인 개념적 발견을 했다(기억 발굴은 프로이트의 자유연상 치료에서 중심 부분이었다). 오히려 라이히의 치료는 현재 신경증적 증상을 유지하는 동시에 정서를 얼어붙게 만드는 '몸/성격-무장'을 다루었다. 그의 치료는 두 가지 면에서 공격적이었다. 우선 그는 비굴한 공손함이나 수동공격적 반발과 같은 행동에 직면함으로써 환자가 성격적인 방어를 인식할 수 있게 했다. 그리고 아울러 긴장된 근육을 손을 이용해 적극적으로 치료하고 마사지함으로써 근육의 무장을 직접 '공격했다.' 또한 라이히는 성인의 섹슈얼리티 억압(둑을 쌓아 막기)은 그 자체로 신경증의 주요 원인이 된다고 믿었다. 이런 생각은 '아크투엘레aktuelle' 신경증이 자위행동이나 '질외 사정' 같은 특정한 성적 일탈행동의 결과로 발생한다는 프로이트의 초창기 믿음과 다르지 않다.

라이히가 말년에 겪은 일은 진정 국가적인 수치라고 하겠다. 매카시McCarthy 시대의 유황빛 구름 아래 FBI는 그의 책들을 불살랐다. 섹슈얼리티에 대한 급진적 사고가 문제의 핵심이었지만, 라이히는 주간통상법interstate commerce law을 위반했다는 날조된 혐의로 수감되었다. 비통하게도, 선지자였던 그는 1957년 펜실베이니아 연방교도소에서 사망했다. 라이히가 사망하고 프로이트도 '실제' 트라우마와 정서적 카타르시스에 대해 포기하면서 정서성에 대한 치료적 관심은 차츰 시들어갔다. 그 사이를 틈타 행동주의와 합리성을 향한 움직임이 우세한 위치를 점하게 되었다. 1950년대에는 스키너Skinner의 조건화와 알버트 엘리스Allbert Ellis의 합리정서치료RET 등이 정신치료를 장악하고 있었다(그런데 이 치료는 정서와는 거의 관련이 없었다). 이들 접근법들의 상조 작용-synergism은 오늘날 일반적으로 인지행동치료CBT라고 알려져 있다. 하지만 1960년대 들어와서 반대 방향으로 다시 추가 흔들리기 시작했다. 정서가 치료 공동체로 되돌아올 길을 찾은 것이다.

라이히의 환자 중에 (나중에 제자가 된) 알렉산더 로웬Alexander Lowen과 프리츠 펄스Fritz Perls가 있었다. 라이히는 로웬을 '부자 동네의 거만한 재단사'라고 불렀고, 펄스는 '빈민가의 지저분한 늙은이'로 대비시켰다.**141** 두 사람은 라이히의 개념과 방법의 다양한 측면들을 받아들여 그의 치료법을 나란히 확장·발전시켰다. 로웬은 정서 표현을 계속 강조하고 정서를 '그라운딩'하는 데 다리의 기능을 추가했다. 반면 펄스는 유기체에 대한 더 복잡한 관점을 견지했다. 펄스의 치료접근법은 볼프강 쾰러Wolfgang Kohler와 쿠르트 골트슈타인Kurt Goldstein을 포함한 1930년대, 1940년대, 1950년대의 게슈탈트 심리학자들의 개념들을 통합했다. 그러나 1960년대의 혼란기에는 합리성과 현재 상황status quo이 극도로 경시되면서 정서적 카타르시스가 '해방'과 '자유'로 향하는 확실한 길로 부활했다.

하지만 정서적 소산 과정이 자기영속적인 메커니즘이 될 수 있으며, 그렇게 되면 환자들은 '정서 방출'을 더욱더 갈망하게 된다. 불행하게도 이 과정은 끊임없는 나선형을 그리면서 많은 경우 치료를 막다른 길로 몰고 간다. 예를 들어, 아서 야노브Arthur Janov가 원초 치료primal therapy를 활성화시켰던 1970년대에 일어났던 일처럼 말이다(라이히는 정서적 카타르시스를 권장하는 사람들을 '자유를 파는 행상'이라고 경멸적으로 부르면서, 분별 없는 사용에 대해 경고했다). '신 라이히학파 해방', '참만남 집단',

'원초 치료', '환생요법', 그리고 그 밖의 극적 치료들은 지루한 '대화 치료'에 활기와 표현이 넘쳐흐르는 열정을 가져왔다. 새천년을 여는 지금, 우리는 정서와 이성을 보다 균형 잡힌 방식으로 강조하는 움직임인 새로운 통합치료들을 보고 있다. 특히 다이아나 포사Diana Fosha 등이 소개한 것과 같은 경험치료들이 떠오르고 있는데,[142] 변증법적 행동치료DBT와 수용전념치료ACT가 이에 포함된다.

극단적인 정서 상태를 효과적으로 견뎌내고 처리하는 능력은 진정으로 역동적인 트라우마 치료뿐 아니라 활기차고 건강한 삶을 사는 데에서도 핵심이 된다. 사랑은 우리 마음을 흔들어 놓을 수 있는 반면에 격분, 두려움, 비탄 같은 강한 감정은 우리를 무력하게 만들 수 있다. 우리는 격분하여 거의 미쳐버릴 수 있고, 두려워서 온몸이 마비될 수 있으며, 비탄에 잠겨버릴 수 있다. 그러한 격렬한 감정들이 일단 촉발되면 우리 존재를 장악해 버릴 수 있다. 감정을 느끼기보다는 우리가 감정이 되어버린다. 이러한 감정들이 우리를 삼켜버리는 것이다. 삶을 이끌어 나가기 위해서는 감정에 휘둘리지 않고 정서가 보내주는 **정보를 받는** 것이 매우 중요하기 때문에 이것은 진짜 딜레마일 수 있다. 우리는 너무 과하거나 너무 적게 감정을 느낄지도 모른다. 감정은 폭우처럼 우리에게 쏟아져 내릴 수도 있고 메마른 사막처럼 우리를 메마르게 할 수도 있다. 긍정적인 방향으로 우리를 이끌 수도 있고 말할 수 없는 고통을 안겨줄 수도 있다. 창조적 환희를 느끼게 할 수도 있고 비참한 행동과 잘못된 결정을 하도록 자극할 수도 있다. 감정은 우리 정신을 고양시킬 수 있으며 반대로 마음을 산산이 조각낼 수 있다. 어떤 경우든 우리 대부분은 살아가면서 대응하는 데 있어 정서가 (어떤 감정이라고 할지라도) 중심 역할을 한다는 것을 실감하게 된다.

강렬한 정서 상태에 휩쓸리지 않는 열쇠는 감정이 우리에게 불을 붙이고 태워버리기 전에 그것을 알아차리는 것이다. 불교에서는 이를 "반짝이는 불씨가 모든 것을 삼켜버릴 듯 타오르는 화염으로 번지기 **전에** 식히고 꺼버린다."고 표현한다. 감정을 억제하는 것은 우리로 하여금 감정을 다스리고 이에 친숙해져, 감정이 이끄는 안내를 받을 수 있게끔 한다. 정서를 통제할 수 없게 되기 전에 정서적 내면 상태를 인식할 수 있는 방법인 것이다. 이것을 가능하게 해주는 도구가 쌍둥이 자매인 자각과 체현이다.

사람들은 자신의 정서들에 숙달됨에 따라 그 기저에 있는 행동 충동을 사용하기 시작한다. 예를 들어, 격분과 분노의 감정을 느낄 때는 공격 충동이 그 아래에 자리하고 있다. 건강한 공격성은 우리 자신이나 가까운 사람들을 보호하려는 것과 관련되어 있다. 또한 경계 설정을 명확히 하고, 음식, 피난처, 짝짓기 파트너 등 우리에게 필요한 것을 얻게 해준다. 그리고 이는 삶에 대한 열의에 힘을 실어 준다. 이러한 삶에 대한 열정은 목적이 있는 다양한 정서들을 체현할 수 있는 능력에 의해 뒷받침되어야 한다. 이제 잠시 멈추고 다음 질문을 하겠다. 대체 정서란 무엇인가?

 ## "정서란 무엇인가?"

20세기 초 비네Binet는 매우 도발적인 질문을 던졌다.**143** 가장 격렬한 논쟁이 벌어졌음에도 불구하고 오늘날까지도 답을 얻지 못한 토론의 포문을 열었던 것이다. 묻기는 간단하지만 답하기는 어려워서 그 질문은 여전히 유효하다. 도대체 정서란 무엇인가?

수많은 다양한 정서이론들은 왜곡되고 혼란스러우며 종종 모순된 긴 역사를 지니고 있다. 철학, 심리학, 진화생물학이 차례로 이론을 정립하려는 노력을 기울여 왔으며, 각 분야마다 정서에 대한 정의를 내리고 구체화하려는, 간단히 말하자면 이해하려는 시도를 했다.

현대 정신생리학의 거두인 엘리자베스 더피Elizabeth Duffy는 "과학적 개념으로서의 정서는 쓸모없느니만도 못하다."라는 글을 남겼다. 그녀는 상세한 생리학적 기록에 기초해서 정서 상태를 구별할 수 있는 방법은 없다고 생각했다. 다시 말해서 생리학적 측정(예를 들어, 심장 박동, 혈압, 호흡, 체온, 피부 전도성 등)만을 토대로 정서를 구별하는 것이 불가능해 보였던 것이다. 그러므로 1936년 그녀 입장에서 정서는 과학적 연구 가치가 없었다. 하지만 최근에는 다양한 정서(예를 들어, 두려움, 분노, 슬픔)의 **표현**과 관련 있는 뚜렷이 다른 뇌 **시스템**들이 있다는 것이 입증되면서, '감정 신경과학'**144**

이라는 새로운 분야의 연구와 기초 지식들이 많이 축적되었다. 그럼에도 불구하고 **(표현된 정서와 반대로) 느껴진 정서 경험에 대한** 연구는 거의 등한시되었다. 심리학은 객관적 신뢰성을 얻기 위해 연구에서 주관성을 배제하고자 했다. 그 과정에서 심리학은 주로 정서의 **표현**에 대해 연구함으로써, 속담에도 있다시피 자기도 모르는 사이에 아기(주관적인 감정 경험)를 목욕물과 함께 내버린 격이 되었다.

철학과 초기 심리학의 많은 부분은 정서가 생성되는 순서에 관한 논리적이고 '상식적인' 신념이었다. 오늘날 우리는 초기 철학자들이 했던 것과 비슷한 설명에 의존한다. 예를 들어, 르네 데카르트René Descartes를 자극하는 어떤 일이 일어나면 (누군가가 주먹을 쳐들면서 얼간이라고 불렀거나, 또는 반대로 토닥거리면서 "당신은 좋은 사람입니다."라고 말했을지 모른다), 그는 자신의 뇌가 이 자극을 분노, 두려움, 슬픔, 의기양양 등 정서적으로 반응할 만한 가치가 있는 것으로 인식했다고 생각했을 것이다. 만약 그 당시 생리학이 더 발전했더라면, 다음 단계에는 몸이 어떻게 해야 할지를 뇌가 알려줄 것이라고 그는 이해했을 것이다. 즉, 심장박동, 혈압, 호흡을 증가시키고, 근육을 긴장시키고, 땀을 분비하고, 소름을 돋게 하는 등 말이다. 이것은 자율(무의식적) 신경계에 의해 통제되는 반응들로서 유기체의 싸움 또는 도주와 관련된 다양한 행동들을 준비시킨다. 데카르트뿐 아니라 우리들 대부분에게도 이 순서는 완벽하게 논리적으로 이해되고, 우리가 어떻게 정서를 경험하는지 잘 설명해주는 것 같다.

그렇지만 19세기에 접어들면서, 당시의 실험심리학자들과 함께 수학했던 윌리엄 제임스는 철학적이고 사변적인 접근 대신 실험적인 접근으로 정서를 연구했다. 제임스는 곰에게 쫓기는 것 같은 가상 상황을 설정하고 실험적 성찰을 통해서 두려움 같은 정서가 어떤 사건 고리들에 의해 일어나는지 추론하고자 했다. 그는 이러한 주관적 실험에서 생각과 내면 이미지에 주목했을 뿐만 아니라 신체 내부도 감지했다. 결국 그는 예상치 못했던 결론에 도달했다. 상식적으로, 우리는 곰을 보면 겁을 먹고 두려움이 동기가 되어 달아난다. 그렇지만 주의 깊은 성찰적 관찰을 통하여, **제임스는 두려워서 도망치기보다는 (곰으로부터) 도망치기 때문에 두려운 것이라고 결론지었다.** 제임스의 설명은 다음과 같다.

> 내 이론은... 신체적인 변화는 자극적인 사실을 지각하자마자 **바로** 일어나며,
> 이 같은 변화가 일어남에 따른 이에 대한 우리의 느낌이 정서이다. '상식적

으로', 우리는 재산을 잃으면 비탄에 잠겨서 눈물을 흘린다. 곰과 마주치면 겁이 나서 달아난다. 경쟁자에게 모욕을 당하면 화가 나서 공격한다. 여기서 지지되어야 할 가설은 이 **순서**가 틀렸다는 것이다. 어떤 정신 상태는 다른 정신 상태에 의해 즉시 야기되지 않으며, 신체적 징후가 먼저 그사이에 끼어들 수 있다. 그러므로 보다 합리적인 (정확한) 진술은 울기 **때문에** 비탄에 잠기고, 공격하기 때문에 화가 나고, 몸이 떨리기 때문에 두렵다는 것이다.[145]

직관에 어긋나는 이 (상향식) 관점은 의식적으로 위험 요소를 먼저 인식한 후 몸에게 도망가거나 싸우거나 정지하라는 반응을 지시하는 데카르트주의의 인지적(하향식) 패러다임에 이의를 제기했다. 위협으로부터 도망을 치기 **때문에** 두려움을 느낀다는 제임스의 상향식 관점은 부분적으로만 옳지만, 우리를 착각하게 만드는 인식의 본질에 대한 중요한 논점을 제시한다. 예를 들어, 우리는 일반적으로 뜨거운 물체를 만졌을 때 고통을 느껴서 손을 뗀다고 믿는다. 하지만 만약 손을 떼기 위해서 고통을 느낄 때까지 기다려야 한다면, 회복 불가능한 손상을 손에 입을 수 있다. 초급 생리학 수강생들은 **먼저** 손을 떼는 반사작용이 있고, 그다음에 고통스러운 감각이 **따른다**는 것을 배운다. 고통은 화덕에서 뜨거워 보이는 돌을 다시 집어 들지 않도록 상기시키는 데는 도움이 될 수 있겠지만, 처음 화상을 입었을 때 손을 떼는 것과는 거의 관계가 없다. 마찬가지로 기초 화학 수강생들은, 물론 첫 수업 이후, 뜨거운 시험관이 차가운 시험관과 똑같아 보인다는 걸 배울 것이다. 하지만 우리는 고통스러워서 손을 떼었다고 **잘못 인식하고**, 그것을 사실이라고 믿는다. 제임스는 두려움은 원래 인지의 문제가 아니라, 몸에 근육과 내장의 반응이 **먼저** 일어나고 나서 **이 신체 반응에 대한 인식**이 두려운 정서를 불러일으킨 것이라는 사실을 깨달았다. 제임스는 위험에 처했다고 뇌가 추정하는 경우 이에 대한 판단이 매우 빠르게 이루어지므로 개인이 의식적으로 위험을 알아차릴 시간이 충분치 않다고 보았다. 대신에 뇌는 몸이 그 순간 어떻게 반응하는지 보기 위해서 몸을 점검한다는 것이다. 제임스는 느낌을 의식하는 곳은 마음이 아닌 몸이라는 새로운 사실을 알림으로써 기존의 사고를 수정했다. 그는 100년 후에야 신경과학이 발견하기 시작한 사실에 대한 드문 통찰력을 보여주었다.

캘리포니아 대학교 샌프란시스코 캠퍼스 의과대학의 신경외과 의사이자 신경생리학자인 벤 리벳Ben Libet[146]은 흥미로운 사실을 보여주지만 잘 알려지지는 않은 일련의 연구를 30여 년 전에 실행했다. 그는 제임스가 관찰한 사건 고리를 근본적으로 확인했다. 지금 바로 해볼 수 있는 작은 실험이 있다. 손바닥이 위를 향한 상태에서 한쪽 팔을 앞으로 내민다. 그런 다음 당신이 원할 때 (자신의 '자유의지'로) 손목을 구부린다. 이렇게 여러 번 하면서 마음속에서 어떤 일이 일어나는지 지켜본다. 아마 먼저 의식적으로 움직이겠다고 결정하고 그다음에 의도대로 움직인 것 같았을 것이다. 의식적인 결정이 행동을 **일으킨** 것처럼 말이다.

리벳은 실험대상자들에게 계속 이렇게 하도록 청하고, 다음의 세 가지 일이 일어나는 시간을 체계적으로 측정했다. (1) 피실험자가 움직이겠다고 마음먹은 '의식적인' 결정은 특별한 시계에 표시되었다. (2) 운동피질 준비전위(라고 불리는 것)의 시작은 EEG전극을 사용해서 두피에서 측정되었다. (3) 실제 행동의 개시는 전극을 사용해서 손목에서 측정되었다. 자, (앞서 실험에서 당신이 경험한 바를 근거로) 어떤 것이 먼저라고 생각하는가? 움직이기로 마음먹은 결정이었을까, 운동피질의 활동이었을까, 아니면 실제 운동이었을까? 믿기 어렵지만 그 결과는 상식에 크게 어긋난다. 피실험자가 행동하겠다고 마음먹은 것을 인식하기 약 500밀리 초(0.5초!) **전에 뇌 활동이 시작되었던 것이다. 의식적인 결정은 행동의 원인이 되기에는 너무 늦게 이루어졌다.** 마치 의식은 그저 후차적인 생각인 것 같았다. 행동이 의식적으로 유발되지 않았음을 '우리 자신에게 설명하는' 방법으로 보였을 뿐이다. 이상해 보일지 모르지만, 리벳이 신경외과적 절차의 일환으로 노출된 뇌에 실행했던 이전 실험결과와도 부합된다. 여기서 리벳은 사람이 감각 자극을 인식하기 위해서는 약 0.5초간 감각 피질에 자극이 주어져야 한다는 것을 입증했다.[147] 나는 이 절차를 볼 기회가 있었는데, 오실로스코프*에서 그걸 지켜보면서 입을 다물지 못할 만큼 놀라운 경험이었다.

요약하자면, 리벳은 (버튼 누르기와 같은) 간단한 행동을 수행하려는 '의식적' 선택은 행동에 선행한다는 것을 발견했다. 그러나 이같은 의식적 선택은 뇌의 '전운동' 영역에서 우선 전기적 활동이 한바탕 터져 나온 **후**에야 일어났다. 다시 말해 사람들은 뇌가 그렇게 하도록 **무의식적으로 준비한** 후에야 행동하기로 결정한다는 것이다.

하버드 대학교의 다니엘 웨그너Daniel Wegner는 최근 이 제안을 한층 더 발전시

---

* **역자 주** 전류 변화를 화면으로 보여주는 장치

키고 개선했다.**148** 그는 일련의 거울들을 사용해서 착각을 불러일으키는 연구를 수행했다. 피실험자들은 자신의 팔을 보고 있다고 생각했으나 실제로는 (거울에서) 실험자의 팔이 움직이는 것을 보고 있었다. 실험자의 팔이 (다른 연구자의 지시에 따라) 움직였을 때, 피실험자들은 (사실상 자신의 팔을 움직이지 않았을 때조차도) **자신**이 움직였고 그러니까 자신이 움직이기로 결정한 것이라고 보고했다!

(실험심리학의 창시자 중 한 사람인) 빌헬름 분트Wilhelm Wundt는 "의지만큼 우리 성격에 가깝고 완벽한 자산은 없는 것 같다."면서 자유의지에 대한 우리의 애착을 더욱 공고히 했다. 그러나 리벳과 웨그너의 연구결과들은 의식에 대한 우리의 상식적인 이해와 자유의지에 대한 우리의 열광에 진지하게 의문을 던진다(그렇지 않았다면 이는 당연시 되었을 것이다). 웨그너의 저서**149**는 자율적인 인간인 우리 존재의 핵심이라고 믿었던 자유의지의 소멸을 시사했다. 계획하고 예견하고 책임 있는 행동을 할 수 있는 능력으로 소중하게 간직해 온 믿음을 송두리째 흔들어 놓은 것이다. 자유의지력이 없는 우리는 누구이며 어떤 존재란 말인가? 3천 년 동안 서양 사상에서 숭배받아 온 자유의지에 대한 이러한 논쟁은 그저 또 다른 철학자의 견해가 아니라 오히려 다양하고 객관적인 실험실 연구들에서 비롯된 것이다. 아인슈타인은 철학자 쇼펜하우어Schopenhauer가 이야기한 자유의지의 수수께끼를 그 특유의 절제된 지혜로운 표현으로 재진술 했다. "인간은 자신이 원하는 것을 매우 잘할 수 있지만, 의지력으로 자신이 무엇을 원하게 만들 수는 없다."

한 세기 전에 윌리엄 제임스는 스쳐 가는 의식 상태가 '나' 또는 자아가 이를 주도한다는 착각을 일으킨다고 주장했다. 신경과학자 웨그너는 더 나아가서, 심지어 보통 사람들이 의식적으로 행동을 통제하는 자기self를 가지고 있다고 믿는 것은 단지 **환상**일 뿐이라고 덧붙였다. 그렇다면 프로이트의 자아나 데카르트의 코기토 에르고 줌cogito ergo sum과는 작별을 고하는 것인가? 비록 "나는 생각한다. 고로 존재한다."라는 새로운 신조가 엄격한 교회 독트린으로부터 사람들을 해방시키는 중요한 출발점 역할은 했지만, 이제 그 수정이 절실히 필요하다.**150** 오늘날의 신조는 이를테면 "나는 움직일 준비를 한다. 행동한다. 감지한다. 느낀다. 지각한다. 반영한다. 생각한다. **고로** 존재한다."와 같아야 한다. 그렇다면 의식 내에서는 실제로 무슨 일이 벌어지고 있는 것일까? 그리고 자유의지에 대한 생각은 새롭게 정리될 수 있을까?

재임스, 리벳, 그리고 웨그너의 연구들은 모두 '수의적인' 운동이 시작되기 전에 **무의식적인 전운동**이 있다는 것을 시사한다. 그러나 일반적으로 (고통을 느끼기 **전에** 뜨거운 물체에서 손을 떼는 것 같은) 전운동 충동을 의식하지 못하기 때문에 우리(자아)가 의도한 대로 직접 운동을 하고 있다고 그릇되게 믿는다. 그렇다면 운동은 어디에서 시작되는가?

우리로 하여금 의식적인 자극 및 반응과 무의식적인 자극 및 반응 사이의 명확하지 않은 경계를 탐색하게 하는, 종잡을 수 없는 인체의 신비를 보여주는 다음의 실험에 대해 생각해 보자. 본질적으로 무의식적인 뇌 영역에는 신경 자극을 전하는 다수의 시각(그리고 그외 감각) 시스템들이 있다. 이 뇌간 영역은 대뇌피질 뒤쪽(후두부)에 위치하고 있는 의식적인 시각 시스템과는 별도로 존재하며, **영역 17이라는** 명칭으로 알려져 있다. 한편 **맹시**라고 불리는 일부만 보이는 상태가 있는데,[151] 뇌 한쪽에 있는 시각피질이 부분적으로 손상되어 발생하는 기이한 질환으로 시야 반대편에 보이지 않는 영역이 생긴다. 이 부분의 시야에 물체가 놓이면 환자들은 아무것도 보지 못한다. 불빛이 번쩍거리거나 물체가 움직이거나 글자를 보여주어도 이구동성으로 아무 것도 안 보인다고 할 것이다. 그러나 세밀하게 실험을 해보면, 피실험자들은 **아무것도 볼 수 없다고 하면서도** 불빛이 번쩍이는 곳을 가리킬 수 있고, 상향 운동과 하향 운동, 수직 줄무늬나 수평 줄무늬, 그리고 다양한 상이한 물체들을 구별할 수 있다. 올리버 삭스Oliver Sacks는 신경 장애의 비극적이고 피할 수 없는 결과들에 대한 많은 감동적이고 슬기로운 삽화들 가운데 버질이라는 남성의 사례에 대해 기술했다.[152] 버질은 산소 결핍으로 시각피질 전반에 손상을 입어 시각을 완전히 상실했는데, 그의 아내는 곁에서 보면서도 이해하기 어려운 일들을 경험했다. "버질은 아내에게 전혀 안 보인다고 말했지만, 아내는 그가 물건을 향해 손을 뻗고 장애물을 피하며 마치 보이는 것처럼 **행동하는** 걸 보았다." 그런 일들이 '암묵적' 정보 처리 유형의 수수께끼이다.

이 현상에 대해 일반적으로 받아들여지는 설명은 시각피질이 손상을 입어도 몇 몇 다른(원시적, 피질 하부) 시각 경로들은 여전히 그대로 남아 있다는 것이다. 이 경로들로 보내지는 감각 정보는 일반적으로 정보를 더 모으기 위해 안구 운동을 하도록 지시하는 역할을 하는 기본 정보들을 기록한다. 그런데 이 정보들은 우리가 대부분 의식하지 못하는 것들의 엉성한 윤곽들도 제공한다. 그리고 이 무의식적인 정보들이 바로 운동을 할 준비(즉, 전운동)를 일으킨다. 이러한 원시적 회로가 바로 맹시 장애가 있는 사람들에게서 관찰되는 합리적이고 정확한 '추측'을 가능케 하는 것이다. 따라서 우리는 사건을 명백하게 인식하기 전에 반응이 촉발되는 데 대해 다시 한번 감탄한다. 당신이 스쳐 지나가는 그림자, 포착하기 어려운 타인의 몸짓 또는 멀리서 들려오는 소리에 어떻게 반응하는지 생각해보라. 이 사건들은 어떤 환경 요인에 의해 촉발되었는지 전혀 인식하지 못해도 생존에 묶인 반응survival-bound responses을 유발할 수 있다. 주목할 것은 트라우마를 입으면 이런 순간적인 자극에 특히 민감해진다는 (그리고 과각성된다는) 것이다. 시각, 청각, 후각은 과민 반응을 일으키는 수많은 자극들을 제공한다. 비록 우리가 잠재의식적 자극과 그에 대한 전운동 반응이 존재한다는 걸 알지 못하더라도 말이다. 그 결과 우리의 행동을 그와는 관련이 없거나 우리가 지어낸 원인들의 탓으로 종종 **돌리곤 한다**. 인과관계의 이런 속성은 실험자의 팔이 움직이는 것을 자신의 의도대로 자신이 움직이는 것이라고 착각했던 베그너의 피실험자 경우와 같다.

우리가 의식적으로 동작을 시작하고 만들어가고 있다고 착각하는 것은 특히 환경적으로 촉발된 전운동을 인식하지 못하기 때문이다. 뿐만 아니라 (의식되지 않는) 전운동 충동이 강할 때는 운동 전체를 순서대로 완전히 마쳐야 한다고 느낄지도 모른다. 트라우마를 입은 사람들은 인과관계에서 두 가지 혼란을 경험한다. 첫 번째는 전운동 촉발요인을 모르는 것이고, 두 번째는 반응의 정도이다. 생존에 묶인 반응의 본격적이고 격렬한 재연에 갇혀 버린 개인이 얼마나 경악했을지 상상해 보라. 정신 차려 보니 겁에 질린 아내의 목을 조르고 있었던 베트남전 참전 용사를 예로 들겠다. 그는 자신의 기이한 행동과 심하게 과장된 반응을 일으킨 것이 먼 곳의 자동차 폭발음 소리였거나 심지어 어린 자녀의 가벼운 발걸음 소리였다는 걸 알지 못한다. 그러나 수년 전 대나무 숲속에 잠들어 있다 베트콩의 포격을 받았을 때는 즉각적인 살상반응이 필수적인 생명 보존 행동이었다. 아주 가벼운 자극만으로도 단단하게 감겨있는 스프링(죽이느냐 죽느냐의 생존 반응)을 손 쓸 틈도 없이 잡아당겨서 통제할 수 없는 강렬한 감정을 분출시킬 수 있다.

나는 이와 같은 강박적인 사이클을 깨고, 그 과정에서 더 큰 자유를 향해 의식을 확장시키는 **단 하나의 방법**을 알고 있다. **전운동이 점차 본격적인 운동 순서로 접어들**

기 전에 알아차리는 것이다. 그것은 불교의 가르침에서 강조되는 것처럼 불이 붙기 전에 불꽃을 꺼버리는 것이다.

나는 예전에 애견을 데리고 콜로라도 산자락을 산책하곤 했었다.

딩고 잡종인 파운서는 고원 지대 숲에 사는 사슴이나 날쌘 동물들을 뒤쫓고 싶어 하는 본능적 충동이 강했다. 야단치는 것으로는 어떻게 해봐도 그 '버릇'을 고칠 수 없었다. 나는 파운서에게 돌아오라고 소리쳐 보기도 하고, 아니면 쫓아가다가 숨이 차서 헐떡이며 돌아왔을 때 혼내 보기도 했지만 아무 소용이 없었다. 하지만 우리가 앞에 있는 사슴과 마주쳤을 때 파운서의 자세가 바뀌는(앞으로 뛰어나갈 준비를 암시하는) **바로 그 순간**, 단호하지만 천천히 "안돼, 파운서. 따라와."라고 말했더라면, 파운서는 내 곁을 성큼성큼 걸으며 조용히 산책을 계속했을 것이다. 그리고 다음과 같은 건방진 젊은 사무라이 검객과 존경받는 선사에 대한 이야기가 있다.

 딜레마의 두 뿔

다음의 교훈적인 이야기는 표현과 자제 사이에서 중요한 균형을 잡으려면, 강한 정서적인 느낌을 경험할 때 이를 반드시 행동으로 옮길 필요는 없다는 것을 보여준다.

어느 건방진 젊은 사무라이 검객이 존경받는 선사에게 "천국과 지옥이 있는지 진실을 말해 주십시오."라고 청했다.

선사는 묘한 호기심을 보이며 부드럽게 대답했다. "어떻게 그대같이 못생기고 재능 없는 사람이 사무라이가 될 수 있는가?"

그 즉시, 격분한 젊은 사무라이는 노인을 반 토막 낼 기세로 검을 뽑아 머리 위로 들어 올렸다. 선사는 두려움 없이 그리고 완전히 평온하게 위쪽을 응시하면서 부드럽게 말했다. "이것이 지옥이네." 사무라이는 검을 머리 위에 올린 채 잠시 멈칫했다. 그러더니 그의 팔이 나뭇잎처럼 옆으로 툭 떨어졌고, 분노의 눈빛으로 노려보던 얼굴 표정은 누그러졌다. 그는 조용히 생각에 잠겼다. 그리고는 검을 칼집에 도로 집어넣고, 스승에게 경의를 표하며 절을 했다. "그리고 이것이," 선사는 마찬가지로 평온하게 다시 대답했다. "천국이네."

여기서 사무라이는 분노로 가득 찬 감정이 극에 달했을 때 검을 높이 빼 들었고 (그리고 준비된 행동을 실행하기 바로 전에), 분별없이 분노를 표현하는 대신에 물러서서 **자제하는** 법을 배웠다. 그는 (선사의 신속한 지도를 통해) 습관적인 감정 표현인 공격을 자제하면서, 분노의 '지옥'을 평화의 '천국'으로 변형시켰던 것이다.

선사가 검객을 격분시켰을 때 어떤 무의식적 생각들(그리고 이미지들)이 떠올랐을지 추측해 볼 수도 있다. 아마도 사무라이는 깜짝 놀랐을 것이고, 처음에는 그가 못생기고 재능이 없다는 말에 얼핏 동의조차 했을 것이다. 선사의 모욕에 대한 강한 반응은 어린 시절 그에게 창피를 주었던 부모나 교사나 다른 사람들로부터 비롯된 것이(라는 가설을 세울 수도 있)다. 어쩌면 그는 학교의 급우들 앞에서 수치심을 느꼈던 내면의 그림을 가지고 있을 것이다. 그리고 나서 자신에게 감히 그런 말을 할 사람은 아무도 없을 것이고 초라하고 쓸모없다고 느끼게 하지도 못할 것이라는 '반론'을 아주 잠시 떠올렸을 수 있다. 이러한 생각과 그와 관련된 (내면의) 그림들이 순간적 **신체 감각인 놀람**과 결합하면서, 그를 지옥을 향해 강박적으로 몰아가는 길로 이끈 분노를 불러일으킨 것이다. 적어도 그의 '선 치료사Zen therapist'가 신중하게 분노의 정점에서 이런 '보호' 감정(실제로는 초라하고 무기력한 느낌에 대한 방어)을 습관적으로 표현하는 것을 막고, 그가 **진정한** 힘과 평화로운 항복에 대한 주인의식을 느낄 수 있도록 힘을 썼을 때까지는 말이다.

애견 파운서와 선사의 예에서 선택은 공격을 실행하기 **전** 결정적 순간에 이루어졌다. 선사의 결정적인 개입으로 사무라이는 주춤했고 검을 휘두를 **준비가 된 것을 느꼈다.** 그는 잔뜩 격앙된 상태에서 잠시 멈추어 자제할 수 있었고, 폭력적인 분노를 강한 에너지와 명료함, 감사함, 현존감, 은혜의 상태로 바꿀 수 있었다. 격한 감정에서 물러서서 자제하고 **담아두는** 능력이 그로 하여금 창조적으로 그 에너지를 전달할 수 있게 해준 것이다. 컨테인먼트(프로이트의 '승화'에서 신체적 기반)는 시간을 벌어 주고, 자기인식을 통해서 상상하고 생각하는 것을 신체 감각으로부터 분리시킬 수 있게 한다.

우리가 방금 보았듯이, 몇 분의 1초도 안 되는 아주 잠깐 동안의 자제가 천국과 지옥을 가른다. 이런 '창조적인 중립'을 유지할 수 있을 때, 우리는 마치 삶이 대체로 부적절한 반응들에 달려 있기라도 한 듯 반응하는 정서적 충동을 해소하기 시작한다. **감각을 이미지와 생각으로부터 분리시키면 매우 격앙된 정서를 누그러뜨리며, 감각 기반 감정들이 단계적으로 변화하면서 유동적인 변형이 이루어지게 된다.** 이것은 정서를 억제하거나 억압하는 것과는 전혀 다르다. 우리 모두에게, 그리고 특히 트라우마를 겪은 사람에게는 두려움과 격분의 '부정적' 정서를 변형시키는 능력이 천국과 지옥을 오가게 한다.

정서적 충동(격분, 두려움, 수치심, 비통함의 **행동화**)의 위력과 완강함이 과소평가되어서는 안 된다. 다행히 이 고통의 폭포수에 유용한 해독제가 있다. 신체적 자각을 통해 이러한 정서적 고착을 '해체시킬' 수 있는 것이다. 그렇다면 다른 측면으로, 두려움이나 격분과 같은 충동적인 감정의 폭정에서 벗어날 때의 우리 뇌와 정신의 내면 작업을 살펴보자. 의식을 관장하는 뇌 조직의 얇은 은빛 층은 전두엽의 앞쪽에 위치한 전전두엽피질에서 볼 수 있는데, 특히 두 곳이 있다. 이 중에서 측면을 향한 부분을 배측면 전전두엽피질이라고 하는데, 이 부분은 외부 세계와의 관계를 의식하게 한다. 중앙에 위치한 두 번째 부분은 내측 전전두엽피질이라고 하는데, 이 부위는 대뇌피질 가운데 변연계 뇌 또는 정서적 뇌, 특히 강력한 생존 감정을 담당하는 편도체의 반응을 조절할 수 있다고 알려진 유일한 부분이다. 내측 전전두엽피질(특히 뇌섬엽과 대상피질)은 **근육, 관절, 장기로부터 직접 입력을 받고 그것을 의식에 기록한다.**[153] 이런 내수용감각을 인식함으로써(즉, 몸의 감각을 추적하는 과정을 통해서), 우리는 정서적 반응에 접하고 이를 조절할 수 있으며 중심적인 자기감을 얻을 수 있다.

이러한 지속적인 과정의 첫 단계는 부정적인 생각(의 내용)에 빠져들거나 강력하거나 자극적인 감정적 충동에 휩쓸리지 않고, 대신 **그 기저에 있는 신체 감각으로 돌아오는 것이다.** 언뜻 보기에 이것은 불안해 보이고 무섭기까지 할 수 있다. 왜냐하면 일반적으로 익숙하지 않기 때문이다. 우리는 (이차적인) 습관적 정서인 고통과 (부정적인) 반복적 생각에 익숙해졌다. 또한 불편함의 근원을 외부에서 찾는 데 익숙해졌다. 분석과 판단의 방해를 받지 않고 그저 **있는 그대로** 뭔가를 경험하는 데 익숙하지 않은 것이다. 감각-생각-정서의 복합체가 분리될 때, 더욱 민감하고 자유로운 느낌들을 경험하게 된다. 유진 젠들린은 **감각 느낌**이라는 용어를 만들었는데,[154] "나쁜 느낌이 드는 것을 마지막에 다루는 법은 없다."라는 말로 간단하게 그 의미를 전한다. 이 경험적 과정에는 습관적으로 하던 대로 정서를 바로 표현하지 않고 잠시 그 상태에 머물 수 있는 능력이 필요하다. 이렇게 머무는 것은 억제하는 행동이 아니라, 오히려 감각과 느낌들을 알고 구분하는 더 큰 컨테이너, 더 커다란 경험적 그릇을 만드는 행동이다. 정서적 표현으로 '들어서는' 것은 흔히 더 깊은 느낌들을 피하면서 우리가 느끼는 긴장을 '풀려는' 시도이다. 이는 김이 나오는 찻주전자가 밖으로 증기를 내뿜으면서도 실제 주전자가 유지하고 있는 (증기의) 열용량에는 큰 변화가 없는 것과 비슷하다. 반면에 증기로 가득 찬 튼튼한 고무풍선이나 (고무로 만든) 주머니를 떠올려보면, 늘어나는 '용량'을 담아낼 수 있도록 주머니 크기가 커지는 것을 볼 수 있을 것이다. 정서는 컨테인먼트를 통해 다양한 감각을 기반으로 하는 보다 부드러운 느낌들로 '윤곽'이 바뀌고, 이것은 점점 깊이를 더해가 감각으로 알아지는 '괜찮음'의 자각으로 변한다. 이것이 정서적 자기조절, 자기수용, 좋은 느낌, 그리고 변화의 핵심이다.

분노를 예로 들어보자. **분노의 감정은 주먹을 휘두르거나 때리고 싶은 (자세적인) 태도로부터 나온다.** 그러나 어떤 사람이 때리고 발로 차고 잡아 뜯고 깨물며 공격하기 시작하면, 분노의 감정은 그러한 공격적 행동들로 순식간에 바뀌어버린다. 즉 일반적인 믿음과는 반대로, 행동 준비를 **실행에 옮길 때** 내면의 감정들은 사라지거나 줄어든다.[155] 예를 들면, 우리가 울고 있는 동안 종종 슬픔이 '마법처럼 사라진다.' 하지만 이는 내면의 슬픔은 그대로인 채 증기만 내뿜는 주전자와 더 비슷할지도 모른다. 일부 기본적인 '표현' 치료들은 습관적인 감정 발산을 지나치게 강조함으로써 정서의 늪을 말려 버리는 함정에 빠질 수도 있다. 그런데도 사실상 깊이를 가늠할 수 없는 우물과도 같은 슬픔에 잠겨 있을 때 눈에 보이는 것은 흘러내리는 눈물 한 방울 뿐일지도 모른다. 분노 이야기로 돌아가서, 당신이 화가 나서 다른 사람에게 주먹을 휘둘렀거나 아니면 거꾸로 그런 행동을 당했던 때를 떠올려 보자. 당신은 **정말** 자신을 방어할 필요가 있었는가, 아니면 오히려 울분을 터뜨리고 다른 사람을 괴롭히려는 방법이었는가? 이런 종류의 위협은 가정폭력에서 흔히 볼 수 있다. 당신의 행위가 그들의 행동에 미친 영향은 무엇이며, 그들의 행위가 당신의 행동에 미친 영향은 무엇인가? 어떤 경우든 걷잡을 수 없는 정서 표현에 휩쓸리게 되면, 우리는 느끼고 있는 것으로부터 실제로 **분리될** 수 있다. 표현 단계로 전환되는 걸 의식적으로 자제하고 멈출 때만 정서가 변형될 수 있다는 것을 모르는 채, 이러한 습관적인 정서들에 인질로 잡히는 것이다. 사무라이는 그러한 일시적인 멈춤에 의해 거짓 자기에서 벗어나 구원을 얻었다.

이전에는 두려움, 분노, 방어, 무력감만을 느꼈을 경우에 컨테인먼트를 함으로써 가능한 다른 많은 반응들로 선택의 폭을 넓혀준다. 원시생활에서는 숲속에서 만난 사람이 친구인지 적인지, 안전한지 위험한지를 빠르게 판단할 필요가 있었다. 그가 공격해 올 것인가? 스스로를 보호하기 위해서 우리가 먼저 공격해야 할 것인가? 아니면 조용히 가던 길을 가는 게 더 좋을 것인가? 하지만 현대 사회에서는 구별을 하기 위한 사회적 기술이 더 필요할 때가 있다. 이 사람을 좋아하는가? 또는 저 사람들을 싫어하는가? 그리고 그들은 자신에게 어떤 의미가 있는가? 주먹을 휘두르기 보다는 먼저 상대방과 대화를 나누면서 사회적 유대관계를 가지려고 할 수도 있다. 진심 어린 미소를 지으며 상대방의 '마음을 열려고' 할지도 모른다. 우리는 무턱대고 정서를 행동으로 옮기기보다는 그것이 좋은지 싫은지를 알려주는 감각으로 아는 느낌에 의해 안내받는다. 그리고 무엇보다도 가장 중요한 것은 실제 행동으로 옮기기 전에 이렇게 할 필요가 있다는 것이다. 우리가 분노에 찬 말을 내뱉으며 주먹을 휘두르기 전에 말이다. 이를 통해 우리는 잠재적인 운동성의 (그리고 순간순간의) 행동들에 우선순위를 매기는 능력을 향상시킨다. 즉, 무엇이 가장 적절한 행동일지 선택할 수 있는 것이다.[156]

느낌의 기능

정서 표현의 생물학적 기능은 주로 생존과 관련된 **신호를 보내는** 일이다. 겁먹었을 때를 예로 들면, 우리의 얼굴과 자세는 주변 사람들에게 숲이나 덤불 속에 위험이 도사리고 있는 걸 감지했다는 사실을 즉시 알려준다. 1996년 애틀랜타 올림픽에서 폭탄테러 사건이 발생했을 때, 수영선수 자넷 에반스Janet Evans가 보여준 '불빛에 놀란 사슴 같은', '여기서 내보내 줘'라는 듯한 얼굴 표정은 (그곳에 있던, 그리고 TV 시청 중이던) 사람들에게 모두가 위험에 처해 있다는 신호를 보내주었다. 그녀가 현장에서 도망쳤다면 많은 사람들이 비언어적인 그녀의 지시를 따랐을 가능성이 높다. 공포에 질린 표정에는 오해의 여지가 없다. 눈썹은 치켜 올려지고 눈이 휘둥그레진다. 또한 입가가 강하게 수축되면서 입이 약간 벌어지고, 귀가 뒤로 당겨진다.**157**

사냥감을 쫓는 늑대 떼가 주위를 맴돌 때, 풀을 뜯어 먹고 있는 엘크 무리는 그들만의 방법을 따른다. 늑대가 노리고 있다는 걸 알더라도, 그들이 '공격 준비' 구역 안에 들어왔다는 것을 엘크 무리 중 하나가 감지할 때까지는 계속 풀을 뜯는다. 처음 감지한 엘크가 쿵쿵 소리를 내고 근육을 긴장시키면서 자신을 따라오라는 신호를 보내면, 그때 비로소 모두가 안전한 곳을 향해 질주하기 시작한다.

하지만 두려움이 공황 상태를 일으킬 수도 있다. 사람들은 '불빛에 놀란 사슴처럼' 온몸이 얼어붙어 버렸기 때문에 다치거나 죽는 경우가 많다. 이때의 정서는 분명 적응적이라고 할 수 없을 것이다. 길을 건너거나 운전을 하던 중에 얼어붙게 되면 그야말로 참사가 아닐 수 없다. 마찬가지로 메스꺼움과 그와 함께 일어나는 혐오감은 자기자신과 다른 사람들에게 그들이 섭취한 물질을 먹어서는 안 된다는 적절한 신호를 보낸다. 그러나 어떤 사람이 썩지 **않은** 음식을 먹는 데도 이런 반응 패턴이 지속된다면 역효과를 불러온다(해롭기조차 하다). 이런 부적응적인 반응은 사람에 의해 유발될 수도 있다. 적절한 성적인 애무나 부드러운 포옹을 받을 때마다 혐오감을 느낀다면 관계가 파괴되고 개인의 삶은 황폐해질 수 있다.

정서적으로 신호를 보내는 또 다른 예로는 자지러지게 울고 있는 아기를 들 수 있다. 어머니의 관심을 요하는 이 울음소리는 생사가 달린 울부짖음이다. 아기가 어머니의 돌봄을 받지 못하면 분명 살아남기 어려울 것이기 때문이다. 아기는 생명 보존 욕구를 분명하게 알리고 있고, 울음소리는 어머니가 쉽사리 무시할 수 없을 정도이다. 그런데 어른이 되어도 여전히 우리는 버림을 받으면 운다. 하지만 이 애처로운 흐느낌이 다른 사람과 사랑에 빠져버린 연인을 되돌아오게 하지는 못한다. 사실상 습관적인 슬픔은 우리의 에너지를 빼앗으며, 삶을 계속 이어가고 새로운 사람과 관계를 맺는 것을 막을 수 있다. 이 세 가지 사례 모두에서 삶은 신호를 보내는 정서의 기능에 의해 유지되고 있지만, 신호가 약해지지 않고 부적절하게 지속되면 그 효력을 잃게 된다.

여기에서 우리는 다루기 힘든 모순에 봉착한 것처럼 보일 수 있다. 상실을 겪은 경우, 비통함을 헤쳐나가야만(느껴야만) 다시 사랑할 수 있는 관용과 용기가 생길 수 있다. 동시에 필연적으로 시간이 지나면 우리에게 새로운 연인이 생길 거라는 자각도 머릿속을 맴돈다. 마찬가지로 어느 정도의 분노는 우리 삶에서 장애물을 없애는 데 도움이 될 수 있다. 반면에 **습관적이고 폭발적인** 분노는 거의 언제나 관계를 해치고, 삶에서 진정으로 원하고 필요로 하는 걸 추구하기 어렵게 만든다. 심지어 종종 권투선수나 군인과 같은 사람들을 위태롭게 만들기도 한다. 이 명백한 역설을 해결하는 데 도움을 얻기 위해서는 무엇보다도 먼저 (반응적인) 정서와 (유동적인 내부 감각에 뿌리를 둔) 느낌이 아주 다르다는 걸 이해해야 한다. 정서와 느낌은 각각 그 기능이 다르며 우리 삶에 영향을 미치는 방식도 다르다.

기능적 관점에서 신체적/감각적 느낌은 살아가면서 방향을 잡는 데 사용하는 나침반이다. 우리가 반드시 통합하거나 적응해야만 하는 일들의 **가치**를 가늠하게 해주는 것이다. 느낌의 기능은 우리를 지탱해주는 것에 끌리고 우리에게 해로운 것을 피하는 게 핵심이다. 모든 느낌들은 고대로부터의 접근과 회피 상황에서 파생된 것이며, 긍정적이거나 부정적인 정도가 다양하다.

감각 기반의 느낌은 **평가**에 대한 적응적 반응을 이끈다. 반면에 정서는 (이 평가에 기반한) 행동이 적응에 실패했을 때 바로 발생한다! 다윈과 제임스가 생각했던 것과는 달리, 두려움은 도망치라는 지시도 아니고 위협 원으로부터 도망치고 있기 때문에 두려움을 느끼는 것도 아니다. 위협으로부터 자유롭게 도망칠 수 있는 사람은 두려움을 느끼지 않는다. 그는 위험(회피)을 느낄 뿐이며 그리고 나서 곧 도망가는 행위를 경험한다. 우리는 도망칠 수 없을 때만 두려움을 경험한다. 마찬가지로, 적을 공격할 수 없거나 아니면 갈등을 성공적으로 해결할 수 없을 때 분노를 경험한다. 나는 여러분이 이 명제를 참으로 받아들이기를 기대하지는 않지만, 열린 탐구심을 갖고 생각해보길 권한다. 여러분은 다윈이 이야기한 우리의 본능적 정서에 대체 무슨 일이 일어난 거냐고 물을지도 모른다. 이 질문에 대한 답은 그것이 아직도 그냥 거기에 있다는 것이다. 하지만 다윈이 인식하지 못했던 중요한 중간 단계들이 후에 그의 업적을 이어간 생태학자들에 의해 발견되었다.

고지대 초원에서 펼쳐지는 장면이 느낌과 정서의 차이를 보여주는 데 도움이 된다. 당신이 넓은 초원을 한가로이 거닐고 있을 때, 갑자기 움직이는 그림자 하나가 시야에 들어온다. 본능적으로 (놀람의 느낌에 의해) 당신은 모든 움직임을 멈추고, 반사적으로 약간 구부정한 자세로 몸을 웅크린다. 이 순간적인 '정지 반응' 후에 자동적으로 그림자가 스치거나 소리가 들린 방향으로 고개를 돌린다. 그 근원지를 찾아 확인하려고 당신은 몸 전체를 돌리고 웅크린 몸을 펴기 위해서 목, 등, 다리, 발의 모든 근육을 조정한다. 골반과 머리가 수평으로 이동하는 동안 눈은 가늘게 떠서 주변에 대한 최적화된 조망을 제공하고 초점을 넓게 맞출 수 있게 한다. 이 처음 두 단계의 행동 패턴은 일어날 수 있는 만일의 사태에 유연하게 반응할 수 있도록 당신을 준비시키는 본능적 정향 반응이다. 그것은 '추정 호기심expectant curiosity'을 느끼는 감정 색조를 만들어낸다. 처음의 정지-웅크린 구부림 반응은 혹시 모를 포식동물의 눈에 띄는 것을 최소화하고 낙하물로부터도 보호해줄 수 있다. 그러나 이것은 주로 발작적으로 갑자기 움직이게 함으로써 이미 진행 중인 운동 패턴을 방해한다. 그다음으로는 주변을 살피는 것을 통해 (음식, 주거지, 짝짓기를 위한) 섬세하게 조율된 탐색 행동이나 (두려움이 아니라 위험으로 경험된) 포식자에 대한 방어를 유연하게 준비시킨다.

만약 날아가는 독수리가 그림자를 드리웠다면 더 많은 탐지-추적 정향 반응이 일어날 수 있다. 자세 근육과 얼굴 근육의 조정이 무의식적으로 이루어진다. 날아오르는 독수리 이미지의 윤곽이 통합되면, 새로워진 '관심을 가지는 태도'는 **흥분의 느낌**으로 지각된다. 이런 즐거운 느낌으로 인식되는 심미적으로 기분 좋은 감각은 과거 경험의 영향을 받는다. 하지만 이것은 또한 각 종마다 수천 년 동안 진화하며 발달시킨 많은 강력한 원형적 성향이거나 그 기저에 있는 것 중 하나일 수도 있다. 예를 들어, 대부분의 아메리카 인디언들은 독수리와 매우 특별한 영적, 신화적 관계를 맺고 있다. 이것은 우연의 일치인가, 아니면 독수리의 이미지에 대해 이와 상관성이 있는 흥분과 경외감으로 반응하도록 인류의 뇌, 몸, 영혼의 구조 안에 본질적으로 무엇인가가 깊이 각인되어 있는 것인가? 특정한 접근/회피 반응이 아니라면 대부분의 유기체들은 커다랗게 움직이는 외형에 눈길을 돌리는 경향이 있다.*

애초의 그림자가 (날아오르는 독수리가 아니라) 성난 회색곰의 그림자라면, 아주 다른 반응인 **도망갈 준비** 반응이 유발될 것이다. 제임스가 발견했듯이, '곰'이라고 생각하고 위험하다고 판단하고 **나서** 달아나기 때문이 아니다. 커다랗고 무시무시한 동물이 다가오는 윤곽과 형태가 눈의 망막에 특별한 빛의 패턴을 드리우기 때문이다. 이것이 계통발생학적으로 원시적인 뇌 영역에 등록되는 신경 점화의 구성을 자극한다. 그다음에는 의식에 등록되기 **전에** 이 '형태 재인pattern recognition'이 **방어적으로 반응할 준비**를 촉발시킨다.† 이런 무의식적 반응은 (비슷하게 큰 동물에 대한 개인적 과거 경험의 결과뿐만 아니라) 유전적 성향에서 유래한다. 그것은 미리 조정된 방어 자세의 집합체나 경향을 촉발시키면서 원시적인 무의식적 회로를 활성화시킨다. 이때 근육, 내장, 자율신경계 활동이 도망갈 준비를 하기 위해 협력한다. 이 준비는 운동감각적으로 감지되고, 내적으로는 하나의 의미가 있는 형태gestalt로 곰의 이미지에 합쳐진다. **방어 운동을 위한 준비와 이미지는 융합되고**, 이는 **위험의 느낌**으로 인식된다. 우리는 두려움이 **아닌** 이 느낌에 자극받아 우리 선조들, 또 우리의 개인적인 기억들에 의지한 채 더 많은 정보들을(나무, 숲, 바위들) 계속해서 살핀다. 지난 수백만 년간 진행된 종의 진화 과정 중 무수히 접했던 이와 비슷한 상황들, 그리고 그것이 효과가 있는지 없는지에 대해 우리가 개인적으로 깨우친 것들을 바탕으로 여러 개연성들이 무의식적으로 산출된다. 우리는 이와 같이 전개되는 드라마의 다음 단계를 준비한다. 무의식적으로 우리는 낮은 나뭇가지들이 있는 커다란 나무쪽으로 방향을 맞춘다. 도망치고 기어오르고 싶은 **충동**을 경험한다. 자유롭게 나무를 향하여 달리면 **방향성 있게 달리는**

---

* 병아리나 작은 포유동물은 숨거나 도망가기 위해서 종종걸음을 치는 반응을 할 것이다.
† 이는 맹시 현상과 유사하다.

느낌이 든다. (위험의 느낌으로 경험되는) 달리고 싶은 충동에는 (두려움이나 불안보다는 도피로 경험되는) 성공적인 달리기가 뒤따른다.

반대로 갇혀 있어서 도피가 불가능한 상황을 생각해 보자. 이번에는 (양쪽이 절벽인 깊은 협곡을 걸어 나가고 있을 때) 당신 앞에서 도망갈 길을 막고 서있는 굶주리거나 다친 곰과 우연히 마주친다. 이 경우에는 **위험의 느낌**에 부수적으로 따르는 방어적인 도피 준비가 **저지된다**. 그러면 위험의 느낌은 **두려움의 정서 상태**로 갑자기 바뀐다. 이제 반응은 방향을 잃은 필사적인 도주, 격렬한 분노에 찬 역습, 또는 얼어붙어서 무너지는 것밖에는 없다. 후자는 곰의 공격 충동을 약화시킬 가능성이 있다. 궁지에 몰리거나 다치지 않은 곰은 힘없고 위협적이 아닌 사람이라는 걸 분명하게 알 수 있으면, 보통 침입자를 공격하지 않고 가던 길을 간다.

불안angst의 그리스어 어원은 '단단히 누르다' 또는 옭아매다를 의미한다. 화가 에드바르 뭉크Edvard Munch의 대표작인 **절규**가 보여주는 것처럼, 우리의 생리적 기능과 정신은 모두 불안스러운 공포로 인해 급격히 위축된다. 생존을 위한 최후 시도로 기능할 수 있을지는 몰라도 두려움은 삶을 죽음으로 내몬다. 파이Pi는 (저서 〈파이 이야기〉에서) 이 아킬레스건에 대해 우리에게 이야기한다.

> 그것은 삶의 단 하나 진정한 적수이다. 오직 두려움만이 삶을 무너뜨릴 수 있다. 그것이 영리하고 위험천만한 상대라는 걸 내가 얼마나 잘 알겠는가. 그것은 품위 없고, 법이나 관습을 아랑곳하지 않으며, 자비를 베풀지 않는다. 당신의 치명적인 약점을 노리며 어김없이 손쉽게 찾아낸다... 이성이 당신을 위해 싸우러 들면 당신은 안심한다. 이성은 최신 기술 무기를 완벽하게 갖추고 있다. 그러나 놀랍게도, 우수한 전술과 수많은 부인할 수 없는 승리에도 불구하고 이성은 한 수 아래이다. 당신은 자신이 약해지고 흔들리는 것을 느낀다. 불안은 공포가 된다. 뭔가 단단히 잘못된 일이 벌어지고 있다는 걸 이미 알고 있는 당신 몸은 두려움으로 완전히 뒤덮인다. 이미 당신의 폐는 새처럼 파닥이며 날아가 버렸고, 용기는 뱀처럼 스르르 달아났다. 당신의 혀는 주머니쥐처럼 죽은 듯 조용하고, 턱은 제 자리에서 심하게 떨리기 시작한다. 귀에는 아무것도 들리지 않는다. 근육이 말라리아에 걸린 듯 떨리고, 무릎은 춤을 추는 것처럼 흔들리기 시작한다. 심장은 무리하여 심하게 뛰고, 괄약근은 지나치게 풀린다. 그리고 몸의 나머지 부분들도 마찬가지이다. 모든 부분

들은 제각각 가장 적합한 방식으로 망가진다. 오직 당신의 눈만이 기능을 잘해서, 줄곧 두려움에 적절한 주의를 기울인다(두 눈은 더 많은 두려운 대상을 찾기 위해 끊임없이 동정을 살피며 두리번거린다).

(8장의) 샤론 사례를 떠올려보자. 그녀는 2001년 9월 11일 세계무역센터 80층에서 근무하던 중에 끔찍한 경험을 했다. 나는 상담 회기에서, 항만청 직원의 도움을 받으며 계단을 내려오던 중 70층에서 잠겨진 문과 마주쳤던 당시 경험으로 그녀를 인도했다. 갑자기 갇히게 되어 더 이상 도피할 수 없게 되자 그녀의 몸은 두려움으로 마비되었다. 이 경험을 다루던 중에 달리기 반사 반응이 일어나자, 그녀는 눈을 뜨고 나를 쳐다보며 이야기했다. "저를 헤쳐나올 수 있게 한 건 두려움이라고 생각했어요... 하지만 아니에요... 두려움보다 더 강력하고 훨씬 더 큰 무언가가 있어요... 두려움을 초월하는 무언가요." 이 얼마나 심오한 생물학적 진실을 그녀가 여기서 보여주고 있는가.

마지막으로, 위험하다는 느낌은 **방어적인 태도**를 자각한 것이다. 이것은 도피나 위장을 통해 우리 자신을 방어하도록 준비시킨다. 마찬가지로 공격성이 좌절되지 않고 분명하게 지시되면 분노를 느끼지 않으며, 그 대신 보호, 투지, 적극성 같은 **공격적 태도**를 경험한다. 분노는 좌절된 공격성인 반면 (억제되지 않은) 공격성은 몸으로 자기보호를 구현한다. **건강한 공격성은 필요한 것을 얻고 가지고 있는 것을 보호하는 것이다.**

요약하면, 방향을 잃은 도주, 마비, 또는 무너짐이 일어나는 것은 정상적인 정향 반응과 방어 자원이 상황을 해결하는 데 실패했을 때이다. 격분과 공포-공황은 정향 반응 과정과 (원래는 위험으로 느껴진) 도망가거나 공격하기 준비가 성공하지 못했을 때 유발되는 **이차적인** 정서적 불안 상태이다. 이러한 정서는 일차적인 공격성이 차단되거나 제약을 받아서 상황을 해결하지 못할 때만 일어난다.

우리가 느끼는 방식을 변화시키기

1월의 어느 비 내리는 을씨년스런 오후, 나는 따뜻하고 곰팡내 나는 버클리 대학원 도서관 서고에서 정서이론에 관한 수많은 책들을 검토하고 있었다. 이때는 컴퓨터와 구글이 등장하기 훨씬 전이었기 때문에, 내 검색 전략은 문학적 카타콤인 서고에서 관련 분야를 찾아 온종일 자료를 훑어보는 것이었다. 수많은 저자들이 마치 저마다 다른 정서이론을 제시하고 있는 것 같았다. 체험적 '검색 엔진' 덕분에 나는 니나 불Nina Bull이라는 여성의 예지력 있는 귀중한 연구 자료를 우연히 발견했다. 〈정서의 태도이론〉이라는 제목의 이 책은[158] 내가 초창기 내담자들에게서 관찰하고 있던 것을 분명히 해주었다. 나는 정서적 변화 과정에 대한 개념을 명확하게 이해하게 되었다.

니나 불은 1940년대와 1950년대에 콜롬비아 대학교에 재직하면서 윌리엄 제임스의 경험적 연구 전통을 이어받아 주목할 만한 조사연구를 수행했다. 연구 피험자들은 가볍게 유도된 최면 상태에서 혐오, 공포, 분노, 우울, 기쁨, 환희 등 다양한 정서들을 암시받았다. 피험자들의 자기보고가 기록되었고, 이와 함께 실험자들이 피험자들을 관찰하는 표준화된 절차도 마련되었다. 관찰자들은 피험자의 자세에서 일어나는 변화를 정확하게 지켜보고 기록하도록 훈련받았다. 많은 피험자들의 자기보고와 실험자 관찰에 의한 자세 패턴은 놀랄 만큼 일치했다. 예를 들어, 혐오의 패턴에서는 몸을 돌리는 행동이 관찰되었고, 그와 함께 토할 준비를 하는 것 같은 메스꺼움의 내부 감각이 있었다. 전체적으로 이 패턴은 '역겨움'으로 명명되었고, 강하지 않은 싫은 느낌에서부터 몸을 돌려 토하고 싶은 격렬한 충동에 이르기까지 강도가 다양했다. 후자의 반응은 유독한 무엇인가를 몸에서 내보내려는 노력이나, 또는 마음에 들지 않는 무엇인가를 먹지 않으려는 수단으로 인식될 수 있다. 이런 반응 유형은 아동들이 학대받거나 또는 '견딜' 수 없는 어떤 것을 자신의 의지에 반하여 해야만 할 때도 나타난다. 이것은 강제적인 젖병 수유로부터 강요당한 구강성교에 이르기까지 모든 것, 또는 종종 은유적으로 견딜 수 없는 어떤 것일 수 있다.*

나나 불은 **두려움** 반응이 회피 또는 도피의 유사한 충동으로 구성되어 있고, 전반적인 **온몸의 긴장이나 얼어붙기와** 연관이 있다는 것을 분석을 통해 발견했다. 또한 피실험자들은 도망가고 싶었지만 움직일 수 없었다는 보고를 자주 했다. 이와 같이 대립되는 상황이 (비록 머리와 목은 조금 덜해도) 전신을 마비시켰다. 하지만 두려움에서 벗어나는 것은 혐오의 경우와는 달랐다. 두려움은 보안과 안전의 잠재적 자원으로 향하는 추가적인 요소와 관련이 있었다.

나나 불은 **분노**의 정서가 근본적인 분열을 포함한다는 것을 발견했다. 한편으로는 (마치 치기라도 할 것처럼) 등과 팔과 주먹을 긴장시키는 데서 관찰되는 일차적인 공격 충동이 있었다. 하지만 턱과 팔뚝과 손을 긴장시키는 강력한 이차적인 구성요소도 있었는데, 이는 피험자 자기보고와 실험자 관찰에 의해 일차적인 때리고 싶은 충동을 통제하고 억제하는 방식인 것으로 밝혀졌다.

또한 이 실험에서는 슬픔과 우울을 신체적 측면에서 탐색했다. 우울은 피험자의 의식 속에서 만성적으로 **방해받고 있는** 욕동으로 특징지어졌다. 원하지만 얻을 수 없는 것이 있는 것 같았다. 이런 우울 상태는 흔히 '지친 무거움'의 감각, 어지러움, 두통 그리고 명료하게 생각할 수 없는 것과 연관이 있었다. 연구자들은 좌절과 명백한 무기력을 나타내는 축 처진 자세와 함께 (마치 억눌린 것처럼) 약해진 울고 싶은 충동을 관찰했다.

우리는 부정적 정서와 긍정적 정서 사이에 근본적인 차이가 있다는 것을 모두 안다. 나나 불은 의기양양, 환희, 기쁨의 패턴을 연구하면서 긍정적 감정에는 (우울, 분노, 혐오의 부정적 감정과 대조적으로) 억제 요소가 없다는 것을 관찰했다. 긍정적 감정은 **순수한 행동으로** 경험되었다. 기쁨을 느끼는 피실험자들은 가슴이 넓어진 느낌이라고 보고했는데, 이것은 자신감이 차 있는 상태로 경험되었고 자유로운 심호흡과 연

---

*   TV 시리즈 〈A와 E의 개입A&E's Intervention〉의 에피소드 74(시즌 6, 에피소드 2) 참고. 니콜이라는 소녀는 수년간 (아버지의 절친인) 옆집 남자에게 구강 성교를 강요당했다. 가족은 그 사실을 알게 되자 은폐하려 했고, 니콜은 그 후로도 수년간 그 남자의 옆집에서 살아야 했다. 후에 니콜에게 과민성 구역질 반사가 보이기 시작했는데, 결국 침조차 삼킬 수 없게 되자 급식 튜브가 삽입되었다.

관이 있었다. 자세의 변화에서는 고개를 들고 등을 펴는 것이 관찰되었고, 이 밀접하게 맞물려있는 행동들과 감각들이 보다 자유로운 호흡을 가능케 했다. 기쁨을 느끼는 대부분의 피실험자는 '행동할 준비'를 느낀다고 보고했다. 이 준비성에는 에너지가 넘쳤고, 목표를 달성할 수 있을 것이라는 충만된 목적의식과 낙관주의가 함께 했다.

부정적 정서의 모순적 기반, 그리고 부정적 정서와 긍정적 정서의 구조상 대비에 대한 이해는 전체성을 탐색하는 과정에서 밝혀지고 있다. 연구되었던 모든 부정적 정서들은 두 가지 **상충하는 충동**인 행동 추진 충동과 행동 억제(즉, 좌절) 충동으로 구성되어 있었다. 게다가 피실험자가 최면적 암시에 의해서 기쁨에 '쌓여' 있을 때, 대조적인 기분(예를 들어, 우울, 분노, 또는 슬픔)은 (기쁨의) **자세가 먼저 바뀌지 않는 한 느끼게 할 수 없었다.** 그 반대 경우도 마찬가지였다. 슬픔이나 우울이 암시되었을 때, 자세가 먼저 바뀌지 않는 한 기쁨을 느낄 수 없었던 것이다.

긍정적 감정을 받쳐주는 얼굴, 호흡, 자세 반응들은 우울에서 보이는 반응들과 반대이다. 몇 년 전 (찰스 슐츠Charles M. Schulz의 만화 〈피너츠〉에서) 찰리 브라운과 루시가 주고받는 짧은 대화가 이 사실을 예리하게 보여준다. 찰리는 구부정한 어깨에 발을 질질 끌고 걸으면서 루시에게 우울하다고 한탄을 한다. 루시가 그에게 똑바로 서 보려고 할 수도 있다고 조언하자, 찰리는 계속 체념한 듯 구부정하고 억눌린 모습으로 "하지만 그러면 불평할 우울이 사라질 텐데."라고 대답한다. 정말이지 이런 당혹스런 뻔한 사실을 꼬집어 내는 매사에 주의 깊은 루시가 없다면 어떻게 해야 할까? 하지만 은유적인 의미에서 루시가 옳았던 것처럼 기분을 변화시키는 것이 (자랑스러운 군인 자세 같이) 단순히 자세를 바꾸는 문제는 아니다. 실제로, 개인의 심리적 성향을 바꾸는 것은 기본적으로 신체 자각을 통해서 자발적이며 잠재의식적으로 자세 상태를 변화시키는 훨씬 더 복잡하고 미묘한 과정이다.

심리학자 폴 에크만[159]은 감정 상태의 생성에 있어서 얼굴 자세의 역할을 지지하는 광범위한 연구를 했다. 에크만은 특정 정서를 표현할 때 관찰되는 구체적인 근육만을 수축시키도록 피실험자들을 훈련시켰다. 놀랍게도 (자신이 흉내 내고 있는 감정이 무엇인지 모르는 상태로) 피실험자들이 과제를 달성했을 때, 그들은 적절한 자율적 흥분 상태를 포함하여 그러한 느낌들을 종종 경험했다.

독일 뷔르츠부르크 대학교의 프리츠 스트랙Fritz Strack은 두 집단에게 만화가 얼마나 재미있는지 평가하게 하는 별난 실험을 했다. 첫 번째 집단의 피험자들에게는 **입술에 닿지 않게** 연필을 치아로 물고 있게 했는데 이 절차가 피험자들을 미소짓게 했다(여러분도 해 보시라). 두 번째 집단에게는 치아를 사용하지 않고 입술로 연필을 물고 있도록 했는데 이것은 얼굴을 찌푸리게 했다.

연구 결과, 사람들은 자신의 표정과 관련된 정서를 경험한다는 것이 밝혀졌고 이는 에크만의 연구를 보강해 주었다. 스트랙의 연구에서 강제로 미소를 지은 사람들조차도 강제로 찌푸린 사람들에 비해서 더 기쁘다고 느꼈고 만화도 더 재미있다고 평가했다.

니콜라스 틴베르헌은 '동물행동학과 스트레스 질병'160이라는 제목의 노벨상 수상 연설을 했는데, **알렉산더 테크닉**이라는 자세 재교육 방법의 이로운 효과를 설명하고 극찬했다. 알렉산더 치료를 받은 그 자신과 가족 모두가 수면, 혈압, 생기, 기민성, 그리고 일반 스트레스에 대한 회복탄력성이 눈에 띄게 개선되었다. 또한 다른 저명한 과학자와 교육자들도 이 치료법의 이점에 대해 글을 썼다. 그들 가운데는 존 듀이John Dewey, 알도스 헉슬리Aldous Huxley, 그리고 코그힐G. E. Coghill, 레이몬드 다트 같은 과학자들과 위대한 원로 물리학자이며 초기 노벨상 수상자인 찰스 셰링턴경도 있다. 그렇게 유명한 인물들이 예찬해 마지않았지만 철저한 과학적 증거는 거의 없다. 반면 그와 같은 지적 판단력을 지닌 사람들이 모두 속았을 것 같지도 않다.

알렉산더와 니나 불은 각각 행동에서 신체적인 긴장 패턴이 보일 때는 개인적인 이유가 있다는 것을 인식했다. 호주 출신 셰익스피어 연극배우인 알렉산더는 아주 우연히 이를 발견하게 되었다. 그는 햄릿 공연 중이던 어느 날 갑자기 목소리를 잃었는데, 호주 최고의 의사들에게 도움을 구했지만 아무 소용이 없자 간절한 마음으로 영국의 명의들을 찾아가 도움을 받고자 했다. 그러나 치료받지 못한 채, 연기가 천직이었던 알렉산더는 깊은 절망에 빠져 집으로 돌아왔다.

전해 들은 바에 의하면, 그의 목소리는 자연스럽게 돌아왔지만 다시 거의 들리지 않게 되었다고 한다. 알렉산더는 자신의 변덕스러운 발성과 관련이 있는 무언가를 알아내길 바라면서 거울에 비친 자신을 관찰했고 마침내 알아냈다. 그는 목소리가 되돌아온 것이 자세와 관련이 있음을 발견했다. 수많은 관찰 끝에 목소리가 나오는 자세와 안 나오는 자세로 구분되는 뚜렷하게 다른 자세들이 있다는 놀라운 발견을 했던 것이다. 놀랍게도, 목소리가 강하고 들릴 때의 자세는 느낌이 좋지 않았고 반면에 목소리가 약하거나 안 나올 때의 자세는 느낌이 좋았다. 알렉산더는 9년 동안 이 관찰적 접근법을 계속 실행했다. 그 결과 그는 말을 못 하는 자세가 기분 좋게 느껴지는 것은 단지 익숙하기 때문이며, 반면 목소리가 나오는 자세가 기분이 나쁜 것은 익숙하지 않기 때문일 뿐이라는 사실을 깨닫게 되었다. 알렉산더는 특정 근육의 긴장이 머리-목-척추의 중심축을 압박해서 호흡 문제를 일으키고 결과적으로 목소리를 잃을 수 있다는 것을 발견했다. 이러한 긴장을 해소하면 압박을 완화시켜서 척추를 온전하고 자연스러운 확장 상태로 돌아올 수 있게 한다. 이 차이에 주목함으로써 알렉산더는 자신의 고통을 치료할 수 있었다. 따라서 더 나은 심신의 소통을 통해 그는 자연스럽고 편한 움직임을 회복할 수 있었고, 연기가 향상되었을 뿐 아니라 수고도 줄어들게 되었다. 자신이 새로운 경력을 쌓았다는 것을 깨달은 알렉산더는 연기를 접고 자신과 비슷한 문제를 가진 동료 배우와 가수들을 대상으로 일하기 시작했다. 또한 그는 악기 연주를 위해서는 어쩔 수 없다고 믿었던 긴장된 자세로 인해 몸이 뒤틀리고 고통스러워하는 음악가들과도 작업하기 시작했다. 위대한 바이올리니스트 예후디 메뉴인Yehudi Menuhin도 수강생 중 한 사람이었다. 폴 매카트니Paul McCartney, 스팅Sting, 폴 뉴먼Paul Newman을 비롯한 수많은 유명 팝스타와 배우들이 알렉산더 테크닉 교사들로부터 치료를 받았고 극찬을 아끼지 않았다. 그러나 오늘날에도 이 방법은 여전히 모호한 편인데, 이는 부분적으로는 엄격하고 정교한 주안점이 필요하기 때문이다.*

알렉산더의 치료 작업은 (그의 저서 〈자기의 사용〉161에 서술되어 있는데) 먼저 설명하고 난 다음 교정이 이루어지는 가벼운 조작 방법들로 구성되어 있다. 이는 본질적으로 개인의 모든 근육체계를 재교육하는 것이다. 치료는 머리와 목에서 시작하고 이어서 나머지 신체 부분으로 진행된다. 그는 **올바른 자세 같은 건 없지만, 올바른 방향은 있다**는 사실을 발견했다.

이제 찰리 브라운의 불필요하지만 자기영속적인 고통의 원인에 대한 루시의

---

*   알렉산더의 많은 원리들이 모쉬 펠덴크라이스Moshe Feldenkrais와 아이다 롤프Ida Rolf의 작업에 영감을 주었다.

현명한 통찰에 (자세가 기능에 미치는 영향에 대한) 알렉산더의 관찰을 결합시켜 보자. 우리는 변화 과정에 있어서 몸-자기-자각에 대한 심오한 함의를 얻게 된다. 개인의 기능적인 역량과 기분을 변화시키는 직접적이고 효과적인 방법은 자세를 바꿈으로써 뇌로 보내지는 자기수용감각과 운동감각의 피드백을 변화시키는 것이다.**162** (신체에서 나오는 많은 입력을 받아들이는) 내측 전전두엽피질은 변연계를 바꾸고, 결과적으로 정서성을 바꿀 수 있는 신피질의 유일한 영역이라는 것을 기억하자. 그러므로 **신체 감각을 자각하는 것은 기능적, 정서적 상태를 변화시키는 데 있어서 매우 중요하다.** 부정적인 정서 상태라는 우리를 좀먹는 용들을 다스릴 수 있는 길은 주로 내부 감각에 대한 적극적인 자각을 통해서라는 사실을 다시 한번 상기하게 된다. 습관적으로 분노를 표현하는 대신, 어떻게 사무라이 자신이 만든 지옥이 신사의 완벽한 타이밍에 의해서 멈추어지고 드러나고 자각되었는지 기억하자. 건방진 사무라이가 분노를 축복으로 변형시킬 수 있었던 것은 잠시 멈추어 마음에 담고 스스로를 '느끼는' 법을 배웠기에 가능했다. 그것이 정서적 변형의 연금술이다.

 ## 태도: 정서와 느낌을 조화시키기

자세가 어떻게 기분을 바꾸고 오래 지속되는 변화를 일으키는가? 정서적인 행동이 억제될 때만 강렬한 정서가 일어난다는 것을 니나 불이 어떻게 보여주었는지 기억하자. 다른 말로 하면, **태도가 느낌-자각으로 되도록 자세의 태도를 의식하게 하는 것은 억제이다.** 이는 잘 알려진 신경학자인 안토니오 다마시오가 정서는 "몸의 의식이다."라고 주장한 데 대해 부분적으로 동의하는 것이다. 이 관점은 또한 "우리는 곰으로부터 도망치고 있기 때문에 두려운 것이다."라는 윌리엄 제임스의 정서의 말초 이론과 일치한다. 그렇지만 나는 두 사람 모두 니나 불이 깊이 이해했던 **정서의 표현과 정서의 감지된 느낌 사이의 상호 관계**를 놓쳤다고 생각한다. 우리가 '아무 생각 없이' 정서를 표현하고 있어도, 사실상 그것은 정확히 우리가 하고 있는 것이다. 정서적 반응성은 거의 항상 의식적인 자각을 방해한다. 반면에 표현적 **충동**의 자제와 컨테인먼트는 근원적인 자세적 태도를 인식하게 해준다. 그러므로 느낌을 의식적으로 자각하게 하는 것은 자제이다. 변화는 마음챙김이 있어야 일어나며, 마음챙김은 신체적인 느낌(즉, 자세적 태도의 자각)이 있어야 일어난다.

깊이 느끼는 사람은 습관적으로 분노, 두려움, 슬픔을 발산하는 사람이 아니다. 지혜롭고 운 좋은 사람들은 내면의 고요한 곳에서 자신의 정서를 느끼고, 그 느낌으로부터 배우고, 느낌의 안내를 받는다. 그들은 직관적으로 그리고 지적으로 느낌에 따라 행동한다. 또한 적절한 때에 자신의 느낌을 다른 사람들과 공유하고 다른 사람들의 느낌과 욕구에 반응한다. 그리고 물론 인간이기에 때로는 화를 낸다. 그러나 또한 이런 감정 분출의 원인을 일차적으로 다른 사람에 의해 야기된 것에서 찾는 것이 아니라 그들 내면의 불균형이나 불안에서 찾는다.

신체적 느낌은 양적으로나 질적으로 정서와 구별이 되지만, 둘 다 결국 본능에서 파생된 것이다. 다윈이 서술한 다섯 가지 범주의 정서적 본능은 두려움, 분노, 슬픔, 혐오, 기쁨이다. 하지만 몸의 태도에 대한 의식인 느낌은 사실상 무한대로 섞여 나타난다. 이것은 곁에 없는 친구에 대한 달콤씁쓸한 그리움이나 어린아이의 자발성을 보면서 짓는 부드러운 미소를 포함한다. 다윈의 정서들은 뚜렷이 구별되는 본능들에 부합되는 반면에 느낌은 (감각 기반의) 미묘한 차이와 순차적인 조합이 섞여 있는 것이다. 또한 몸의 느낌은 대상 또는 상황과 우리 복지의 관계를 체현한다. 그런 의미에서 느낌은 접근과 회피라는 기본 감정의 유의성valances을 알려준다. 우리가 세상으로 나아가는 기본적인 경로인 것이다. 반대로 (고정된) 정서 상태는 좌절된 욕동 또는 비상시(싸움, 도주, 얼어붙기) 최후의 시도로 동원되는 것에서 비롯된다. 오늘날에는 날카로운 송곳니를 가진 호랑이가 거의 사라졌기 때문에 최후의 수단인 이 위기 반응은 현대의 삶에서 거의 의미가 없다. 하지만 우리는 질주하는 자동차와 지나치게 열성적인 외과 의사 같은 각양각색의 많은 위협들을 다루지 않을 수 없다. 진화적으로 준비된 프로토콜의 방식만으로는 크게 부족하기 때문이다.

정서는 우리의 삶을 윤택하게 하거나 혼란스럽게 하는 변함없는 동반자이다. 우리가 정서의 미로 안에서 길을 어떻게 찾는가 하는 것은 좋든 나쁘든 삶을 살아가는 데 있어서 핵심적인 요소이다. 문제는 어떤 조건에서 정서가 적응적이고, 반대로 언제 부적응적인가 하는 것이다. 일반적으로 정서가 충격적이거나 폭발적일수록 또는 억제되거나 억압될수록 부적응이 더욱 두드러진다. 실제로 정서는 종종 유용한 형태로 시작되어도 우리가 이것을 억제하게 되면, 신체적 증상 또는 지연되거나 과장된 폭발의 형태로 바뀌면서 우리를 배반한다. 분노와 원망이 부정되면 폭발 수준에 이를 수 있다. 여기에 어울리는 인기 있는 표현이 있다. "우리가 저항하는 것은 지속된다." 정서가 해로울 수 있는 만큼, 그것을 억압하는 것은 문제를 복잡하게 만들 뿐이다. 하지만 억압/억제와 자제/컨테인먼트의 차이는 포착하기 어려워도 중요한 의미가 있다는 데 유의해야 한다. 사무라이 무사가 어떻게 공격 충동을 섬세하지만 분명하게 멈추고 자신의 (앞서 느낀) 살기등등한 분노를 단지 순수한 에너지로 느낄 수 있었는지, 그리고 궁극적으로는 살아있음을 느끼는 축복을 받을 수 있었는지 다시 한번 기억해보자.

성공적인 부모라면 알고 있듯이 이 전략은 아이들에게 효과가 있다. 억압하는 습관을 격려하면서 아이를 억제하는 대신, 이 부모들은 아이가 자신의 분노를 느끼고 욕구와 소망을 알도록 안내하고 시의적절하게 끼어들어 아이를 돕는다. 반면에 사무라이가 치명적인 결과를 초래할 일을 할 뻔했던 것처럼, 아이가 성질을 내며 통제 불능이 되도록 내버려 두는 허용적인 부모도 있다. 그러나 효과적인 부모는 자녀의 공격성을 도움이 될 수 있는 방향으로 돌린다. 즉, 그들은 아이가 분노를 느끼는 것을 허용하고, 그다음에 아이가 자신이 무엇에 화가 났는지 이해할 수 있도록 돕는 것이다.

만일 정서가 지나치게 극단적이지 않고 우리가 특정한 시각으로 접근한다면, 정서는 우리 행동을 안내하는 기능을 할 수 있으며 더 나아가 긍정적인 목표를 향해 나아가게 하기도 한다. 우리들 대부분이 공감할 수 있는 예시가 있다. 밥Bob은 퇴근해 돌아와 집이 엉망진창으로 어질러져 있는 것을 본다. 그는 몹시 화가 나고 제인과 아이들에게 고함을 치고 싶지만 분노를 내리누른다. 취침 시간까지도 그의 긴장은 풀리지 않고 위 역류로 인한 급성 발작이 일어난다. 역시 힘든 하루를 보낸 아내는 남편과 함께 시간을 보내기를 원한다. 그녀는 남편에게 그날 하루 어떤 일이 있었는지 지금은 기분이 어떤지 알고 싶어 하며, 무슨 일이 있는지 물어본다. 그는 "아무 일 없어, 그냥 피곤해."라고 말하고, 식도에서 느껴지는 위액 그대로의 시큼하고 얼얼한 맛에 주의를 돌린다. 제인은 거리를 두는 남편에 대한 원망으로 마음이 상한다. 그녀는 남편이 어떤지 도무지 감을 잡을 수 없다며 울음을 터뜨리고, "감정이 없는 사람 같다."고 불평을 한다. 그는 더욱 말문을 닫아버린다.

그렇지 않으면 부부는 티격태격 싸우다가 급기야는 2년 전에 남편이 자신을 화나게 했던 일을 아내가 기억해 낼 수도 있다. 아내가 지난 일을 비난하자, 남편은 무슨 말을 하는 건지 모르겠다면서 자신이 알고 있는 한 그런 일은 결코 일어난 적이 없다고 한다. "도대체 왜 그러는 거야?" 남편이 작은 소리로 중얼거린다. 그런데 그가 모르는 것이 있다. 첫째, 여자가 (정서적으로) 활성화되면 남자보다 훨씬 오랫동안 스트레스를 받는다. 여자의 쿵쾅대는 심장과 질주하는 생각들은 오래 계속되는 것이다. 그리고 둘째, 제인은 (생물학적으로 의도된 것처럼 실제 외부 위협으로 밝혀지는) 원인을 찾는다면 진정될 수 있을 거라고 **믿으면서**, 심장이 뛰는 이유를 찾으려고 애쓰며 끊임없이 생각한다. 그녀는 활성화된 상태에서 기억 은행을 주의 깊게 살피던 중에 밥이 그녀에게 상처를 준 (것을 그녀가 감지했던) 일을 우연히 발견한다. 자신의 고통에 대한 '설명'을 손안에 넣은 그녀는 '밥의 얼굴에 그걸 내던지면서' 그것에 대해 행동해야 한다고 느낀다. 이렇게 제인은 생리적으로 강요받는 것을 하는 반면에 밥은 '아무것도 아닌 일로 비난하고 있다'고 생각한다. 이러한 검무는 그의 방어와 끓어오르는 분노를 가중시킨다. 사투를 벌이던 부부는 결국 둘 다 신경안정제를 찾는다. (근육을 이완시키는) 신경안정제의 효과가 나타나자 두 사람 모두 기분이 나아지고 별거 아닌 일로 싸운 것처럼 보인다. 밥은 내일은 새로운 날이 되기를 바라고, 제인은 도대체 아무 소용도 없는 2년이나 지난 일을 자기가 왜 끄집어냈는지 의아스럽게 여긴다. 하지만 다음 날 아침 잠이 깨면 그들은 신체적으로, 정서적으로, 심리적으로, 그리고 영적으로 단절되어 있다. 또한 연구결과는 이런 유형의 미해결된 갈등이 부부의 면역체계를 손상시키고 며칠 동안 면역체계를 억제하고 상처 치유력을 감소시킨다는 것을 보여준다.*

되감아 재생해 보자. 밥이 집 안으로 들어온다. 엉망으로 어질러진 것을 보고 화가 나지만 억제하지도 폭발시키지도 않는다. 이번에는 중심을 잃지 않는 아내의 차분한 모습에 힘입어 그가 조심스럽게 자신의 몸에 주의를 기울인다. 그는 팔, 어깨, 등, 목, 턱의 근육이 조여오고 심장이 쿵쾅거리는 것을 알아차린다. 밥이 자신이 알아차린 것에 대해 아내와 이야기를 나누자, 그에게 폭발할 준비가 된 폭탄의 이미지가 언뜻 보인다. 그는 주먹을 휘두르고 싶은 충동을 느낀다. 분노가 순간적으로 치밀어 올랐다 가라앉는다. 긴장된 근육들의 단단한 조임이 느슨해진다(니나 불이 설명했듯이, 이 근육들은 주먹으로 때리고 싶은 원래의 충동을 억제하기 위해 관여된다). 두 다리가 가볍게 벌리기 시작하자 밥은 안도의 숨을 내쉰다. 그가 아내의 지지적인 존재감을 '미 음 안으로 받아들이자', 불현듯 떠오르는 일이 있다. "그래, 그거야. 퇴근 전에 수퍼바이저 알렉스와 함께 새로운 부품을 위한 마케팅 계획에 대해 의논하고 있었어. 알렉스와 나는 의견이 상당히 달랐고 우리는 동의할 수 없을 것 같았어. 나는 경쟁심이 느껴졌어. 우리는 전투적이었지만 좋은 방식으로 그랬지. 나는 강하고 뚜렷하게 느꼈어. 우리가 그걸 망쳐버릴 수도 있을 것 같았지. 그런데 알렉스가 사장 딸과 데이트하고 있는 게 기억났고, 우리는 해결책을 찾지 못한 상태에서 멈췄지. 내 힘과 창의력은 억눌렸고, 그래, 바로 그때 분노가 차오르는 걸 느꼈던 거야. 나는 알렉스의 목을 조르고 싶었지만 물러섰지. 그냥 그곳을 떠나 집에 오고 싶었어. 이후 근무 시간 내내 나는 조용히 씩씩대고 있었지. 그리고는 글쎄, 집이 언제나 그렇듯이 엉망이자

---

* 대부분 60대인 150커플 대상의 연구에서, 연구자들은 부부싸움에서 적대적으로 행동한 여성들은, 특히 남편도 적대적인 경우, 죽상동맥경화증에 걸릴 가능성이 더 크다는 것을 발견했다. 남성들의 경우, 그들 자신이나 아내의 적대감은 죽전동맥경화증과 관련이 없었다. 그러나 지배적이거나 통제적으로 행동했거나 아내들이 그런 식으로 행동했던 남성들은 관상동맥이 막힐 가능성이 더 컸다. 스미스는 "죽상동맥경화증에 거의 걸리지 않은 유일한 남성 집단은 부부가 서로 전혀 통제하지 않고 의견 차이에 대해 대화를 나눌 수 있었다."고 말했다. 그는 "그래서 힘겨루기 없는 대화는 남성들의 심장을 보호하는 것처럼 보였다."고 결론 내렸다(티모시 스미스 박사Dr. Timothy Smith, 유타 대학, 로이터, 2006년 3월 3일).

나는 폭발 시켜버리고 싶었어. 직장에서 느꼈던 것 같은 솟구치는 분노를 느꼈던 거야. 집으로 돌아와 익숙한 난장판에 발을 들여놓았을 때 폭발할 뻔했던 것 같아. 그냥 분노를 발산하고 싶었던 거야. 나는... 음, 당신과 아이들에게 상처를 줄까 봐 정말 두려웠어. 그래서 나는 그냥 신문을 읽으러 갔고, 신문 뒤에서 조용히 부글부글 끓고 있었어. 나는 당신과 아이들에게 화를 폭발하고 싶지 않았어. 내가 진짜 원했던 건 지금처럼 당신과 차분히 소통하는 거였어." 첫 번째 시나리오에서 신경안정제가 주었던 일시적 안도감과 달리 이 평온한 상태는 그의 안전에 대한 인식의 진정한 변화, 영속적인 변화이다. 이것은 진정제가 주는 일시적인 눈가림이 아니라 자기조절과 사회적 유대관계의 과정에 의해서 이루어진다. 비록 둘 다 긴장된 근육을 이완시키려는 행동이지만 말이다. 이런 협력적인 경험으로 밥과 제인은 더욱 가까워진다.

밥이 사무실에서 경험한 **전투적 느낌**은 강력하고 집중적이며 동기가 있었다. 만약 그가 멈추지 않았다면 알렉스와 생산적인 협상을 했을지도 모른다. 하지만 (실재했을 수도 있고 아닐 수도 있는 인식된 위협으로 인해서) 그가 이 과정을 좌절시켰을 때, (필요한 것을 얻고 가진 것을 지키려는) 건강한 공격성의 방향성 있는 느낌이 (무력한) 분노로 분출되었다. 유동적이며 조직적으로 **느끼는 과정**에서 혼란스럽고 비생산적이며 반작용적인 **정서 상태**로의 이런 갑작스러운 전환은 니나 불에 의해 훌륭하게 연구된 바 있다.

그렇다면 왜 우리는 습관적으로 늘상 같은 셔츠와 바지만 입는 것처럼 부정적인 정서 상태에 얽매이는 것일까? 많은 사람들은 (젊은 사무라이처럼) 겁을 주기 위해서 분노를 이용한다. 다른 사람들은 습관적인 슬픔에 빠져서 무력한 희생자로 살아간다. (첫 번째 시나리오에서) 밥과 제인의 정서는 그들을 갈라놓는 역할을 했다.

1978년에 박사 과정을 수료한 후, 나는 기막히게 아름다운 톱니 모양의 빅서 해안 거친 바다 위에 자리 잡은 에설런 인스티튜트Esalen Institute의 기숙사 교사로 유급 휴가를 보냈다. 내 업무 중에는 열린 포럼이라고 불렸던 프로그램이 있었다. 에설런 공동체의 구성원들은 이 집단에서 무료 치료를 받을 수 있었다. 나는 월요일과 목요일 오후에 포럼을 운영했다. 몇 주 후에 나는 흥미로운 현상에 당황하게 되었다. 매주 목요일은 아주 평온했고, 즉석에서 내담자가 된 사람들은 대부분 생산적으로 치료 작업에 임했다. 하지만 월요일은 이야기가 완전히 달랐다. 마치 7월 4일 독립기념일에 폭죽이 터지는 것 같았다. 한 사람 한 사람씩 줄지어 나를 만나러 왔고 자극하지 않아도 감정을 주체 못해 한바탕 정신없이 흐느껴 울거나, 무분별하게 (그리고 무력하게) 격분하면서 베개를 계속 내려치기도 했다.

나는 매주 반복되는 이런 대조적인 현상에 대한 가능한 설명을 예기치 않게 접하게 되었다. 어느 날 사무실 밖에 있는 게시판 앞을 지나가는데, 수요일 저녁 집단이 취소되었음을 알리는 메모가 눈에 띄었다. 과호흡과 강렬한 정서적 카타르시스를 격려하는 특정 집단이었는데 그 다음 주에는 다시 열릴 예정이었다. 나는 "음, 통상적으로는 평온한 이번 주 목요일이 혼란스러운 월요일들과 같아질까?"하며 궁금했는데 역시나 그랬다.

같은 해 초반, 의학 학술지 〈란셋Lancet〉에 동생 존의 주목할만한 논문이 실렸다.163 이 연구는 양악수술을 받고 회복 중인 환자들을 두 집단으로 나누어 각각 모르핀 또는 생리식염수로 만든 위약을 정맥 주사했다. 두 집단은 모두 강력한 진통제가 투여된 것으로 알고 있었다. 연구결과, 식염수 위약을 투여받은 환자들 가운데 무려 2/3에게 통증 경감의 표준인 모르핀을 투여받은 환자 집단만큼 통증 완화 효과가 있었다.*

존의 발견은 그 자체만으로도 놀랍지만 후속 연구는 이를 능가했다. 환자들에게 위약과 날록손을 동시에 투여하자 위약 반응에서 통증 완화 효과가 완전히 사라졌던 것이다. (애완견과 함께 여유롭게 산책한 후 약을 복용한 사람에게서 나타나는 비아그라의 효과와는 달리) 날록손은 마약을 사용하지 않은 사람에게 투여하면 아무 효과가 없는 약이다. 하지만 헤로인 과용으로 응급실에 실려 온 중독자에게 투여하면 몇 초 내에 말짱한 정신으로 되돌아오게 한다. 날록손은 아편 길항제로 작용한다. 뇌의 아편성 수용기에 들러붙어서 엔도르핀이라고 불리는 내생(체내에서 자연 발생하는) 아편 뿐 아니라 모르핀과 헤로인을 포함하는 외생 아편계 약물의 전달과 작용을 차단하는 것이다. 존과 동료들은 이 실험들을 통해서 뇌에 자체적인 통증 조절 시스템이 있다는 것을 입증했다. 내생 엔도르핀의 진통 효과는 모르핀같이 가장 강력하다고 알려진 아편계 약물과 다름없이 강력할 수 있는 것이다!

....

*　　위약 효과가 없었던 환자들에게는 즉시 진짜 모르핀을 투여함으로써 불필요한 고통이 계속되지 않도록 했다.

에설런에서 내게 일어난 일은 월요일 포럼에서 아편 금단증상들을 목격했던 것일 수 있다. 목요일 포럼은 이와는 극명하게 대조적이었는데, 전날 밤 집단에서 과호흡을 일으키는 카타르시스에 자극받아 벌어진 (내생) 아편 잔치가 참가자들을 '마약에 취해' 멍하게 만든 것이다. 목요일 집단에는 수요일 밤에 엔도르핀이 분비되어 더 이상 갈망을 느끼지 않는 공동체 성원들이 참석했다. 특히, 나는 월요일마다 보았던 강렬한 정서적 소산을 통해 모르핀 주사와 다름없이 본질적으로 스스로를 안정시키는 체내 아편(엔도르핀)이 참가자들로부터 방출된 것은 아닌지 궁금했다.

나는 이 가설을 떠올리고는 흥분해서 동생에게 전화를 걸었다. 신체적, 정서적 고통을 관장하는 뇌 영역과 신경 경로가 거의 일치한다는 것이 그때는 아직 알려지지 않았기 때문에 존의 반응은 시큰둥했다. 그리고 경쟁심이 드러나는 한방을 제대로 나에게 날렸는데, 나의 순진함을 측은해하면서 "형, 말도 안 되는 소리 하지 마."라고 했다. 그러나 몇 년 후 베셀 반 데어 콜크가 존의 실험을 반복 실행했는데,**164** 이 연구에서는 날록손 데어이 **신체적이 아니라 정서적 고통**에 의해서 방출되는 엔도르핀을 차단하는지에 초점이 맞추어졌다. 그는 국립재향군인병원에 입원해 있는 베트남 참전군인에게 행해지는 일반적인 외상후 스트레스장애PTSD 치료에 대해 연구했다. 이 불운한 군인들은 반복적으로 전쟁터의 끔찍한 경험들을 '되살리도록' 자극받았다. 이 '치료'에서 그들은 예를 들어 의자에 팔이 묶인 채 〈플라툰〉과 같은 피비린내 나는 전쟁 영화를 강제로 봐야 했다. 이러한 노출로 참전군인들에게 갑자기 강렬한 정서적 소산 상태가 일어나는 경우가 많았다. 하지만 이런 카타르시스 회기 전에 (자가 유도 엔도르핀이 급증하는 것을 막는) 날록손을 투여하자 그들은 곧 더 이상 '치료' 회기에 참여하는 데 대한 흥미를 잃었다.

수년간 (몇 번이고 반복 참석하는) 많은 워크샵 참가자들을 지켜보면서, 나는 그들 스스로 화학적으로 취한 상태를 유도하고 있는 것은 아닌지 궁금해하지 않을 수 없었다. 부모에게 소리를 지르거나 끝없이 치미는 분노로 베개를 내리치는 반복적이며 카타르시스를 느끼게 하는 극화dramatization가 엔도르핀을 더욱더 분비하는 보상을 주고 그들을 다시금 데려오게 하는 것 같았다. 나는 또한 내 인생에서 반복해서 가졌던 것처럼 보이는 과거의 고통스럽고 격동적인 관계에도 중독성이 있는 것이 아닌지 궁금했다.

치료 회기에서 카타르시스를 느끼게 하는 정서 표현은 가치가 있을 수 있지만, 정서적 해방에 의존하는 것은 느낌과 정서의 본질을 근본적으로 오해하는 데서 비롯된다. 니나 불의 연구는 습관적인 정서의 본질에 대한 통찰, 그리고 어째서 **정서적 해방보다는 신체 자각을 통해 접한 느낌이 우리가 그토록 소망하는 지속적인 변화를 우리에게 가져오는지**에 대한 통찰을 준다.

제14장

트라우마와
영성

그대가 내면의 것을 깨닫게 되면,

그것이 그대를 구원할 것이다.

그렇지 못하면,

그것이 그대를 파멸시킬 것이다.

- 〈영지주의 복음〉

나는 트라우마를 겪은 사람들과 함께 일해 오면서 트라우마와 영성 사이에 본질적으로 결합된 관계가 있다는 인상을 강하게 받았다. 여러 치명적인 중상들로 고통받는 내담자들과 함께한 초창기 때부터 나는 깊고 진정한 변형을 지켜볼 수 있는 특혜를 받았다. 정서적, 신체적, 심리적으로 자신을 끊임없이 괴롭혀온 끔찍한 트라우마 중상들을 제어하게 되면서, 이들에게는 예기치 않은 '부수적인 효과들'이 갑자기 나타났다. 2장에 소개된 '일렁이는 따뜻한 파도에 자신을 내맡긴' 낸시의 경우처럼 말이다. 이런 뜻밖의 놀라운 현상으로는 황홀한 기쁨, 정교한 명료성, 자연스러운 집중, 그리고 모든 것을 포용하는 하나된 느낌이 있었다. 또한 많은 내담자들이 온정, 평화, 전체성과 같은 깊고 지속적인 경험들에 대해 이야기했다. 어쩌면 처음으로 '자기자신에 대한 좋은 느낌'을 느낀 엄청난 내적 변화가 일어난 뒤에, 치료 작업이 '신성한 경험'이었다고 말하는 건 사실 드문 일이 아니었다. 그들이 영속적인 성격 및 행동의 변화라는 고전적인 목표를 실현하면서 얻은 이러한 초월적인 부수적 효과들은 너무나 강력해서 그저 간과해 버리기는 어려웠다. 나는 지난 수십 년간 경이로움과 호기심에서 이 흥미롭고 풀기 어려운 수수께끼를 지켜보지 않을 수 없었다.

나의 새로운 오디세이가 시작된 것은 〈정신질환의 진단 및 통계 편람 제3판〉에 트라우마의 공식적인 진단인 외상후 스트레스장애PTSD가 실리기 10여 년 전이었기 때문에, 나는 스스로를 지나치게 혼란스럽게 할 만한 **병리적** 기준을 가지고 있지 않았다. 그래서 나는 더 자유롭게 동물행동학자들의 전통에 따라 관찰할 수 있었다. 이런 유리한 상황에서 나는 사전에 정해진 중상 목록 없이 내담자들의 변형적인 치유과정에 참여하며 그들의 신체 반응과 자기보고를 관찰했다. 앞의 장들에서 설명한 몸의 흔들림과 떨림 등 고도로 흥분된 생리적 반응들은 (안전하게 방출되면) 체온, 심장박동, 호흡에 눈에 띄는 자발적 변화를 가져오고 균형을 되찾도록 도왔다. 이런 반응들은 합기도와 같은 무술과 참선에서 닦아지는 것과 유사한 편안한 준비성도 고취시켰다.

이런 유형의 무의식적이고 활기차고 깊은 감동을 주는 경험들을 정리하면서, 나는 내담자들의 반응이 잘못되고 병리적인 것이 아니라 옳고 정상적인 것이라는 걸 깨달았다. 다시 말해 그들은 **타고난** 자기조절과 자기치유의 과정을 보여준 것이다. 그리고 동물들이 그와 같은 방출 반응을 보인 후에 일상으로 되돌아가는 것과 마찬가지로 내담자들 역시 새로워진 열정, 감사, 수용의 마음을 안고 다시 삶에 참여할 수 있었다.

동시에, 그들은 낸시가 느꼈던 생동감, 따뜻함, 기쁨, 전체성과 같은 다양한 경험을 하는 경우가 많았는데, 나는 이러한 경험이 영성을 접하는 순간임을 인식하게 되었다. 트라우마('원초적이며 잠재적인 생존 에너지')와 영성 사이의 본질적인 관계에 대한 이해를 넓혀 가던 중, 나는 명망 있는 학술지인 〈사이언스〉에 실린 롤란드 피셔 Roland Fisher의 논문을 우연히 발견하고 흥분을 금치 못했다. 뜻밖의 놀라운 주장이었는데, 영적 경험이 가장 원시적인 동물적 본능과 결합되어 있다는 것이었다.

 초월 상태

롤란드 피셔의 논문 "황홀경과 명상 상태의 지도 작성"**165**은 신비 체험 및 명상과 다양한 부교감 및 교감(자율적·본능적) 활동들의 연관성을 보여주는 스키마에 대해 서술했다. 상세한 연구 내용은 이 짧은 장의 범위를 크게 벗어나므로, 다양한 신비 상태의 정신생리학적 기반에 대한 그의 관점이 트라우마를 해소하고 상처를 치유함에 따라 내담자들이 마주하게 되는 '초월적' 경험과 유사한 것이 아닌가 싶었다고만 말하면 충분하겠다.

트라우마는 엄청나게 압축된 '생존' 에너지를 나타내는데, 이것은 중요한 행동 방침을 완성하지 못한 데서 나오는 에너지이다. 치료 회기에서 이 에너지가 **서서히 방출되거나 수위조절이 이루어지면**(5장의 4단계) 에너지는 증상을 일으키는 우회로에서 자연스러운 과정으로 방향을 되돌리고, 낸시가 보여준 반응들을 (더 부드럽고 덜 두려운 형태로) 관찰할 수 있게 된다. 동시에 이러한 경험의 신비로운 특성들은 점차, 자동적이고 지속적으로 성격 구조에 통합되어 갔다. 이 묶여있는 에너지를 리듬감 있게 방출할 수 있는 능력이 우리를 파멸시킬 것인지 아니면 생기를 불어넣어 줄 것인지 결정짓는다.

원시적인 생존 반응은 주의를 집중하여 효과적인 행동을 해내는 놀라운 일을 가능케 한다. 차 밑에 깔린 아이를 구하기 위해 자동차를 들어 올리는 어머니는 엄청난 (거의 초인적인) 생존 에너지를 동원한 것이다. 이런 동일한 에너지들을 **수위가 조절된 신체 감각**을 통하여 경험하게 되면 집중, 환희, 축복이 고조되는 느낌이 따르기도 한다. '광대한' 원초적인 에너지 감각들을 소유하게 되면 체화된 변형이 촉진되고, (피서의 지도 작성에서 제시되었듯이) 명상에서 '영원한 지금'으로 알려진 '영원함'과 '현존'의 경험이 증진되는 것이다. 또한 트라우마 회복에서 중심 역할을 하는 바로 그 뇌 구조들이 다양한 '신비' 상태와 '영적' 상태에서도 중추 역할을 하는 것으로 보인다.**166**

동양에서는 오래전부터 첫 번째(또는 생존의) 차크라 센터인 **쿤달리니** 깨어남이 황홀한 변형을 시작하는 수단으로 알려져 왔다. 트라우마에서는 이와 유사한 활성화가 유기체를 압도할 정도의 강도와 속도로 일어난다. 우리가 이 에너지에 점차적으로 접근하여 이를 신경계와 정신 구조들에 재통합시킬 수 있다면, 트라우마에 갇혀 있던 생존 반응이 진정한 영적 변형도 촉진시킬 수 있다.

트라우마의 변형과 쿤달리니 체험 사이의 관계를 탐색하기 시작하면서, 나는 이 둘의 연관성을 입증해 줄 자료를 찾고자 했다. 그 무렵 (1970년대 중반) 나는 캘리포니아주 버클리에서 의사인 리 사넬라Lee Sannella를 만났다. 그는 자연스러운 쿤달리니 깨어남을 경험했던 사람들에 대한 방대한 기록을 보여 주었다. 많은 반응들이 내 초창기 환자들의 반응들과 아주 흡사해서 매우 흥미로웠다. 사넬라는 이 기록을 토대로 해서 양서 〈쿤달리니 체험, 정신증 또는 초월?〉**167**을 저술했다. 또한 고피 크리슈나Gopi Krishna[168] 같은 위대한 동시대 성자도 쿤달리니 현상에 대해 서술했다. 그 밖에도 (1932년 세미나에 근거한) C. G. 융의 저서인 〈쿤달리니 요가의 심리학〉[169]은 학문적인 해설을 담고 있는데, 아이러니하게도 서구에서는 쿤달리니를 경험할 수 없을 것이라고 결론짓고 있다. 하지만 융은 아울러 다음과 같이 말한다. "감정은 정신세계의 원시적인 영역이며 종교를 접하는 데 있어 가장 민감한 부분이다. 신념이나 이성만으로는 영혼을 움직일 수 없다. 감정이 배제된 종교적 의미는 공허한 지적 활동에 불과하다. 이것이 대부분의 생기 넘치는 영적 순간이 감정으로 충만된 이유이다." 종교적 체험의 진수는 살아있는 만남 안의 **성령**spiritus인 생기를 불어넣는 힘을 느끼는 것이다. 나의 내담자들이 내면으로부터 고조된 이런 생명의 약동을 체험했을 때 종교적 경외심도 전했던 것은 놀라운 일이 아니었다.

수년간 나는 인도에서 온 쿤달리니 교사들에게 내 치료 회기 비디오 일부를 보여줄 기회를 가졌고, 이에 대한 아주 의미있는 대화를 주고받았다. 진실하고 겸손한 요가 마스터들은 내 관찰에 관심이 있어 보였고, 나는 그들의 방대한 지식과 본질적인 깨달음에 관심이 있었다.

쿤달리니 깨어남에서 흔히 묘사되는 '증상'으로는 굉음, 휘파람 소리, 찍찍거리는 소리와 같은 '내부의 소리'가 들리는 것뿐만 아니라, 불수의적이고 돌발적인 움직임, 통증, 간지럼, 가려움, 진동, 떨림, 번갈아 찾아오는 뜨거움과 차가움, 호흡 패턴의 변화, 일시적 마비, 엄청난 압박감, 불면증, 빛과 소리에 대한 과민성, 공감각, 특이하거나 극단적인 정서, 강렬한 성욕, 신체 확장의 감각, 해리와 신체 이탈 경험 등이 있다. 쿤달리니 깨어남과 관련 있는 이런 감각들은 내담자들에게서 보통 보았던 것보다 더 강력하고 폭발적이다. 나는 방법론을 개발하면서, 내담자들이 압도되지 않도록 신체적인 에너지 감각에 점차적으로 접할 수 있게 돕는 법을 배웠다. 일반적으로 내부에 집중하고 내부 감각들에 호기심을 가지게 되면 미묘한 내부 변화, 경미한 수축, 떨림, 저림, 이완, 개방감을 경험하게 된다. 나는 두려움, 분노, 또는 피하고 싶은 모든 느낌들로부터 자신의 내부 감각들과 '친해지는 것'으로의 이동을 **진자운동**이라고 명명했다. 진자운동은 수축과 확장/개방의 양극 사이를 오가는 **고유한 리듬**이다(5장의 3단계). 사람들은 리듬 있는 흐름에 접하는 법을 배우고 나면, '무한한' 정서적 고통을 유한하며 다룰 수 있는 것으로 느끼기 시작한다. 그리고 두려움과 무력감으로부터 호기심과 탐구심으로 태도가 바뀌게 된다.

신비서인 〈헤르메스 키발리온〉에는 "모든 것은 나가고 들어오며 움직인다. 모든 것에는 그 나름대로의 흐름이 있다. 모든 것은 오르락내리락 한다. 모든 것에서 진자 운동이 나타나고 오른쪽으로 움직인 만큼 왼쪽으로 움직인다. 리듬이 서로를 보완한다."라고 쓰어 있다. 이 고대로부터 전해져 내려오는 철학을 트라우마에 적용하는 것이 기존에 처리하기 매우 힘들었던 감각과 느낌들을 현시점에서 탈바꿈시키는 것을 가능하게 하는 바로 그 원리이다. 이처럼 트라우마의 변형과정은 키발리온 철학의 가르침과 유사하다.

 트라우마, 죽음, 그리고 고통

제가 비록 죽음이 드리워진 골짜기를 간다 하여도
재앙을 두려워하지 않으리니.
－〈시편 23〉

트라우마를 고통과 동일시하고 나아가서 고통을 변형과 동일시하는 것은 오류일 것이다. 하지만 한편으로는 사실상 모든 영적 전통에서 고통은 깨어남에 이르는 길로 이해된다. 서양에서는 이 관계를 성경의 욥기, 그리고 시편 23에서 볼 수 있다. 중세 신비주의와 예수의 수난에서 고통은 영혼의 어두운 밤으로 여겨진다. 불교에서는 고통과 불필요한 고통을 구별하는 것을 중시한다. 부처에 따르면 "고통의 감정을 느낄 때, 보통 사람들은 탄식하고... 마음이 산란해지고... 위축된다... 그렇게 이중의 고통을 느낀다... 마치 화살로 사람을 쏘고 곧바로 다른 화살로 다시 쏘는 것과 같다... 두 개의 화살로 인한 고통을 느끼게 되도록..." 트라우마로 고통받는 사람들은 신체적인 감각들에 너무 겁을 먹어서 그것을 느끼는 것을 피하게 된다. 마치 그들은 신체 감각을 느끼면 파멸되거나 아니면 적어도 더 나빠질 것이라고 믿는 것 같다. 그래서 그들은 꼼짝달싹 못하고 계속 갇혀 있게 된다. 이런 식으로 그들은 프랭클린 D. 루스벨트가 이야기한 '두려움 그 자체에 대한 두려움'인 두 번째 화살을 스스로에게 쏘는 것이다. 그러나 지지와 지도를 통해 트라우마로 인한 감각들과 친숙해지고 그를 변형시키는 법을 점차 배워나갈 수 있다.

불교와 도교에서는 영적 깨어남에 이르는 네 가지 길에 대해 이야기한다.170 첫 번째는 죽음이다. 불필요한 인간의 고통으로부터 자유로워지는 두 번째 길은 다년간의 금욕적인 명상적 사색에서 올 수 있다. 해방으로의 세 번째 통로는 특별한 형태의 (탄트릭) 성적 황홀감을 통해서이다. 그리고 이 전통들에서 이야기하는 네 번째 문이 트라우마이다. 죽음, 명상, 섹스, 트라우마의 위대한 관문 역할에는 공통 요소가 있다. 네 경로 모두 자신을 완전히 내맡기게 하는 잠재적 촉매 역할을 하는 것이다.

마비 상태의 **신체 감각**을 (이에 압도당하지 않고) 느끼면서 대항하지 않고 받아들이는 능력이 트라우마를 변형시키는 열쇠이다. 우리가 죽음과 같은 공허감에 움츠러들지 않고 잠시라도 닿을 수 있을 때 부동성은 풀린다. 이렇게 해서 불필요한 고통인 두 번째 화살이 제거되는 것이다. 두려움으로부터 '물러서는 것'은 개인을 트라우마의 옭아맴에서 벗어날 수 있게 한다. 사람들이 (두려움 없이) 한시적인 마비 감각을 '경험할 때', 그들은 허리케인의 눈과 같은 트라우마의 심장부에 놓여있는 '일시적으로 죽은 듯한 상태mini-deaths'를 경험한다. 이런 경험은 다채로운 죽음의 문으로 들어갈 수 있는 기회가 된다. 임사체험을 한 많은 사람들의 성격이 긍정적으로 변했다는 사실은 잘 알려져 있다. 트라우마를 겪은 사람들이 적절한 시점에 부동성/임사체험 상태를 느끼고 그에 몸을 맡기도록 격려받고 지지받으면, 이러한 원시적 원형 에너지를 의식으로 통합시키는 동시에 이를 자유롭게 놓아주게 된다.

또한 공포와 두려움의 '무시무시한awe-full'* 상태는 경외감awe, 현존, 불멸성, 황홀감 같은 변형적인 상태와 연결되어 있는 것처럼 보인다. 이 상태들은 본질적인 정신생리학적, 현상학적 뿌리를 공유한다. 예를 들어, 편도체(위험과 분노를 위한 뇌의 연기감지기)가 자극받으면 황홀감과 축복의 경험도 유발할 수 있다.171 이 사실은 두

* **역자 주** awefull은 awful의 고어형

러움과 공포의 **무시무시한** 느낌에서 **벗어나** 즐거움, 좋은 느낌, **경외감을** 향하도록 사람들을 인도하는 접근법을 뒷받침해주는 것으로 보인다.

앤드루 뉴버그Andrew Newberg와 동료들의 독창적 저서인 〈신은 왜 사라지지 않을 것인가Why God Won't Go Away?〉[172]에는 다양한 영적 체험의 기초가 되는 뇌 기질brain substrates에 대한 방대한 연구들이 실려 있다. 이런 유형의 뇌 연구는 트라우마의 변형에 대한 향후 연구와 탐구에 적용할 만한 충분한 가치가 있다.

 조절과 자기

아래처럼 위도.
−〈키발리온〉

복습: 자율신경계는 상대적으로 자율적인 신경계이기 때문에 이같이 명명되었고, 에너지 상태의 조절 및 항상성 유지와 관련 있는 기본적이면서도 고도로 **통합된** 기능을 한다. 자율신경계에는 두 개의 뚜렷이 구분되는 계통이 있다.* 그중 하나인 교감신경계는 전반적인 에너지 동원을 지원한다. 만일 몸이 춥거나 위협을 감지하거나 성적으로 흥분되면 교감신경계는 신진대사를 증가시키고 행동을 준비시킨다. 반대로 부교감신경계는 휴식, 이완, 소화, 영양, 조직 및 세포의 복원 기능을 증진시킨다.

교감신경계의 활성화 수준이 매우 낮을 때는 다소 무기력하게 느끼는 경향이 있다. 교감신경의 활동이 중간 수준이면 일반적으로 활동적인 일을 하거나 이를 준비한다.[173] 이러한 수준의 흥분은 대개 기분 좋게 흥분되는 동시에 조심성을 갖추는

---

*   6장에서 설명된 부교감신경계는 원시적인 (무수초) 계통과 진화적으로 최근 (수초) 계통으로 나뉜다는 사실을 참고하라.

것으로 경험된다. 전형적으로 이 범위에서는 항상성이라고 불리는 **균형 잡힌** 생리적 상태를 유지하기 위해 중간 수준의 교감 활동과 부교감 활동이 원활하게 번갈아 일어난다. 나는 유연하게 오르내리며 바뀌기 쉬운 이 흥분 범주를 에너지, 열정, 집중이 따르는 **역동적 평형과 편안한 각성**이라고 부른다.

포유류에게는 이런 자기조절 역량이 무엇보다도 중요하다. 이는 동물에게 외부 환경의 변화에 대응할 수 있도록 내부 신체 상태를 유연하게 변화시킬 수 있는 능력을 부여한다. 안와전두 시스템이 발달된 동물들은 상이한 정서 상태 사이를 오갈 수 있는 역량을 발달시켰다. (감정 조절로 알려진) 이 능력은 동물들이 환경적 요구에 적절히 부응하기 위해 정서를 변화시킬 수 있게 해준다. 쇼어Schore 등에 따르면, 인간의 고도로 진화된 적응 기능은 핵심적인 자기감의 기반이다.[174] 바로 이 안와전두피질의 회로들이 근육, 관절, 장기로부터 입력을 받는다. 몸의 내부 풍경을 만드는 감각들이 뇌의 안와전두 부분에 기록되는 것이다.[175] 따라서 우리가 신체 감각을 변화시킬 수 있게 되면 뇌의 최고 기능을 변화시키게 된다. 우리의 한평생 방향타인 정서 조절은 **체현**을 통해 이루어지는 것이다.

 ## 체현과 순화

이내 몸으로 나는 주님을 뵈리라.
―〈욥기〉

신비로운 왕들과 오직 신비로운 것들을 찾아
구름 속을 헤매는 정신을 저주하라.
신비로운 것들은 몸을 동등하게
여기지 않을 영혼을 탐내고,

나는 진짜로 마음을 움직이는 법을 배운 적이 없네.

이구아나들이 느끼는 아래, 아래, 아래로.

— 도리 프레빈Dory Previn의 노래

    트라우마를 입은 사람들은 파편화되고 체현되지 못한다. 느낌이 위축되면 음영과 질감이 사라지고 모든 것은 선과 악, 흑과 백, 아군과 적군으로 나뉜다. 그것이 트라우마로 인한 무언의 지옥이다. 우리가 공간 안에서 누구이며 어디에 있는지 알기 위해서는, 그리고 활기 넘치며 현존하는 존재임을 느끼기 위해서는 섬세한 세부 요소들이 매우 중요하다. 또한 심각하게 트라우마를 입은 사람들만이 체현되지 못하는 것이 아니다. 대부분의 서구인들은 비교적 덜 두드러지긴 해도 여전히 자신의 내부 감각 나침반으로부터 심각하게 분리되어 있다. 우리 본능의 원시적이며 날 것 그대로인 엄청난 힘을 감안하면, 역사적으로 교회나 다른 문화적 관습들이 몸을 억압한 것이 놀라운 일도 아니다.

    대조적으로, 다양한 (체현된) 영적 전통들은 '저급한 본능baser instincts'을 제거해야 할 것이 아니라 변형이 필요하고 가능한 그런 힘으로 인식했다. 비파사나 명상, 그리고 탄트라 불교의 (쿰 나이 같은) 다양한 전통들의 목표는 '보편적 선의, 친절, 겸손, 사랑, 평정 등 진정한 인간의 영적 특성을 나타내 보이는 것'이다.[176] 이런 전통들은 몸을 거부하기보다는 그것을 오히려 본능을 '순화시키는' 방법으로 활용한다. 체현의 본질은 배척에 있는 것이 아니라, '몸의 전율'에 맞춰 춤추는 본능에 충실한 삶을 사는 동시에 경험의 미묘한 특성을 더욱더 중진시키기 위해 본능의 원시적이며 날 것 그대로인 에너지를 이용하는 데 있다.[177]

    도리 프레빈의 노래가 암시하듯이, 몸을 통해 경험하지 못한 신비한 경험은 '머무르지' 않는다. 그 경험에는 현실감이 없는 것이다. 트라우마로 고통받는 사람들은 만성적으로 해리된 세계에 살고 있다. 그들은 이 영원한 비 체현 상태에서 정신적 혼란에 빠져 지금 여기에 관여할 수 없게 된다. 하지만 앞서 언급한 바와 같이, 트라우마 생존자들만 체현되지 못하는 게 아니다. 이보다는 약한 수준의 몸과 마음의 분리가 현대 문화에 만연되어 있으며, 우리 모두에게 크건 적건 영향을 미친다.

    독일어에서는 물리적 신체를 의미하는 단어인 Körper와 영어로 '살아있는 몸'으로 번역되는 Leib를 구별한다는 것을 기억하라. Leib라는 용어는 '시체'와 다르지 않은 순전히 물리적인 Körper보다 훨씬 더 깊은 생식력의 의미를 나타낸다. 트라우마에서 회복되면서 받는 선물은 살아있고 감지할 수 있고 자각할 수 있는 몸을 재발견하는 것이다. 시인이자 작가인 D. H. 로렌스는 살아있고 알 수 있는 몸에 대해 성찰함으로써 우리에게 영감을 준다.

> 나는 육신이 지성보다 지혜롭다고 믿는다. 우리의 몸-무의식 안에는 생명이
> 용솟음치고 있다. 이는 우리가 살아 있음을, 영혼 깊은 곳까지 살아 있으며
> 우주와 생생하게 닿아 있음을 알려준다.

트라우마로 고통받는 사람들은 치유의 여정에서 경직된 방어를 푸는 법을 배운다. 이렇게 자신을 내맡기면서 얼어붙은 고착이 서서히 녹아내리고, 마침내 자유로운 흐름으로 이어진다. 습관적인 해리 상태로 인한 분열된 자기를 치유하는 가운데, 그들은 파편화에서 전체성으로 옮겨 간다. 체현됨에 따라 오랜 유배 생활로부터 돌아오는 것이다. 그들은 마치 처음인 것처럼 자신의 몸으로 돌아와 체현된 삶이 어떤 것인지 알게 된다. 트라우마가 지구상의 지옥인 반면 그 극복은 신들의 선물일지도 모른다.

마지막으로, 잭 런던Jack London은 저서 〈야성이 부르는 소리〉에서 트라우마를 겪고 변형시키면서 얻은 깨달음을 다음과 같이 서술하고 있다. "삶의 절정을 찍는 황홀경이 있고 그 이상 오를 수 있는 삶은 없다. 그것이 바로 삶의 역설인데, 이러한 황홀경은 누군가가 살아있다고 느끼는 최고의 순간에 그가 살아 있다는 사실을 완전히 망각한 모습으로 다가온다." 살아남기 위한 삶을 열정적으로 살아있는 삶으로 바꾸어 주는 이러한 생명력에 대한 깨어남은 진정으로 우리 앞에 놓여진 타고난 선물이다. 이것은 내부 감각 세계로 향하는 기분 좋은 항복의 여정을 통해 펼쳐지기를 기다리고 있다. 우리가 트라우마 생존자이든 단순히 서양 문화의 피해자이든 간에 말이다.

에필로그

너무 많은가 아니면 너무 적은가? 이 질문은 〈무언의 목소리〉를 집필하는 내내 나를 조용히 괴롭혔다. 한 장을 마치면 두 가지가, 그리고 기타 등등이 머릿속에 떠올랐다. 마침내, **이제 충분하다!** 적어도 현재까지는 말이다. 이처럼 매우 곤란한 딜레마에 대한 나의 해결책은 두 권의 책을 더 만들어내는 형태로 나타났다. 아마도 이것은 극심한 산통을 겪은 몇 달 뒤 아이가 하나 더 있으면 좋을 것 같다고 태평하게 생각하는 어머니와 조금은 비슷할지 모르겠다. 내가 그 부드러운 함정에 빠진 것이 아닌가 염려된다. 나는 이 책을 출간하고 나서 슬럼프로부터 충분히 회복된 후에 진행할 두 가지 후속 프로젝트를 염두에 두고 있다.

내가 이 책에서 충분히 설명하지 못했다고 생각하는 두 영역은 외상 기억, 그리고 트라우마와 영성 사이의 밀접한 관계에 관한 것이다. 내가 계획한 첫 번째 책에는 잠정적으로 〈기억, 트라우마, 그리고 몸Memory, Trauma and the Body〉이라는 제목을 붙였고, 두 번째 책은 〈트라우마와 영성Trauma and Spirituality〉이라고 불릴 것이다.

트라우마에 관한 수많은 오해와 착오들 중 소위 외상 기억이라고 불리는 것에 대한 혼동은 가장 큰 문제이며, 잠재적으로 가장 심각한 문제로 손꼽힌다. 근본적으로 외상 기억들은 다른 기억들과 결정적으로 다르다. 첫 번째 책에서는 다양한 종류의 기억, 그리고 트라우마의 형성과 치료에 있어서의 이같은 별개의 기억 시스템들의 역할을 조직적으로 탐색할 것이다. 유감스럽게도 공개적이고 정보에 입각한 과학 포럼을 통해 이러한 차이점들을 탐색하는 대신, '트라우마 전쟁' 속에서 대립하는 극단주의자들의 두 진영이 생겨났다. 한 쪽은 모든 외상 기억은 거짓이라고 (즉, 지어낸 이야기라고) 여기고, 다른 한 쪽은 외상 기억은 모두 사실이며 이는 일어난 사건들을 있는 그대로 정확하게 기록한 것이라 주장한다. 이 책에서 우리는 '거짓된 기억'에 대한 진실과 '사실인 기억'에 내재된 허구성 사이의 균형을 잡기 위해 담론을 펼칠 것이다. 트라우마의 경험을 기억하는 데 있어서 몸의 역할을 이해하는 것만이 '외상 기억', 그리고 치료 과정 중 이것의 임상적 역할에 대한 일관성 있는 이해를 가능케 한다. 이러한 탐색은 우리를 (기억이 거짓이냐 사실이냐 하는) 균형 잃은 양극성을 뛰어넘어 트라우마의 본질과 치유에 대한 보다 깊은 이해로 안내한다.

두 번째 책에서는 (마리안 벤첸Marianne Bentzen과 함께) 영성과 트라우마 사이의 밀접한 관계에 대해 보다 심도 있게 탐색할 것이다. 내가 40년 넘게 트라우마 치료를 해오는 과정에서 트라우마의 변형과 영적 경험의 여러 가지 면 사이에 접합점이 있고 매우 유사하며 서로 얽힌 관계가 존재한다는 사실이 명백해졌다. 이 책에서 우리는 효과적인 트라우마의 치유와 진정한 영성이 인간을 어떻게 보다 큰 영향력을 향해 끌어당기고 종종 하느님, 혼, 또는 영혼의 것으로 여겨지는 신비한 경험들에 접할 수 있게 하는 체화된 발달 과정 및 규율의 일부분이 되는지 증명해 볼 것이다.

그 사이에 우리의 훈련 프로그램 등 트라우마 치유에 대한 정보를 더 얻고 싶다면, 다음의 웹사이트들을 방문하길 바란다.

www.traumahealing.com

www.somaticexperiencing.com

이라크와 아프가니스탄에서의 군복무 후 심한 PTSD와 외상성 뇌손상Traumatic Brain Injury으로 고통 받고 있는 해병대원과 함께 한 레빈 박사의 감동적인 치료 작업을 담은 DVD 세션은 www.psychotherapy.net에서 구매 가능하다.

미주

*이 QR코드를 스캔하면 「무언의 목소리」의 미주 자료를 열람할 수 있습니다.

색인

▶ 인명색인

역자 소개

박수정

현재 미국 캘리포니아 대학교(UCLA)의 학생 정신건강센터인 Behavioral Health Services(BHS)와 의과대학 행동건강센터 Behavioral Wellness Center(BWC)에서 임상사회복지사 LCSW로 재직 중이며, UCLA 소속 대학생과 대학원생, 그리고 의대생, 수련의, 전공의, 전임의들을 대상으로 개인심리치료를 맡고 있다. 연세대학교 사회복지학과를 졸업하고, 미시건 대학교에서 사회복지학 석사학위를 취득했다. 한국과 미국의 사회복지기관들과 UCLA 레즈닉 신경정신병원Resnick Neuropsychiatric Hospital에서 새터민, 난민, 인신 매매 피해자, 가정폭력 및 성폭력 피해자 등 다양한 트라우마 생존자들을 대상으로 일했다. 2016년 신체 경험 치료 실천가 Somatic Experiencing® Practitioner 자격과정을 수료했고, 피터 레빈 박사가 진행하는 마스터클래스들에 참여했으며, 국내 신체 경험 치료 전문가 양성과정의 워크숍에 보조훈련가로 참여했다.

유채영

현재 충남대학교 사회과학대학 사회복지학과 명예교수이다. 서울대학교 대학원에서 사회복지학 석사 및 박사학위를 취득했고, 전문사회복지실천분야에서 활동했다. 약물, 알코올, 도박 등의 중독, 가정폭력, 정신질환과 관련된 서비스 제공 및 프로젝트를 수행했고, 충남대학교 사회복지학과 교수로 재직하며 실천기술, 정신건강, 중독의 예방 치유, 변화동기, 트라우마 등을 주로 가르치고 연구했다. 역서로 〈인간의 성에 관한 50가지 신화(공역)〉, 〈사회복지현장에서의 동기강화상담(공역)〉 등 다수가 있다.

이정규

현재 장이정규 생태심리연구소 소장으로, 호주 시드니 뉴사우스웨일즈 대학교에서 천문학 박사과정을 수료했으며, 미국 비리디스 대학원대학에서 생태심리학으로 박사학위를 받았다. 우주진화사를 생태적 세계관을 담은 현대의 기원이야기로 전하며 기후위기 대응과 기후우울 및 생태애도 워크숍을 진행하고 있다. 십여 년 전 꿈을 통한 내면작업을 접한 이래, 우주진화사와 생태·영성을 아우르는 책을 꾸준히 번역해왔고, 국내 여러 트라우마 치유 전문가 양성과정(SE, SP, EFT 등)을 포함해 치유와 생태 분야의 국제 워크숍 통역도 맡고 있다. 저서로 〈우주산책〉, 역서로 〈공동의 집〉, 〈자비로움〉, 〈경이로움〉, 〈내면작업(공역)〉, 〈마더피스 타로(공역)〉 등이 있다.

무언의 목소리: 신체 기반 트라우마 치유

초판발행   2020년 8월 30일
중판발행   2023년 8월 10일

지은이   Peter A. Levine
옮긴이   박수정 · 유채영 · 이정규
펴낸이   노 현

편 집   조보나
기획/마케팅   노 현
표지디자인   Ben Story
제 작   고철민 · 조영환

펴낸곳   ㈜피와이메이트
             서울특별시 금천구 가산디지털2로 53, 210호(가산동, 한라시그마밸리)
             등록 2014.2.12. 제2018-000080호
전 화   02)733-6771
f a x   02)736-4818
e-mail   pys@pybook.co.kr
homepage   www.pybook.co.kr
ISBN   979-11-89643-98-0 93180

*파본은 구입하신 곳에서 교환해 드립니다. 본서의 무단복제행위를 금합니다.

정 가   25,000원

박영스토리는 박영사와 함께하는 브랜드입니다.